utb 6317

Eine Arbeitsgemeinschaft der Verlage

Brill | Schöningh – Fink · Paderborn
Brill | Vandenhoeck & Ruprecht · Göttingen – Böhlau · Wien · Köln
Verlag Barbara Budrich · Opladen · Toronto
facultas · Wien
Haupt Verlag · Bern
Verlag Julius Klinkhardt · Bad Heilbrunn
Mohr Siebeck · Tübingen
Narr Francke Attempto Verlag – expert verlag · Tübingen
Psychiatrie Verlag · Köln
Ernst Reinhardt Verlag · München
transcript Verlag · Bielefeld
Verlag Eugen Ulmer · Stuttgart
UVK Verlag · München
Waxmann · Münster · New York
wbv Publikation · Bielefeld
Wochenschau Verlag · Frankfurt am Main

Claas Wegner
Maria Sophie Schäfers
Colin Peperkorn
Alena Schulte
Finja Rath (Hrsg.)

Naturwissenschaftliche Begabung: Diagnostik und Förderung

Ein Praxisleitfaden für Lehramtsstudierende und Lehrkräfte

Verlag Barbara Budrich
Opladen & Toronto 2024

Die Autor:innen:

El Tegani, Mahdi	Schäfers, Maria Sophie, Dr.
Höhne, Mandy	Schmiedebach, Mario, Dr.
Peperkorn, Colin	Schulte, Alena, Dr.
Rath, Finja	Thatcher, Robert Andrew
Rehkemper, Julia	Wegner, Claas, Prof. Dr.

Alle: Osthushenrich-Zentrum für Hochbegabungsforschung an der Fakultät für Biologie (OZHB) der Universität Bielefeld

---

Bibliografische Information der Deutschen Nationalbibliothek
Die Deutsche Nationalbibliothek verzeichnet diese Publikation in der Deutschen Nationalbibliografie; detaillierte bibliografische Daten sind im Internet über https://portal.dnb.de abrufbar.

Gedruckt auf FSC®-zertifiziertem Papier, CO_2-kompensierte Produktion
Printed in Germany

Alle Rechte vorbehalten.

© 2024 Verlag Barbara Budrich GmbH, Opladen & Toronto
www.budrich.de

utb-Bandnr.	6317
utb-ISBN	978-3-8252-6317-1
utb-e-ISBN	978-3-8385-6317-6 (PDF)
DOI	10.36198/9783838563176

Das Werk einschließlich aller seiner Teile ist urheberrechtlich geschützt. Jede Verwertung außerhalb der engen Grenzen des Urheberrechtsgesetzes ist ohne Zustimmung des Verlages unzulässig und strafbar. Das gilt insbesondere für Vervielfältigungen, Übersetzungen, Mikroverfilmungen und die Einspeicherung und Verarbeitung in elektronischen Systemen.

Online-Angebote oder elektronische Ausgaben sind erhältlich unter www.utb shop.de.

Druck: Elanders Waiblingen GmbH, Waiblingen
Satz: Linda Kutzki, Berlin
Umschlaggestaltung: siegel konzeption | gestaltung
Titelbildnachweis: Osthushenrich-Zentrum für Hochbegabungsforschung an der Fakultät für Biologie (OZHB)

Vorwort

Im Hinblick auf aktuelle gesellschaftliche Herausforderungen, wie der Klimaveränderung, dem demografischen Wandel oder Pandemien, gewinnt die individuelle Begabungsförderung im naturwissenschaftlichen Sektor immer mehr an Relevanz, da hier an Lösungen für aktuelle und zukünftige Probleme gearbeitet wird. Ziel ist es, junge, kreative und produktive Schüler:innen dazu zu befähigen, ihre Potenziale zu nutzen und aktiv an der ökonomischen, ökologischen und sozialen Weiterentwicklung der Gesellschaft mitzuwirken. Es ist daher nachvollziehbar, dass es der gesetzlich festgelegte Auftrag einer jeden Schule ist, alle Schüler:innen entsprechend ihrer individuellen Begabungen zu fördern und einen bestmöglichen Zugang zur Berufswelt zu ermöglichen. Diese Forderung geht unweigerlich mit den steigenden Anforderungen an die Professionalisierung aller Fachlehrkräfte einher. Dementsprechend werden zunehmend Ratgeber, Handbücher und Handlungsempfehlungen im Kontext der Begabungsförderung publiziert, die Lehrkräften helfen sollen, den Bedürfnissen begabter Schüler:innen im eigenen Unterricht angemessen zu begegnen. Aus Sicht praktizierender Lehrkräfte findet die fachspezifische Perspektive jedoch nicht immer ausreichend Anklang, weswegen der konkrete Übertrag fundierter Theorien zur Diagnostik und Förderung von Begabung in die schulische Praxis häufig Schwachstellen aufweist. Die Naturwissenschaften und insbesondere das Fach Biologie eignen sich durch den Einbezug unterschiedlicher wissenschaftlicher Methoden, alltagsnaher Themenbereiche und anschaulicher Naturphänomene in besonderer Weise dazu, begabte Schüler:innen zu begeistern und sie somit an die globalen Themen unserer Zeit heranzuführen. Um Praktiker:innen dieses Potenzial aufzuzeigen, thematisiert das vorliegende Buch bewusst Theorien, Modelle und Förderhinweise naturwissenschaftlicher Begabung und bereitet diese explizit für den Biologieunterricht auf. Dadurch bildet das Buch eine grundlegende Orientierung für Lehrkräfte und hilft diesen, fachspezifische Begabungsförderung im eigenen Unterricht umzusetzen. Dies kommt auch den Schüler:innen im Unterricht zugute, da sie von den eingesetzten Methoden und konkreten Förderangeboten profitieren und die Lehrkräfte somit den individuellen Bedürfnissen der Schüler:innen gerecht werden. Damit bildet das Buch eine Brücke zwischen theoretischen Konzepten, praxisnaher Umsetzung und individueller Förderung, wodurch es den Schüler:innen ermöglicht wird, ihre Potenziale zu entfalten und damit einen bedeutenden Beitrag zur nachhaltigen Entwicklung der Gesellschaft zu leisten.

Hierfür danken wir zunächst allen Herausgeber:innen und mitwirkenden Autor:innen des vorliegenden Werks, die ihr Wissen und ihre Kompetenz in der naturwissenschaftlichen Begabungsförderung bündeln und sich der Aufgabe stellen, ein praxisnahes Handbuch zu erstellen. Darüber hinaus danken wir allen Schüler:innen, die

Wissenschaftler:innen und Praktiker:innen dazu inspirieren, die Begabungsförderung fortlaufend weiterzuentwickeln. Ein weiterer Dank gilt den praktizierenden Lehrkräften, die Praxisprobleme erkennen, kommunizieren und somit einen wichtigen Beitrag zur Weiterentwicklung der Begabungsförderung liefern. Besonderer Dank gilt dem Verlag Barbara Budrich, der mit diesem Buch eine wichtige Möglichkeit für den Theorie-Praxis-Transfer in der naturwissenschaftlichen Begabungsförderung schafft.

Gütersloh, im Januar 2024

Dr. Martina Schwartz-Gehring *Claudia Holle*
Vorstandsvorsitzende *Geschäftsführerin*
der Osthushenrich-Stiftung *der Osthushenrich-Stiftung*

Inhaltsverzeichnis

Vorwort 5

1 Was ist Begabung? 11

1.1 Grundbegriffe der Begabungsforschung 11
1.1.1 (Naturwissenschaftliche) Kompetenz 12
1.1.2 Intelligenz 18
1.1.3 Kreativität 23
1.2 Darstellung zentraler Begabungsmodelle 27
1.2.1 Begabung – eine Definition 27
1.2.2 Begabungsmodelle 29
1.2.3 Pädagogisch-Psychologischer Diskurs zu Begabungsmodellen ... 36
1.3 Modell der biologisch-naturwissenschaftlichen Begabung .. 38
Zusammenfassung 49

2 Erkennen einer Begabung im naturwissenschaftlichen Fachunterricht 51

2.1 Typenlehren 51
2.1.1 „Typenlehre" nach Wegner und Borgmann (2013) 52
2.1.2 „Typenlehre" nach Rohrmann und Rohrmann (2010) 55
2.2 Fallvignetten 58
Zusammenfassung 70

3 Erhebung von naturwissenschaftlicher Begabung 72

3.1 Itemformate – Ein Überblick 72
3.2 Testformate und Testinstrumente 73
3.2.1 Automatische Analyse simulierter Experimente 74
3.2.2 Single- und Multiple-Choice 76
3.2.3 Offene Fragen (*open-ended questions*) 91
3.2.4 Gemischte Fragen (*mixed questions*) 99

3.2.5 Interviews ... 106
3.2.6 Selbsteinschätzungen (*Self-Assessment*) ... 109
3.2.7 Kompetenzraster (*scoring rubrics*) ... 111
Zusammenfassung: Leitfaden für Lehrkräfte ... 113

4 Weiterbildungsmöglichkeiten im Bereich der Begabungsdiagnostik und -förderung ... 119

4.1 Organisationsstruktur von Fortbildungen in Deutschland ... 120
4.2 Effektivität von Fortbildungen ... 122
4.3 Schwerpunktthema: Naturwissenschaftliche Begabung ... 124
4.4 MINT- und Begabungsfortbildungen ... 127
4.5 Einbindung in die Lehramtsausbildung ... 128
Zusammenfassung ... 131

5 Fördermöglichkeiten im Biologieunterricht ... 133

5.1 Der naturwissenschaftliche Erkenntnisweg ... 133
5.1.1 Orientierung – Beobachtung & Daten ... 137
5.1.2 Konzeptualisierung – Frage & Hypothese ... 139
5.1.3 Untersuchung – Experiment ... 140
5.1.4 Schlussfolgerung – Verifizierung & Falsifizierung ... 145
5.1.5 Diskussion – Theoriebezug & kommunikative Reflexion ... 146
5.2 Wissenschaftliche Methoden ... 147
5.2.1 Medien im naturwissenschaftlichen Unterricht ... 147
5.2.2 Experimente und Beobachtungen ... 152
5.2.3 Lebende Objekte ... 156
5.2.4 Präparate ... 162
5.2.5 Modelle ... 168
5.2.6 Digitale Medien ... 180
5.2.7 Zeitschriften ... 186
Zusammenfassung ... 188

6 Schulstrukturelle Fördermöglichkeiten ... 190

6.1 Förderung durch Enrichment ... 190
6.1.1 Formen von Enrichment ... 190
6.1.2 Das Schoolwide Enrichment Model ... 197

6.1.3	Relevanz für Lehrkräfte	200
6.2	Akzeleration – Schneller durch die Schule?	201
6.2.1	Einstellungen gegenüber Akzeleration	202
6.2.2	Akzeleration in Form der vorzeitigen Einschulung	202
6.2.3	Akzeleration in Form des Überspringens von Klassenstufen	203
6.2.4	Relevanz für Lehrkräfte	205
6.3	Separation und Integration	205
6.3.1	Unterschiede zwischen separativer, integrativer und inklusiver Begabungsförderung	206
6.3.2	Praktische Beispiele der separativen, integrativen und inklusiven Förderung	209
6.3.3	Relevanz für Lehrkräfte	211
Zusammenfassung		213

7 Diagnose begabt – was nun? 214

7.1	Begabtenzentrum	215
7.2	Deutsche Gesellschaft für das hochbegabte Kind e.V.	216
7.3	Deutscher Bildungsserver	218
7.4	Karg Fachportal Hochbegabung	219
7.4.1	Karg Campus-Konzept	220
7.4.2	Karg Impulskreise	221
7.5	Zukunftsschulen NRW	221
7.6	Pädagogische Hochschule Salzburg	223
7.6.1	mBET – Das multidimensionale Begabungs-Entwicklungs-Tool	223
7.6.2	Wege in der Begabungsförderung – Methodensammlung	224
7.7	Helmholtz-Gemeinschaft	225
7.8	Lernort-Labor – Bundesverband der Schülerlabore	226
7.8.1	Schülerlabore	226
7.8.2	Funktionen	228
7.9	Begabungslotse – Talente entwickeln, Begabung fördern	229
7.9.1	Angebote für Lehrkräfte	229
7.9.2	Angebote für Erziehungsberechtigte	231
7.9.3	Angebote für Schüler:innen	232
7.10	VDIni-Club	234
7.11	Digital Learning Lab	234
7.12	Khan Academy	236
7.13	intoMINT 4.0	237
7.14	PhET – Interaktive Simulationen	238
7.15	Renzulli Learning	239
Zusammenfassung		240

8 Eine Zukunft voller Potenzial und Herausforderungen 243

Literatur 247

Weblinks aus Kapitel 4.4 271
Weblinks aus Kapitel 5.2.7 271
Weblinks aus Kapitel 7 272

1 Was ist Begabung?

Sicher hat jede:r von uns schon von außergewöhnlich begabten Menschen gehört. Serien- und Filmcharakteren wird in einigen Drehbüchern eine hohe Begabung zugeschrieben, wie dem Physiker „Sheldon Cooper" aus der Serie „The Big Bang Theory", das Mädchen „Mary" aus dem Film „Gifted" (deutscher Titel: Begabt) oder der autistische Bruder „Raymond" aus dem Film „Rain Man". In solchen Rollen geht die Begabung des fiktiven Charakters häufig mit Schwierigkeiten im Verhalten, der Wahrnehmung oder der Kommunikation mit anderen Personen einher. Darüber hinaus kennt jede:r von uns Genies, die auf ihrem Gebiet wahre Meisterwerke schaffen, oder Talente, die uns mit ihrem außergewöhnlichen Können verblüffen. Aber was genau verbirgt sich hinter diesen bemerkenswerten Fähigkeiten? Sind Begabungen auf bestimmte Bereiche beschränkt, wie Musik, Sport oder Naturwissenschaften? Gehen Begabungen immer mit einem von der Norm abweichenden Verhalten in anderen Bereichen einher? Welche Möglichkeiten gibt es, eine Begabung zu erkennen? Ein Blick in die Geschichte zeigt, dass begabte Menschen schon immer Bewunderung und Neugierde geweckt haben. Leonardo da Vinci, ein Genie mit beeindruckenden Fähigkeiten in der Kunst, oder Albert Einstein, dessen Ideen das Verständnis der Physik revolutionierten – sie alle hinterlassen uns mit dem Gefühl, dass Begabung etwas Außergewöhnliches ist.

Begabung ist somit ein faszinierendes und häufig stark diskutiertes Thema, das zum Nachdenken anregt und aus der Bildungslandschaft nicht mehr wegzudenken ist. Was macht eine Person zu einer begabten? Sind Begabungen angeboren oder formen sie sich erst im Laufe des Lebens? Ist die Begabung das Ergebnis harter Arbeit oder doch vielmehr unbeeinflussbarer Veranlagung? Was unterscheidet eine Begabung von einem Talent oder Intelligenz? Wie hängen die Begabung und die Kompetenzen von Personen zusammen? Wie kann Begabung gefördert werden? Diese und weitere Fragen werden im Folgenden genauer fokussiert.

1.1 Grundbegriffe der Begabungsforschung

Als Reaktion auf die uneinheitliche Definition von Begabung und die vielen verschiedenen Definitionsansätze versuchte Leonard J. Lucito bereits 1963 diese in fünf Kategorien einzuordnen und damit eine Übersicht zu schaffen. Die erste Kategorie nannte er „ex post facto definitions" (S. 182), womit er Definitionen zusammenfasste, die Begabung als herausragende Leistungen in einem professionellen bzw. beruflichen Bereich beschreiben. Die Bezeichnung leitet sich also aus der retrospektiven Betrachtung von Begabung ab, die aus didaktischer Sicht wenig aufschlussreich ist, da diese in der Regel erst nach der Schulkarriere beobachtet werden kann (Lucito, 1963). Als zweite Kategorie beschreibt er die IQ-Definitionen, welche Begabung ab einem bestimmten IQ-Wert definieren, wobei zwischen den gewählten Testinstrumenten und der Höhe des *cutoff*-Wertes variiert wird. Die dritte Kategorie wird als Soziale Definitionen bezeichnet, welche Begabung als Leistung in einem gesellschaftlich anerkannten Bereich bezeichnen (u. a. Witty, 1958; iPEGE, 2009). Die vierte Kategorie fasst die Prozentsatz-Definitionen zusammen, welche eine Person als begabt identifizieren, sobald sie in einem spezifischen Merkmal, beispielsweise dem IQ, zum oberen Prozentsatz (üblicherweise 15-20 Prozent) einer Gesamtstichprobe gehören. Die fünfte Kategorie bezieht sich auf Kreativitäts-Definitionen und fasst Definitionen zusammen, die Kreativität als auschlaggebendes Merkmal für Begabung definieren. Bei genauerer Betrachtung der Kategorien wird deutlich, dass die zweite und fünfte Kategorie Spezialfälle der vierten Kategorie bilden, wobei entweder der IQ oder die Kreativität als spezifisches Merkmal angeführt werden (Rost, 2013).

Für eine fundierte und wissenschaftlich anerkannte Auseinandersetzung mit der Begabungsforschung und -förderung in den Naturwissenschaften ist es jedoch von grundlegender Bedeutung, zunächst die relevanten Begriffe, wie Kompetenz, Intelligenz und Kreativität, in diesem Fachbereich zu definieren. Dies trägt sowohl zum Verständnis als auch zur Einordnung des Themas in den wissenschaftlichen Diskurs bei und legt den Grundstein für eine präzise und differenzierte Betrachtung der Begabungen in den Naturwissenschaften.

1.1.1 (Naturwissenschaftliche) Kompetenz

Der Begriff Kompetenz stammt von dem lateinischen Ursprung *competencia* ab, was so viel bedeutet wie zu etwas geeignet, fähig oder befugt sein (North et al., 2018). Bereits in den 1970er Jahren etablierte sich dieser Begriff nicht zuletzt durch die Prägung des Linguisten Chomsky zu einer Schlüsselqualifikation (Kaufhold, 2006; Mertens, 1974), welche u. a. den kompetenten Umgang mit und die Anwendung von Wissen im Bildungsbereich eines Individuums beschreibt. Damit ergänzte und ersetzte dieser Begriff in einigen Bereichen den Qualifikationsbegriff, welcher objektive Ansprüche und Bedarfe, z. B. im Arbeits- und Berufsleben, aber auch in der Lebensgestaltung und Entwicklung fokussiert (Weiß, 2018). Seit der Einführung der kompetenzorientierten Bildungspläne in Deutschland (Künzli, 2010) hat sich die Bedeutung der Kompetenzförderung im deutschen Schulsystem manifestiert. So bedeutungsstark und relevant der Begriff „Kompetenz" für viele Fachbereiche und Branchen zu sein scheint, so schwierig ist jedoch die Aufstellung einer einheitlichen und allgemeingültigen Definition dieses Begriffs (Erpenbeck & Rosenstiel, 2003). Eine vielseits anerkannte Begriffserklärung besonders in der Psychologie, Bildungsforschung und Erziehungswissenschaft bildet der Kompetenzbegriff nach Weinert (2001a), welchen er in einem Gutachten für die OECD aufstellte. Er beschreibt Kompetenz als ...

„[…] die bei Individuen verfügbaren oder durch sie erlernten kognitiven Fähigkeiten und Fertigkeiten, um bestimmte Probleme zu lösen, sowie die damit verbundenen motivationalen, volitionalen und sozialen Bereitschaften und Fähigkeiten, um die Problemlösungen in variablen Situationen erfolgreich und verantwortungsvoll nutzen zu können" (Weinert, 2001a, S. 27f.).

Daraus gehen drei Charakteristika von Kompetenz hervor, die für das Verständnis und die Anwendung des Begriffs von großer Bedeutung sind:

- Die „um […]"-Formulierung von Weinert (2001a) zeigt an, dass Kompetenzen nicht losgelöst von dem Kontext zu verstehen sind, sondern einen Zweck erfüllen und somit zielgerichtet sind. Daher geht die Definition von Weinert (2001a) über das reine, reproduzierbare Wissen hinaus, indem Kompetenzen immer einen Anwendungsbezug verfolgen.
- Durch die Nutzung der Begriffe „kognitive Fähigkeiten", „Fertigkeiten" und „Bereitschaften" zeigt Weinert (2001a) in seiner Definition an, dass Kompetenzen demnach ein Zusammenschluss aus dem Wissen, der Anwendung und der Einstellung dem Problem oder der Aufgabe gegenüber sind. Dies impliziert, dass Kompetenzen subjektiv für jede Person zu beschreiben sind, da sich das handlungsorientierte Können sowie die Werte der Personen voneinander unterscheiden und somit auch die Kompetenzen beeinflussen. Soll dennoch einer der Faktoren stärker in den Fokus gestellt werden, wie z. B. das Wissen, dann kann in Sach-, Sozial- und Selbstkompetenz unterschieden werden (Euler, 2020).
- Indem Weinert (2001a) in seiner Definition mit „[…] zu können" formuliert, zeigt er für die Erfassung und Messung von Kompetenz ein grundlegendes Problem auf: wenn eine Person eine bestimmte Kompetenz besitzt, dann bedeutet dies nicht automatisch, dass diese jederzeit abrufbar ist oder gezeigt wird. Es handelt sich lediglich um das Potenzial, etwas durchführen zu können. Die Umsetzung der Aufgabe oder die Lösung des Problems muss jedoch nicht zwangsweise erfolgen. Damit kann eine Kompetenz-Performanz-Problematik einhergehen, da eine „Diskrepanz zwischen dem latent vorhandenen Leistungspotential (Kompetenz) und dem aktuell beobachtbaren Leistungsvollzug (Performanz) einer Person" (Böhmig-Krumhaar, 1998, S. 27) vorherrschen kann.

Die Kompetenz stellt somit die Verbindung zwischen Wissen als Voraussetzung (Rost, 2005) und Handlungen in vielfältigen Situationen dar und umfasst Fähigkeiten, die sich durch hohe Vergleichbarkeit, Effizienz und Qualität auszeichnen (Rohlfs et al., 2008). Die sichtbaren Ergebnisse dieser Kompetenz, auch als „Performanz" bezeichnet (North et al., 2018), können durch Messungen erfasst werden (de Boer, 2008). Allerdings wird der Begriff „Kompetenz" häufig kritisch betrachtet, da er sowohl im allgemeinen Sprachgebrauch als auch in verschiedenen wissenschaftlichen Disziplinen eine eher populärwissenschaftliche Bedeutung annimmt und seine Bedeutung oft an den jeweiligen Kontext angepasst wird (Weinert, 2001b). Erpenbeck und Rosenstiel (2003) kommen zu dem Schluss, dass der Begriff der Kompetenz daher relativ zur Theorie ist und „nur innerhalb der spezifischen Konstruktion einer Theorie von Kompetenz eine definierte Bedeutung hat" (Erpenbeck & Rosenstiel, 2003, S. XII). Daher liegt der Fokus im Folgenden auf der naturwissenschaftlichen Kompetenz und somit auf naturwissenschaftlicher Grundbildung.

Das Hauptziel der naturwissenschaftlichen Unterrichtsfächer ist die Ausbildung von naturwissenschaftlicher Grundbildung (*scientific literacy*; MSB NRW, 2019a; MSB NRW, 2019b; MSB NRW, 2019c), die im Rahmen von (inter-)nationalen Vergleichsstudien wie „TIMSS" (*Trends in Mathematics and Science Study*; u. a. Schwippert et al., 2020) oder „PISA" (*Programme for International Student Assessment*; u. a. OECD, 2019) als Ausgangspunkt zur Messung der Performanz dient (Schulte, 2022). Die „National Science Education Standards" definieren „Scientific Literacy" als ein Verständnis dafür, was Wissenschaft (nicht) ist und was Wissenschaft (nicht) leisten kann: „Science is a way of knowledge that is selected by empirical points, logical literacy argumentation and sceptical review" (NRC, 1996, S. 21). Häufig werden als Begriffsdefinition die Arbeiten von Bybee (1997; 2002) herangezogen, nach welchen naturwissenschaftliche Grundbildung als Konstruktion unterschiedlicher Verständnisniveaus verstanden wird und sich in vier Kompetenzstufen in Bezug auf die Förderung im Schulkontext differenzieren lässt. Diese werden im Folgenden kurz definiert und anhand eines Beispiels aus dem Biologieunterricht konkretisiert (u. a. Bybee, 2002; Dawson & Venville, 2009; Fakhriyah et al., 2017; Gräber & Nentwig, 2002; Soobard & Rannikmae, 2011):

– Nominale Scientific Literacy: Die nominale Scientific Literacy bezieht sich auf das grundlegende Erkennen naturwissenschaftlicher Ideen oder Themen. Personen mit nominaler wissenschaftlicher Kompetenz sind in der Lage, bestimmte Konzepte oder Begriffe im Zusammenhang mit der Wissenschaft zu erkennen. Diese Assoziationen können jedoch noch mit falschen Vorstellungen oder begrenztem Fachwissen verbunden sein. Dies ist der erste Schritt auf dem Weg zur wissenschaftlichen Kompetenz.

> Die Schüler:innen können die Bedeutung von Pflanzen für unser Leben anhand der Fotosynthese (grundlegend) erklären. Die Pflanzen produzieren Sauerstoff, den wir zum Atmen benötigen.

– Funktionale Scientific Literacy: Die funktionale Scientific Literacy bezieht sich auf ein tieferes Verständnis und die korrekte Verwendung von wissenschaftlichen Begriffen. Personen mit funktionaler wissenschaftlicher Kompetenz verfügen über den notwendigen Wortschatz und können Fachbegriffe angemessen verwenden. Sie sind in der Lage, wissenschaftliche Informationen zu verstehen und auf professionelle Weise zu vermitteln.

> Die Schüler:innen können die Abläufe der Fotosynthese (lichtabhängige und lichtunabhängige Reaktionen) beschreiben und erlangen ein tiefes Verständnis für die Schlüsselkonzepte der Fotosynthese, wie etwa die Bedeutung von Chlorophyll, Lichtenergie, Kohlendioxid (CO_2) und Wasser (H_2O).

- Konzeptionelle und prozedurale Scientific Literacy: Die konzeptionelle und prozedurale Scientific Literacy bezieht sich auf die Fähigkeit, Informationen und Erfahrungen in Beziehung zu setzen und verschiedene wissenschaftliche Disziplinen miteinander zu verknüpfen. Personen mit konzeptioneller und prozeduraler wissenschaftlicher Kompetenz können wissenschaftliche Konzepte und Prinzipien verstehen und anwenden. Sie sind in der Lage, wissenschaftliche Methoden und Verfahren anzuwenden, um Probleme zu analysieren, Experimente durchzuführen, Daten zu sammeln und Schlussfolgerungen zu ziehen.

> Die Schüler:innen nutzen chemische Grundlagen zum Verständnis des Elektronentransports zur Erklärung der Reaktionen, um ein Modellexperiment (Blue-Bottle-Experiment) zu erläutern und den Zusammenhang zwischen Chemie und Biologie herzustellen.

- Multidimensionale Scientific Literacy: Unter multidimensionaler Scientific Literacy versteht man ein umfassendes Konzept, das über das traditionelle Verständnis von wissenschaftlicher Literalität hinausgeht. Wissenschaftliche Literalität bezieht sich auf das Verständnis wissenschaftlicher Konzepte und Begriffe, jedoch konzentriert sich die multidimensionale wissenschaftliche Literalität auf die Entwicklung von mehreren Kompetenzen und Dimensionen im wissenschaftlichen Denken und Handeln. Dieses Konzept zielt darauf ab, Schüler:innen nicht nur das Wissen über wissenschaftliche Fakten zu vermitteln, sondern auch ihre Fähigkeiten und Haltungen in Bezug auf Wissenschaft zu fördern.

> 1. **Experimentelles Verständnis**: Die Schüler:innen können Experimente zur Fotosynthese durchführen, wie zum Beispiel die Überwachung des Gasaustauschs (CO_2-Verbrauch und O_2-Produktion) bei Pflanzen unter verschiedenen Lichtintensitäten. Dies fördert ihr Verständnis für die experimentelle Methode und statistische Analyse.
>
> 2. **Wissenschaftskommunikation**: Die Schüler:innen verfassen Präsentationen oder Berichte über die Fotosynthese, in denen sie ihre Ergebnisse aus Experimenten, Forschung und Diskussionen zusammenfassen. Dies entwickelt ihre Fähigkeiten zur wissenschaftlichen Kommunikation.
>
> 3. **Interdisziplinäre Verbindungen**: Die Schüler:innen verstehen, wie die Fotosynthese mit anderen wissenschaftlichen Disziplinen in Verbindung steht, wie der Chemie (z. B. chemische Reaktionen) und der Ökologie (z. B. Energieflüsse in Ökosystemen).
>
> 4. **Ethik und soziale Verantwortung**: Die Schüler:innen reflektieren über die ethischen und ökologischen Auswirkungen der Fotosynthese, z. B. wie Pflanzen CO_2 aufnehmen und Sauerstoff abgeben und wie dies zur Reduzierung des Treibhauseffekts beiträgt.
>
> 5. **Problem lösen und kritisches Denken**: Die Schüler:innen diskutieren komplexe Fragen im Zusammenhang mit der Fotosynthese, wie z. B. wie man den Fotosyntheseprozess optimieren kann, um die Nahrungsmittelproduktion zu steigern.

Die vom „Nationalen Bildungspanel" (*National Educational Panel Study*, NEPS) verwendete Definition von naturwissenschaftlicher Bildung basiert auf den Ansätzen von Weinert (2001a), erweitert durch Klieme und Leutner (2006) sowie auf dem Konzept der „Scientific Literacy" (Bybee, 2002; Hahn & Schöps, 2019; Prenzel et al., 2007; Schäfers, 2023). Diesem Modell zufolge setzt sich wissenschaftliche Kompetenz aus inhaltsbezogenen (*content related components; KOS = knowledge of science*) und prozessbezogenen (*process related components; KAS = knowledge about science*) Komponenten zusammen, die gemeinsam die Grundlage für den Aufbau naturwissenschaftlicher Kompetenz bilden (Hahn et al., 2013). Laut Hahn und Kolleg:innen (2013) umfassen die inhaltsbezogenen Komponenten (*KOS*) Substanzen, Entwicklung, Wechselwirkungen und Systeme, die als Schlüsselindikatoren der Wissenschaft identifiziert wurden und in den Referenzrahmen von PISA und der „American Association for the Advancement of Science" (AAAS) enthalten sind. Die prozessbezogenen Komponenten

(*KAS*) beziehen sich auf das Wissen über das Wesen der Wissenschaft und konzentrieren sich auf den Prozess der Gewinnung wissenschaftlicher Erkenntnisse, einschließlich der Schritte der Hypothesenbildung, der Versuchsplanung sowie der Analyse und Interpretation von Daten (Wegner, 2014).

Auch das PISA Konsortium Deutschland (2007) orientiert seine Definition von naturwissenschaftlicher Kompetenz u. a. an dem Forschungsprozess und beschreibt sie als Fähigkeit,

> „[...] [1.] naturwissenschaftliches Wissen anzuwenden, um Fragestellungen zu erkennen, sich neues Wissen anzueignen, naturwissenschaftliche Phänomene zu beschreiben und aus Belegen Schlussfolgerungen zu ziehen, [2.] die charakteristischen Eigenschaften der Naturwissenschaften als eine Form menschlichen Wissens und Forschens zu verstehen, [3.] zu erkennen und sich darüber bewusst zu sein, wie Naturwissenschaften und Technik unsere materielle, intellektuelle und kulturelle Umwelt formen, [4.] sowie die Bereitschaft, sich mit naturwissenschaftlichen Ideen und Themen zu beschäftigen und sich reflektierend mit ihnen auseinanderzusetzen" (PISA-Konsortium Deutschland, 2007, S. 65).

Diese Teilaspekte lassen sich zum Teil in den „Naturwissenschaftlichen Erkenntnisweg" (Rey, 2021; Wegner, 2014; Wegner & Schmiedebach, 2017) einordnen (siehe Kapitel 5.1) und entsprechen somit einer forschenden Haltung im naturwissenschaftlichen Unterricht. Zur Messung der naturwissenschaftlichen Kompetenz bestehen für den Primarbereich und die Sekundarstufen I und II unterschiedliche Messverfahren (Opitz et al., 2017), wie zum Beispiel das „Modell zur Erfassung naturwissenschaftlicher Kompetenzentwicklung im Projekt Science-P" (Hardy et al., 2010) oder der „Naturwissenschaftliche-Arbeitsweisen-Test" (NAW-Test; Klos et al., 2008; Koenen, 2014; Mannel, 2011; Walpuski, 2006). Auch für den Elementarbereich existieren unterschiedliche Messinstrumente, die naturwissenschaftliche Kompetenzen in den Blick nehmen (z. B. Carstensen et al., 2011; Schäfers & Wegner, 2022; Steffensky et al., 2012; Ziegler & Hardy, 2015), wobei jedoch teilweise nur sehr enge Inhaltsbereiche fokussiert werden (Peperkorn & Wegner, 2022).

Zusammenfassend wird im Folgenden unter dem Begriff „naturwissenschaftliche Kompetenz" die Fähigkeit verstanden, naturwissenschaftliche Probleme zu erkennen, zu verstehen und erfolgreich zu lösen, indem man über fundiertes Wissen in den Naturwissenschaften verfügt, dieses anwendet und die damit verbundenen Denk- und Arbeitsweisen beherrscht (Weinert, 2001a; Hahn et al., 2013). Diese Kompetenz umfasst inhaltsbezogene Kenntnisse über die Naturwissenschaften sowie prozessbezogene Fähigkeiten, wie das Anwenden wissenschaftlicher Methoden, das Beziehen von Informationen und das Denken in Zusammenhängen (Bybee, 2002; Wegner, 2014).

1.1.2 Intelligenz

Seit den Anfängen der Begabungsforschung geht der Intelligenzbegriff mit Begabung einher (Gardner, 1983; Renzulli, 1986) und wird als entscheidende Komponente zur Feststellung einer Begabung herangezogen (Fink, 2011). Der Begriff „Intelligenz" leitet sich vom Lateinischen *intelligentia* (Einsicht), *intellectus* (Verstand) und *intellegere* (einsehen, verstehen) ab und beschreibt die kognitive Leistungsfähigkeit, die durch eine Wechselwirkung von Anlage und Umwelt beeinflusst wird (Rost, 2013). Intelligenz bezeichnet somit die Fähigkeit von Lebewesen, sich an neue Situationen und Bedingungen anzupassen sowie Probleme basierend auf gesammelten Erfahrungen zu lösen (Gruber & Stamouli, 2009).

Bereits in den 1920er Jahren prägte der Experimentalpsychologe Edwin G. Boring (1886-1968) die Aussage zur Definition von Intelligenz: „Intelligence is what the tests test" (Boring, 1923, S. 35). Die Aussage, dass Intelligenz (lediglich) das ist, was die Tests messen, kann auf zwei Arten interpretiert werden: Kritiker:innen argumentieren einerseits, dass sie vor allem die unzureichende theoretische Fundierung des Konzepts der „Intelligenz" zeigt (Stern & Neubauer, 2016), und andererseits basiert der Satz auf einem Zirkelschluss:

> „Man kann Intelligenz nur dann auf diese Weise definieren, wenn man Intelligenztests von anderen Tests unterscheiden kann, die nur scheinbar Intelligenz erfassen. Dies ist jedoch nicht möglich, da wir dann zeigen müssten, dass die falschen Intelligenztests tatsächlich keine Intelligenz messen. Und dies ist wiederum nicht möglich, da Intelligenz selbst noch nicht definiert ist." (Funke & Vaterrodt, 2004, S. 10)

Auf der anderen Seite kann die Aussage von Boring (1923) auch so interpretiert werden, dass die Wissenschaftler:innen Intelligenz als messbares Konstrukt greifbar gemacht haben (Stern & Neubauer, 2016). Obwohl dieses Konstrukt heute das am besten und am detailliertesten untersuchte und erforschte Element in der Psychologie darstellt (Klauer & Spinath, 2010; Rost, 2013), gestaltet sich auf der anderen Seite eine einheitliche Definition dieses Begriffs als schwierig, inkonsistent und unbeständig (Schäfers, 2023). Im Rahmen dieses Diskurses haben führende Wissenschaftler:innen eine Definition erarbeitet, die besagt: „Intelligenz ist eine sehr allgemeine geistige Fähigkeit, die unter anderem die Fähigkeiten zum schlussfolgernden Denken, zum Planen, zum Problemlösen, zum abstrakten Denken, zum Verstehen komplexer Ideen, zum raschen Auffassen und zum Lernen aus Erfahrung einschließt" (Gottfredson, 1997, S. 13). Bei genauer Betrachtung der Definition fällt auf, dass es sich bei der Konstruktbeschreibung lediglich um eine Aneinanderreihung von beispielhaften Teilkompetenzen handelt, die zusammen Intelligenz repräsentieren sollen (Schäfers, 2023). Dies verdeutlicht, wie herausfordernd es ist, einen Konsens über die Struktur und Messung von Intelligenz zu erzielen (Gerring & Zimbardo, 2018). Auch die Existenz verschiedener Modelle zur Erklärung der Struktur von Intelligenz trägt zu den Definitionsschwierigkeiten bei. Einige Psycholog:innen beschreiben Intelligenz als eindimensionales und klar quantifizierbares Konstrukt (z. B. „Allgemeine Intelligenz" nach Spearman, 1904, 1927), während andere einen multiplen Ansatz verfolgen (z. B. „Primäre geistige Fähigkeiten" nach Thurstone, 1931; „Multiples Intelligenzmodell" nach Gardner, 1983; „Triarchisches Intelligenzmodell" nach Sternberg, 1986) oder sogar ein hierarchisches Modell (z. B. „CHC-Theorie" nach Cattell, 1963, Horn, 1991 und Carroll, 1993) vorschlagen (Mickley & Renner, 2010; Myers, 2014; Preckel & Vock, 2021; Rost & Sparfeldt, 2017). Je nach Interpretation des theoretischen Konstrukts kann Intelligenz demnach als ein dichotomes und domänenunabhängiges Merkmal – ähnlich wie Hochbegabung – oder, dem Begabungsbegriff folgend, als eine kontextabhängige Intelligenzfacette mit unterschiedlichen Ausprägungen betrachtet werden. Im Folgenden werden, um eine breite Facette des Begriffs „Intelligenz" zu zeigen, drei unterschiedliche Intelligenztheorien näher beleuchtet, die in ihrer Gesamtheit jedoch nicht alle Intelligenzmodelle abbilden.

Das „Modell der allgemeinen Intelligenz", auch bekannt als „g"-Faktor (*general factor*), wurde von dem britischen Psychologen Charles Spearman entwickelt und Anfang des 20. Jahrhunderts vorgestellt (Myers, 2014). Es ist ein Konzept, das die Vorstellung einer grundlegenden, übergeordneten Intelligenz repräsentiert, die in unterschiedlichen kognitiven Aufgaben zum Ausdruck kommt (Rost & Sparfeldt, 2017). Spearman (1904, 1927) ging davon aus, dass Intelligenz aus einem allgemeinen Faktor (g-Faktor) besteht, der die Gesamtleistung einer Person in kognitiven Aufgaben bestimmt (Spearman, 1904, 1927). Dieser „g"-Faktor ist laut seiner Theorie die grundlegende, stabile und übergeordnete kognitive Kapazität, die in verschiedenen kognitiven Bereichen wirkt. In der „g"-Faktor-Theorie wird postuliert, dass Menschen, die in einer kognitiven Aufgabe gut abschneiden, auch in anderen kognitiven Aufgaben tendenziell gute Leistungen erbringen (Spearman & Jones, 1950). Spearman (1904, 1927) stützte seine Theorie auf statistische Analysen von Intelligenztests. Er stellte heraus, dass die Leistungen von Menschen in verschiedenen kognitiven Aufgaben positiv miteinander korrelierten (Myers, 2014). Diese positiven Korrelationen deuteten darauf hin, dass es eine gemeinsame Intelligenzkomponente gebe, die diese Leistungen beeinflussen und erklären könnte. Diese Entdeckung führte zur Formulierung des g-Faktors und der Theorie der allgemeinen Intelligenz. Obwohl die „g"-Faktor-Theorie von Spearman kritisiert wurde, weil sie nicht die gesamte Bandbreite menschlicher kognitiver Fähigkeiten erfasste, hat sie dennoch einen starken Einfluss auf die Psychologie und die Entwicklung von Intelligenztests. Der „g"-Faktor bleibt ein wichtiger Bestandteil moderner Intelligenzforschung und bildet oft die Grundlage für die Bewertung der allgemeinen intellektuellen Leistungsfähigkeit von Individuen (Warne, 2016).

Das Intelligenzmodell nach Howard Gardner (1983; 1998; 2006), das auch als „Theorie der multiplen Intelligenzen" bekannt ist, wurde erstmals in den 1980er Jahren vorgestellt und unterscheidet sich von traditionellen Ansätzen, die Intelligenz als eine allgemeine kognitive Fähigkeit betrachten. Es postuliert, dass es verschiedene unabhängige Formen von Intelligenz gibt, die sich in individuellen Fähigkeiten und Talenten manifestieren können (Gardner, 1983; Miller, 1999). Gardner (1983) identifizierte ursprünglich sieben Hauptintelligenzen und fügte später eine achte hinzu (Gardner, 1998), die in den Kontext der modernen Forschung passt. Diese acht Intelligenzen sind (siehe Abbildung 1):

Abbildung 1: Theorie der multiplen Intelligenzen nach Gardner (1983; 1998; 2006).

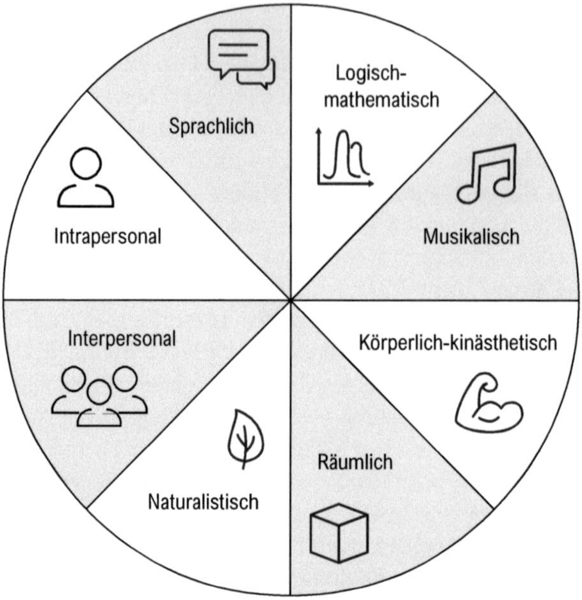

Quelle: Eigene Darstellung.

- Sprachliche Intelligenz: Diese Form der Intelligenz betrifft die Fähigkeit, Sprache sowohl mündlich als auch schriftlich effektiv zu verwenden. Menschen mit hoher sprachlicher Intelligenz sind oft gute Schriftsteller:innen oder Redner:innen und können komplexe Ideen verständlich und überzeugend vermitteln.
- Logisch-mathematische Intelligenz: Diese Intelligenz bezieht sich auf die Fähigkeit, logisch zu denken, komplexe Probleme zu analysieren und mathematische Konzepte zu verstehen. Menschen mit hoher logisch-mathematischer Intelligenz sind oft gute Wissenschaftler:innen, Ingenieur:innen oder Mathematiker:innen.
- Musikalische Intelligenz: Diese Form der Intelligenz betrifft die Fähigkeit, Musik zu verstehen, Rhythmen und Tonhöhen zu unterscheiden und musikalische Ausdrucksmöglichkeiten zu haben. Musiker:innen, Komponist:innen und Musikliebhaber:innen zeigen oft eine hohe musikalische Intelligenz.

- Körperlich-kinästhetische Intelligenz: Diese Intelligenz bezieht sich auf die Fähigkeit, den Körper geschickt zu nutzen und komplexe motorische Bewegungen zu koordinieren. Sportler:innen, Tänzer:innen und Handwerker:innen haben oft eine hohe körperlich-kinästhetische Intelligenz.
- Räumliche Intelligenz: Diese Form der Intelligenz betrifft die Fähigkeit, räumliche Wahrnehmung, Vorstellungskraft und Orientierung zu nutzen. Künstler:innen, Architekt:innen und Navigator:innen zeigen oft eine hohe räumliche Intelligenz.
- Naturalistische Intelligenz: Diese Intelligenz bezieht sich auf die Fähigkeit, die Natur und ihre Phänomene zu erkennen, zu klassifizieren und zu verstehen. Naturwissenschaftler:innen, Botaniker:innen und Verhaltensforscher:innen weisen oft eine hohe naturalistische Intelligenz auf.
- Interpersonale Intelligenz: Diese Form der Intelligenz betrifft die Fähigkeit, andere Menschen zu verstehen, ihre Emotionen zu erkennen und erfolgreich mit ihnen zu interagieren. Sozialarbeiter:innen, Lehrkräfte und Politiker:innen zeigen oft eine hohe interpersonale Intelligenz.
- Intrapersonale Intelligenz: Diese Intelligenz bezieht sich auf die Fähigkeit zur Selbstreflexion, das Verständnis der eigenen Gefühle, Motivationen und Ziele. Menschen mit hoher intrapersonaler Intelligenz haben oft eine gute Selbstkenntnis und Selbstregulierungsfähigkeiten.

Gardners Theorie der multiplen Intelligenzen betont die Vielfalt menschlicher Talente und Fähigkeiten und fordert eine breitere Definition von Intelligenz jenseits traditioneller standardisierter Intelligenztests (1998). Seine Ideen haben in der Pädagogik, Berufsberatung und Psychologie erheblichen Einfluss und dazu beigetragen, individuelle Stärken und Potenziale besser zu erkennen und zu fördern. Jedoch betonen kritische Wissenschaftler:innen, dass es sich bei der Theorie um eine „Schön-Wetter-Theorie" handle, da individuelle Schwächen von Personen immer durch die Stärken ausgeglichen werden können und dies nicht der aktuellen Situation in der Welt entspreche (Ferguson, 2009; Scarr, 1989).

Die CHC-Theorie (Cattell-Horn-Carroll-Theorie) ist ein aktuelles und umfassendes Modell der Intelligenz, das darauf abzielt, die Struktur der kognitiven Fähigkeiten detailliert zu beschreiben (Carroll, 1993; Cattell, 1963; Horn, 1991; Horn & Blankson, 2005). Sie basiert auf den Arbeiten von Raymond Cattell, John L. Horn und John B. Carroll und wurde in den 1990er Jahren entwickelt, um die Einschränkungen früherer Intelligenztheorien zu überwinden (Mickley & Renner, 2019). Die CHC-Theorie postuliert, dass Intelligenz aus einer Hierarchie von Fähigkeiten besteht, die sich in drei Ebenen gliedern lassen (siehe Abbildung 2; Flanagan & Dixon, 2013):

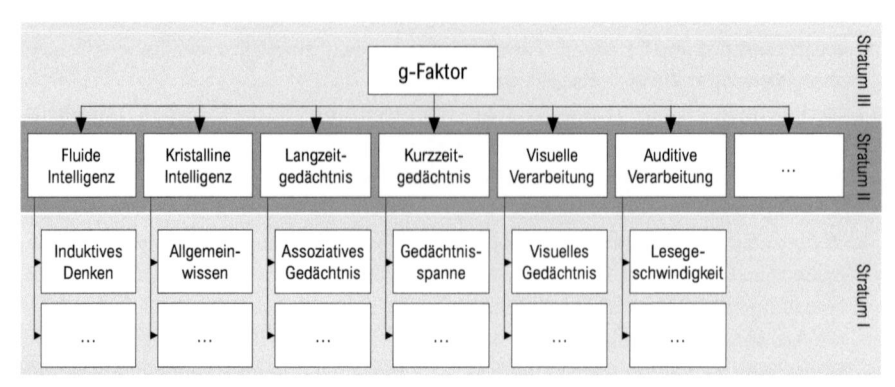

Abbildung 2: Übersicht zur CHC-Theorie nach Cattell (1963), Horn (1991) und Carroll (1993).

```
                              g-Faktor                                    Stratum III
   ┌──────┬──────────┬──────────┬──────────┬──────────┬──────────┬──────┐
 Fluide  Kristalline Langzeit-  Kurzzeit-  Visuelle   Auditive    ...    Stratum II
Intelli- Intelli-    gedächtnis gedächtnis Verar-     Verar-
genz     genz                              beitung    beitung

Induktives Allgemein- Assoziatives Gedächtnis- Visuelles  Lesege-        Stratum I
Denken     wissen     Gedächtnis   spanne      Gedächtnis schwindigkeit

  ...       ...         ...         ...         ...         ...
```

Quelle: Eigene Darstellung.

- Obere Ebene (*g*-Faktor; Stratum III): Dieser allgemeine Faktor, auch als „allgemeine Intelligenz" oder „g"-Faktor bekannt, repräsentiert die übergeordnete, allgemeine kognitive Fähigkeit, welche die gesamte Leistung einer Person in verschiedenen kognitiven Aufgaben beeinflusst. Er spiegelt die allgemeine Fähigkeit wider, Probleme zu lösen, Informationen zu verarbeiten und neue Situationen zu bewältigen.
- Mittlere Ebene (Stratum II): Diese Ebene besteht aus mehreren Faktoren, die als „generelle Fähigkeiten" bezeichnet werden und unterschiedliche Bereiche kognitiver Fähigkeiten, wie beispielsweise die fluide Intelligenz (Gf), die kristalline Intelligenz (Gc), die visuell-räumlichen Fähigkeiten (Gv), die auditive Verarbeitung (Ga) und die quantitativen Fähigkeiten (Gq) umfassen.
- Untere Ebene (Stratum I): Die unterste Ebene der CHC-Theorie besteht aus spezifischen Fähigkeiten, die noch detaillierter und eng an bestimmte kognitive Aufgaben gebunden sind. Beispiele hierfür sind Wortschatz, räumliches Vorstellungsvermögen, numerische Fähigkeiten, Geschwindigkeit der Verarbeitung, auditives Gedächtnis und viele andere.

Die „CHC-Theorie" als Ausdifferenzierung der „g"-Faktor-Theorie betont, dass unterschiedliche Intelligenztests eine Vielzahl von Fähigkeiten messen, die in verschiedene Kategorien auf den mittleren und unteren Ebenen der Hierarchie fallen (Schneider & McGrew, 2018). Diese Hierarchie ermöglicht es, die kognitive Leistung einer Person genau zu beschreiben und ihre Stärken und Schwächen in verschiedenen kognitiven Bereichen zu erkennen (Baudson, 2012). Während die CHC-Theorie ein umfassendes Rahmenwerk zur Erfassung und Bewertung der kognitiven Fähigkeiten von Individuen bildet und dazu beiträgt, ein differenzierteres Bild von Intelligenz zu zeichnen, ist sie nicht frei von Kritik. Besonders häufig wird kritisiert, dass die Hierarchie der kognitiven Fähigkeiten in der CHC-Theorie möglicherweise zu starr und deterministisch ist (Peperkorn & Wegner, 2023a). Einige Forscher:innen argumentieren, dass die strikte Hierarchie möglicherweise nicht die gesamte Bandbreite der menschlichen Intelligenz und kognitiven Fähigkeiten abdeckt. Es wird darauf hingewiesen, dass die Einteilung in untere, mittlere und obere Ebenen möglicherweise zu vereinfacht ist, die Komplexität der menschlichen Intelligenz nicht angemessen widerspiegelt und sie möglicherweise kulturell und sozial beeinflusste kognitive Fähigkeiten unzureichend berücksichtigt (Baudson, 2012; Mickley & Renner, 2010).

1.1.3 Kreativität

Obwohl keine einheitliche Definition des Begriffs Kreativität existiert, wird er im alltäglichen Sprachgebrauch in verschiedensten Kontexten verwendet. Dabei haben alle Personen, die den Begriff nutzen, egal ob Wissenschaftler:innen oder Lehrkräfte, eine gewisse Vorstellung, was genau Kreativität für sie bedeutet. Diese Problematik scheint sich im wissenschaftlichen Diskurs widerzuspiegeln, da auch hier viele verschiedene Definitionsansätze und Modelle existieren (Preiser, 2006). Die Bedeutung der Kreativität in der Begabungsförderung ist, wie bei allen Konstrukten bzw. Merkmalen, die mit Begabung in Verbindung gebracht werden, höchst umstritten. Die Diskussion wird dabei nicht zuletzt durch den generellen Diskurs zum Begriff Kreativität angefacht. Daher wird im Folgenden zunächst die wissenschaftliche Debatte um den Begriff selbst umrissen, bevor daraus Hinweise für die Bedeutung in der Begabungsdiagnostik und -förderung beschrieben werden.

Einer der ersten Wissenschaftler, der versuchte, belastbare Beschreibungen für den Begriff Kreativität zu finden, war Joy Paul Guildford (1950). Damals existierten nur wenige wissenschaftliche Beiträge, die sich mit Kreativität aus einer wissenschaftlichen Perspektive auseinandersetzten und auch noch heute, über 70 Jahre später, stoßen Psycholog:innen auf Probleme bei der Erforschung von Kreativität. Die erste kritische Frage, die der wissenschaftlichen Betrachtung von Kreativität im Wege steht, betrachtet die Eigenständigkeit des Konstrukts und der klaren Abgrenzung von der Intelligenz. Der Diskurs bildet sich hier zwischen Psycholog:innen, die der Ansicht sind, dass das, was im allgemeinen als Kreativität wahrgenommen wird bzw. das Verhalten von Personen, welches als kreativ verstanden wird, sei in erster Linie auf eine überdurchschnittlich hohe Intelligenz zurückzuführen, und solchen, die Kreativität als eigenständiges, sich von der Intelligenz abgrenzendes, Persönlichkeitsmerkmal beschreiben (Stumpf & Perleth, 2019). Ein weiteres Problem in der Erforschung von Kreativität besteht in der Vielzahl von Einflussfaktoren auf tatsächlich kreative Leistungen. Dies äußert sich beispielsweise darin, dass historische Entdeckungen nur sehr zufällig und vereinzelt auftreten und in höchstem Maße von den gegebenen Umweltfaktoren abhängig sind oder waren. Nichtsdestotrotz beschreibt Guildford (1950), dass auch bei konstant gehaltenen Umweltfaktoren verschiedene Individuen unterschiedlich kreative Leistungen vollbringen würden. Außerdem unterliegen diese Leistungen starken Schwankungen, sodass selbst als hochkreativ bezeichnete Personen nicht dauerhaft bahnbrechende Innovationen hervorbringen. An diese Problematik knüpft auch die generelle Schwierigkeit der psychologischen Messung von Kreativität an. Je objektiver versucht wird, Kreativität zu messen, desto weiter entfernt man sich vom eigentlichen Verständnis des Begriffs, weswegen geschlossene Testformate, wie Multiple-Choice-Tests, kaum geeignet scheinen.

Guildford (1956) grenzt Kreativität klar von Intelligenz ab. Dabei beschreibt er, dass bei der Messung von Intelligenz vor allem konvergente Denkweisen, also die Fähigkeit für das Finden einer einzigen klaren Problemlösung, abgefragt werden. Kreativität bilde sich dagegen aus der Fähigkeit zum divergenten Denken, bei dem ein Problem zunächst unsystematisch und ergebnisoffen bearbeitet wird. Zur Vertiefung dieser Theorie stellte er darüber hinaus einen Merkmalskatalog zur Beschreibung kreativer Personen auf (Guildford, 1959). Darin wird zunächst die Sensitivität für Probleme genannt, welche sich darin charakterisiert, dass das Individuum in der Lage ist, Probleme zu erkennen und die „richtigen Fragen, d. h. lösungsrelevanten Hypothesen [zu] formulieren" (Heller, 1992, S. 135). Ein weiterer Faktor, der bei der Beschreibung und Messung von Kreativität eine hervorgehobene Rolle spielt, ist die sogenannte Flüssigkeit (*fluency*), welche sich beispielsweise in der Quantität entwickelter Ideen zu einem bestimmten Problem äußert (Wilson et al., 1954). Die Flexibilität (*flexibility*) beschreibt die Fähigkeit oder Veranlagung, bei der Ideenfindung mühelos in unterschiedlichen Kategorien und aus unterschiedlichen Blickwinkeln heraus zu denken (Guildford, 1959). Die Originalität (*originality*) bezeichnet die Fähigkeit, Ideen zu generieren, die sich von konventionellen oder offensichtlichen Denkweisen abheben, und als selten in Bezug auf eine Bezugsnorm angesehen werden (Heller, 1992). Der Faktor Redefinition (*redefinition*) beschreibt die Fähigkeit, bestehende Objekte in neuer Weise zu verwenden, um ein Problem zu lösen. Der Begriff hängt folglich eng mit Improvisation zusammen und lässt sich heranziehen, um die funktionale Fixiertheit einer Person sichtbar zu machen. Schließlich wird der Faktor Elaboration (*elaboration*) angeführt, der die Fähigkeit beschreibt, innerhalb eines vorgegebenen Rahmens Details zu erdenken und beispielsweise eine vorgegebene Idee zu einem detaillierten Planungsvorhaben zu entwickeln. Neben der psychometrischen Klassifikation von Kreativität, welche auch heute noch in den meisten psychologischen Testinstrumenten als messtheoretische Grundlage verwendet wird (Cropley, 2000; Kim, 2006), existieren verschiedene Modelle von Kreativität, die aus pädagogischer Sicht einen Mehrwert liefern, da sie helfen die Entstehung von Kreativität nachzuvollziehen und Möglichkeiten aufzeigen, kreative Prozesse zu fördern (Nett, 2019). Eines der ersten Modelle zur Kreativität ist das 4-Phasen-Modell nach Wallas (1926). Die vier Phasen des kreativen Problemlösens lauten Vorbereitung, Inkubation, Einsicht und Verifikation. Im Rahmen der Vorbereitung findet eine bewusste Auseinandersetzung mit einem Problem statt. Dabei wird das Problem umrissen und Informationen aus unterschiedlichen Blickwinkeln gesammelt. Die Inkubation beschreibt laut Wallas eine Phase, in der sich das Individuum zunächst vom Problem abwendet und scheinbar nicht mehr aktiv daran arbeitet. Allerdings finden in dieser Phase wichtige Umstrukturierungsprozesse der zuvor gesammelten Informationen statt, die schließlich zur nächsten Phase der Einsicht überleiten. Damit dies gelingen kann, muss eine unbewusste Beschäftigung mit dem ursprünglichen Problem stattfinden, was beispielsweise durch die Beschäftigung mit einfachen Alternativaufgaben erfolgen kann. Die Einsicht, die unbewusst und meist plötzlich eintritt, muss anschließend durch die Verifikation gefestigt werden. Hier wird entschieden, ob eine Idee zur Lösung des Problems beiträgt und weiterverfolgt werden sollte (Wallas, 1926). Rhodes (1961) kommt in seiner Analyse von Kreativität (*Analysis of Creativity*) auf insgesamt vier verschiedene Kategorien, welche zur Beschreibung von Kreativität betrachtet werden sollten. Diese Kategorien sind Person (*person*), Prozess (*process*), Umwelt (*press*) und Produkt (*product*). Unter Person fasst Rhodes alle Informationen zusammen, die herangezogen werden können, um kreative Individuen zu beschreiben. Dabei nennt er unter anderem die Bereiche Persönlichkeit, Intellekt, Temperament, Einstellungen, aber auch körperliche Eigenschaften, Gewohnheiten oder psychologische Verteidigungsmechanismen, stellt jedoch jeweils die Frage, inwieweit diese Informationen zur Beschreibung der Kreativität herangezogen werden können (Rhodes, 1961). Die Kategorie Prozess fasst Informationen zur Motivation, Wahrnehmung, dem Lernen, Denken und der Kommunikation von Individuen zusammen. Dabei stellate Rhodes Fragen wie: „What causes some individuals to strive for original answers to questions while the majority are satisfied with conventional answers?" (Rhodes, 1961, S. 308). Außerdem nimmt er Rückbezug zum bereits beschriebenen 4-Phasen-Modell nach Wallas (1926) und argumentiert, dass der kreative Prozess gelehrt und gefördert werden kann. Die Kategorie Umwelt beschreibt die Beziehung zwischen dem Individuum und der Umwelt, welche zur Erbringung kreativer Leistungen führt. Dabei ist zu beachten, dass jede Person ihre Umwelt auf unterschiedliche Weise wahrnimmt und je nach ihrer Beschaffenheit reagieren kann. Somit hat die Umwelt einen erheblichen Einfluss auf die Kreativität, da sich aus ihr heraus unter anderem die Notwendigkeit und Anerkennung kreativer Leistungen entwickelt (Guildford, 1950; Rhodes, 1961). Schließlich umfasst die Kategorie Produkt alles, was innerhalb eines kreativen Prozesses aus einer Idee entsteht. Aus psychologischer Sicht bilden Produkte Aufzeichnungen der Kreativität einer Person zu einem bestimmten Zeitpunkt, was Wissenschaftler:innen ermöglicht, kreative Prozesse anhand von Produkten nachzuvollziehen und zu bewerten, wofür allerdings ein „System zur Klassifizierung von Produkten notwendig ist" (Rhodes, 1961, S. 309).

Ein neueres Modell der Kreativität beschreiben Kaufman und Beghetto (2009), die ein bestehendes Modell von Gardner (1993) erweiterten, das unterschiedliche Ausmaße kreativer Leistungen unterscheidet. Dabei wird zwischen alltäglicher Kreativität (*little-c*) und herausragenden kreativen Errungenschaften (*Big-C*) unterschieden, um Kreativität zu kategorisieren. Laut Kaufman und Beghetto (2009) reicht diese Dichotomie der Kreativität jedoch nicht aus, um diese greifbar zu bewerten. Daher ergänzen sie die Begriff „mini-c" und „Pro-C", welche das aufgestellte Kontinuum weiter ausdifferenzieren. Da „little-c" nach Gardner (1993) alle kreativen Leistungen zusammenfasst, bei denen es sich nicht um überragende oder weltberühmte Errungenschaften handelt, ergänzten sie die Kategorie „mini-c". Diese betont den Entwicklungsaspekt von Kreativität und ermöglicht eine Unterscheidung zwischen verschiedenen Entwicklungsstadien. „Das Konstrukt des mini-c ist nützlich, um die Genese des kreativen Ausdrucks (mini-c) zu erkennen und von leichter erkennbaren Ausdrucksformen der Kreativität (little-c) zu unterscheiden" (Kaufman & Beghetto, 2009, S. 2). Die Kategorie „Pro-c" hingegen beschreibt das Entwicklungsstadium zwischen „little-c" und „Big-C". Als Beispiel werden Personen genannt, die in ihrem Feld zwar eine gewisse kreative Expertise erreicht haben, jedoch nicht zur Kategorie „Big-C" gezählt werden können, da sie (noch) keine herausragenden kreativen Leistungen vollbracht haben.

Zusammenfassend wird deutlich, dass die Psychologie seit langer Zeit versucht, Kreativität zu strukturieren und zu kategorisieren, um das Konstrukt greifbar oder sogar messbar zu machen. Bei genauerer Betrachtung der beschriebenen Kreativitätstheorien und -modelle wird deutlich, dass viele Überschneidungspunkte bestehen. In den meisten Fällen werden lediglich die Facetten oder Betrachtungsweisen unterschiedlich angeordnet und miteinander in Beziehung gesetzt. Ab den 1960er Jahren begannen einige Forscher:innen dann, die Bedeutung von Kreativität als zusätzlichen Faktor in der Begabung zu erkennen. Pädagog:innen und Psycholog:innen wie Howard Gardner (1983) und Mihaly Csikszentmihalyi (1985) betonten die Bedeutung von Kreativität und erläutern, dass Begabung nicht nur auf intellektuelle Fähigkeiten beschränkt, sondern auch kreative Fähigkeiten umfassen sollte. Daran anschließend wurde die Bedeutung von Kreativität in der Begabungsforschung in den 1980er Jahren weiter gestärkt. Es entstanden verschiedene Modelle, die Kreativität als integralen Bestandteil der Begabung betrachteten (u. a. Renzulli, 1978). Aktuell wird in der Begabungsforschung Kreativität immer häufiger als wesentliches Merkmal der Begabung angesehen (Koop & Steenbuck, 2011). Die Diagnostik und Identifikation von Begabung umfasst nun oft verschiedene Komponenten, die neben intellektuellen Fähigkeiten auch Kreativität, Motivation und soziale Faktoren berücksichtigen (siehe Kapitel 1.2.1).

„Yes, the creative process can be taught" (Rhodes, 1961, S. 308) – vor diesem Hintergrund lässt sich die Kreativitätsförderung der Begabungsförderung zuordnen (Mehlhorn et al., 2015). Trotz berechtigter Einwände zur Messung von Kreativität und deren Nutzung in der Begabungsdiagnostik (Sparfeldt et al., 2009), ermöglicht die Betrachtung der beschriebenen Ansätze, Lehrkräften Hinweise für die Begabungsförderung zu sammeln (Nett, 2019). So schreibt Wallas (1926), dass kreative Prozesse eine gewisse Zeit brauchen und Kinder beispielsweise im Rahmen in der Inkubationsphase von Projektarbeiten die Chance erhalten sollten, leichte Alternativaufgaben zu bearbeiten, um schließlich zur Einsicht zu gelangen. Dazu sollten Lehrkräfte ihre Schüler:innen insbesondere in kreativen Phasen genau beobachten und sensibel auf eine mögliche funktionale Fixiertheit (Guildford, 1959) reagieren. Dies geht mit den Annahmen von Rhodes (1961) einher, der beschreibt, dass die Umwelt eine zentrale Rolle für die Entwicklung kreativen Potenzials und schließlich der Erbringung kreativer Leistungen beiträgt. Darüber hinaus sollte beachtet werden, dass kreative Errungenschaften auf dem „mini-c"-Level immer auf bereits bestehendem Wissen aufgebaut sind, sodass die Erarbeitung einer grundlegenden Wissensbasis als eine zentrale Maßnahme der Kreativitätsförderung verstanden werden kann (Kaufman & Beghetto, 2009). Dabei verbietet sich die stereotype Betrachtungsweise, dass kreative Leistungen in Schule nur in künstlerisch-schaffenden Fächern möglich sind. Auch wenn die Fachspezifität von Kreativität ebenfalls umstritten ist (Baer, 2010; Sternberg & Lubart, 1999), sind diese im Rahmen von Projektarbeiten oder Facharbeiten in allen Fächern denkbar.

1.2 Darstellung zentraler Begabungsmodelle

Lehrkräfte nehmen eine zentrale Rolle in der schulischen Begabungsförderung ein. Sie sind ständig aufgefordert, die Fähigkeiten und Potenziale ihrer Schüler:innen zu diagnostizieren und ihren Unterricht anhand dessen entsprechend zu gestalten und Unterrichtsmaterialien, Methoden und Lernziele dahingehend zu differenzieren (Fischer & Fischer-Ontrup, 2022). Daraus folgt ein hoher Anspruch der Begabungsförderung an die individuelle Professionalisierung, bei der, neben den diagnostischen, didaktischen, kommunikativen auch fachliche Kompetenzen gefordert sind (Fischer, 2018). Daher ist eine fachunabhängige Auseinandersetzung mit bestehenden Begabungstheorien und -modellen für eine gelungene Begabungsförderung im eigenen Unterricht unerlässlich. Im Laufe der Jahre wurden aus Psychologie und Pädagogik unterschiedliche Ansätze beigesteuert, um deren Gültigkeit ein andauernder wissenschaftlicher Diskurs herrscht (u. a., Hany & Heller, 1991; Mönks, 1991; Rost, 1991a, 1991b). Trotz der Uneinigkeit ist die Auseinandersetzung mit dem Diskurs und die Betrachtung unterschiedlicher theoretischer Standpunkte als Lehrkraft sehr gewinnbringend, da hieraus individuelle Handlungsweisen abgleitet werden können. Im folgenden Kapitel werden daher unterschiedliche Begabungsmodelle beleuchtet und deren Unterschiede, Gemeinsamkeiten und gegenseitige Kritik beschrieben.

1.2.1 Begabung – eine Definition

Während der Begriff „Intelligenz" schon seit geraumer Zeit existiert und eine lange Geschichte in der Psychologie und Philosophie aufweist, handelt es sich bei dem Begriff „Begabung" um einen eher jungen Begriff, der seit Ende des 19. Jahrhunderts vor allem in psychologischen, philosophischen und medizinischen Kontexten zu finden ist (Binneberg, 1991; Hoyer, 2012). Den Einzug in die Pädagogik erhielt der

Begriff nicht zuletzt durch den Psychologen Richard Baerwald (1896), der seine Theorie zur Existenz, Klassifikation, zu Ursachen, Wert und zur Erziehung menschlicher Begabung definierte. Für reformpädagogisch orientierte Wissenschaftler:innen wurde Begabung zu einem Schlüsselbegriff, da durch diesen ausgedrückt werden konnte, was in Schule und Erziehung fehlte: die Berücksichtigung der Individualität des Kindes (Hoyer, 2012). So formulierte Gurlitt (1909): „Jedes einzelne Kind hat aber seine Begabung und erfordert deshalb auch seine eigene Beurteilung" (S. 242).

Heute unterscheiden sich je nach Ausrichtung und Perspektive die Definitionen des Begriffs „Begabung" voneinander (Müller et al., 2021; Rohrmann & Rohrmann, 2017). Aus psychologisch-diagnostischer Sicht gelten Begabungen als „[...] etwas bereits im Menschen Vorhandenes, Solides und [zeigen] sich durch (Hoch-)Leistung [...]" (Fraundorfer, 2019, S. 31), wohingegen aus pädagogisch-didaktischer Perspektive Begabung als „grundsätzlich in jedem Menschen angelegte Entwicklungspotentiale [definiert sind], die es auszugestalten gilt und für deren Ausprägung es entsprechende pädagogisch-didaktische Settings braucht" (Fraundorfer, 2019, S. 31). Gemäß iPEGE (2009) ist für die Entfaltung von Begabungen eine stimulierende Gestaltung der Umgebung des Einzelnen unerlässlich, da unter „Begabung" der individuelle Entwicklungsstand leistungsbezogener Potenziale verstanden wird. Diese Potenziale ermöglichen es dem/der Einzelnen, bei geeigneter Veranlagung und langfristiger, systematischer Anregung, Begleitung und Förderung, in der Lage zu sein, sinnvoll, verantwortungsbewusst und der Kultur angepasst zu handeln (iPEGE, 2009). Der Definition anschließend zeigen Personen mit einer hohen Ausprägung ihrer Begabung domänenspezifisch ein verstärktes Interesse an neuem Wissen (Müller et al., 2021), weisen eine höhere Fähigkeit zum Lernen, auch neuer Sachverhalte, auf und haben eine höhere Verarbeitungsgeschwindigkeit (iPEGE, 2014; Schäfers, 2023). Somit folgt das pädagogische Begabungsverständnis einem inklusiven Ansatz, der jedem Individuum eine Begabung zuschreibt, die es durch individuelle Förderung der vorhandenen Kompetenzen und Potenziale zu stärken gilt (Fränkel & Kiso, 2021; Müller, et al., 2021; Schäfers, 2023; Weigand, 2011). Dabei ist Begabung jedoch kein empirischer Begriff: „Begabung lässt sich nicht beobachten (und streng genommen auch nicht testen), Begabung ist eine Attribution, eine Zuschreibung" (Hoyer, 2012, S. 18). Dieses Verständnis impliziert bereits eine maßgebliche Unterscheidung zwischen Begabung und Leistung. Begabung ist als Voraussetzung oder Möglichkeit von Leistung zu verstehen: „Begabungen sind immer Möglichkeiten zur Leistung, unumgängliche Vorbedingungen, sie bedeuten jedoch nicht Leistung selbst" (Stern, 1916, S. 110). Dabei kann sich die Begabung auf alle individuellen Potenziale des Individuums beziehen, sowohl auf intellektuelle Aspekte, wie numerische oder räumliche Begabungen, als auch auf nicht-intellektuelle Aspekte, wie musikalische, künstlerische oder sportliche Begabungen. Somit macht Intelligenz alleine noch keine Begabung aus, muss allerdings zu einem gewissen Grad vorhanden sein, damit sich eine Begabung entwickeln kann.

Aus dem Begabungsbegriff ging im 19. Jahrhundert schnell auch der Begriff „Hochbegabung" hervor. Die Zuschreibung „hoch" soll(te) dabei hervorheben, wie stark sich die Begabungen des Individuums von den hypothetisch Durchschnittsbegabten abgrenz(t)en (Hoyer, 2012; Rost, Sparfeldt & Schilling, 2006). Jedoch wurde zunächst kein spezifisches Theoriekonstrukt mit dem Begriff „Hochbegabung" verbunden und die Begriffe wurden in den meisten Fällen synonym verwendet (Hoyer, 2012). In beiden Fällen ist das außergewöhnliche Leistungsvermögen, die Leistungsvoraussetzungen oder die Leistungspotenziale der Individuen gemeint (Hany, 2012). Viele Wissenschaftler:innen kritisieren heute, dass diese Begriffe „uneinheitlich und unscharf" (Rost, 2009, S. 14) genutzt und eingesetzt werden. „Unglücklicherweise herrscht in der Wissenschaft, wenn über Begabung und Hochbegabung gesprochen wird, ein nahezu babylonisches Sprachgewirr" (Ziegler, 2008, S. 14). Durch seine dichotome Anlage und des Ausschlusses domänenspezifischer Ausprägungen handelt es sich bei dem Hochbegabungsbegriff um einen stark diskutierten Ausdruck (Schäfers, 2023). Häufig werden zur Ermittlung einer Hochbegabung die intellektuellen Fähigkeiten herangezogen (Feldhusen & Jarwan, 2000), wobei anhand der Festlegung von „cut-off"-Werten (z. B. einem Intelligenzquotienten von 130) die Grenzen bestimmt werden, die jedoch weder einen qualitativen Sprung des Leistungsvermögens und der Denkweisen belegen (Preckel, 2003; Preckel & Holling, 2006) noch die Domänenspezifität berücksichtigen. Während einige Wissenschaftler:innen somit Hochbegabung mit dem g-Faktor (also dem allgemeinen Faktor der Intelligenz nach Spearman, 1927) gleichsetzen (Rost, 2009), stößt die ausschließliche Orientierung am IQ, und damit auch eine Vereinfachung aller geistigen Fähigkeiten auf den IQ, zur Einteilung von Hochbegabten bei anderen u. a. aufgrund fehlender empirischer Beweise auf Kritik (Lackner, 2014; Ziegler, 2008). Da in dem vorliegenden Buch Maßnahmen, Angebote und Förderungen für naturwissenschaftliche Begabungen beschrieben werden und diese als individuelles Potenzial der Schüler:innen verstanden werden, wird in Anlehnung an iPEGE (2009) folgend ausschließlich von Begabung geschrieben (außer wenn spezifische Modelle, Theorien oder Angebote explizit den Ausdruck „Hochbegabung" nutzen und diese wiedergegeben werden). Diese Begabung umfasst dabei sowohl die Intelligenz, aber auch die Denkfähigkeit, den Leistungswillen, das Interesse, die Arbeitsdisziplin, das Selbstvertrauen sowie die Fähigkeiten der Selbststeuerung der Schüler:innen im naturwissenschaftlichen Kontext.

1.2.2 Begabungsmodelle

Im aktuellen Diskurs wird hauptsächlich zwischen unidimensionalen und multidimensionalen Begabungstheorien unterschieden. Unidimensionale Modelle definieren Begabung in Abhängigkeit einer festgelegten Variable, beispielsweise (aber nicht zwingend) der intelligenzbasierte Ansatz (u. a. Terman, 1925), während multidimensionale Modelle mehrere Variablen in die Definition einbeziehen (u. a., Renzulli, 1978).

Außerdem lassen sich Modelle unterscheiden, die Begabung als erbrachte Leistung, und solche, die Begabung als Potenzial verstehen (Holling et al., 1999). Der Ansatz nach Terman (1925) bildet wohl den bekanntesten unidimensionalen Begabungsansatz, wobei er die Intelligenz als genetisch festgelegte Prädisposition beschrieb und anhand des IQs hochbegabte von nicht begabten Schüler:innen unterschied. Neben intelligenzbasierten Ansätzen können, wie bereits erwähnt, auch andere Variablen wie Kreativität oder sportliche Fähigkeiten in den Fokus unidimensionaler Definitionen rücken. Um den wissenschaftlichen Diskurs nachzuvollziehen und im Anschluss näher zu beleuchten, werden im Folgenden verschiedene multidimensionale Begabungsmodelle näher beschrieben.

Das Drei-Ringe-Modell nach Renzulli (1978)

Das Drei-Ringe-Modell nach Renzulli (1978) beschreibt das wohl bekannteste multifaktorielle Begabungsmodell, welches auch heute noch die theoretische Grundlage für zahlreiche Fördermaßnahmen und -projekte bildet. Renzulli entwickelte das Modell als Antwort auf unidimensionale Definitionen von Begabung, wie beispielsweise die konservative Definition von Lewis Terman (1925), der Begabung als „die obersten 1 % im Bereich allgemeiner intellektueller Fähigkeiten, gemessen nach der Stanford-Binet Intelligence Scale oder vergleichbaren Instrumenten" (S. 43) definierte. Außerdem kritisierte Renzulli (1978), dass bis dahin bekannte Begriffsdefinitionen nur intellektuelle bzw. kognitive Fähigkeiten einbezogen und nicht-intellektuelle Fähigkeiten bzw. motivationale Aspekte ausblendeten. Des Weiteren merkte er an, dass zwar bereits mehrdimensionale Betrachtungsweisen von Begabung existierten, in den daraus entstandenen Definitionen aber keine Bezüge und Verbindungen zwischen den verschiedenen aufgenommenen Kategorien benannt wurden. Mit dem Drei-Ringe-Modell beschreibt er dagegen, dass begabtes Verhalten aus der Schnittmenge verschiedener Faktoren zur Ausprägung kommt. Es besteht aus den drei Faktoren, überdurchschnittliche Fähigkeiten (*Above-average Ability*), Aufgabenengagement (*Task Commitment*) und Kreativität (Creativity). Begabte Schüler:innen weisen laut Renzulli die genannten Eigenschaften auf bzw. besitzen das Potenzial, diese zu entwickeln und können sie kombiniert in einem bestimmten Leistungsbereich anwenden, sodass diese durch Performanz sichtbar werden. Dabei betont Renzulli (1978), dass sich diese Leistungen immer in einem bestimmten Feld äußern und die drei verschiedenen Faktoren als „gleichberechtigte Partner" (S. 3) fungieren.

Above-average Ability

Unter überdurchschnittlichen Fähigkeiten werden sowohl allgemeine als auch spezifische Fähigkeiten zusammengefasst (Renzulli, 2005). Allgemeine Fähigkeiten beschreiben Eigenschaften, die auf alle möglichen Bereiche (bspw. allgemeine Intelligenz) oder zumindest auf breitangelegte Fähigkeitsbereiche (bspw. allgemeine verbale

Fähigkeiten angewandt in verschiedensten Bereichen des Sprachgebrauchs) bezogen werden können. Sie äußern sich unter anderem im Vermögen von Schüler:innen, Informationen aufzunehmen, eigene Lernerfahrungen zu übertragen, auf neue Situationen und Probleme adäquat zu reagieren und abstrakt zu denken. Bekannte breite Fähigkeitsbereiche sind verbales und numerisches Denken, Redegewandtheit, räumliches Vorstellungsvermögen oder auch das Kurz- und Langzeitgedächtnis, die sich auch in der CHC-Theorie wiederfinden (u. a., Flanagan & Dixon, 2013). Zu den genannten breiten und allgemeinen Fähigkeitsbereichen existieren eine Vielzahl an standardisierten Tests (u. a., Mickley & Renner, 2019). Für eine erfolgreiche und individuelle Begabungsförderung müssen laut Renzulli (1978) jedoch vor allem die speziellen Fähigkeiten in den Blick genommen werden. Dabei handelt es sich um das Potenzial, Wissen, Fähigkeiten und Fertigkeiten in einem spezifischen Bereich oder Fach aufzubauen, wie beispielsweise Biologie, Chemie, Ballett oder Fotografie. Laut Renzulli (1978) zeigt sich begabtes Verhalten hierbei in Alltagssituationen, die nicht durch Testsituationen hervorgerufen werden können. Es wird jedoch eingeräumt, dass viele spezifische Fähigkeiten eng mit breiteren Fähigkeitsbereichen zusammenhängen, weswegen dessen Messung Hinweise auf die Ausprägung einer Begabung liefern können. Problematisch ist, dass viele spezifische Fähigkeitsbereiche schwierig zu messen sind (bspw. Führungskraft oder künstlerische Tätigkeiten), weswegen diese nur durch direkte (leistungsbasierte) Beobachtung von geschulten Fachkräften, wie beispielsweise Lehrkräften, diagnostiziert werden können. Auch für das Fach Biologie existieren bis dato nur wenige Diagnostikinstrumente, die meist sehr spezifische Fertigkeiten in den Blick nehmen und keine umfassende Diagnostik für den Fachbereich liefern. Es wird immer wieder betont, dass mit überdurchschnittlichen Fähigkeiten nicht zwingend herausragende Fähigkeiten gemeint sind (Renzulli & Reis, 2021). Auch die Einstufung von Schüler:innen in verschiedene Level, wie beispielsweise die obersten fünf, zehn oder fünfzehn Prozent eines bestimmten standardisierten Testinstruments ist im Sinne einer individuellen Begabungsförderung nicht ausreichend, da diese Tests nicht für alle Schüler:innen eine valide Messung ihrer Begabung liefern können (u. a., Sternberg, 1981; 1982). Darüber hinaus wird diskutiert, dass die Korrelation zwischen der allgemeinen Intelligenz und dem spezifischen Begabungsbereich stark variiert. Folglich existieren Begabungsbereiche, in denen die Intelligenz einer Person eine größere Rolle spielt als in anderen Bereichen. Verschiedene Übersichtsarbeiten und Studien beschreiben außerdem einen so genannten „Schwellenwert-Effekt" (*treshold effect*, Renzulli, 2005), welcher beschreibt, dass Intelligenz ab einem bestimmten Grad nur noch geringfügig mit der Erbringung von Leistungen in einem bestimmten Feld korreliert. Dies unterstützt die Annahme des Drei-Ringe-Modells, dass an dieser Stelle andere Eigenschaften zur Ausprägung begabten Verhaltens beitragen, welche im Folgenden beschrieben werden.

Task Commitment

Unter dem Engagement oder der Verpflichtung gegenüber einer Aufgabe versteht Renzulli (1978) eine reflektierte oder fokussierte Art der intrinsischen Motivation an einem spezifischen Problem oder in einem bestimmten Themengebiet zu arbeiten. „Die Begriffe, die am häufigsten verwendet werden, um das Engagement für eine Aufgabe zu beschreiben, sind Beharrlichkeit, Ausdauer, harte Arbeit, engagiertes Üben, Selbstvertrauen, der Glaube an die eigene Fähigkeit, eine wichtige Arbeit zu verrichten und das Handeln in dem/den eigenen Interessenbereich(en)" (Renzulli, 2005, S. 73). Laut Renzulli (1978) beschreibt die Fähigkeit, sich in ein bestimmtes Problem für einen längeren Zeitraum zu vertiefen und aus eigenem Antrieb daran zu arbeiten, eine wichtige Grundvoraussetzung für die Ausprägung begabten Verhaltens. Hier wird vor allem die intrinsische Motivation betont, die im Gegensatz zur extrinsischen Motivation keine externen Anstöße benötigt, sondern aus der eigenen Neugierde und Interesse spontan entsteht, also selbstbestimmt ist (Deci & Ryan, 1993). Extrinsisch motivierte Verhaltensweisen hingegen werden bspw. nach Aufforderung oder in Aussichtstellung einer Belohnung gezeigt. Die beiden Formen der Motivation sind jedoch nicht als Gegensatzpaar zu verstehen, da extrinsische Belohnungen in gewissen Situationen auch zu einer Aufrechterhaltung der intrinsischen Motivation führen kann (Deci & Ryan, 1993). Diesen Standpunkt greift Renzulli (2005) auf und betont, dass extrinsische Faktoren, welche das eigene Selbstkonzept, die eigene Kompetenzwahrnehmung oder die Involvierung in ein bestimmtes Problem begünstigen, einen verstärkenden Effekt auf die intrinsische Motivation haben können (Collins & Amabile, 1999). Die Annahme, dass das Aufgabenengagement eine wesentliche Rolle bei der Ausprägung begabten Verhaltens spielt, wird durch biografische Studien und Forschungsbeiträgen, die den Zusammenhang zwischen motivationalen Faktoren und der Erbringung produktive kreativer Leistungen erforschten, gestützt (Renzulli & Reis, 2021).

Creativity

Als drittes entscheidendes Cluster bei der Ausprägung begabten Verhaltens nennt Renzulli (1978) die Kreativität. Der Begriff Kreativität bildet in der Begabungsdiagnostik und -förderung einen Überbegriff, der verschiedene Faktoren und Eigenschaften zusammenfasst, die zur Ausprägung kreativ-produktiver Leistungen von Begabten beitragen, jedoch individuell betrachtet werden müssen. Wie bereits beschrieben wurde, werden in der aktuellen Kreativitätsforschung unter anderem vier verschiedene Arten von Kreativität unterschieden (Kaufman & Beghetto, 2009). Dabei wird betont, dass es sich hierbei nicht um ein aufbauendes Modell handelt, sondern Leistungen in allen vier Ebenen der Kreativität (*mini-c, little-c, Pro-c, Big-C;* siehe Kapitel 1.1.3) unabhängig voneinander erfolgen können. Allerdings liefert das Modell einen „Rahmen für die Konzeptualisierung und Klassifizierung verschiedener Ebenen kreativer Leistungen und weist auf mögliche Wege kreativer Reifung hin" (Kaufman & Beghetto, 2009, S. 6). In der Begabungsförderung können also Gelegenheiten zur Erbringung von "mini-c"- und "little-c"-Beiträgen geschaffen werden, welche später zur Ausprägung von "Pro-c"- oder sogar "Big-C"-Leistungen führen können (Renzulli & Reis, 2021). Im Rahmen der Diagnostik von Kreativität wird festgestellt, dass zwar Tests zum divergenten und kreativen Denken existieren (u. a., Torrance, 1974), eine Validierung der Testinstrumente anhand von tatsächlichen kreativen Leistungen im späteren Leben aber nur schwierig umzusetzen ist, was die prädiktive Aussagekraft vorhandener Kreativitätstests einschränkt (Renzulli, 2005). Auch die Betrachtung von tatsächlichen kreativen Leistungen oder Selbsteinschätzungen von Schüler:innen sind in hohem Maße von Subjektivität geprägt, was eine Diagnostik zusätzlich erschwert. Um eine individuelle Begabungsförderung zu ermöglichen, müssen auch kreative Leistungen fachspezifisch betrachtet werden, da je nach Fach unterschiedliche Fähigkeiten zur Erbringung dieser beitragen. Renzulli (2005) fordert hier die Entwicklung von sorgfältigeren Verfahren zur Bewertung kreativer Produkte potenziell begabter Schüler:innen, um diese entsprechend fördern zu können.

Zwei Arten der Begabung nach Renzulli (1978)
In den Ausführungen Renzullis zum Drei-Ringe-Modell der Begabung wird deutlich, dass er zwischen zwei verschiedenen Arten von Begabung unterscheidet. Zunächst beschreibt er die "schoolhouse giftedness", die er auch als Prüfungsbegabung oder Unterrichtsbegabung bezeichnet. Diese schulische Begabung findet durch die klassische Lehr- und Lernstruktur im Unterricht großen Anklang und Lehrkräfte sind daher bis zu einem bestimmten Level in der Lage, diese im eigenen Unterricht zu erkennen (Bergold, 2014). Darüber hinaus gilt der IQ als starker Prädiktor für schulische Leistungen und Schulnoten (Roth et al., 2015), was bedeutet, dass diese Form der Begabung durch standardisierte Intelligenztests gemessen werden kann. Daher werden diese zwei Faktoren zurecht als Kriterium für die Zulassung zu Fördermaßnahmen herangezogen. Renzulli (2005) weist darauf hin, dass diese Form der Begabung trotzdem in unterschiedlichen Ausprägungen vorliegen kann und allen Schüler:innen individuelle Förderung angeboten werden muss (bspw. Akzeleration, siehe Kapitel 6). Trotz der als hoch bezeichneten Vorhersagekraft des IQ für schulische Noten klärt dieser maximal etwa ein Drittel der Varianz in dieser Variable auf, was zusätzlich dafür spricht, dass auch Schüler:innen, die mit ihren Intelligenztestergebnissen unter häufig verwendeten Cut-off-Werten liegen, in der Lage sind, herausragende Leistungen in bestimmten Fachbereichen zu zeigen. Da standardisierte Testverfahren folglich nicht alle begabten oder potenziell begabten Schüler:innen erkennen können, ergänzt Renzulli neben der schulischen Begabung noch die "creative productive giftedness". Die zuvor beschriebene schulische Begabung ist hauptsächlich dadurch charakterisiert, dass die Schüler:innen in der Lage sind, vorbereitetes Wissen in den Unterrichtsstunden überdurchschnittlich schnell aufzunehmen und zu lernen. Bei der schöpferischen produktiven Begabung geht es nicht mehr um das Potenzial, Wissen um seiner selbst Willen anzuhäufen und zu speichern, sondern selbst neues Wissen zu entdecken. Daher ist ein

wesentliches Merkmal dieser Begabung das Potenzial zur Hervorbringung von Produkten. Diese Produkte können beispielweise originelle Gedanken, Lösungen oder Erfindungen sein, die einen Einfluss auf die Gesellschaft oder zumindest auf eine ausgewählte Zielgruppe haben. Folglich zeigt sich die kreativ-produktive Begabung darin, dass Schüler:innen in der Lage sind, bereits erlangtes Wissen und Fähigkeiten einzusetzen, um an selbstgewählten Problemen zu arbeiten und hierfür Lösungen zu entwickeln. Daher muss auch eine entsprechende Förderung anders aufgebaut werden und die Möglichkeiten für eben solche Projekte geschaffen werden. Auch wenn diese Form der Begabung nicht über standardisierte Tests gemessen werden kann, betont Renzulli (2005), dass auch hier eine bestimmtes Leistungslevel Voraussetzung ist, da die Menge an erworbenen Fähigkeiten und Wissen in unterschiedlichsten Bereichen die Basis für kreatives und produktives Verhalten liefern. So kann beispielsweise die Förderung des prozeduralen Wissens in den Naturwissenschaften dazu führen, dass Schüler:innen in die Lage versetzt werden, kreative Produkte, wie beispielsweise neuartige Untersuchungen für wissenschaftliche Phänomene, zu entwickeln.

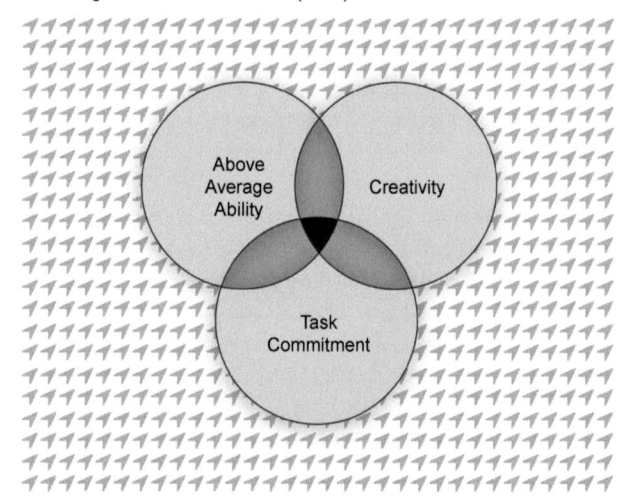

Abbildung 3: Das Drei-Ringe-Modell nach Renzulli (1978).

Quelle: in Anlehnung an Renzulli, 1978.

Erweiterung durch Mönks (1985)
Der Ansatz nach Renzulli wurde 1985 durch Franz J. Mönks erweitert. Die drei beschriebenen Ringe sind weiterhin integraler Bestandteil des „Triadischen Interpendenzmodell der Hochbegabung", hier wird jedoch der Begriff „task commitment" durch den Begriff Motivation ausgetauscht. Es wird begründet, dass Motivation „task commmitment" und Faktoren wie Ausdauer, Leistungsbereitschaft und Risikobereitschaft sowie

eine zukunftsbezogene Zeitperspektive einschließt (Mönks, 1991). Darüber hinaus wird das Modell durch die primären Sozialbereiche bzw. Bezugsgruppen Schule, Peergruppe und Familie ergänzt, welche Laut Mönks (1991) bei der Ausprägung von Begabung bzw. der Erzielung von Leistungen und Erfolg im späteren Leben einen maßgeblichen Einfluss nehmen. Er bezieht sich dabei unter anderem auf die Erläuterungen von Terman und Oden (1959), die im Zuge der Langzeitstudie beschreiben, dass späterer Erfolg im Leben nicht allein durch eine hohe allgemeine Intelligenz im Kindesalter vorhergesagt werden kann, sondern nicht-kognitive Faktoren einen erheblichen Einfluss auf die Entwicklung und Ausprägung vorhandener Potenziale nimmt. Nähere Erklärungen, wie die ergänzten Sozialbereich untereinander bzw. mit den drei bestehenden Clustern interagieren, werden jedoch nicht geliefert (Rost, 1991b).

Das Münchner Hochbegabungsmodell nach Heller (2005)

Das Münchner Hochbegabungsmodell wurde im Rahmen einer großangelegten Längsschnittstudie entwickelt (Heller, 1989; 2001; 2005; Heller & Hany, 1986; Heller et al., 2005). Die Studie verfolgte drei übergeordnete Ziele. Zunächst sollten Diagnostikinstrumente zur validen Erfassung begabter Kinder und Jugendlicher entwickelt und erprobt werden. Darüber hinaus sollte das Leistungsverhalten begabter Schüler:innen unter verschiedenen Bedingungen und Anforderungen analysiert und der Einfluss unterschiedlicher Sozialisationshintergründe untersucht werden (Heller & Hany, 1986). Im Rahmen der Studie wurde ein Klassifikationsansatz gewählt, der unter Einbezug verschiedener Begabungsfaktoren, nicht-kognitiver Persönlichkeitsmerkmale, Umweltmerkmale und unterschiedlicher Leistungsbereiche zur Ausbildung unterschiedlicher Begabungstypen gelangt (Heller et al., 2005, siehe Abbildung 4). Somit ist das zugrundeliegende Modell als multidimensionales Begabungsmodell zu interpretieren. Außerdem wird der sogenannte „psychometrische Ansatz" (Heller et al., 2005, S. 148) um die Umsetzung von Potenzial in Leistung erweitert, was auch die Leserichtung des Modells impliziert. In der zugrundeliegenden Studie wurden neben Lehrereinschätzungen auch klassische Intelligenztests, schulische Leistungstests und Selbsteinschätzungsfragebögen genutzt, um durchschnittlich begabte und hochbegabte Schüler:innen zu identifizieren (Heller & Hany, 1986). Im Rahmen des Modells werden zunächst sieben „relativ unabhängige" (Heller et al., 2005, S. 148) Begabungsfaktoren, auch Prädiktoren genannt, wie beispielsweise intellektuelle Fähigkeiten, soziale Kompetenz, Psychomotorik oder praktische Intelligenz, beschrieben. Diese Prädiktoren werden bei der Ausprägung von Leistungen durch sogenannte Moderatoren beeinflusst. Diese Moderatoren werden in nicht-kognitive Persönlichkeitsmerkmale, wie Leistungsmotivation, Arbeitsverhalten oder Stressbewältigung, und Umweltmerkmale, wie die familiäre Lernumwelt, das Familienklima oder kritische Lebensereignisse, unterteilt. Die Leistungsbereiche, wie Sprachen, Mathematik oder Naturwissenschaften, dienen im Modell als Kriterien für Diagnostikprozesse, in denen Prädiktoren,

Kriterien und Moderatoren nach Heller klar voneinander abgegrenzt werden müssen. Heller (2010) definiert Begabung anhand seines Modells „als Hierarchie korrelierender, aber deutlich unterscheidbarer intellektueller Fähigkeits- und bereichsspezifischer Kreativitätspotenziale" (Heller, 2001, S.30). Allerdings wird nicht erklärt, wie die verschiedenen Faktoren zusammenhängen (Rost, 2008).

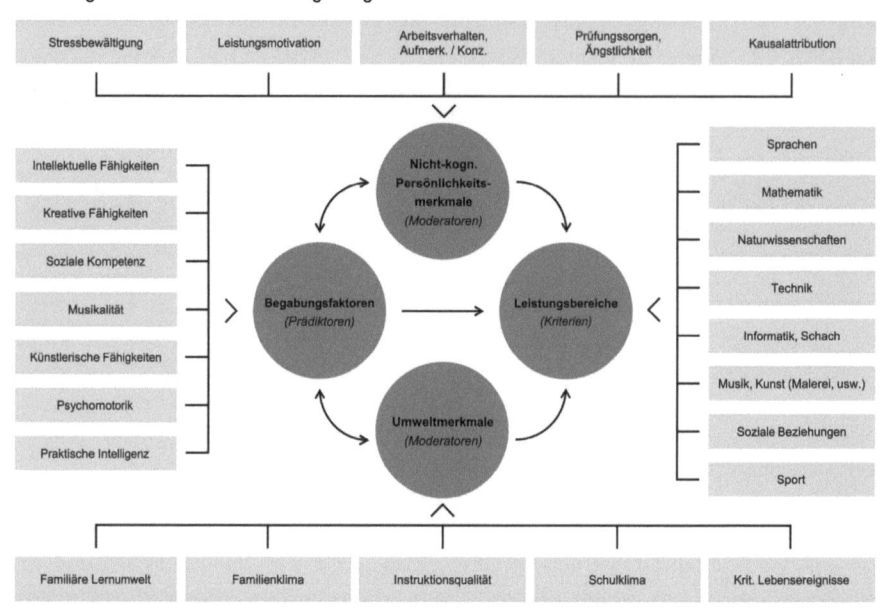

Abbildung 4: Das Münchner Hochbegabungsmodell.

Quelle: in Anlehnung an Heller et al., 2005.

1.2.3 Pädagogisch-Psychologischer Diskurs zu Begabungsmodellen

Wie eingangs des Kapitels bereits erwähnt wurde, herrscht zur Definition und Modellierung von Begabung ein andauernder wissenschaftlicher Diskurs. Bei der Auseinandersetzung mit der entsprechenden Primärliteratur wird deutlich, dass die Uneinigkeit vor allem zwischen Vertreter:innen von unidimensionalen und multidimensionalen Ansätzen bzw. pädagogischen und psychologischen Ansätzen besteht (u. a. Hany & Heller, 1991; Mönks, 1991; Rost, 1991a, 1991b). Auch der unscharfe und uneinheitliche Gebrauch von Begriffen sorgt für eine Verschärfung der Diskussion um die Definition von Begabung (Ackerman, 1997; Helbig, 1988). In der Psychologie werden die Begriffe Intelligenz und Begabung eng miteinander in Verbindung gesetzt bzw. teilweise synonym verwendet (Heller, 1976). Entsprechend werden in der Psychologie hauptsächlich unidimensionale Ansätze vertreten, in denen die gemessene allgemeine

Intelligenz „g" als entscheidende Variable angesehen wird (u. a., Benbow & Stanley, 1983; Rost, 1991a; Spearman, 1904; Terman, 1925). Rost (2013) fast die wichtigsten Argumente für eine Konzeptualisierung von Begabung auf Grundlage der allgemeinen Intelligenz „g" in zwei Bereichen zusammen. Unter den „inhaltlich-psychologische[n] Gründe[n]" (Rost, 2013, S. 233) fasst er unter anderem den engen Zusammenhang zwischen IQ und Problemlösefähigkeiten, Erfolg im späteren Leben und der Lernfähigkeit zusammen. Unter den „methodische[n] und erfassungspraktische[n] Argumente[n]" (Rost, 2013, S. 234) wird beispielsweise angeführt, dass die Intelligenz das am besten erforschte und erfassbare Konzept psychologischer Forschung darstellt. Darüber hinaus existieren zahlreiche Testinstrumente und Messverfahren, dessen psychometrische Güte in den meisten Fällen ein ausreichendes Maß erreicht und deren Ergebnisse auch untereinander in hohem Maße korrelieren. Des Weiteren bietet die allgemeine Intelligenz den Vorteil, dass diese ab dem Grundschulalter relativ stabile Aussagen über den weiteren Lebensweg und Vorhersagen für die berufliche Karriere zulassen (Terman, 1925). Aus der Unzufriedenheit über die eindimensionale Betrachtung der Begabung entwickelten sich in der Pädagogik zunehmend multifaktorielle Ansätze (u. a., Heller & Hany, 1986; Renzulli, 1979; Ziegler, 2005). Aus psychologischer Sicht sind die vorgestellten Modelle nicht als Begabungs-, sondern als Leistungsmodelle zu verstehen. Diese veranschaulichen, dass der Transfer von vorhandenen Fähigkeitspotenzialen in beobachtbare Leistungen von mehreren verschiedenen Faktoren beeinflusst wird, die als Lehrkraft bei der Gestaltung von Förderangeboten oder der Auswahl von Schüler:innen beachtet werden müssen. Zu multifaktoriellen Modellen werden nachvollziehbare Kritikpunkte angeführt. Zunächst liefert keines der multifaktoriellen Modelle konkrete Aussagen zum Zusammenhang der verschiedenen Faktoren, welche zudem nur sehr schwer empirisch zu belegen wären (Rost & Sparfeldt, 2017). Inwieweit ein bestimmtes Zusammenspiel der Faktoren also zu einer spezifischen Begabung führen, bleibt unklar. Außerdem sorgt der Einbezug mehrerer Variablen in die Identifikation von begabten Schüler:innen aus messtheoretischer Sicht dafür, dass die Wahrscheinlichkeit bei gleichmäßiger Gewichtung der Einzelfaktoren, Begabte in einer gewissen Stichprobe überhaupt zu finden, für jedes weitere einbezogene Merkmal rapide abnimmt (Bélanger & Gagné, 2006; Rost, 2013). Als Kommentar zum Begabungsmodell nach Mönks (1985) schreiben Rost und Buch (2018): „Mit solch einem Modell [wird] das Phänomen Hochbegabung wegdefiniert: Bei nur leicht überdurchschnittlicher Ausprägung (d. h. $PR > 75$ in jedem der sechs Bereiche) wird man, ein Zusammenwirken dieser unabhängigen Faktoren vorausgesetzt, nur einen einzigen Hochbegabten unter rund 5.000 Personen finden" (S. 230). Der Einfluss von verschiedenen Umwelt- und Persönlichkeitsfaktoren wird von der Psychologie nicht abgelehnt. Jedoch erschwert der Einbezug weiterer Variablen die Diagnostik aus pädagogisch-psychologischer Sicht enorm, da die Einflussfaktoren häufig nicht ausreichend empirisch messbar sind. Auch der Einbezug von Kreativität oder einer leistungsorientierten Arbeitshaltung werden kritisch betrachtet. Das Konstrukt der Kreativität kann nicht hinreichend empirisch erfasst werden, da bis dato keine einheitliche Konzeptualisierung existiert und bestehende Kreativitätstests nicht die schöpferische Kreativität im eigentlichen Sinne erfassen können. Des Weiteren wird Begabung in der Psychologie als Leistungspotenzial angesehen, während pädagogische Begabungsmodelle die erbrachten Leistungen bereits einbeziehen. Dennoch könnten multidimensionale Begabungsmodelle im Rahmen der „pädagogisch orientierten Identifikation" (Rost, 1991a, S. 206) wertvolle Unterstützung für Lehrkräfte liefern. Nachdem in den Phasen „Screening" und „Verifikation" begabte Schüler:innen erkannt und diagnostiziert wurden, gilt es in der „Platzierung" (Rost, 1991a, S. 206) individuelle Förderentscheidungen zu treffen, bei denen Lehrkräfte eine gesonderte Rolle spielen. Hier können die Annahmen von multidimensionalen Modellen, wie dem Drei-Ringe-Modell (Renzulli, 1978), zurate gezogen werden. Innerhalb sogenannter weicher Verfahren (Rost, 1991a) sollten möglichst viele Umwelt- und Persönlichkeitsfaktoren einbezogen werden (Heller & Hany, 1986; Mönks, 1985). Dazu werden Lehrkräfte, Erziehungsberechtigte und auch die Schüler:innen selbst befragt, um die gegebenen Voraussetzungen für eine zusätzliche Förderung zu eruieren. Für Förderentscheidungen und Differenzierungen innerhalb der Schule bzw. im (eigenen) Unterricht geschieht dies nicht zuletzt durch beteiligte Lehrkräfte, weswegen die Modelle einen möglichen theoretischen Rahmen liefern, um die Differenzierung individuell zu gestalten. Darüber hinaus stehen den Lehrkräften nicht in allen Fällen standardisierte Messwerte zur Verfügung, sind aber dennoch aufgefordert, eine individuelle Begabungsförderung in ihrem Unterricht zu implementieren (Fischer & Fischer-Ontrup, 2022). Die Modelle können also dazu genutzt werden, um anhand bereits gezeigter Leistungen der Schüler:innen und Einbezug moderierender Faktoren die Förderung auszudifferenzieren und individuelle Angebote zu schaffen.

Der beschriebene wissenschaftliche Diskurs zwischen pädagogischen und psychologischen Sichtweisen in der Begabungsforschung lässt Lehrkräfte zunächst im Spannungsfeld verschiedener Definitionsansätze zurück. Eine genauere Auseinandersetzung mit den vertretenen Theorien und Modellen zur Begabungsdiagnostik und -förderung sorgt jedoch für eine Sensibilisierung, die es Lehrkräften ermöglicht, in ihrem Handlungsraum sinnvolle Förderentscheidungen für ihre Schüler:innen zu treffen. Dazu werden die Annahmen der beschriebenen pädagogischen Ansätze für das Fach Biologie ausdifferenziert und ein Modell der naturwissenschaftlich-biologischen Begabung (Wegner, 2014) vorgestellt.

1.3 Modell der biologisch-naturwissenschaftlichen Begabung

Aufgrund der uneinheitlichen Definition einer allgemeinen Begabung ergibt sich bisher auch keine einheitliche Definition für eine spezifische Begabung in den Naturwissenschaften. Zeitgleich werden die unterschiedlichen Begabungen allgemein anerkannt; so nimmt beispielsweise das Bundesministerium für Bildung und Forschung (BMBF) eine grobe Gliederung der Begabungen in musisch-künstlerische, psychomotorische und allgemeine-intellektuelle Begabung vor (Holling et al., 2001). Demzufolge wird den individuellen Begabungen politisch Rechnung getragen, was sich auch in ersten fachdidaktischen Auseinandersetzungen mit spezifischen Begabungen in einzelnen Fächern bzw. Fachgruppen widerspiegelt (z. B. Farkas & Laudenberg, 2014; Anton, 2014; Wegner, 2014). Als spezifisches pädagogisches Begabungsmodell für eine biologisch-naturwissenschaftliche Begabung orientiert sich Wegner (2014) an bisherigen Begabungsmodellen von Heller (2006) und Renzulli (1979) und erweitert bzw. konkretisiert sie um fachspezifische Merkmale.

Dass die Naturwissenschaften in der Begabungsförderung stärker fokussiert werden sollten, zeigt sich unter anderem auch dadurch, dass in Deutschland schon seit längerem beklagt wird, dass es an wissenschaftlichem Nachwuchs fehle und damit ein enormer Fachkräftemangel einhergeht (Aldorf, 2016; Anger et al., 2023; Demary et al., 2020, 2021). Besonders die Biologie eignet sich aus verschiedenen Gründen besonders gut, um eine naturwissenschaftliche Begabungsförderung bereits in jungen Jahren zu starten. Durch die vielfältigen Möglichkeiten der Inhaltsvermittlung (Experimente, Realobjekte, Modellarbeit, usw.) wird das kognitive Denken der Schüler:innen in hohem Maße angesprochen und ein hoher Grad an Anschaulichkeit ermöglicht auch jüngeren Schüler:innen ein Verständnis für naturwissenschaftliche Phänomene. Die Schüler:innen schulen sich bereits frühzeitig in der naturwissenschaftlichen Denk- und Arbeitsweise und stärken ihr Interesse an den Naturwissenschaften. Weil die Biologie und ihre Phänomene oftmals eine interdisziplinäre Grundlage für Wissenschaft und Forschung bilden, erfolgt somit eine umfassende naturwissenschaftliche Förderung. Neben dem wissenschaftlichen Interesse besteht auch ein wirtschaftliches Interesse an hochqualifizierten Wissenschaftler:innen. So sind neue Technologien häufig von der Natur inspiriert. Es ergeben sich hieraus neue Produktpaletten und Anwendungsgebiete, die den Markt für die Industrie erweitern. Diese als „Bionik" bezeichnete Umsetzung ist einer von vielen Gründen, aus denen ein wirtschaftliches Interesse an der naturwissenschaftlichen Nachwuchsförderung besteht.

Um jedoch die wissenschaftlichen und wirtschaftlichen Interessen nach hochqualifiziertem Nachwuchs zu decken, bedarf es einer Umsetzung der Begabungsförderung in den Schulen. Grundlegend hierfür ist, dass Pädagog:innen eine naturwissenschaftliche Begabung erkennen können. Hierfür eignet sich das Modell der biologisch-naturwissenschaftlichen Begabung von Wegner (2014), um einen praxisnahen Blick auf die Entdeckung von begabten Schüler:innen zu ermöglichen.

Kernelement der biologisch-naturwissenschaftlichen Begabung bildet in Anlehnung an Renzulli (1979) die Schnittstelle verschiedener Begabungsfaktoren. Laut Wegner (2014) sind die sieben Begabungsfaktoren: Selbstvertrauen, Arbeitsdisziplin, Kreativität, Intelligenz, soziale Kompetenz, Selbststeuerung und naturwissenschaftliches Interesse (siehe Abbildung 5). Eine außergewöhnliche Ausprägung einer Begabung kann innerhalb der Begabungsfaktoren sichtbar werden, was dann wiederum in beobachtbare Leistungen im naturwissenschaftlichen Unterricht führt. Neben einer theoretischen Herleitung dieser sieben Elemente wird nachfolgend jeweils ein kurzer Blick in die Praxis gewährt, um die möglichen Facetten dieser theoretischen Bestandteile des Modells zu veranschaulichen.

Abbildung 5: Kernelement des Modells ist der biologisch-naturwissenschaftliche Begabungsbegriff, welcher sich aus der Schnittmenge (dunkelgrauer Innenbereich) der Begabungsaspekte ergibt.

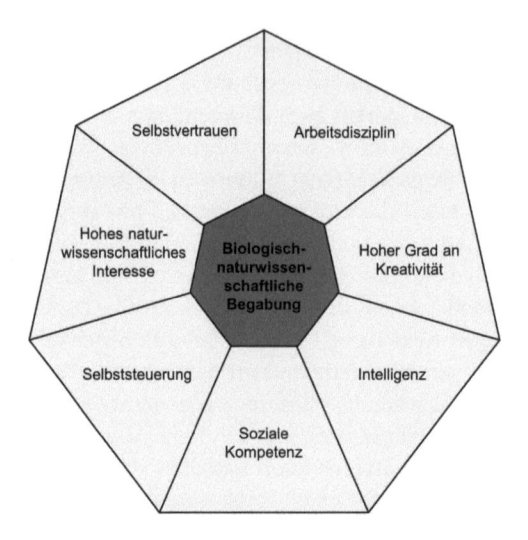

Quelle: Eigene Darstellung.

Hohes naturwissenschaftliche Interesse
Entsprechend Renzullis „Drei-Ringe-Modell" ist das Aufgabenmanagement eine wichtige Komponente der Begabung. So geht mit einem hohen Aufgabenmanagement die intensive Bearbeitung von einer oder mehreren Aufgaben mit hohem Interesse und Begeisterung einher (Renzulli, 1978). Bei einer biologisch-naturwissenschaftlichen Begabung kann somit eine hohe Ausprägung des naturwissenschaftlichen Interesses als Kernelement eine wichtige Rolle spielen und als erster Indikator betrachtet werden. Das Fachinteresse in den Naturwissenschaften bezieht sich auf das individuelle Interesse und die Neugier an naturwissenschaftlichen Themen und Konzepten (Potvin & Hasni, 2014a). Dieses Interesse wird oft von intrinsischer Motivation getrieben (Krapp, 1999) und kann sich in einer starken Begeisterung für das Verstehen der Natur und der physikalischen Welt widerspiegeln. Fachinteresse in den Naturwissenschaften kann schon früh in der Kindheit beginnen und sich im Laufe der Zeit weiterentwickeln, wobei es von verschiedenen Einflussfaktoren wie Bildung, Umwelt und persönlicher

Neugier geprägt wird (Hidi & Renninger, 2006). Es spielt eine entscheidende Rolle bei der Förderung von wissenschaftlichem Denken, der Entdeckung neuer Erkenntnisse und der Lösung komplexer Probleme in den Naturwissenschaften. Dieses Fachinteresse gilt es zu fördern und zu stimulieren, damit es nicht zum Interessenverfall kommt.

> **Ein Blick auf die Praxis:**
>
> Ein hohes naturwissenschaftliches Interesse bei Kindern und Jugendlichen lässt sich sowohl im Schulunterricht als auch im Alltag beobachten. Wird beispielsweise im Urlaub, im (Schul-)Zoo oder in einem Video ein Gecko beobachtet, der senkrecht an einer Wand hochlaufen kann (z. B. *Phelsuma madagascariensis grandis*), zeigen begabte Schüler:innen ein hohes Interesse an diesem Phänomen. Sie entwickeln selbstständig Fragen und Hypothesen und möchten diesem Phänomen auf den Grund gehen.

Selbstvertrauen
Auch nicht-kognitive Persönlichkeitsmerkmale, wie etwa das Selbstvertrauen (iPEGE, 2009), tragen zur Ausbildung einer biologisch-naturwissenschaftlichen Begabung bei, da Fähigkeiten und individuelle Bedürfnisse von selbstbewussten Kindern häufiger geäußert werden. Dies zeigt sich insbesondere in Form von Resilienz bei herausfordernden Aufgaben. Selbstvertrauen hilft begabten Schüler:innen, Herausforderungen und Rückschläge besser zu bewältigen (López & Sotillo, 2009). Sie glauben an ihre Fähigkeiten und sind motiviert, trotz Schwierigkeiten weiterzumachen und zum Beispiel herausfordernde Aufgaben zu meistern, an Wettbewerben teilzunehmen oder Zusatzaufgaben zu bearbeiten.

> Besonders im schulischen Kontext kann ein hohes Maß an Selbstvertrauen bei begabten Schüler:innen festgestellt werden, wenn beispielsweise Hypothesen zu einer Fragestellung gebildet werden sollen. Hierbei kann es vorkommen, dass die Schüler:innen eher durch die Quantität als durch die Qualität der Beiträge auffallen. Auch im Umgang mit schwierigen Aufgaben zeigt sich bei biologisch-naturwissenschaftlich begabten Schüler:innen, dass sie hartnäckig an der Lösung arbeiten können und sich nicht von Misserfolgen, z. B. weil eine Idee doch fehlerhaft war, abbringen lassen.

Arbeitsdisziplin
Besonders in den Naturwissenschaften können begabte Schüler:innen durch ein hohes Maß an Arbeitsdisziplin auffallen (Wegner, 2014). Diese ist notwendig, da beispielsweise bei einem Experiment sorgfältig gearbeitet, Beobachtungen akribisch dokumen-

tiert und Gerätschaften vorsichtig bedient werden müssen. Je nach Versuch ist zudem ein hohes Maß an Geduld sowie Beharrlichkeit notwendig, um auch langfristige Versuchsreihen durchzuführen. In Bezug auf Recherchearbeiten ist es zudem wichtig, dass sorgfältig gearbeitet wird, Quellen dokumentiert und sorgfältig ausgewertet werden. So bietet der naturwissenschaftliche Unterricht den Schüler:innen viele Gelegenheiten, ihre Begabung durch eine gesteigerte Arbeitsdisziplin zu zeigen.

> Erarbeitungsphasen im Unterricht bieten sich an, um die Arbeitsdisziplin von Schüler:innen zu beobachten und als Grundlage für die Diagnose einer biologisch-naturwissenschaftlichen Begabung zu nutzen. Insbesondere Experimente eignen sich, um festzustellen, ob die Schüler:innen strukturiert und diszipliniert vorgehen. Dabei ist stets eine altersangemessene Erwartungshaltung einzunehmen.

Hoher Grad an Kreativität

In der biologisch-naturwissenschaftlichen Begabung spielt die Kreativität nicht im „musischen Sinne" eine Rolle, sondern meint die Herangehensweise beim Lösen von naturwissenschaftlichen Problemen und die Fähigkeit zum divergenten Denken. Eine biologisch-naturwissenschaftliche Begabung fällt beispielsweise durch ein hohes Maß an Flexibilität und Offenheit (Renzulli, 1978) auf, wenn naturwissenschaftliche Phänomene betrachtet und analysiert werden. Begabte Schüler:innen nutzen z. B. ihr Vorwissen, können dieses auf neue Kontexte und Situationen anwenden und die ihnen bekannten naturwissenschaftlichen Arbeitsweisen kreativ zur Lösung des Problems einsetzen.

> Sollen die Schüler:innen zu einer gegebenen Fragestellung selbstständig ein Experiment planen, bietet dies eine Gelegenheit für biologisch-naturwissenschaftlich begabte Schüler:innen, ihre Kreativität zu demonstrieren. Darüber hinaus kann sich die Kreativität auch beim Transfer von gewonnenen Erkenntnissen zeigen. Betrachtet man erneut das Beispiel der Geckos, die an den Wänden laufen können, können begabte Schüler:innen im besonderen Maße kreative Produkte auf Grundlage des Funktionsmechanismus der Geckofüße entwickeln.

Intelligenz

Die Intelligenz beschreibt nach Rost (2013) die kognitive Leistungsfähigkeit eines Individuums. Bezogen auf eine biologisch-naturwissenschaftliche Begabung kann sich diese durch das schnelle Aneignen, Begreifen und Anwenden von Fachtermini ausdrücken (Anton, 2013). Bis zum Ende der Sekundarstufe II steigt die Erwartung an die Bewältigungsbefähigung der Schüler:innen, komplexere Problemstellungen zu bearbeiten und naturwissenschaftliche Phänomene selbstständig erschließen zu können, zunehmend an. Hierbei sind begabte Schüler:innen häufig in der Lage, eigenes Datenmaterial selbstständig zu analysieren, zu interpretieren und in Form einer naturwissenschaftlichen Ausarbeitung zu präsentieren (Wegner et al., 2020).

> Die Intelligenz lässt sich im Unterricht von der Lehrkraft durch die rasche Auffassungsgabe der Schüler:innen beurteilen. Indikatoren dafür sind beispielsweise das Arbeitstempo, die Qualität der Aufgabenbearbeitung, die Fähigkeit, Inhalte zu verknüpfen, und eigene Rückschlüsse zu ziehen. In Bezug auf das Gecko-Beispiel würden die Schüler:innen beispielsweise in einem Experiment einen Geckofuß unter einem Binokular betrachten und dabei dünnschichtige Lamellen mit Haftborsten (*Setea*) an der Unterseite des Fußes entdecken. Durch weitere Recherchen (z. B. Fachtexte, Bilder von Elektronenmikroskopien eines Geckofußes) lässt sich feststellen, dass sich der Geckofuß an den Enden in viele feine löffelartige Strukturen (*Spatulale*) untergliedert, welche unpolare Wechselwirkungen, sogenannte Van-der-Waals-Wechselwirkungen, mit dem Untergrund eingehen, wodurch eine Haftwirkung entsteht, mit deren Hilfe Geckos senkrechte Flächen passieren können. Die schnelle und problemlose Erschließung dieses Fachwissens sowie das Anwenden der Fachtermini sind mögliche Hinweise auf eine hohe Ausprägung der Intelligenz.

Soziale Kompetenz
Auch soziale Kompetenzen können zur Ausprägung einer biologisch-naturwissenschaftlichen Begabung beitragen. Viele naturwissenschaftliche Problemstellungen können in Gruppen bearbeitet werden. Der Arbeitserfolg einer solchen Gruppe basiert nachhaltig auf dem Vermögen der Mitglieder, sich in diese zu integrieren, arbeitsteilig produktiv tätig zu sein und Erkenntnisse in und aus der Gruppe adressatengerecht zu kommunizieren. Besonders die Kommunikation von Ideen zur Lösung eines Problems ist hierbei entscheidend (Wegner et al., 2020).

> Während einer Gruppenarbeit können Lehrkräfte ihre Schüler:innen hinsichtlich der sozialen Kompetenz gut beobachten. Begabte Schüler:innen sind beispielsweise in der Lage, ihre Ideen den anderen Gruppenmitgliedern gut zu kommunizieren und in der Gruppe eine Führungsposition einzunehmen.

Selbststeuerung
Ein hohes Maß an Selbststeuerung kann begabte Schüler:innen dazu befähigen, ihr volles Potenzial auszuschöpfen. Dies zeigt sich in verschiedenen Aspekten, wie etwa Zielgerichtetheit, Selbstmotivation und Selbstreflexion (Preckel & Vock, 2021). So können begabte Schüler:innen ihre Fähigkeiten häufig gezielt einsetzen, um Ziele zu erreichen und sich dabei selbst zu motivieren. Zudem können sie besser in der Lage dazu sein, ihre eigenen Stärken und Schwächen zu reflektieren und gezielt Unterstützung zu erfragen.

> Schüler:innen mit hoher Selbststeuerung neigen dazu, eigenständig nach zusätzlichen Informationen und Ressourcen zu suchen, um ihr Verständnis für wissenschaftliche Konzepte zu vertiefen. Beim Gecko-Beispiel würden solche Schüler:innen beispielsweise recherchieren, welche Geckos die Haftlamellen besitzen und welche nicht. Wenn eine solche Recherche auf Eigeninitiative beruht, ist dies ein weiterer Indikator für eine hohe Selbststeuerung.

Die zuvor beschriebenen sieben Begabungsfaktoren bieten Indizien bei der Diagnostik einer biologisch-naturwissenschaftlichen Begabung. Dabei ist zu beachten, dass in diesen sieben Aspekten individuelle Stärken und Schwächen vorliegen können und somit stets ein gewisser Spielraum in der Ausprägung bei begabten Schüler:innen bemerkbar ist. Insbesondere das Zusammenspiel innerhalb dieser sieben Aspekte ist ausschlaggebend, um Hinweise auf eine biologisch-naturwissenschaftliche Begabung sammeln zu können. Dies äußert sich in verschiedenen Indikatoren, welche als Erstverdacht zur biologisch-naturwissenschaftlichen Begabungsidentifikation dienen können (siehe Abbildung 6). In Anlehnung an Anton (2013) wurden beispielhaft acht Indikatoren entwickelt und jeweils einem Kompetenzbereich zugeordnet sowie mit Praxisbeispielen unterlegt (siehe Tabelle 1).

Eine messbare Leistung ergibt sich erst aus der Umsetzung der Begabung. Diese wird über die Begabungsaspekte hinaus durch weitere nicht-kognitive Persönlichkeitsmerkmale und Umweltmerkmale beeinflusst. Die Umweltmerkmale stellen den sozialen Rahmen und die in diesem Rahmen gemachten Erfahrungen des Kindes dar. Hierzu zählen das Familien- und Schulklima sowie bereits vorhandene kritische Lebensereignisse und erfahrene Förderung. U. a. das Selbstkonzept eines Kindes ist stark abhängig von seiner Akzeptanz im Familien- und Schulumfeld (Schlichte-Hiersemenzel, 2006). Hierbei verschiebt sich der Einfluss dieser Moderatoren mit fortschreitendem Alter von der Familie hin zur Schule (Perleth, 2001).

Die nicht-kognitiven Persönlichkeitsaspekte beschreiben Faktoren und Fähigkeiten, die neben den Begabungsaspekten das Maß der Kompetenz des Kindes prägend beeinflussen können. Hierzu zählen beispielsweise die individuelle Fähigkeit, Stress zu bewältigen, die Leistungsmotivation des Kindes, die vorhandenen Arbeits- und Lernstrategien sowie die Kontrollüberzeugung. Um ein hohes Maß an Kompetenz zu erlangen, bedarf es eines hohen zeitlichen und kognitiven Aufwands. Für das Kind kann eine Ressourcenbeschneidung Stress oder Zwang bedeuten, was zu einem Abbruch oder einer Beeinträchtigung der Lernleistung führen kann. Aus diesem Grund sollte die Leistungsmotivation des Kindes intrinsisch verankert sein und ein äußerer Zwang vermieden werden. Erworbene Lern- und Arbeitsstrategien als basale Bewältigungsmotive dienen während der Leistungskontrolle beziehungsweise der direkten Kompetenzanwendung als Werkzeug, um gestellte Aufgaben bewältigen zu können. Aus dem Wechselspiel von Begabungs-

und Umweltfaktoren sowie den nicht-kognitiven Persönlichkeitsmerkmalen ergibt sich die Größe, die als Kompetenz bezeichnet werden kann (siehe Abbildung 7).

Tabelle 1: Beispielhafte Indikatoren einer biologisch-naturwissenschaftlichen Begabung.

Indikatoren einer biologisch-naturwissenschaftlichen Begabung	Kompetenzbereich	Praxisbeispiel
Erschließung von biologischen Sachverhalten und Prozessen	Erkenntnisgewinnung	Durch mikroskopische Betrachtungen des Aufbaus eines Geckofußes wird die anatomische Struktur erarbeitet und Rückschlüsse auf die beobachtbare Funktion (senkrechtes Laufen an einer Wand) getroffen
Anwendung des naturwissenschaftlichen Erkenntniswegs als naturwissenschaftliche Denk- und Arbeitsweise	Erkenntnisgewinnung	siehe Kapitel 5
Verwendung von Fachtermini	Kommunikation	Haftborsten (*Setea*) an der Unterseite des Geckofußes, die an den Enden in viele feine löffelartige Strukturen (*Spatulale*) aufgliedert
Kombination abstrakter mit phänomenologischen Informationen	Erkenntnisgewinnung	Der Zusammenhang von anatomischen Merkmalen und ihren physikalischen Auswirkungen (abstrakte Information), damit der Gecko an einer Wand entlanglaufen kann (phänomenologische Information)
Verknüpfung von Wissensclustern über biologische Systeme	Erkenntnisgewinnung	Die Fähigkeit des Geckos, an der Wand laufen zu können, kann – neben der physiologischen Ebene – auch aus evolutionsbiologischer Sicht betrachtet werden
Interdisziplinäre Anwendung des biologischen Wissens	Erkenntnisgewinnung	Nur mit Hilfe der Van-der-Waals-Wechselwirkungen lässt sich die Beobachtung am Gecko erklären
Wissensgebrauch zur kritischen Behandlung von Alltagsphänomenen	Bewertung	Das Wissen über den Geckofuß wird in neuartige bionische Entwicklungen überführt, um zum Beispiel Häuserfassaden zu reinigen oder an einer Felsschlucht zu klettern
Frühzeitiges Erreichen der Stufe des formal-operationalen Denkens, wodurch die Analyse von biologischen Phänomenen auf einer abstrakten Ebene möglich wird	Erkenntnisgewinnung	Anhand des Wissens über die Geckoart *Phelsuma madagarscariensis grandis* können Rückschlüsse auf weitere Geckoarten gezogen werden.

Quelle: Eigene Darstellung.

Abbildung 6: Eine biologisch-naturwissenschaftliche Begabung äußert sich durch das Auftreten zahlreicher Indikatoren.

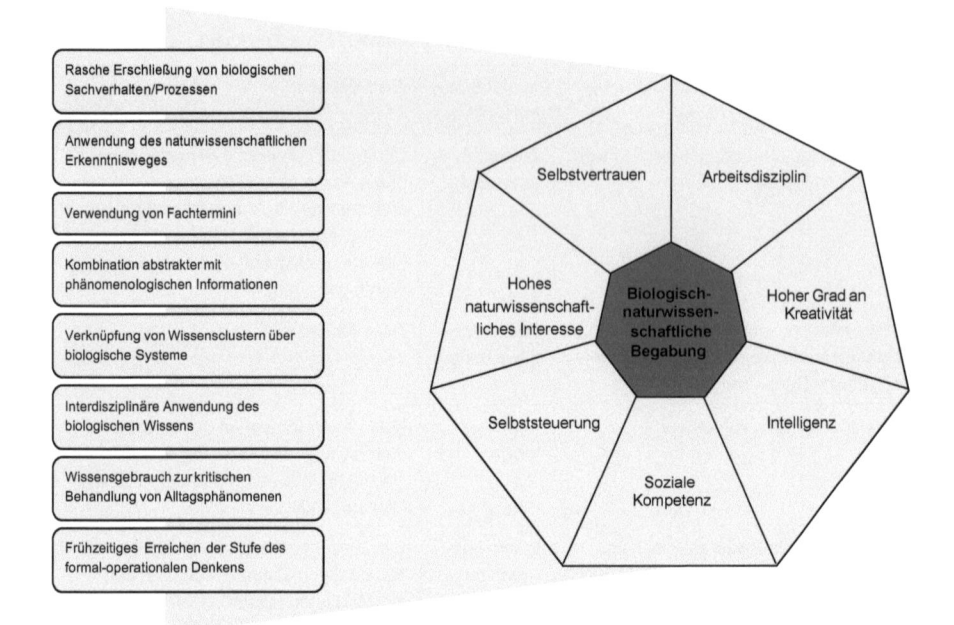

- Rasche Erschließung von biologischen Sachverhalten/Prozessen
- Anwendung des naturwissenschaftlichen Erkenntnisweges
- Verwendung von Fachtermini
- Kombination abstrakter mit phänomenologischen Informationen
- Verknüpfung von Wissensclustern über biologische Systeme
- Interdisziplinäre Anwendung des biologischen Wissens
- Wissensgebrauch zur kritischen Behandlung von Alltagsphänomenen
- Frühzeitiges Erreichen der Stufe des formal-operationalen Denkens

Biologisch-naturwissenschaftliche Begabung:
- Selbstvertrauen
- Arbeitsdisziplin
- Hohes naturwissenschaftliches Interesse
- Hoher Grad an Kreativität
- Selbststeuerung
- Intelligenz
- Soziale Kompetenz

Quelle: Eigene Darstellung.

Aus der Anwendung der persönlichen Kompetenz kann schließlich Leistung erwachsen. Entlang der Zeitachse kann aus der Leistungsfähigkeit eines begabten Kindes die Leistungsexzellenz eines/einer Expert:in erwachsen (siehe Abbildung 8). Expertise stellt somit das Ziel die letzte Stufe der Begabungsentwicklung dar. Nach der delphischen Definition von Ziegler (2008) ist ein:e Expert:in eine Person, die schon sicher Leistungsexzellenz erreicht hat. Diese Entwicklung kostet Zeit und Bemühungen. An diesem Punkt soll erneut darauf hingewiesen werden, dass die Leistungsentwicklung nur durch die positive Synergie der drei großen Aspekte Begabungsveranlagungen, nicht-kognitive Persönlichkeitsmerkmale und Umweltmerkmale möglich ist.

1 Was ist Begabung?

Abbildung 7: Wechselspiel von Begabungs- und Umweltfaktoren sowie den nicht-kognitiven Persönlichkeitsmerkmalen als Größe, die als Kompetenz bezeichnet werden kann.

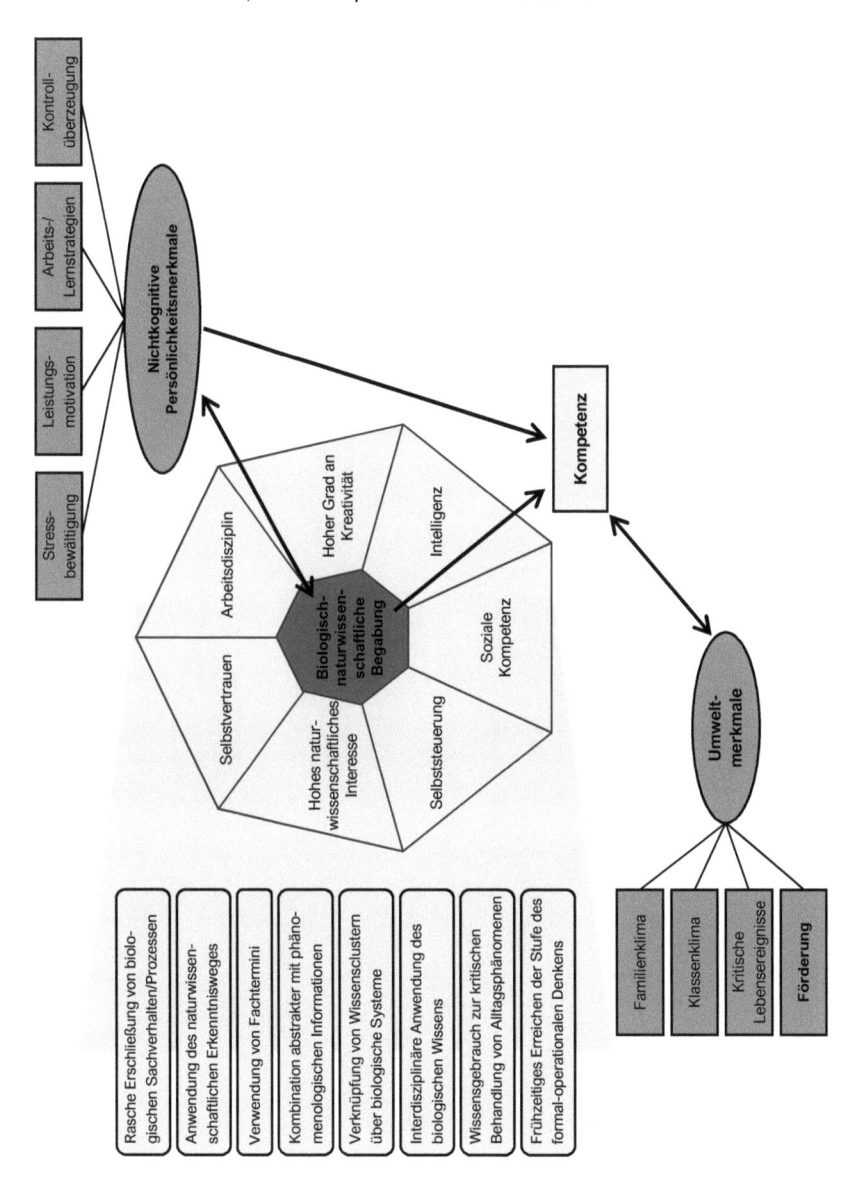

Quelle: Eigene Darstellung.

Abbildung 8: Modell der biologisch-naturwissenschaftlichen Begabung zur Ausbildung von Expert:innen (Wegner, 2014).

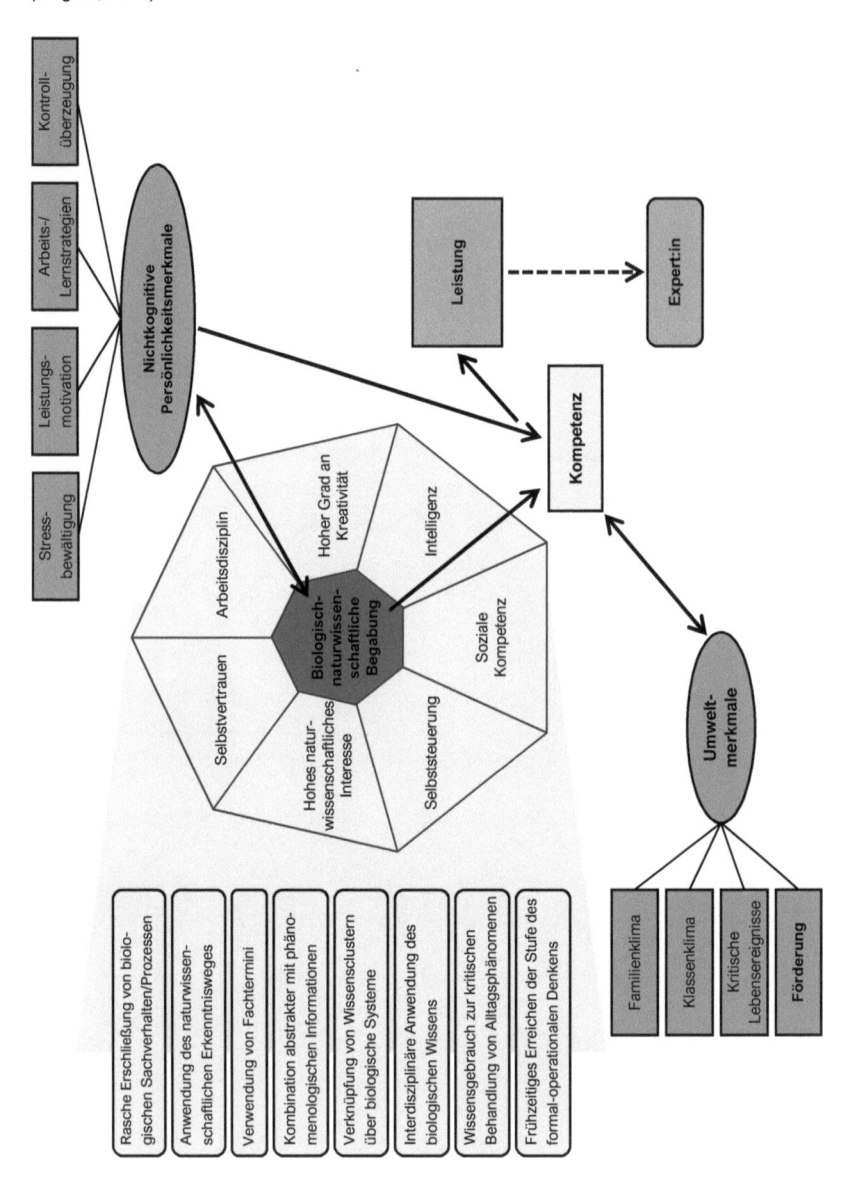

Quelle: Eigene Darstellung.

1 Was ist Begabung?

Zusammenfassung

Diese Zusammenfassung soll die wichtigsten Begriffe des Kapitels *Was ist Begabung?* gebündelt zusammenfassen und eine gezielte Übersicht über die Inhalte des Kapitels geben.

Kompetenz	Der Begriff „Kompetenz" bedeutet „fähig, befugt". In der Bildung beschreibt er den kompetenten Umgang mit Wissen und Fertigkeiten im Kontext. Es gibt drei wichtige Merkmale von Kompetenz: den kontextbezogenen Zweck, die Verbindung von Wissen und Anwendung, und die Trennung von Potenzial und tatsächlicher Leistung. Naturwissenschaftliche Kompetenz bezieht sich auf die Fähigkeit, wissenschaftliche Probleme zu erkennen, zu verstehen und zu lösen, indem fundiertes Wissen und Denkweisen in den Naturwissenschaften angewendet werden.
Intelligenz	Intelligenz ist ein wichtiger Aspekt in der Begabungsforschung und es existieren verschiedene Theorien und Modelle zur Definition und Messung von Intelligenz. Dazu gehören u.a. das Modell der allgemeinen Intelligenz (g-Faktor), die CHC-Theorie (Cattell-Horn-Carroll-Theorie) und das Modell der multiplen Intelligenzen von Howard Gardner. Diese Modelle bieten unterschiedliche Perspektiven auf Intelligenz, von einer übergeordneten kognitiven Kapazität bis hin zu verschiedenen unabhängigen Formen von Intelligenz. Je nach Modell variieren die Definition und die Struktur von Intelligenz.
Kreativität	Kreativität spielt eine entscheidende Rolle bei der Untersuchung von Begabung und wird oft als ein wesentlicher Faktor zur Identifizierung und Entwicklung begabter Personen angesehen. Sie bezieht sich auf die Fähigkeit, originelle Ideen und Lösungen in verschiedenen Bereichen zu generieren. Die Verbindung zwischen Begabung und Kreativität besteht darin, dass begabte Personen oft innovative Wege zur Lösung komplexer Probleme finden können. Die Messung von Kreativität ist jedoch komplex und erfordert Modelle, die individuelle Faktoren, kreative Prozesse und Umweltbedingungen berücksichtigen. Kreativität ist eng mit persönlichen und sozialen Faktoren verknüpft und kann in verschiedenen Lebensbereichen auftreten.
Begabung	Unterschiedliche Definitionen von Begabung existieren je nach Perspektive, einschließlich psychologisch-diagnostischer und pädagogisch-didaktischer Ansätze. Diese Definitionen betonen entweder bestehende Leistungen oder ungenutzte Potenziale in jedem Individuum. Begabung bezieht sich auf intellektuelle und nicht-intellektuelle Fähigkeiten und ist breiter gefasst als der Intelligenzbegriff. Hochbegabung wurde oft im Zusammenhang mit hohen Intelligenzquotienten diskutiert, jedoch ist diese Ansicht in der Wissenschaft umstritten. In diesem Buch wird der Ausdruck „Begabung" verwendet, um individuelle Potenziale und individuelle Merkmale in naturwissenschaftlichen Bereichen zu beschreiben.

biologisch-naturwissenschaftliche Begabung	Das Modell der biologisch-naturwissenschaftlichen Begabung nach Wegner (2014) basiert auf einem Zusammenspiel verschiedener Faktoren, darunter Selbstvertrauen, Arbeitsdisziplin, Kreativität, Intelligenz, soziale Kompetenz, Selbststeuerung und naturwissenschaftliches Interesse. Diese Faktoren können zu beobachtbaren Leistungen im naturwissenschaftlichen Unterricht führen. Dabei kann u. a. die Fähigkeit, naturwissenschaftliche Denk- und Arbeitsweisen anzuwenden und auf neue Untersuchungsgegenstände zu übertragen, entscheidend sein. Dazu zählen weitere Indikatoren und Kompetenzen, wie die Erschließung von biologischen Sachverhalten, die Verwendung von Fachtermini oder die Verknüpfung von Wissensclustern über biologische Systeme. Die Ausprägung der biologisch-naturwissenschaftlichen Begabung wird durch nicht-kognitive Persönlichkeitsmerkmale und Umweltfaktoren beeinflusst. Das Ziel der Begabungsförderung ist die Entwicklung einer naturwissenschaftlichen Expertise, wobei das Modell als pädagogischer Orientierungsrahmen für die Diagnose und Förderung von Schüler:innen dienen kann.

2 Erkennen einer Begabung im naturwissenschaftlichen Fachunterricht

Die vorangegangene Darstellung und Erläuterung unterschiedlicher Begabungsmodelle haben ein breites Verständnis für die Vielschichtigkeit von Begabung vermittelt. Es ist deutlich geworden, wie verschiedene Theorien und Ansätze dazu beitragen, Begabung aus unterschiedlichen Blickwinkeln zu definieren und zu verstehen sowie jeweilige „Blinde Flecken" der zahlreichen Theorien zu erkennen und kritisch zu reflektieren. Die Auflistung der Modelle gibt jedoch auch eine trügerische Sicherheit: zwar wird in den Modellen aufgezeigt, was für ein Verständnis von Begabung diesen zugrunde liegt, jedoch wird weniger das Problem behandelt, wie eine solche Begabung konkret zu erkennen ist. Dementsprechend steht die Lehrkraft täglich vor der Herausforderung: Wie wende ich die Modelle im unterrichtlichen und pädagogischen Alltag an, um Begabungen im naturwissenschaftlichen Regelunterricht zu erkennen?

In diesem Kontext spielen Beobachtungen eine zentrale Rolle für die pädagogische Arbeit und bilden besonders in Bezug auf die Handlungsaufgaben der Lehrkräfte (Erziehen, Beraten, Unterrichten und Beurteilen) ein valides Fundament (de Boer & Reh, 2012). Lehrkräfte sind sich jedoch häufig nicht bewusst, was für eine Kraft Beobachtungen haben können, da sie diese als eher unsystematisches und informelles Vorgehen wahrnehmen und ihre Wahrnehmung nicht selten als Intuition einordnen (Hascher, 2011). Durch die bewusste Reflexion der Beobachtungen können allerdings Faktoren für eine semiformelle Diagnostik (Witt, 2015) hervorgehen, welche zu einem impliziten Urteil der Lehrkraft führen kann. Somit können aus den Verhaltensbeobachtungen der Lehrkräfte Indizien für die Begabungsdiagnostik gesammelt werden.

2.1 Typenlehren

Die Klassifikation des Schülerverhaltens durch die Einteilung in Verhaltenstypen ist eine lang etablierte Methode, insbesondere in den Sozialwissenschaften und der Psychologie (Kuckartz, 2020). Die Typologie fasst dabei Objekte mit ähnlichen Merkmalen zu Typen zusammen, wobei interne Homogenität innerhalb eines Typus und externe Heterogenität zwischen verschiedenen Typen angestrebt wird (Kelle & Kluge, 2010; Kuckartz, 2020). Besonders in Bereichen wie der Personalauswahl oder dem Personalmanagement werden Typologien häufig eingesetzt (Zwick, 2011), um geeignete Kandidat:innen für die Unternehmen zu rekrutieren (Schäfers et al., 2023). Auch im Schul- und Unterrichtskontext lassen sich Lerngruppen in unterschiedliche Typen einteilen. Zwei mögliche Ansätze mit Bezug auf die Begabung werden im Folgenden erläutert.

2.1.1 „Typenlehre" nach Wegner und Borgmann (2013)

In ihrer Typenlehre differenzieren Wegner und Borgmann (2013) zwischen unterschiedlichen Schülertypen, die innerhalb einer Klasse vorkommen können und greifen damit eine Herausforderung auf, vor welcher Lehrkräfte häufig stehen. Die aufgestellten Schülertypen sollen die Lehrkräfte für die Schüler:innen in ihren Klassen und Kursen sensibilisieren. Abgeleitet aus den Verhaltensweisen und möglichen Gründen für das beobachtete Verhalten zeigen sie Handlungsempfehlungen auf, wie Lehrkräfte mit den Typen im Unterricht umgehen können, um die Schüler:innen in ihrem Lernprozess zu unterstützen und zu fördern. Dabei bilden begabte Schüler:innen einen Typen der Typenlehre ab. Der folgenden Tabelle kann eine Übersicht zu den Typen und Handlungsempfehlungen entnommen werden (siehe Tabelle 2):

Tabelle 2: Übersicht zu differenten Schülertypen nach Wegner und Borgmann (2013).

Typ	Beschreibung	Handlungsempfehlungen
Streber		
Typ I	– Viel Wissen / gute Noten – Gut in die Klassengemeinschaft integriert – Lässt Mitschüler von seinem Wissen profitieren	– Lob durch die Lehrkraft – Kann als Helfer für den Unterricht eingesetzt werden
Typ II	– Viel Wissen / gute Noten – Prahlt mit Wissen und seinem angeblich guten Verhältnis zu der Lehrkraft	– Kann als Helfer eingebunden werden, aber nur in Gruppen, welche die Prahlerei ignorieren können – Bei Verbesserung des Verhaltens sollte gelobt werden
Typ III	– Beteiligt sich regelmäßig, um vor allem die Lehrkraft mit Wissen zu beeindrucken – Durch Nachfragen fällt jedoch das Unwissen häufig auf	– Hilfsangebote durch die Lehrkraft, zum Beispiel durch Lern- oder Förderangebote sowie Einbindung in Gruppen – Elterngespräch
Typ IV	– Zeigt in einem Fach besonders gute Leistungen – Werden dafür meist von Mitschülern bewundert – Gefestigte Position innerhalb der Klasse	

Typ	Beschreibung	Handlungsempfehlungen
Der stille Schüler		
Typ I	– Eher zurückhaltende und stille Persönlichkeit	– Einbinden in Partner- und Kleingruppenarbeiten (besonders geeignet für die Typen II und III, da keine so große Überwindung erfordert wird) – Gemeinsames Sprechen im Chor – Vorlesen von erarbeiteten Inhalten statt freiem Vortragen – Abgabe schriftlicher Ausarbeitungen ermöglichen
Typ II	– Konzentrations- oder Motivationsschwierigkeiten	
Typ III	– Vermindertes Sprachvermögen	
Typ IV	– Stille als Antwort auf Klassendruck	
Typ V	– Innerer Widerstand gegen die Lehrkraft	– Austausch mit anderen Lehrkräften, die besser akzeptiert sind – Eventuell schulpsychologischer Rat
Typ VI	– Persönliche oder familiäre Probleme	– Besonderer Umgang benötigt (ggf. Elterngespräche und/oder schulpsychologischer Rat)
Der Klassenclown		
Typ I	– Auffallendes und scheinbar spaßhaftes Verhalten zur Verdeckung von Minderwertigkeitsgefühlen	– Kontakt zu anderen Schülern durch entsprechende Lernformate im Unterricht – Angebote von Lernhilfen – Verantwortungsvolle Aufgaben übergeben
Typ II	– Albernes Verhalten überdeckt geringe schulische Leistungen	– besonders bei Experimenten seinen Übermut dämpfen und ihm die Gefahren und möglichen Konsequenzen deutlich vor Augen führen – Bei verbessertem Verhalten loben – Verantwortungsvolle Aufgaben übergeben
Typ III	– Fröhliches und schalkhaftes Wesen	– Hilfsangebote durch die Lehrkraft – Besonderer Umgang, falls Leistungsdruckt besteht – Verantwortungsvolle Aufgaben übergeben

Typ	Beschreibung	Handlungsempfehlungen
Der Klassenliebling		
	– Vorbild für manche Mitschüler – Hohe Fähigkeit, sich an ihre Gruppe und Bezugspersonen anzupassen	– **Situation I** (Klassenliebling steht unter Druck, um Position zu halten oder Mitschüler fordern Verantwortung von ihm): – Hilfsangebote durch die Lehrkraft, zum Beispiel durch Verweis auf Streitschlichtung, Gesprächsangebote etc. – Lob durch die Lehrkraft, wenn es sinnvoll ist – Positiv-neutrale Behandlung – **Situation II** (Klassenliebling ‚ruht sich auf seiner Position aus'): – Verstärkte Einbindung in Gruppenarbeit, zum Beispiel durch Rollenkarten, sodass seine Mitarbeit erzwungen wird – Direkte Arbeitsaufträge und Anweisungen durch die Lehrkraft
Der Hochbegabte		
	– Hohes theoretisches Leistungspotenzial im intellektuellen Bereich – Oftmals: – Großer Wortschatz – Gute Beobachtungsgabe – „Andere" Denkwege – Hohes Energieniveau – Große Aufmerksamkeitsspanne – Kreativität	– Verstärkte Einbindung in eher lernstarke Gruppen – Akzeleration (siehe Kapitel 6) – Enrichment (siehe Kapitel 6) – Angebot von Alternativen zu Routineaufgaben (siehe Kapitel 6) – Angebot der Teilnahme an außerunterrichtlichen Projekten (AG, Wettbewerbe etc.; siehe Kapitel 6) – Lehrkraft kann vermitteln und/oder betreuen
Der Außenseiter		
Typ I	– Geringe Anzahl an Kontakten – Möchte integriert werden, wird jedoch nicht akzeptiert	– Veränderung der ungünstigen Selbstzuschreibungen der Schüler durch Kommentierungs- und Modellierungstechniken – Verstärkter Einsatz von Partnerarbeit, da eine Ausgrenzung so erschwert wird – Zuteilung zu Teams erfolgt durch Lehrkraft (gegebenenfalls Einsatz des Klassenlieblings zur Verbesserung der Integration des Außenseiters)

Typ	Beschreibung	Handlungsempfehlungen
Typ II	– Geringe Anzahl an Kontakten – Oftmals schwerwiegende Kontaktstörung	– Versuchen, über bei dem Schüler beliebtere Lehrerkollegen Zugang zu ihm zu erhalten – Gegebenenfalls ein klärendes Gespräch mit ihm und seinen Eltern suchen
Der Underachiever		
Typ I	– Minderleister – Geringe Schulleistungen – Stilles Verhalten	– Verstärkte Einbindung in eher lernstarke Gruppen – Akzeleration (siehe Kapitel 6) – Enrichment (siehe Kapitel 6) – Angebot von Alternativen zu Routineaufgaben (siehe Kapitel 6) – Angebot der Teilnahme an außerunterrichtlichen Projekten (AG, Wettbewerbe etc.; siehe Kapitel 6) – Lehrkraft kann vermitteln und/oder betreuen – Angebot, für den Schüler interessante Themen den Mitschülern im geeigneten Rahmen vorzustellen, um die soziale Anerkennung und Akzeptanz zu stärken
Typ II	– Minderleister – Geringe Schulleistungen – Störendes Verhalten	

Anmerkungen: In dieser Tabelle wird das Gendern aus der ursprünglichen Quelle übernommen und weicht daher von dem im restlichen Werk ab.
Quelle: In Anlehnung an Wegner & Borgmann, 2013.

2.1.2 „Typenlehre" nach Rohrmann und Rohrmann (2010)

Während Wegner und Borgmann (2013) in ihrer Typenlehre die begabten Schüler:innen als einen Typen kategorisieren, haben Rohrmann und Rohrmann (2010) versucht, unterschiedliche Charaktere begabter Schüler:innen aufgrund beobachtbarer Verhaltensweisen zu beschreiben. In ihrer Typenlehre (die sie nur im weiteren Sinne als Typenlehre mit fließenden Übergängen verstehen) werden unterschiedliche „Persönlichkeitstypen" beschrieben und geclustert, welche die Vielschichtigkeit von Begabung herausstellen sollen. Dies führt zum einen zur Auflösung von hartnäckigen Vorurteilen oder Mythen über Begabte, wie zum Beispiel, dass eine Begabung immer mit einer psychischen Abnormalität einhergeht („Genie-Verrücktheits-Korrelation"). Zum anderen wird dadurch deutlich, dass es eben nicht „das begabte Kind" gibt (Kraus, 1998), welches durch seine unbegrenzte Neugier, ein hohes Lernbedürfnis, ein hohes Lerntempo, ein überragendes Gedächtnis oder eine hohe Abstraktionsfähigkeit beschrieben ist.

Mit „(k)eine[r] kleine[n] Typenlehre" (S. 23) haben Rohrmann und Rohrmann (2010) somit versucht, die Vielfalt begabter Kinder und Jugendlicher zu verdeutlichen. Die Bezeichnung „(k)eine" und somit auch die Typenlehre verfolgen und verdeutlichen dabei das Ziel, begabte Personen nicht durch die Einordnung in Typen in Schubladen stecken zu wollen und das Kastendenken der Leser:innen zu bestärken. Vielmehr soll ein gegenteiliger Effekt erreicht werden, denn die beschriebenen Typen gehen über die oftmals reproduzierten Charaktere begabter Personen hinaus und umfassen auch unauffällige oder ‚normale' Verhaltensweisen, weshalb sie für die Vielfalt von Begabung sensibilisieren sollen (Rohrmann & Rohrmann, 2010). Auch die Wahl der Geschlechter in den Typen von Rohrmann und Rohrmann (2010) wurde bewusst gesetzt, um auf die gesellschaftlich geschlechtszugeschriebenen Verhaltensweisen aufmerksam zu machen.

Die Typenlehre nach Rohrmann und Rohrmann (2010) beschreibt insgesamt elf Typen, die in drei Oberkategorien („die Erfolgreichen", „die Schwierigen" und „die Unauffälligen") geclustert werden können (siehe Abbildung 9).

Abbildung 9: Übersicht zur gegliederten Typenlehre nach Rohrmann und Rohrmann (2010).

Typenlehre nach Rohrmann & Rohrmann (2010)		
Die Erfolgreiche	Die Schwierigen	Die Unauffälligen
Der kleine Professor	Die nervige Chaotin	Die ganz normalen
Die Perfektionistin	Der Eigenbrötler	Das fleißige Lieschen
Der Streber	Der Rebell	Die doppelt Außergewöhnlichen
Die allseits Beliebte	Der Aussteiger	

Quelle: Eigene Darstellung.

Nach Rohrmann und Rohrmann (2010) können die Typen folgendermaßen beschrieben werden:

– Unter den erfolgreichen Begabten finden sich vier Typen wieder, die ein breites Merkmalsspektrum abdecken. „Der kleine Professor" ist sehr detailverliebt und mit den Gedanken ganz bei seinen Büchern, vergisst dadurch jedoch häufig die kleinen Dinge im Alltag. Bei der „Perfektionistin" sieht das anders aus. Bei ihr muss eben alles perfekt sein, sonst baut sich eine enorme Wut und Traurigkeit auf, weshalb Kritik auch eher ablehnend aufgenommen wird. Ein Wutanfall würde dem „Streber" nicht in den Sinn kommen, denn er will allen und im besonderen Maße seinen Lehrkräften gefallen. Bei den Lehrkräften fällt er aber nicht nur durch seine guten Umgangsformen auf, sondern auch durch seine guten Leistungen. Das Gesamtpa-

ket wird durch die „allseits Beliebte" geliefert, die durch ihre freundliche und hilfsbereite Art bei allen beliebt ist und es gleichzeitig schafft, ihre eigenen Interessen durchzusetzen und ohne Ausnahme gute Leistungen abzuliefern.
- Gute Leistungen im Unterricht sind bei „den Schwierigen" nicht die höchste Priorität. Die folgenden vier Typen kennzeichnen sich zwar alle durch eher auffällige und für die Lehrkräfte anstrengende Verhaltensweisen, aber dennoch sind sie alle sehr verschieden. „Der Aussteiger" wurde wahrscheinlich in jüngeren Jahren zu den „Erfolgreichen" gezählt, denn er war selbstbewusst und zeigte, wenn er wollte, auch gute Leistungen. Im Laufe seiner Schulzeit hat ihn die Lust an der Schule komplett verlassen, was er durch Stören oder Fernbleiben des Unterrichts ausdrückt. Anders sieht es bei dem „Eigenbrötler" aus. Dieser ist gut in der Schule und ähnelt dem erfolgreichen „kleinen Professor", jedoch hat er durch seine außergewöhnlichen und manchmal skurrilen Interessen sowie seinen nicht vorhandenen zwischenmenschlichen Kompetenzen wenig soziale Kontakte und bereitet damit seinen Lehrkräften und Erziehungsberechtigten Sorgen. „Der Rebell" und die „nervige Chaotin" bereiten Lehrkräften hingegen Ärger, weil sie den Unterricht enorm stören. Während die „nervige Chaotin" eine schnelle Auffassungsgabe hat und dem Unterricht aus Unterforderung, Langeweile und wegen ihrer allgegenwärtigen kreativen Einfälle stört, ist „der Rebell" dafür bekannt, einfach nur undiszipliniert und frech zu sein. Letzterer wird aufgrund seines Verhaltens eher selten als besonders begabt wahrgenommen.
- So ergeht es auch häufig den „Unauffälligen", da sie vielfach übersehen werden. Das kann, wie bei den „ganz Normalen", gewollt sein oder einfach passieren, wie bei dem „fleißigen Lieschen". Weil sie in die Klassengemeinschaft gehören und den sozialen Anschluss (er-)halten wollen, beantworten die „ganz Normalen" Fragen manchmal bewusst falsch, obwohl sie die richtige Antwort kennen und freuen sich über eine eher durchschnittliche Klassenarbeit. Dadurch versuchen sie, den Anschein zu erwecken, wie alle anderen zu sein. Das „fleißige Lieschen" hingegen gibt sich immer Mühe und macht, was sie soll. Sie ist brav und angepasst, weshalb sie in der Klasse untergeht und niemand eine überdurchschnittliche Erwartung an sie hat. Auch die „doppelt Außergewöhnlichen" werden häufig nicht als besonders begabt erkannt. Bei ihnen liegt dies jedoch daran, dass sie ein weiteres besonderes Merkmal mitbringen, welches eine hohe Ausprägung der Begabung überdecken oder verstecken kann. Dazu zählen zum Beispiel sprachliche Probleme, kulturelle Besonderheiten oder körperliche Einschränkungen.

Diese elf Typen sollten nicht statisch betrachtet werden, da sich die Merkmale verschiedener Typen bei realen Personen auch überschneiden können (Rohrmann & Rohrmann, 2010). Aus der Typenlehre lässt sich schlussfolgern, dass es nicht den einen Typen begabter Kinder und Jugendlicher gibt, sondern dass sich eine hohe Ausprägung der Begabung auf viele Weisen ausdrücken kann.

2.2 Fallvignetten

In den Fallvignetten werden verschiedene Unterrichtssituationen dargestellt, die durch die Begabung von Schüler:innen beeinflusst, hervorgerufen oder provoziert wurden und sollen dazu beitragen, ein breites Verständnis für Facetten von Begabung in der eigenen Unterrichtspraxis zu entwickeln. Dies wird durch vereinzelte Einblicke in die Gedankengänge von Schüler:innen und Lehrkräften in den Fallvignetten ermöglicht, um über eine externe Beobachtung hinaus auch die Handlungsintentionen, Motivationen und Beweggründe begabter Schüler:innen nachempfinden und nachvollziehen zu können. Dadurch erfolgt die Unterstützung, sich ein breites Repertoire an Anhaltspunkten und Schlüsselereignissen anzueignen, die einem im eigenen Unterricht das Erkennen einer Begabung erleichtert. Dabei wird aber kein Anspruch auf Vollständigkeit erhoben, vielmehr sollen die folgenden Fälle die Heterogenität begabter Kinder und Jugendlicher verdeutlichen und Lehrkräfte für ihr Handeln sensibilisieren. Es reicht nicht aus, zu wissen, dass sich naturwissenschaftlich begabte Kinder oftmals selbstständig am Unterrichtgeschehen beteiligen, bereits ohne Aufforderung zielführende Fragestellungen und Hypothesen formulieren, ihr Wissen strukturiert und selbstbewusst präsentieren, praktische, kreative und gut durchdachte Experimente und Modelle planen können sowie den naturwissenschaftlichen Erkenntnisweg schnell verinnerlichen. Dies sind nur Vorannahmen, welche sich zwar vereinzelt bei begabten Schüler:innen wiederfinden, aber natürlich auch im Unterrichtskontext eingebettet sind. Sie werden durch die individuelle Persönlichkeit und viele weitere Faktoren beeinflusst und zeigen sich daher häufig nicht in der stereotypischen Form. Es wird im Folgenden also nicht nur der eine „Typ" von Begabung beschrieben, sondern mögliche Verhaltensweisen aufgeführt, die mit einer Begabung einhergehen.

Fall 1 – Lisa

Lisa aus der sechsten Klasse freut sich heute besonders auf den Physikunterricht, denn sie steigen mit einem neuen Thema ein. Ab heute setzt sich die Klasse mit dem Weltall auseinander. Die meisten wissen noch gar nicht Bescheid, aber Lisa hat in der letzten Stunde extra mit der Lehrkraft gesprochen. Mit dem Thema Weltall kennt sich Lisa gut aus, denn es fasziniert sie schon lange. Sie hat ein eigenes Teleskop zuhause, mit dem sie jeden Abend die Sterne beobachtet. Sie hat sogar überlegt, dieses heute in den Unterricht mitzubringen, hatte den Gedanken aber schnell wieder vergessen, weil sie noch so viele andere Sachen im Kopf hat. Sie weiß auch eigentlich noch gar nicht genau, was heute konkret in der Stunde behandelt wird. Mittlerweile wissen nun doch fast alle Mitschüler:innen, was das Thema der neuen Unterrichtsreihe sein wird, denn sie hat schon mit vielen darüber gesprochen und ein paar interessante Informationen weitergegeben, egal ob es die anderen Schüler:innen interessiert oder nicht. Die Lehrkraft steigt in das Thema ein,

> indem sie ein Sternenbild zeigt und fragt, wer dieses kennt. Es melden sich einige Schüler:innen, darunter natürlich auch die weltallbegeisterte Lisa. Jetzt bereut sie es doch, das Teleskop nicht dabei zu haben. Nachdem ein anderer Schüler aufgelöst hat, dass es sich um den großen Wagen handelt, bleibt der Finger von Lisa trotzdem oben, denn sie möchte von ihrer selbst gezeichneten Sternenbildkarte erzählen, die sie zuhause hängen hat. Die Lehrkraft freut sich, dass das Thema so großen Anklang findet und sieht den kommenden Stunden gelassen entgegen, denn sie weiß, dass eine Person ihren Unterricht auf jeden Fall voranbringen kann. Das wundert sie aber auch nicht weiter, denn Lisa arbeitet immer gewissenhaft mit und hat eine schnelle Auffassungsgabe, auch wenn sie nicht immer im Thema ist. Die Lehrkraft bittet die Schüler:innen, das Physikbuch aufzuschlagen. Lisa muss mit ihrem Sitznachbarn ins Buch schauen, denn sie hat es wieder vergessen. Das ist aber nicht weiter schlimm, denn die Lehrkraft hat immer ein Exemplar für Notfälle dabei. Nach der Stunde erkundigt sich Lisa wieder, wie es weitergeht. Sie ist sehr gespannt und freut sich auf die nächste Stunde.

Lisa ist sowohl aufgrund ihres hohen und detaillierten Interesses als auch wegen ihrer Nachlässigkeit im Hinblick auf ihre Sorgfalt sowie Ordnung und Strukturen dem Typen „Der kleine Professor" nach Rohrmann und Rohrmann (2010) zuzuordnen. Ihre Begabung zeigt sich in Bezug auf das Modell biologisch-naturwissenschaftlicher Begabung nach Wegner (2014) vor allem durch ihr hohes naturwissenschaftliches Interesse am Thema „Weltall" sowie ihr ausgebildetes Selbstvertrauen, da sie wenig Wert darauf legt, was ihre Mitschüler:innen von ihr denken könnten. Ihre überdurchschnittliche Kreativität kommt vor allem durch das Zeichnen ihrer eigenen Sternenbildkarte zum Ausdruck. Obwohl sie eine große Motivation zur Auseinandersetzung mit dem Unterrichtsthema mitbringt, ist ihre Arbeitsdisziplin nur eingeschränkt ausgebildet, da sie den Fokus für andere, für sie zweitrangige Dinge vergisst, wie beispielsweise das Mitbringen des Physikbuchs. Dies zeigt, dass im Bereich der nicht-kognitiven Persönlichkeitsmerkmale bei Lisa zwar eine hohe Leistungsmotivation zu erkennen ist, sich jedoch mit dem Ausbau der individuellen Arbeits- und Lernstrategien befasst werden sollte.

> **Fall 2 – Sevim**
>
> Die Lehrkraft freut sich schon auf die sechste Stunde und ihren Oberstufenkurs, denn dort läuft der Unterricht wie von selbst. Wenn sie so recht darüber nachdenkt, liegt das vermutlich an einem Schüler, der durch seine gute Vorbereitung und sein großes Wissen im Fach eine Antwort auf jede Frage hat, Aufgaben ohne Probleme bearbeiten kann und, was die Lehrkraft ganz herausragend findet, immer bereit ist, seinen Mitschüler:innen zu helfen. Heute ist das Stundenthema gar nicht so einfach, denn sie beschäftigen sich mit Fotosynthese. Sobald chemische Formeln ins Spiel

> kommen, schalten einige Schüler:innen einfach sofort ab. Nachdem in der letzten Stunde schon angerissen wurde, welche Voraussetzungen eine Pflanze benötigt, um Fotosynthese zu betreiben, erarbeiten sich die Schüler:innen in dieser Stunde die Abläufe innerhalb der Pflanzenzelle. Zur Vorbereitung sollten die Schüler:innen sich bereits über den Unterschied zwischen lichtabhängiger und lichtunabhängiger Reaktion informieren. Für die meisten Schüler:innen war die Aufgabe in einem Satz beantwortet, aber nicht für Sevim, auf den sich die Lehrkraft immer verlassen kann. Er hat schon fast zu viel gemacht und jeweils eine halbe Seite zu den Reaktionen geschrieben. Dieses Verhalten wird von der Lehrkraft begrüßt, denn das erleichtert dem Schüler die Bearbeitung der folgenden Aufgabe, die Abläufe bei der Fotosynthese in das Heft zu skizzieren, sehr. Sevim ist aufgrund der ordentlichen Hausaufgabe schnell fertig und bietet wieder seine Hilfe an. Die Lehrkraft ist sehr dankbar, hat aber den Eindruck, dass alle zurechtkommen, daher bekommt Sevim eine Zusatzaufgabe, die er ebenfalls noch in der Stunde bearbeitet. Davon ist die Lehrperson sehr beeindruckt, denn auf diese Aufgabe konnte sich der Schüler noch nicht vorbereiten und trotzdem gab es bei der Bearbeitung keine Probleme. Sevim hat sich ein eigenes Experiment überlegt, mit dem überprüft werden kann, wie sich die Fotosyntheserate bei verschiedenen Lichtverhältnissen verändert. Von der Lehrkraft wurde zuvor nur eine Auswahl der zur Verfügung stehenden Materialien vorgegeben. Nach einer Durchsicht der Lösung sind keine Fehler im Versuchsaufbau auszumachen. Zudem hat Sevim bedacht, eine Problemstellung sowie Hypothesen zu formulieren. Der naturwissenschaftliche Erkenntnisweg wurde also verinnerlicht, denn die Lehrkraft hat dieses Vorgehen nicht explizit in der Aufgabenstellung erwähnt. Die Lehrkraft ist begeistert. Viele andere Schüler:innen aus der Klasse können die Arbeitsweise und das Wissen, die Sevim zeigt, noch nicht abrufen.

Seine fleißige und ordentliche Arbeitsweise sowie seine Hilfsbereitschaft und Offenheit lassen Sevim dem Typen „das fleißige Lieschen" nach Rohrmann und Rohrmann (2010) zuordnen. Dabei zeigt er ein hohes naturwissenschaftliches Interesse, eine überdurchschnittliche Arbeitsdisziplin und stark ausgeprägte Sozialkompetenzen und ist somit nach Wegner (2014) als potenziell besonders begabter Schüler auszumachen. Mit seinem gewissenhaften und regelkonformen Verhalten geht außerdem ein hohes Maß an Selbststeuerung einher. In Bezug auf seine nicht-kognitiven Persönlichkeitsmerkmale ist Sevim vor allem in den Bereichen Arbeit- und Lernstrategien sowie der Leistungsmotivation als besonders auffällig zu beschreiben. Für die Lehrkraft ist Sevim jedoch schwierig als potenziell begabt zu identifizieren, da er durch sein Verhalten nicht heraussticht. Er entspricht dem Bild eines Schülers, welcher dem Unterricht aufmerksam folgt und durch Lernen und Fleiß gute Leistungen erbringt.

> **Fall 3 – Felix**
>
> Heute arbeiten die Schüler:innen im Chemieunterricht der 7a weiter an dem Thema chemische Reaktionen. Als Hausaufgabe zur Stunde sollten die Schüler:innen den Reaktionsbegriff definieren und eine Reaktion aus ihrem Alltag beispielhaft notieren. Die meisten Schüler:innen haben die Aufgabe vergessen, weil es, aus Sicht der Schüler:innen, ein viel wichtigeres Thema in der Klasse gibt: bald wird der/die Klassensprecher:in gewählt. Die Chemielehrkraft hat die Klasse zwar nur einmal in der Woche, aber trotzdem weiß sie schon, wer wahrscheinlich Klassensprecher:in wird. Felix ist ihr hauptsächlich durch gute Leistungen im Unterricht aufgefallen: bei Fragen ist seine Hand meistens als erste oben und auch in den gelegentlichen Tests ist er immer vorne mit dabei. Auch seine Mitschüler:innen scheinen das schon bemerkt zu haben, denn diese wenden sich bei Unsicherheiten immer erst an Felix und reißen sich bei Gruppenarbeiten schon fast darum, in seiner Gruppe zu sein. Das kann die Lehrkraft gut verstehen, denn er liefert durch seine kreativen und durchdachten Beiträge immer gute Leistungen ab. Doch auch in den fünf-Minuten-Pausen zwischen den Stunden spielt sich das Klassenleben rund um ihn ab. Viele Schüler:innen setzen sich zu ihm und quatschen über alles Mögliche. Durch seine Art ist Felix nicht nur bei engen Freund:innen beliebt, sondern auch bei den Außenseitern der Klasse, die mit den meisten anderen Kindern nichts anfangen können. Obwohl viele aus der Klasse wegen der Wahl im Anschluss an die Stunde nicht sehr konzentriert sind und untereinander tuscheln, arbeitet Felix konzentriert. Die Lehrkraft freut sich, dass er direkt die Hausaufgabe präsentieren möchte. Sein Beispiel für eine Reaktion in unserem Alltag ist das Auflösen von Brausepulver in Wasser. Er bietet an, die Reaktion für alle einmal zu zeigen, denn er hat ein Päckchen Brausepulver mitgebracht. Die Lehrkraft ist begeistert. Felix holt ein Becherglas mit Wasser, demonstriert die Reaktion mit der Brause und erklärt, dass die Reaktion durch das enthaltene Natron und die Zitronensäure entsteht. Alle schauen gespannt zu und die Lehrkraft kann optimal mit ihrem Unterricht weiter machen und an die Erklärung anknüpfen.

Felix entspricht in der Typenlehre nach Rohrmann und Rohrmann (2010) dem Typen „die allseits Beliebte", da er sowohl gute Leistungen in der Schule erbringt als auch sozial sehr stark eingebunden ist. Auch im Hinblick auf das Modell der biologisch-naturwissenschaftlichen Begabung nach Wegner (2014) lässt sich festhalten, dass er besonders hohe Ausprägungen in den Bereichen der sozialen Kompetenz, der Intelligenz sowie des hohen naturwissenschaftlichen Interesses zeigt. Darüber hinaus arbeitet er konzentriert an den geforderten Aufgaben, was einen hohen Grad der Arbeitsdisziplin sowie der Selbststeuerung voraussetzt. Damit einher gehen seine nicht-kognitiven Persönlichkeitsmerkmale, welche besonders im Bereich der Arbeit- und Lernstrategien sowie der Leistungsmotivation als hoch einzuschätzen sind. Der Umgang mit eventueller Nervosität aufgrund der anstehenden Klassensprecherwahl kann eventuell auch anzeigen, dass Felix gut mit Stress oder stressigen Situationen umgehen kann, ohne sich davon negativ beeinflussen zu lassen.

Diese ersten drei Beispiele zeigen alle ein sehr positives Bild von einem/einer begabten Schüler:in im Unterricht. Doch Lehrkräfte und Mitschüler:innen sind nicht immer begeistert, wenn sie eine:n begabte:n Schüler:in in der Klasse haben. Einige begabte Schüler:innen fallen unter Umständen gar nicht durch ihre guten Leistungen im Unterricht und ihre Begeisterung für die behandelten Themen auf, wie es in den obigen drei Fällen deutlich wurde, sondern eher durch negativ konnotiertes Verhalten. Selbst unauffällige Schüler:innen, die den meisten Lehrkräften weder negativ noch positiv auffallen, können eine naturwissenschaftliche Begabung aufweisen. Es ist also wichtig, die Verhaltensweisen von Schüler:innen differenziert zu betrachten und im Hinblick auf Erkennungsmerkmale von Begabung zu reflektieren. Um solche Verhaltensweisen bzw. Schlüsselsituationen im Unterricht identifizieren zu können, müssen Lehrkräfte aufmerksam sein und nicht nur auf gewinnbringende positive Eigenschaften von Schüler:innen achten, sondern einen ganzheitlichen Blick für eine Begabung entwickeln. Sie müssen verinnerlichen, dass auch das Handeln von begabten Schüler:innen durch bewusste und unbewusste Entscheidungen gesteuert wird. Beispielsweise kann eine Prägung durch die Persönlichkeit oder die Erziehung Verhaltensweisen der Schüler:innen nachhaltig verändern und Lehrkräfte in die Irre führen. Auch äußere Umstände, wie Unterforderung durch die Lehrinhalte oder soziale Beziehungen zur Peers, beeinflussen viele Schüler:innen. Es ist erforderlich, dass Lehrkräfte sich dessen bewusst sind und die Individualität ihrer Schüler:innen anerkennen. Nur so können alle Lernenden bestmöglich in ihren Begabungen und in ihrem Interesse gefördert werden. Oftmals reicht es nicht aus, sich diesen Umständen bewusst zu sein, um im Unterricht schlussendlich auf eine Begabung aufmerksam zu werden, denn es fehlen konkrete Situationen, die helfen, das Verhalten oder das Handeln von Schüler:innen einzuordnen. Deshalb zeigen die folgenden Fallvignetten, anders als die ersten drei Fälle, eben diese schwierigen oder auch unauffällige Unterrichtssituationen, die maßgeblich durch die Begabung von Schüler:innen beeinflusst wurden und damit eine Möglichkeit zur Erkennung bieten.

Fall 4 – Johanna

Im Physikunterricht der Sekundarstufe I werden Schaltkreise behandelt. Die Schüler:innen haben die Möglichkeit, ihr erlerntes Wissen praktisch zu erproben und sollen in der hier beschriebenen Unterrichtsstunde verschiedene Schaltkreise realisieren und durch die korrekte Verschaltung Lampen zum Leuchten bringen. Dafür wurde die Klasse per Zufallsprinzip in Kleingruppen aufgeteilt und jeweils mit einem Steckbausatz ausgestattet. Während sich die meisten Gruppen zügig an die Arbeit machen, diskutieren die Mitglieder einer Dreiergruppe miteinander, weil sie nicht zusammenarbeiten wollen. Johanna arbeitet in der Regel alleine und ist in der Klasse nicht sehr beliebt, fällt aber durch ihren Fleiß und gute Leistungen auf. Als die Lehrperson die Auseinandersetzung schlichten möchte, leugnet Johanna den Streit, um die Lehrkraft nicht zu verärgern. Sie befürchtet aber insgeheim, die ganze Arbeit alleine machen zu müssen. Die anderen Teammitglieder versuchen hingegen, mit der Lehrkraft über die Gruppenkonstellation zu verhandeln und möchte lieber mit ihren Freund:innen zusammenarbeiten. Da die Diskussion nur noch einseitig geführt wird, geben die Mitschüler:innen nun nach und die Gruppe beginnt zu arbeiten. Wie bereits vermutet, übernimmt Johanna den größeren Teil der Arbeit und die Gruppe ist als erstes fertig. Die Lehrkraft hat das Geschehen beobachtet und ist sich der Arbeitsteilung der Gruppe bewusst. Sie erkennt die Schnelligkeit von Johanna an und möchte, dass die Gruppe vorstellt. Um auch den passiven Part des Dreierteams zu aktivieren, schlägt die Lehrkraft vor, dass die anderen beiden Schüler:innen mit der Kurzpräsentation beginnen sollen. Im Endeffekt übernimmt aber Johanna den größeren Teil der Vorstellung. Lediglich das Anzeichnen des Schaltkreises überlässt sie ihren Gruppenmitgliedern mit dem Kommentar, dass ihr das Zeichnen nicht liege. Im Laufe des weiteren Unterrichtsgesprächs meldet sich Johanna dauerhaft und ist das Back-Up der Lehrkraft, wenn die Mitschüler:innen nicht weiterwissen. Sie möchte offensichtlich brillieren. Johanna fragt zum Ende der Stunde, ob noch Zusatzleistungen erbracht werden können, woraufhin die Lehrkraft ihr von einem schulübergreifenden Physikwettbewerb berichtet, an welchem sie teilnehmen kann. Johanna freut sich sehr und erzählt es der Klasse, die es aber wenig interessiert. Die Lehrperson ist sich zwar der guten Leistung von Johanna bewusst, geht jedoch aufgrund des offensichtlichen Fleißes und den Anstrengungen, den Lehrkräften zu gefallen, nicht davon aus, dass sie in besonderem Maße begabt sei. Eine Begabung geht für die Lehrperson mit Talent einher, welches keinen Fleiß erfordere. Eine Fehlvorstellung, die Johanna nicht gerecht wird. Obwohl sie augenscheinlich versucht, ein gutes Ansehen bei ihren Lehrer:innen zu erlangen, ist dies nicht ihre einzige Motivation. Es fällt ihr zudem sehr leicht, sich naturwissenschaftliche Inhalte anzueignen und die Auseinandersetzung damit bereitet viel Spaß.

Johannas Verhalten im Physikunterricht ist vor allem durch ihren hohen Grad an Zuverlässigkeit sowie ihr Bestreben, es der Lehrkraft recht zu machen, gekennzeichnet und kann dem Typen „Der Streber" nach Rohrmann und Rohrmann (2010) zugeordnet werden. Nach Wegner (2014) äußert sich ihre Begabung vor allem in ihrer hohen Arbeitsdisziplin, ihrer Intelligenz sowie ihrer starken Selbststeuerung, was sich zum Teil in der Unterdrückung der eigenen Bedürfnisse zugunsten des Wunsches der Lehrkraft zeigt. Darüber hinaus wendet Johanna Arbeits- und Lernstrategien an, um den Ansprüchen des Unterrichts und der Lehrkraft gerecht zu werden. Ihre starke Orientierung an den Zielen der Lehrkraft führt jedoch dazu, dass sie wenig kreativ ist und soziale Interaktion mit ihren Mitschüler:innen für sie eine eher untergeordnete Rolle spielt.

> **Fall 5 – Malik**
>
> In den zwei hier beschriebenen Chemiestunden züchten Schüler:innen der Sekundarstufe I Kristalle. Das Hintergrundwissen zu Kristallen, der chemischen Struktur und das Vorgehen wurden in den vorherigen Stunden bereits besprochen und geplant. Die Schüler:innen haben von der Lehrkraft die Hausaufgabe bekommen, ein Protokoll anzufertigen und die Schritte der Durchführung sowie die Menge der zu verwendenden Materialien zu notieren, sodass in der Stunde direkt mit der Versuchsdurchführung begonnen werden kann. Einige Schüler:innen haben die Aufgabe nicht erledigt, weshalb sie von der Lehrperson zu Beginn der Stunde eine vorgedruckte Versuchsanleitung erhalten, sodass alle starten können. Die Hausaufgabe soll nachgeholt werden. Malik sticht durch sein ordentliches Protokoll hervor. Es wurde sogar eine kolorierte Zeichnung des Versuchsaufbaus angefertigt, die stolz der Lehrkraft präsentiert wird. Er erhält ein ausdrückliches Lob für die Hausarbeit. Bevor sich die Schüler:innen die Materialien aus den Schränken holen dürfen und die Chemikalien ausgegeben werden, prüft die Lehrperson im Schnelldurchlauf die selbst angefertigten Versuchsdurchführungen der Klassenmitglieder auf Fehler, korrigiert diese und gibt das Startsignal. Dabei schenkt sie den Protokollen der leistungsschwachen Schüler:innen mehr Aufmerksamkeit als den der anderen Klassenmitglieder. Es wird begonnen, die Kristalle herzustellen. Während einige Schüler:innen eher nach Augenmaß arbeiten, misst Malik mit dem ordentlichen Protokoll alles sehr genau ab, nutzt die Waage und unterscheidet genau zwischen Spatelspitze, Tee- und Esslöffel. In der folgenden Stunde einige Tage später zeigt sich aber, dass dieser Versuchsansatz missglückt ist. Es hat bei mehreren Schüler:innen nicht geklappt. Das scheint Malik aber keinen Trost zu bieten. Er wird wütend und beginnt lautstark mit anderen Mitschüler:innen zu diskutieren und glaubt, die Ansätze wurden untereinander vertauscht. Das Verhalten sorgt für Unruhe und die Lehrperson versucht, die Situation zu schlichten. Doch nur mit wenig Erfolg, denn Malik ist in Rage und ihm steigen die Tränen in die Augen. Er kann nicht verstehen, warum der eigene Versuchsansatz nicht funktioniert hat, wo doch so ordentlich gearbeitet wurde. Die Lehrperson hat wenig Verständnis für dieses Verhalten und fühlt sich mit der Situation überfordert. Malik lässt kaum mit sich reden. Nach einem genauen Blick in das Protokoll von Malik kann die Situation geklärt werden. Er hat einen Übertragungsfehler gemacht und eine Einheit falsch aufgeschrieben, weshalb zu wenig von einer Chemikalie hinzugefügt wurde. Daraufhin beruhigt sich die Situation. Jetzt ist Malik nur noch sauer auf sich selbst. Am liebsten würde er im Erdboden versinken. Die Lehrkraft ist nur froh, dass der Unterricht weiter gehen kann. Der Fehler von Malik wäre halb so schlimm gewesen, doch der Wutanfall überschattet nun seine sonstige sehr gute Leistung.

Malik zeigt durch sein stark emotional-impulsives und perfektionistisches Verhalten Züge des Typen „die Perfektionistin" der Typenlehre nach Rohrmann und Rohrmann (2010). Während sowohl seine Intelligenz, als auch seine Arbeitsdisziplin und sein Interesse an naturwissenschaftlichen Phänomenen und Fragestellungen als besonders hoch einzustufen sind (Wegner, 2014), mangelt es ihm jedoch an Selbstbeherrschung, was mit einer niedrigen Selbststeuerung einhergeht. Darüber hinaus rückt für ihn auch die Arbeit im Klassenverbund bei seiner Problembewältigung in den Hintergrund, was darüber hinaus für noch nicht hoch ausgeprägte soziale Kompetenzen steht. In Bezug auf seine nicht-kognitiven Persönlichkeitsmerkmale ist auffällig, dass Malik nicht gut mit Stress umgehen kann und er eine zu hohe Kontrollüberzeugung hat. Dies führt dazu, dass er sich selbst im Weg zu stehen scheint.

Fall 6 – Linda

Es ist die erste Stunde einer sechsten Klasse. Heute haben sie eine eher theoretische Stunde vor sich, da ihre Biologielehrkraft krank ist. Daher soll in Partner- oder Einzelarbeit eine Aufgabe im Schulbuch bearbeitet werden, bei der eine tabellarische Darstellung der unterschiedlichen Verdauungsorgane mit Bau, Funktion und abgesonderten Flüssigkeiten angelegt werden soll. Den Schüler:innen wird freigestellt, ob sie neben dem Infotext im Buch auch im Internet recherchieren möchten. Zudem macht die Vertretungslehrkraft deutlich, dass die Aufgabe nicht in dieser Stunde fertiggestellt werden muss. Es besteht die Möglichkeit, die Tabelle im Laufe der nächsten Stunden zu ergänzen. Wenn die Informationen zu mindestens zwei Organen recherchiert und notiert wurden, gibt es keine Hausaufgabe zur nächsten Stunde. Am Anfang arbeiten alle Schüler:innen ruhig an der Aufgabe. Viele sind noch verschlafen und lassen sich Zeit. Nachdem zehn Minuten ruhig gearbeitet wurde, wird es jedoch unruhig in der Klasse. In der letzten Reihe haben drei Schüler:innen begonnen, miteinander zu quatschen. Einige Klassenmitglieder sind sichtlich in ihrer Arbeit gestört. Die Lehrperson weist die Schüler:innen darauf hin, sich auf ihre Arbeit zu konzentrieren und sich nur leise zu unterhalten. Zwei der drei Schüler:innen machen sich wieder an die Arbeit. Linda aus der Gruppe weigert sich jedoch weiterzuarbeiten. Sie hat gerade erst begonnen, die Tabelle zu zeichnen und konnte den Text in der Zeit nur überfliegen. Die Tabelle wurde in das Heft zwischen zwei ältere Aufgaben gequetscht, sodass nicht ausreichend Platz für die Informationen zur Verfügung stehen wird. Linda ist gelangweilt und genervt von der Aufgabe. Den nächsten Stunden blickt sie schon mit Langeweile entgegen, da sie sich jetzt wieder wochenlang mit der Tabelle beschäftigen müssen, weil sich ihre Mitschüler:innen nichts merken können und den Text zehn Mal lesen müssen. Anstatt die Aufgabe zu erledigen, steht sie auf und nimmt sich das Torso-Modell eines Menschen aus dem Schrank und erkundet die Organe. Sowas hat die Vertretungslehrkraft noch nicht erlebt. Das muss Linda sein, vor der ihr Kollege gewarnt hat. Sie ist immer hibbelig, laut, erledigt selten die Schulaufgaben, lenkt die Mitschüler:innen ab und verweigert die Arbeit. Die Vertretungslehrkraft sucht das Gespräch mit Linda. Doch sie möchte sich weiter mit dem Modell beschäftigen. Die Lehrperson nutzt die Situation und bittet sie, die Verdauungsorgane und jeweils eine Funktion zu nennen. Die Antwort wird fehlerfrei wiedergegeben. Da sich Linda in der kurzen Zeit den Text kaum durchlesen konnte, ist die Lehrperson erstaunt. Linda zeigt großes Potenzial. In einer Fortbildung hat die Vertretungslehrkraft gelernt, solche Schüler:innen zu erkennen und passende Förderung anzubieten. Sowohl ihre Erziehungsberechtigten als auch andere

> Lehrkräfte haben dies bisher nicht erkannt. Obwohl Linda unstrukturiert erscheint und den Unterricht stört, besitzt sie eine schnelle Auffassungsgabe.

Ihr unruhiges, wenig strukturiertes und selten ausdauerndes Verhalten in der Biologiestunde kann nach Rohrmann und Rohrmann (2010) dem Typen „die nervige Chaotin" zugeschrieben werden. Während bei Linda hinsichtlich des Modells der biologisch-naturwissenschaftlichen Begabung nach Wegner (2014) einige Aspekte, wie die Intelligenz, das naturwissenschaftliche Interesse, der Grad an Kreativität sowie ihr Selbstvertrauen als überdurchschnittlich hoch einzustufen sind, ist gleichzeitig ihre Arbeitsdisziplin und Selbststeuerung im Vergleich dazu sehr niedrig. Dies führt dazu, dass sie eventuell vorhandene Arbeits- und Lernstrategien in Stresssituationen nicht abrufen kann und sich auch nicht zur Arbeit motivieren kann, auch wenn dies von ihr gefordert ist.

> **Fall 7 – Henry**
>
> Im Biologieunterricht steigt die achte Klasse in das Thema Nahrungsketten ein. Als Einstieg in die Reihe dient ein kurzer Filmausschnitt, den die Lehrkraft zum Anfang der Stunde kommentarlos abspielt. Fast alle Schüler:innen sind durch den Medienwechsel motiviert und schauen gespannt zu. Henry verdreht aber schon nach der ersten Minute die Augen und schaut aus dem Fenster auf den Schulhof. Dort befindet sich eine Klasse mit ihrer Lehrperson. Sie scheinen den Unterricht nach draußen verlegt zu haben. Er fragt seine Sitznachbarin, warum sie nicht draußen Unterricht haben können. Etwas leiser fügt Henry dann hinzu, dass gar kein Unterricht noch besser wäre. Die Lehrperson ist dieses Verhalten gewohnt. Sie unterrichtet die Klasse schon einige Monate und bemerkt solche Kommentare immer häufiger. Auch die Aufmerksamkeit von Henry hat mit der Zeit immer stärker nachgelassen. Er ließ sich schon immer leicht ablenken, hat aber sonst durch seine guten Leistungen punkten können, sodass es von allen akzeptiert wurde. Diese zeigt er seit Beginn des neuen Schuljahres immer seltener. Nachdem die Lehrperson Henry für die lautstarken Bemerkungen ermahnt hat, schaut er nur noch aus dem Fenster. Er fragt sich insgeheim, wofür er sich überhaupt anstrengen soll und was es ihm bringt, jetzt weiter den Film zu gucken und dem Unterricht zu folgen. Henry meint, alles zu können, weil er sich nie anstrengen musste, um die Inhalte in der Schule zu verstehen. Nachdem die Lehrperson den Film beendet hat und die Schüler:innen erste Ideen zum Thema der neuen Unterrichtsreihe nennen sollen, steht Henry auf, um auf die Toilette zu gehen. Sein Vorhaben teilt er nur seiner Sitznachbarin mit und nicht der Lehrperson. Diese bekommt es dennoch mit, lässt ihn aber gehen. Henry hat den Unterricht verlassen, weil er sich sicher ist, dass sie sich ab jetzt mit Räubern und Beute beschäftigen werden. Er glaubt, alles über das Thema zu wissen und möchte lieber auf die langweilige Unterrichtsdis-

> kussion verzichten. Er bekommt nicht mehr mit, dass die Vermutung nicht ganz richtig war, da er für den Rest der Stunde nicht mehr wiederkommt. Die Lehrkraft schickt seine Sitznachbarin raus, um zu schauen, was los ist. Diese findet Henry auf einer Bank auf dem Schulhof mit dem Handy in der Hand. Die Lehrperson ist genervt und versteht nicht, warum er sein Potenzial der letzten Schuljahre nicht mehr abrufen kann.

Henry kann durch sein ablehnendes und abwesendes Verhalten dem Typen „der Aussteiger" in der Typenlehre von Rohrmann und Rohrmann (2010) zugeordnet werden. Trotz seines partiell hohen Interesses an einigen naturwissenschaftlichen Themen, seines hohen Selbstvertrauens sowie seiner Intelligenz (Wegner, 2014) schafft er es nicht, eine produktive und aktive Haltung im Unterricht anzunehmen. Dies liegt nicht zuletzt daran, dass er eine niedrige Arbeitsdisziplin aufweist und im Hinblick auf die nicht-kognitiven Persönlichkeitsmerkmale keine Motivation zur Erbringung von Leistung zeigt. Darüber hinaus handelt er aus der Gewohnheit heraus, dass ihm niemand seine Grenzen deutlich aufzeigen wird, was gegenüber Autoritätspersonen von niedrigen sozialen Kompetenzen zeugt.

> **Fall 8 – Kübra**
>
> Im Chemieunterricht der Einführungsphase wird die zweite Klausur geschrieben. Es geht um den Stoffkreislauf in der Natur. Die Schüler:innen sind sichtlich angespannt, da die erste Klausur sehr schlecht ausgefallen ist. Da in der Sekundarstufe I zuvor keine Klassenarbeiten im Chemieunterricht geschrieben wurden, war die Klasse eine solche Klausur noch nicht gewohnt. Die Lehrkraft ist sich sicher, dass die heutige Arbeit besser ausfallen wird. Alle sind gut vorbereitet. Am meisten erwartet die Lehrkraft von einer Schülerin mit der besten Leistung bei der letzten Klausur. Kübra meldet sich zwar nur gelegentlich im Unterricht, scheint aber ein Händchen für das Fach Chemie zu haben. Bewundernswert empfand die Lehrkraft, dass sie nicht mit ihrer Note geprahlt hat, nachdem die Klausur ausgegeben wurde, wie es viele andere Schüler:innen gemacht hätten. Zu der Besprechung der Klausur hat die Lehrkraft in Absprache mit Kübra einige ihrer Lösungswege an die Tafel geschrieben. Sie wollte damit auch ihre besondere Leistung hervorheben, aber Kübra bestand ausdrücklich darauf, dass die Lehrkraft nicht verrät, dass die Lösungen aus ihrer Klausur stammen. Nachdem die zweite Klausur ausgegeben wurde und alle Schüler:innen angefangen haben zu arbeiten, wird die Lehrperson neugierig und geht durch die Reihen. Die meisten Antworten der Schüler:innen sehen vielversprechend aus. Doch sie wundert sich über die normalerweise leistungsstarke Kübra. Ein Blick über die Schulter zeigt, dass Chaos auf dem Blatt herrscht. Einige Lösungen, die der Lehrperson auf den ersten Blick richtig erscheinen, wurden durchgestrichen und durch falsche Antworten ersetzt. Kübra ist trotzdem sehr früh mit der Arbeit fertig.

> Doch sie gibt die Arbeit nicht ab. Erst nachdem fünf Klassenmitglieder die Klausur auf das Pult gelegt haben, legt sie ihre auch dazu. Die Korrektur der Arbeit bestätigt die Vermutung der Lehrperson. Kübra schien zwar zuerst den richtigen Ansatz gewählt zu haben, hat sich dann in letzter Minute aber noch umentschieden. Beim Austeilen der Arbeit scheint Kübra aber alles andere als enttäuscht. Sie freut sich und macht kein Geheimnis aus ihrer Note. Es ist eine Drei Minus geworden. Insgeheim freut sie sich darüber, dass es geklappt hat, dieses Mal nicht Klassenbeste zu werden. Sie will einfach sein wie die anderen. Die Lehrperson ist alarmiert, da Kübra offensichtlich die richtigen Lösungen kannte.

Kübra scheint ihre besondere Ausprägung der naturwissenschaftlichen Begabung regelrecht verstecken zu wollen, wie es bei dem Typen „die ganz Normalen" der Typenlehre von Rohrmann und Rohrmann (2010) der Fall ist. Ihr hohes naturwissenschaftliches Interesse, ihre Intelligenz sowie ihre hohe Arbeitsdisziplin (Wegner, 2014) zeigen an, dass es sich bei ihr um eine besonders begabte Schülerin handeln kann. Ihr sehr niedriges Selbstvertrauen allerdings führt dazu, dass sie sich nicht über ihre Erfolge freuen kann und lieber schlechte Noten in Kauf nimmt, als in der Klasse aufzufallen. Daher sind die sozialen Kompetenzen von Kübra als „Sonderfall" zu behandeln. Auf der einen Seite möchte sie zur Klassengemeinschaft und zum Durchschnitt gehören, auf der anderen Seite beeinflusst ihr geringes Selbstvertrauen scheinbar auch ihre soziale Eingebundenheit, da sie diese nur in Abhängigkeit von normalen Leistungen sieht. Dementsprechend wird die Schule für sie zu einer dauerhaften Stresssituation, da sie darauf achten muss, wie sie sich verhält und was sie zum Unterricht beiträgt.

> **Fall 9 – Benjamin**
>
> Im Biologieunterricht der Sekundarstufe I soll ein Zwiebelhautpräparat angefertigt und mikroskopiert werden. Währenddessen sollen die Schüler:innen ihr Vorgehen eigenständig protokollieren und eine Zeichnung des Präparates anfertigen. Das Material wurde vor der Stunde von der Lehrperson auf das Pult gestellt, sodass sich die Schüler:innen selbstständig daran bedienen und die Aufgabe in der Stunde eigenverantwortlich bearbeiten können. Es wurde freigestellt, ob in Einzel- oder Partnerarbeit gearbeitet werden möchte, da ausreichend Mikroskope zur Verfügung stehen. Während viele Schüler:innen sich in Gruppen zusammengefunden haben und sich lautstark der Anfertigung des Präparates widmen, hat sich Benjamin für die Einzelarbeit entschieden. Er gibt den anderen Mitschüler:innen den Vortritt beim Präparieren und beginnt ruhig zu arbeiten. Das Heft wird aufgeschlagen, um sich die Aufgabe zu notieren, welche von der Lehrkraft an der Tafel festgehalten wurde. Dann wird begonnen, das Protokoll zu schreiben. Dabei schreibt Benjamin, wie es in der Klasse eingeübt wurde, zuerst die Fragestellung auf, dann das Material und die Ver-

> suchsdurchführung. Im folgenden Schritt wird ausreichend Platz für die Zeichnung der Zwiebelzelle gelassen und auch ein Absatz für die Auswertung hinzugefügt. Es kommen auch Filzstifte und Textmarker zum Einsatz, sodass ein ordentliches Gesamtbild entsteht. Die Lehrperson schenkt diesem Verhalten kaum Beachtung, da sie eine ordentliche Arbeitsweise von Benjamin gewohnt ist. Andere Schüler:innen der Klasse fordern durch ihr Verhalten mehr Aufmerksamkeit ein. Da es nicht gefordert war, ein besonders ansprechendes Protokoll anzufertigen, wird dieses Verhalten von der Lehrperson nicht honoriert. Es bereitet ihr jedoch ein wenig Sorgen, dass er sich dafür entschieden hat, allein zu arbeiten, weil Benjamin kaum Freund:innen in der Klasse hat. Er zieht es häufig vor, alleine zu arbeiten, da seine Mitschüler:innen meist von seiner gewissenhaften Arbeitsweise genervt sind und ihn auch unabhängig vom Unterricht merkwürdig finden. Benjamin findet im Umkehrschluss, dass seine Mitschüler:innen zu schlampig arbeiten. Während viele bereits mit der Arbeit am Mikroskop beginnen, startet Benjamin erst damit, das Präparat anzufertigen und scheint langsamer zu sein. Zum Ende der Arbeitsphase ist er trotzdem fertig, weil das Protokoll zu Beginn sorgfältig vorbereitet wurde. Dabei hat Benjamin ordentlicher und strukturierter gearbeitet als viele Mitschüler:innen. Da er ruhig und zurückhaltend ist und nicht negativ auffällt, wird er oft übersehen.

Benjamin ist Lisa (siehe Fall 1) sehr ähnlich, allerdings unterscheiden sich die beiden Schüler:innen in einem wichtigen Punkt: während Lisa sozial in die Klassengemeinschaften eingebunden ist, legt Benjamin keinen Wert auf soziale Kontakte, wenn diese nicht an ähnlichen Themen interessiert sind wie er selbst. Daher kann er dem Typen „der Eigenbrötler" nach Rohrmann und Rohrmann (2010) zugeordnet werden. Sein Verhalten liegt in dem hohen Maß an Intelligenz, an seinem naturwissenschaftlichen Interesse sowie seinem hohen Grad an Kreativität begründet (Wegner, 2014). Wenn es sich um Themen handelt, die Benjamin interessieren, dann ist ebenfalls eine hohe Arbeitsdisziplin sowie ein hohes Selbstvertrauen zu erkennen.

In allen beschrieben Fällen wird deutlich, dass auch unerwünschtes, negativ konnotiertes oder unauffälliges Verhalten von Schüler:innen Hinweise auf Begabungen liefern kann. Während naturwissenschaftlich begabte Schüler:innen in den ersten drei Fällen ihr Talent selbstbewusst präsentiert haben, indem sie beispielsweise ohne Aufforderung ihr Vorwissen darlegen, Phänomene aufmerksam beobachtet, beschrieben und bewertet haben sowie sinnvolle Hypothesen und strukturierte Experimente entwickelten, wurden durch die Fallvignetten 4 bis 9 weitere Kennzeichen einer naturwissenschaftlichen Begabung deutlich. Während zuvor hervorgehoben wurde, dass mit einer solchen Begabung ein hohes Interesse an Naturwissenschaften, soziale Kompetenz und Steuerung, Arbeitsdisziplin und Kreativität einhergehen, zeigen die sechs Beispiele ebenfalls begabter Schüler:innen, dass diese Eigenschaften teilweise von negativen Verhaltensweisen überdeckt oder diese gänzlich verborgen bleiben und Schüler:innen trotzdem ein hohes Begabungspotenzial aufweisen können. Fälle 4

(Johanna) und 9 (Benjamin) stellen zwei Schüler:innen dar, die häufig auf ihren Fleiß reduziert werden. Die Strebsamkeit kann, wie in Fall 1 (Lisa), zu sozialen Problemen führen. Das Bedürfnis, dazuzugehören und den Gleichaltrigen zu gefallen, kann aber auch, wie im Fall 8 (Kübra), zur aktiven Verheimlichung der Begabung führen. Fall 5 (Malik) macht deutlich, dass die Überbetonung eines Merkmals, hier die Arbeitsdisziplin, auch negative Züge annehmen kann. Der Perfektionismus bzw. die ausgeprägte Disziplin von Malik führt nämlich im Umkehrschluss zu einer geringen sozialen Steuerung. Hier sind Wutanfälle an der Tagesordnung. Im Kontrast dazu stören die begabten Mitschüler:innen im Fall 6 (Linda) und Fall 7 (Henry) durch Arbeitsverweigerung den Unterricht, die durch Unterforderung ausgelöst wurde. Resignation und Chaos sind die Folge dessen. Es spiegeln sich demnach auch in den letzten sechs Fallvignetten die Kennzeichen zur Erkennung einer naturwissenschaftlichen Begabung wider, jedoch werden diese durch störendes oder unscheinbares Handeln überschattet, ob nun unbewusst oder bewusst ausgeführt.

Eine Begabung wird daher häufig nicht in Betracht gezogen und das kann teilweise unerwünschte Folgen haben. Folglich sollen alle hier beschriebenen Fälle die Heterogenität und Individualität naturwissenschaftlich begabter Schüler:innen hervorheben und Lehrpersonen dafür sensibilisieren, aufmerksam zu beobachten und sich nicht von Vorurteilen leiten zu lassen.

Zusammenfassung

Aus diesen Fallvignetten, die nur beispielhaft mögliche Verhaltensweisen von begabten Schüler:innen in verschiedenen Unterrichtssituationen herausgegriffen haben, können Ansprüche an eine „gute" Lehrkraft im Sinne des Sammelns von Indizien für die Begabungsdiagnostik abgeleitet werden:

- **Aufmerksamkeit und Sensibilität:** Die Aufmerksamkeit und Sensibilität einer Lehrkraft im Rahmen der Begabungsdiagnostik sind von entscheidender Bedeutung, da sie eine grundlegende Rolle dabei spielen, begabte Schüler:innen zu identifizieren und angemessen zu fördern. Begabung kann sich auf verschiedene Weisen manifestieren und ist nicht immer offensichtlich. Eine einfühlsame Lehrkraft, welche die Fähigkeit hat, die individuellen Bedürfnisse und Potenziale ihrer Schüler:innen wahrzunehmen, ist besser in der Lage, verborgene Begabungen zu entdecken. Darüber hinaus schafft eine aufmerksame und sensible Lehrkraft eine unterstützende und vertrauensvolle Lernumgebung, in welcher begabte Schüler:innen sich sicher fühlen, ihre Fähigkeiten zu entfalten und ihr Potenzial auszuschöpfen. Die Fähigkeit, subtile Hinweise auf Begabungen zu erkennen und einfühlsam auf die Bedürfnisse der Schüler:innen einzugehen, ist somit von zentraler Bedeutung für eine effektive Begabungsdiagnostik und -förderung im schulischen Kontext.

- **Systematisches Beobachten im Regelunterricht:** Systematisches Beobachten im Regelunterricht ermöglicht, begabte Schüler:innen kontinuierlich und ganzheitlich zu erfassen. Begabung kann sich in verschiedenen Bereichen und auf unterschiedliche Weisen zeigen und sie kann sich im Laufe der Zeit entwickeln. Durch systematisches Beobachten erhalten Lehrkräfte Einblicke in das Verhalten, die Interessen, die Lernfortschritte und die Problemlösungsfähigkeiten ihrer Schüler:innen. Dies ermöglicht es ihnen, Muster zu erkennen und potenzielle Anzeichen von Begabung zu identifizieren, die bei sporadischer Beobachtung möglicherweise übersehen würden. Darüber hinaus trägt systematisches Beobachten dazu bei, gezielte pädagogische Interventionen zu planen und anzupassen, um begabte Schüler:innen optimal zu fördern und ihnen die Gelegenheit zu bieten, ihr volles Potenzial im schulischen Umfeld auszuschöpfen.
- **Austausch mit Kolleg:innen:** Der Austausch mit Kolleg:innen im Rahmen der Begabungsdiagnostik in der Schule bietet die Möglichkeit, Perspektiven und Erfahrungen zusammenzuführen. Lehrkräfte haben unterschiedliche Schüler:innen in ihren Klassen und Kursen und können daher verschiedene Facetten von Begabung beobachten. Der Dialog mit Kolleg:innen ermöglicht es, Erkenntnisse zu teilen, bewährte Praktiken auszutauschen und gemeinsam an neuen Ansätzen zur Identifizierung und Förderung begabter Schüler:innen zu arbeiten. Diese Zusammenarbeit fördert nicht nur eine ganzheitliche Sichtweise auf Begabung, sondern ermöglicht auch die Entwicklung von effektiven Strategien und Maßnahmen, um das Potenzial aller Schüler:innen bestmöglich zu entfalten. Der kollegiale Austausch trägt somit zur Verbesserung der Begabungsdiagnostik und -förderung in der Schule bei und unterstützt die kontinuierliche Weiterentwicklung des Bildungssystems.
- **Fortbildungen:** Durch Fortbildungen im Rahmen der Begabungsdiagnostik in der Schule erlernen und stärken die Lehrkräfte ihre notwendigen Fähigkeiten, Werkzeuge und Kenntnisse, um begabte Schüler:innen effektiv zu erkennen und angemessen zu fördern (siehe Fallbeispiel 6 – Linda). Die Identifizierung von Begabung erfordert ein tiefes Verständnis der verschiedenen Aspekte und Erscheinungsformen von Begabung sowie die Fähigkeit, diese von anderen Lernbedürfnissen zu unterscheiden. Fortbildungen bieten Lehrkräften die Gelegenheit, aktuelle Forschungsergebnisse, bewährte Praktiken und innovative Methoden kennenzulernen, um ihre Diagnosefähigkeiten zu verbessern. Somit fördern Fortbildungen nicht nur die individuelle Kompetenz der Lehrkräfte, sondern auch die Qualität der Bildung, die begabte Schüler:innen in der Schule erhalten.

3 Erhebung von naturwissenschaftlicher Begabung

Bisher ging es um eine erste Einschätzung bzw. das Erkennen von naturwissenschaftlicher Begabung als Lehrkraft im Unterricht. Es ist darüber hinaus in einem nächsten Schritt notwendig, weitere Indizien für eine hohe Ausprägung der naturwissenschaftlichen Begabung zu sammeln. Dieses Kapitel soll dabei helfen, einen Überblick über die Variablen von Tests zur Erhebung von naturwissenschaftlichen Kompetenzen zu erlangen, um dahingehend zum Setting passende Testformate auszuwählen.

3.1 Itemformate – Ein Überblick

Um eine naturwissenschaftliche Begabung zu erheben, können unterschiedliche Testformate eingesetzt werden. Je nachdem, welches Testinstrument gewählt wird, weisen diese unterschiedliche Eigenschaften (wie z. B. die Erhebungslänge, die Itemformate oder die Auswertungsmethoden) auf. Darüber hinaus ist es wesentlich, die Bedingungen für die einzelnen Formate und Instrumente zu reflektieren, um das richtige Tool für die benötigte Ausgangssituation ausfindig zu machen.

Tests jeglicher Art bestehen zunächst aus so genannten Items, die unterschiedliche Aufgabentypen bestimmen und so für verschiedene Settings geeignet sind. Das Ablaufschema einer Item-Beantwortung verläuft im Wesentlichen aber gleich (siehe Abbildung 10):

Abbildung 10: Ablaufschema einer Itembeantwortung nach Krosnick (Bühner, 2021).

1 Verstehen	2 Retrieval	3 Urteilen	4 Antworten
mentale Präsentation des Items wird generiert	Informationen aus dem Gedächtnis werden mit Iteminhalt verknüpft	aus dem Abgleich wird ein Urteil gebildet	Wahl der Antwort die am besten passt

Quelle: in Anlehnung an Bühner, 2021.

Wichtig ist der konkrete Zusammenhang von Aufgabenbeschreibung und Item bzw. Fragestellung, damit insbesondere die Schritte „Retrieval" und „Urteilen" erfolgen können und die Bewältigung der Aufgaben machbar bleibt (siehe Abbildung 10; Bühner, 2021). Folgende Item-Typen werden in diesem Kontext von Bühner (2021) klassifiziert und anschließend erläutert (siehe Abbildung 11):

Abbildung 11: Darstellung verschiedener Itemformate (nach Bühner, 2021).

Wahl des Itemformats

gebunden						offen	
Ratingskala	Richtig-/Falsch-Aufgabe	Einfach-/Mehrfachauswahlaufgabe	Zuordnungsaufgabe	Umordnungsaufgabe		Ergänzungsaufgabe	Kurzaufsatz

Quelle: In Anlehnung an Bühner, 2021.

3.2 Testformate und Testinstrumente

Im Folgenden werden die unterschiedlichen Testformate (siehe Abbildung 11) näher beleuchtet, unterschiedliche Testinstrumentbeispiele aufgeführt und die Vor- und Nachteile der jeweiligen Methoden, derer man sich für einen gewinnbringenden Einsatz im Unterricht bewusst sein muss, diskutiert. Dabei können unterschiedliche prozessbezogene Fähigkeiten naturwissenschaftlichen Arbeitens durch die verschiedenen Testinstrumente besonders gut bestimmt und getestet werden (Fischer et al., 2014). Die folgende Abbildung 12 fasst die prozessbezogenen Kompetenzen gebündelt zusammen:

Abbildung 12: Prozessbezogene naturwissenschaftliche Fähigkeiten (nach Fischer et al., 2014) mit Abkürzungen.

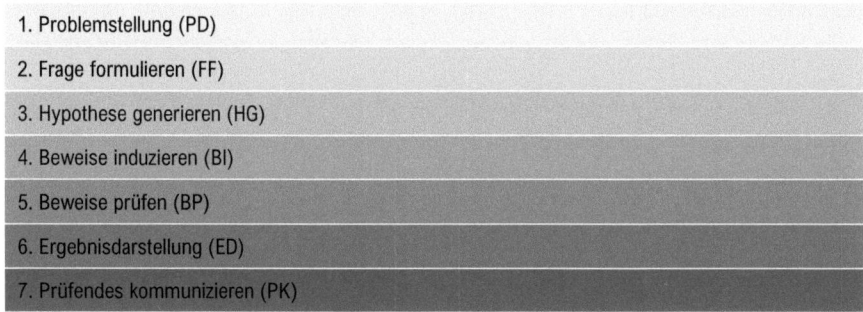

1. Problemstellung (PD)
2. Frage formulieren (FF)
3. Hypothese generieren (HG)
4. Beweise induzieren (BI)
5. Beweise prüfen (BP)
6. Ergebnisdarstellung (ED)
7. Prüfendes kommunizieren (PK)

Quelle: In Anlehnung an Fischer et al., 2014.

3.2.1 Automatische Analyse simulierter Experimente

Digitalisierung ist aus dem Alltag nicht mehr wegzudenken, aber auch im Bildungssystem und der Arbeitswelt werden zunehmend mehr Abläufe digitalisiert. Es ist also nicht überraschend, dass sich auch in Bezug auf Testformate aus den verschiedensten fachlichen Bereichen technische Erhebungsverfahren weiter durchsetzen. Dazu zählen auch digitalisierte Testdurchführungen mit automatisierten Analysen der Testergebnisse. Einzelne Software-Programme ermöglichen beispielsweise die Durchführung simulierter Experimente. Dabei wird meist über so genannte Drop-Down-Menüs gewährleistet, dass die Testpersonen zwar ihren eigenen Ansätzen nachkommen können, dabei jedoch im Rahmen der vorgegebenen Optionen bleiben. Sie können innerhalb des Programms die Parameter für ein experimentelles Design festlegen und die simulierten Ergebnisse werden zeitgleich angezeigt. Ein Algorithmus analysiert schließlich automatisch, ob die Testpersonen in der Lage waren, kontrollierte Experimente zu entwerfen (Opitz et al., 2017).

Vorteile: Die automatische Analyse ermöglicht, große Stichproben nicht nur in kurzer, sondern auch nahezu in Echtzeit auszuwerten. Des Weiteren kann ein automatisiertes Wertesystem die Daten in der Regel zusätzlich statistisch aufbereiten. Neben den erreichten Punkten einzelner Schüler:innen können so auch ganze Klassenleistungen analysiert werden, um darauf aufbauend gezielte Fördermöglichkeiten einzurichten.

Nachteile: Je nachdem welches Programm genutzt wird, können hohe Kosten entstehen. Zudem muss die Testgruppe entsprechend mit Technik ausgestattet sein, damit die Simulationen überhaupt durchgeführt werden können. Zwar sind die Software-Programme zumeist sehr gut entwickelt, dennoch kann es immer zu technischen Problemen kommen, die Auswirkungen auf die Erhebung – und somit auf das Testergebnis – haben können, beispielsweise, wenn gewisse Funktionen in der Simulation nicht funktionieren oder Daten falsch ausgewertet werden. Die automatische Auswertung ist sehr effizient, aber geschieht förmlich unsichtbar. Daher ist es ratsam, die Bewertungskriterien der Software im Vorfeld zu sichten, damit die Interpretation der Ergebnisse nachvollziehbar bleibt.

3.2.1.1 Inq-ITS – Inquiry Intelligent Tutoring System

Das „Inquiry Intelligent Tutoring System" stellt ein Online-Tool dar, welches wie ein virtuelles Labor aufgebaut ist. Zu ausgewählten Themen (z. B. Kräfte und Bewegung, Natürliche Selektion oder Tierische Zellen) können die Schüler:innen auf digitaler Ebene interaktive Experimente durchführen. Während die Schüler:innen arbeiten, verwendet Inq-ITS patentierte Algorithmen, welche die Schüler:innen automatisch bewerten und Echtzeitberichte über die klassenübergreifende und schülerspezifische Leistung für die Lehrkräfte erstellen. Auf diese Weise erhält die Lehrkraft einen Auswertungsbogen für jede:n Schüler:in und kann damit die individuellen Leistungen analysieren. Fachlich sind die so genannten „microworlds" überwiegend auf Bereiche der Physik, Bio- und Geowissenschaften ausgelegt (Gobert et al., 2013).

prüfbare Fähigkeiten:

| PD | FF | HG | BI | BP | ED | PK |

Zielgruppe: Sekundarstufe I & II

Vorteile: Mit Hilfe des Echtzeit-Monitorings und der automatischen Auswertung können innerhalb eines kurzen Zeitraums viele Daten erhoben werden. Deshalb eignet sich der Test beispielsweise zum Screening großer Gruppen bzw. Klassen. Neben der rein quantitativen Erhebung ist es zudem möglich, individuelle Leistungen zu erkennen und darauf entsprechend zu reagieren. Die Navigation des Programms ist intuitiv und entlang des naturwissenschaftlichen Erkenntniswegs aufgebaut. Es wird außerdem eine Trainingsfunktion angeboten, um mit der Anwendung vertraut zu werden und ein Ausfüll-Template bietet Formulierungshilfen für die Aufstellung von Hypothesen. Zudem deckt das Testinstrument einen Großteil der „Scientific Literacy"-Kriterien (siehe Kapitel 1) ab.

Nachteile: Das vorgestellte System stammt aus den USA. Deshalb ist die Plattform in englischer Sprache und gegebenenfalls auf andere curriculare Vorgaben genormt. Möglicherweise würde sich die Arbeit mit dem Tool im Rahmen von bilingualem Unterricht anbieten. Thematisch sind die Labs auf die Bereiche Physik, Biologie und Geografie ausgelegt, wodurch die Fachgebiete eingegrenzt sind. Zudem muss eine technische Ausstattung (iPad, Tablet oder Laptop) gewährleistet sein sowie eine Finanzierungsmöglichkeit für die Anmeldung und Nutzung.

Zugang: https://www.inqits.com

3.2.1.2 Online Portfolio Assessment and Diagnosis Scheme (OPASS)

Das OPASS ist, ähnlich wie das Inq-IT System, ein webbasiertes und interaktives Lernsystem in Form eines virtuellen Labors. Dabei werden die Ergebnisse aus den einzelnen Online-Einheiten komprimiert und in einem Portfolio zusammengefasst. Diese personalisierten Lernunterlagen können dann von den Lehrkräften analysiert und ausgewertet werden. Konzeptionell stützen sich die Simulationen insbesondere auf chemische Fachinhalte (Su et al., 2011).

prüfbare Fähigkeiten:

| PD | FF | HG | BI | BP | ED | PK |

Zielgruppe: Sekundarstufe I & II

Vorteile: Auch in diesem Testformat werden die Daten elektronisch erhoben und ausgewertet, wodurch ein geringer Aufwand seitens der Lehrkraft entsteht. Das Prinzip ist für große Gruppen geeignet, die in einem geringen Zeitraum geprüft werden sollen. Es gibt Download-Versionen für deutsche Techniksysteme, allerdings ist nicht ganz ersichtlich, ob auch die Sprache entsprechend angepasst werden kann. Der Zugang ist kostenlos und eine Hilfe-Seite speziell für Lehrkräfte ermöglicht eine entsprechende Vorbereitung zur Integration des Assessments. Außerdem können eigenständig Labs erstellt werden, indem die Ideen und der entsprechende Ablauf per Mail an die Institution geschickt werden.

Nachteile: Das vorgestellte Online-Portfolio ist ebenfalls kein deutsches Programm, weswegen auch hier sprachliche Barrieren und auch möglicherweise Nutzungskonflikte in Bezug auf die Installation und Anwendung entstehen können. Zudem bietet OPASS fast ausschließlich Simulationen für den Chemieunterricht, weswegen nur ein einseitiger Blick auf naturwissenschaftliche Begabung möglich ist. Die Bedienung des Programms ist zunächst nicht sehr intuitiv und es bedarf Zeit, die Funktionen kennenzulernen. Hinzu kommt, dass es sich nicht um ein direktes Feedbacksystem handelt. Zwar gibt es dadurch viele Möglichkeiten und Wege zum Ausprobieren, jedoch können diese auch weniger zielführend sein.

Zugang: https://chemcollective.org/vlabs

3.2.2 Single- und Multiple-Choice

Viele Testformate beruhen auf Single- und Multiple-Choice-Items. Dabei erhalten die zu testenden Personen zu den einzelnen Items vorgegebene Antwortmöglichkeiten. Da sie bei der Auswahl der präsentierten Möglichkeiten an eben diese „gebunden" sind, spricht man auch von gebundenen oder geschlossenen Items. Grundsätzlich wird dabei zwischen Single- und Multiple-Choice unterschieden. Können die Proband:innen lediglich eine Antwortmöglichkeit auswählen, handelt es sich um Single-Choice; können sie jedoch gleich mehrere der Antwortmöglichkeiten auswählen (z. B. weil eine Kombination aus mehreren Antwortmöglichkeiten die richtige Antwort sein könnte), spricht man von Multiple-Choice. Innerhalb dieser Kategorie lassen sich weitere Formen differenzieren, die sich auf die Art der Antwortmöglichkeiten bezieht.

Ratingskala

Die Ratingskala zählt zu den Stufen-Antwort-Aufgaben und beschreibt die Beantwortung einer Frage entlang einer mehrgliedrigen Skala. Zu unterscheiden sind dabei gerade und ungerade Skalen. Ungerade Skalen eröffnen ein neutrales Mittelfeld, während gerade Skalen die Testpersonen dazu zwingen, zu einem der beiden Schwerpunkte zu tendieren (*forced choice*).

Abbildung 13: Beispiel einer fünf-stufigen Ratingskala.

Wie oft beschäftigst du dich in deiner Freizeit freiwillig mit naturwissenschaftlichen Fragestellungen?				
O sehr oft	O oft	O gelegentlich	O selten	O sehr selten

Quelle: Eigene Darstellung.

Vorteile: Je nachdem, wie differenziert die Skala präsentiert wird, ist es möglich, auch die gewonnenen Informationen stark zu differenzieren. Hinzu kommt, dass die Durchführung und Auswertung dieses Testformats sehr ökonomisch sind. Die gesetzten Markierungen sind leicht quantifizierbar und nehmen nicht viel Zeit in Anspruch. Deshalb eignet sich dieses Format vor allem für große Testgruppen und quantitative Erhebungen (Bühner, 2021).

Nachteile: Die festgelegten Abstufungen können subjektiv unterschiedlich ausgelegt werden. Daher ist es wichtig, die gegebenen Kategorien deutlich zu benennen und gegebenenfalls nochmal genau zu definieren. Des Weiteren belegen Studien, dass es Testpersonen gibt, die bestimmte Antwortstile aufweisen und zum Teil Neigungen zu den Extrem-Polen haben, wodurch die Ergebnisse verzerrt werden können (Bühner, 2021). Die Auswertung ist zwar grundsätzlich leicht durchzuführen, aber insbesondere bei größeren Testgruppen und Itembatterien zeitintensiv.

Richtig-/Falsch-Aufgaben

Ein solches Itemformat besteht aus zwei Antwortmöglichkeiten, von denen eine richtig und die andere falsch ist.

Abbildung 14: Beispiel eine Richtig- oder Falschaufgabe.

Pflanzen betreiben Fotosynthese, damit wir Sauerstoff zum Atmen haben. (Kreuze an)	O wahr/Objekt 1	O falsch/Objekt 2

Quelle: Eigene Darstellung.

Vorteile: Die Bearbeitungs- und Auswertungszeit solcher Aufgaben sind vergleichsweise kurz. Außerdem ist das Format in der Regel leicht zu verstehen und somit auch besonders für jüngere Testpersonen geeignet (Bühner, 2021).

Nachteile: Das Aufgabenformat bietet wenige Möglichkeiten der Differenzierung. Zudem müssen die dazugehörigen Fragen präzise formuliert sein, um Missverständnisse in der Auslegung zu vermeiden. Des Weiteren muss berücksichtigt werden, dass bei diesem zwei-Variabel-System immer der Zufall des Richtigen die Ergebnisse verfälschen kann. Durch das Herabsetzen der Reliabilitätserwartung (50 %ige Wahrscheinlichkeit) und einer hohen Fragenanzahl kann diesem Problem aber etwas entgegengewirkt werden (Bühner, 2021).

Einfach-/Mehrfachwahlaufgaben
Bei diesem Format werden den Testpersonen mehrere Antwortmöglichkeiten präsentiert, aus denen eine oder mehrere ausgewählt werden müssen.

Abbildung 15: Beispiele für Multiple Choice Formate.

Welche Aussagen über Hypothesen sind korrekt? (Kreuze an)	Welche Rolle spielt eine Kontrollgruppe in einem wissenschaftlichen Experiment? (Kreuze an)
O Eine Hypothese ist ein wissenschaftliches Experiment. O Eine vorläufige Annahme, die durch Forschung getestet werden kann. O Eine Hypothese ist immer absolut sicher und nie falsch. O Eine Hypothese basiert auf Beobachtungen und Vermutungen.	O Die Kontrollgruppe ist die Gruppe, in der das Experiment durchgeführt wird. O Die Kontrollgruppe dient als Vergleichsgruppe und erhält keine experimentelle Behandlung. O Die Kontrollgruppe enthält die Hauptergebnisse des Experiments.

Quelle: Eigene Darstellung.

Vorteile: Auch bei diesem Format sind die Durchführung und Auswertung ökonomisch günstig, gut quantifizierbar und objektiv. Daher eignet sich dieses Itemformat gut für große Stichproben. Zudem bringen solche Aufgabenstellungen eine geringe Ratewahrscheinlichkeit mit sich und die kognitiven Prozesse des Erinnerns an einen bekannten Sachverhalt sowie des Analysierens und Anwendens werden angeregt (Bühner, 2021).

Nachteile: Die Entwicklung eines solchen Tests birgt einen enormen Aufwand in Konstruktion und Evaluation, da es schwierig ist, plausible Antwortalternativen (Distraktoren) zu formulieren und eine einfache Materialwiedererkennung zu vermeiden (Bühner, 2021). Diese Variante sollte nicht eingesetzt werden, wenn die Lösungsfindung von den Proband:innen selbstständig erfolgen soll (Lienert & Raatz, 1998).

Zuordnungs- und Umordnungsaufgaben

Bei Zuordnungs- oder Umordnungsaufgaben geht es darum, Sachverhalte in vorgegebene Strukturen einzuordnen. Dies kann entweder verbindend erfolgen (Zuordnung) oder sortierend (Umordnung).

Abbildung 16: Beispiele für Zuordnungsitems (oben) und Umordnungsitems (unten).

Verbinde Fragestellung und Hypothese.		
Wirkt sich die Lichtintensität auf das Wachstum von Pflanzen aus?	○ ○	Wenn verschiedene Pflanzensorten in unterschiedlichen Bodenarten gepflanzt werden, wird jedes Pflanzensorte am besten in einem bestimmten Bodentyp wachsen, abhängig von den spezifischen Bodeneigenschaften.
Beeinflusst die Temperatur das Schlüpfen bei Vögeln?	○ ○	Wenn Fische in verschmutzten Gewässern leben, wird ihr Verhalten im Vergleich zu Fischen in sauberen Gewässern auffällige Unterschiede aufweisen, wie beispielsweise reduzierte Aktivität und Fressverhalten.
Welche Auswirkungen hat die Verschmutzung von Gewässern auf das Verhalten von Fischen?	○ ○	Wenn Vogeleier unterschiedlichen Temperaturen ausgesetzt sind, werden die Eier bei höheren Temperaturen früher schlüpfen als bei niedrigeren Temperaturen.
Wie wirkt sich die Art der Bodenbeschaffenheit auf das Wachstum von verschiedenen Pflanzensorten aus?	○ ○	Wenn Pflanzen unterschiedlichen Mengen Licht ausgesetzt sind, wird das Wachstum der Pflanzen in der Gruppe mit mehr Licht schneller sein als in der Gruppe mit weniger Licht.

Bringe die Schritte in die richtige Reihenfolge.
○ Hypothese   _____
○ Diskussion   _____
○ Experiment   _____

Quelle: Eigene Darstellung.

Vorteile: Die Durchführung und Auswertung sind in diesem Ansatz ebenfalls sehr effizient. Zudem eignet sich das Format auch wieder für jüngere Testpersonen, da hier gut Bilder statt Texte integriert werden können (Bühner, 2021).

Nachteile: Auch hier ist es nicht trivial, passende Antwortalternativen und Distraktoren zu konstruieren. Hinzu kommt, dass beim Gebrauch solcher Items nur geringfügig auf die Reproduktionskompetenzen der Testpersonen eingegangen wird (Bühner, 2021).

3.2.2.1 Abilities in processes of scientific inquiry

Hierbei handelt es sich um einen so genannten „paper-and-pencil-Test", bei dem die Durchführung analog mit Stift und Papier erfolgt. Der Test besteht aus Einfachwahl-Aufgaben, bei denen jeweils vier Antwortmöglichkeiten präsentiert werden. Die Items beziehen sich auf kurze Texte, Diagramme sowie Abbildungen und testen in erster Linie wissenschaftliche Denkstrukturen der methodischen Anwendung im biologischen und chemischen Kontext (Nowak et al., 2013).

prüfbare Fähigkeiten:

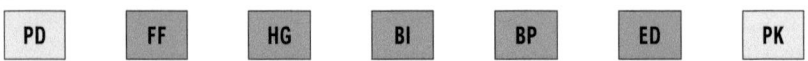

| PD | FF | HG | BI | BP | ED | PK |

Zielgruppe: Klasse 9–10

Vorteile: Das eindimensionale Multiple-Choice-Verfahren ermöglicht eine schnelle Auswertung und ist auch auf große Stichproben anzuwenden. Zudem behandelt der Test den Großteil der prozessbezogenen Kompetenzen – von der Fragestellung bis hin zur Ergebnisdarstellung.

Nachteile: Der Test ist lediglich für ein kleines Stufenspektrum ausgelegt und aufgrund der thematischen biologischen Kontexte eher spezifisch. Mit 90 Minuten Testdauer ist die Durchführung zudem verhältnismäßig lang und aufwendig.

3.2.2.2 Fähigkeiten im Rahmen naturwissenschaftlicher Arbeitsweisen (Abilities in processes of scientific inquiry)

Im Rahmen eines außerschulischen Enrichmentprojekts zur Förderung biologisch-naturwissenschaftlich begabter Schüler:innen wurde auf Basis der Vorarbeiten von Nowak und Kolleg:innen (2013) ein digitaler Multiple-Choice-Test zur Messung von Fähigkeiten innerhalb naturwissenschaftlicher Arbeitsweisen für die dritte bis fünfte Klassenstufe konzipiert (Peperkorn & Wegner, 2023a). Der Test wird mit unterschiedlichen Schülerstichproben speziell für die Begabungsdiagnostik validiert und mithilfe des Design-based Research-Ansatzes fortlaufend für den Einsatz im Regelunterricht angepasst, sodass dieser zukünftig von Lehrkräften für die Diagnostik in der Schulübergangsphase herangezogen werden kann.

prüfbare Fähigkeiten:

| PD | FF | HG | BI | BP | ED | PK |

Zielgruppe: Klasse 3–5

Vorteile: Durch die Digitalisierung des Tests wird die Auswertung weiter vereinfacht und soll zukünftig automatisiert Fähigkeitenprofile zu verschiedenen Prozessen unterschiedlicher naturwissenschaftlicher Arbeitsweisen der Schüler:innen bereitstellen. Durch fortlaufende Anpassung an schulische Bedingungen, die Validierung anhand von weiteren Begabungstests und die kurze Durchführungsdauer von ca. 20 Minuten kann der Test leicht im Regelunterricht implementiert und zur naturwissenschaftlichen Begabungsdiagnostik herangezogen werden.

Nachteile: Der Test ist ebenfalls für ein kleines Stufenspektrum ausgelegt und aufgrund der thematischen biologischen Kontexte eher spezifisch. Außerdem muss durch das digitale Format eine entsprechende technische Ausstattung gewährleistet sein.

3.2.2.3 Chemistry Concept Reasoning Test

Der „Chemistry Concept Reasoning Test" ist ein Multiple-Choice-Format über chemische Basiskonzepte, welcher als Pre- und Post-Test zur Erhebung des Wissenszuwachses in einem festgelegten Zeitraum eingesetzt werden kann. Im Rahmen dieses Tests sollen Antworten auf gegebene Probleme und Fragestellungen gefunden werden, indem aufgelistete, experimentell erhobene Daten ausgewertet und geprüft werden. Dabei bauen die Aussagen aufeinander auf, sodass logische Zusammenhänge in den Antwortmöglichkeiten erkannt werden müssen (Cloonan & Hutchison, 2011).

prüfbare Fähigkeiten:

| PD | FF | HG | BI | BP | ED | PK |

Zielgruppe: Sekundarstufe I & II, Universität

Vorteile: Der Test ist auf ein breites Klassenspektrum anzuwenden und die Durchführung sowie Auswertung sind zeitökonomisch günstig. Zudem wird mit der Pre-Post-Erhebung eine Entwicklung gemessen, was als Grundlage für Beratungs- und Fördergespräche genutzt werden kann. Der „Chemistry Concept Reasoning Test" bewertet außerdem nicht nur Faktenwissen, sondern vor allem das Konzeptverständnis, was eine gute Möglichkeit der Standardisierung von großen Gruppen zur Folge hat. Es soll ein einfacher Zugang durch Kontaktieren der Hersteller gewährleistet sein und durch Anpassungsmöglichkeiten kann der Test zeitlich flexibel genutzt werden.

Nachteile: Der Test ist sehr fachspezifisch auf chemische Konzepte ausgelegt und deckt darüber hinaus nur einen kleinen Teil der naturwissenschaftlichen Grundbildung ab. Der wesentliche Teil der Problemerschließung wird in diesem Rahmen nicht erhoben. Aufgrund des standardisierten Verfahrens ist eine Anpassung an unterschiedliche Lehrpläne erschwert und zudem gibt es bisher keine Daten zu deutschen Testversionen.

3.2.2.4 Classroom Test of Scientific Reasoning (Lawson-Test)

Der Lawson-Test dient dem Herausstellen der individuellen Entwicklungsstufen von Schüler:innen bzw. Studierenden (Lawson, 1978). Er besteht aus 15 Items in einem Mehrfachwahlaufgaben-System. Jedes Item bezieht sich auf einen Versuchsaufbau, zu denen im ersten Schritt die richtigen Fragen und Prognosen angekreuzt werden sollen. Im zweiten Schritt muss die passende Erklärung gewählt werden. Inhaltlich bezieht sich der Test vor allem auf physikalische Themenkomplexe (Lawson et al., 2000a,b).

prüfbare Fähigkeiten:

| PD | FF | HG | **BI** | **BP** | ED | PK |

Zielgruppe: Sekundarstufe I & II, Universität

Vorteile: Der „Classroom Test of Scientific Reasoning" lässt sich in vielen Jahrgangsstufen bis hin zu universitären Kursen einsetzen. Außerdem zeigt er einen verknüpfenden Prozess zwischen Antwort und Erklärung an. Da er nur aus 15 Items besteht, ist der Test verhältnismäßig kurz und daher zeitökonomisch einsetzbar.

Nachteile: Der Test deckt nur ein geringes Spektrum der naturwissenschaftlichen Grundlagenfähigkeiten ab. Zudem wird hier wenig Wissen selbst generiert, da die zentralen Angaben durch das Aufgabenformat schon gegeben sind. Bisher ist keine deutsche Testversion bekannt, weshalb sprachliche Barrieren zu berücksichtigen sind.

3.2.2.5 Experimental problem solving

Das „Experimental problem solving" ist indirekt dem Format der Stufen-Antwort-Aufgaben zuzuordnen. Im Rahmen der Items werden Fragen zu naturwissenschaftlichen Experimentalabbildungen gestellt. Dazu werden mehrere Antwortmöglichkeiten dargeboten, die alle richtig sind. Dies wird den Schüler:innen jedoch nicht mitgeteilt. Die

Antworten sind verschiedenen Abstraktionsstufen zugeordnet, sodass anhand der gesetzten Kreuze das jeweilige Level der Schüler:innen bestimmt werden kann (Ross & Maynes, 1983).

prüfbare Fähigkeiten:

| PD | FF | **HG** | BI | BP | ED | PK |

Zielgruppe: Sekundarstufe I & II

Vorteile: Auch dieser Test ist wieder in größerem Rahmen mit wenig Zeit durchzuführen. Gleichzeitig könnte diese Item-Konstruktion die Schüler:innen positiv bestärken, da es keine falschen Antworten gibt und einem Rate-Verhalten damit auch entgegengewirkt werden kann. Der Test ermöglicht zudem eine genaue Bestimmung des individuellen Levels der Schüler:innen und kann für eine weitere Förderung herangezogen werden.

Nachteile: Der Test ist mit insgesamt 44 Testfragen recht umfangreich und auch die Auswertung ist etwas zeitintensiver, da das Format keinem Richtig-/Falsch-System folgt, sondern die einzelnen Level ausgewertet werden müssen. Darüber hinaus stellt sich die Frage, ob dieses Instrument auf diese Weise wirklich das naturwissenschaftliche Verständnis überprüft, oder ggf. den Grad der Lesekompetenz, der die gewählte Antwort bestimmt.

3.2.2.6 Experimenting as problem-solving

„Experimenting as problem-solving" beschreibt einen Test zur Messung von Kompetenzen beim Experimentieren. Die Teilbereiche beziehen sich auf biologische Kontexte und thematisieren die Keimung von Samen, Prozesse beim Brot backen oder Eier ausbrüten sowie die Herstellung von Apfelwein. Der Test kann entweder als praktischer Test, beim Experimentieren oder als „paper-and-pencil-Test", also mit theoretischen Experimenten, durchgeführt werden. In beiden Ansätzen gibt es einen Multiple-Choice-Fragebogen im Einfachwahlaufgabenformat mit einer richtigen Lösung und drei Distraktoren. Schwerpunkt ist das Aufstellen und Untersuchen von Hypothesen anhand von Experimenten (Hammann et al., 2008a,b).

prüfbare Fähigkeiten:

| PD | FF | **HG** | BI | BP | ED | PK |

Zielgruppe: Grundschule

Vorteile: Der Test lässt sich sowohl praktisch als auch theoretisch durchführen und ermöglicht so vielfältige Einsatzmöglichkeiten, um entsprechend der individuellen Lerngruppe oder einzelner Lernenden ein optimales Setting zu schaffen. Ein „paper-and-pencil-Test" ist dabei jedoch weniger aufwendig in der Anwendung bzw. Durchführung und leichter zu codieren. Dadurch kann Zeit eingespart werden. Der praktische Test bietet jedoch ein differenziertes Bild auf die eigentlichen Experimentierkompetenzen. Ein weiterer Vorteil besteht darin, dass der Test bereits auf Deutsch entwickelt wurde.

Nachteile: Bei der theoretischen Durchführung bleibt die Orientierung an praktischen Inhalten, jedoch fällt die Möglichkeit eines interaktiven Mediums weg, beispielsweise die Reaktion auf veränderte Parameter. Auch bei einer praktischen Durchführung bleiben die prüfbaren Fähigkeiten von dem ausgearbeiteten Fragebogen abhängig, welcher dadurch an Komplexität verliert. Die praktische Durchführung ist zudem zeit- und materialintensiv und bedarf mehr Vorbereitungszeit seitens der Lehrkraft. Außerdem ermöglicht die Praxis viele verschiedene Ansätze, welche die Schüler:innen entwickeln können, die Bewertung orientiert sich allerdings an den vorgegebenen Fragebögen, sodass andere Ansätze möglicherweise nicht mitbewertet werden.

3.2.2.7 Objective Referenced Evaluation in Science (ORES)

Der Evaluationstest nach Shaw (1983) basiert auf naturwissenschaftlichen Einfachwahlaufgaben, die schrittweise durch ein hypothetisches Experiment in Form von kleinen thematischen Geschichten entlang des Erkenntniswegs führen. Dabei müssen zu den jeweiligen Prozessstufen – Hypothese, Variablen, Daten, Logikreihen, Beobachtung, Bewertung – Fragen im Multiple-Choice-Format beantwortet werden (Shaw, 1983).

prüfbare Fähigkeiten:

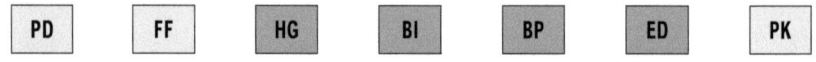

| PD | FF | HG | BI | BP | ED | PK |

Zielgruppe: Grundschule

Vorteile: Das angewandte eindimensionale Multiple-Choice-Verfahren ermöglicht eine schnelle Auswertung, sodass der Test auch im Rahmen großer Stichproben durchzuführen ist. Zudem verknüpft der Test wesentliche naturwissenschaftliche Kompetenzen anhand der Beispiele und indirekten Experiment-Simulationen.

Nachteile: Der Test ist mit 60 Items sehr lang und zudem schon recht veraltet. Wenn die Aufgaben im Rahmen eines Experiment-Beispiels aufeinander aufbauen, kann es schnell zu Folgefehlern kommen. Außerdem muss die Variable der Rate-Wahrscheinlichkeit bedacht werden. Bei der Testkonstruktion wurde sprachlich mit einem metrischen System gearbeitet, welches die Itemformulierungen an die damalige Versuchsgruppe angepasst hat. Dadurch ist der Test sehr spezifisch. Eine deutsche Version ist bisher nicht bekannt.

3.2.2.8 Process of Biological Investigations Test (PBIT)

Der „PBIT" besteht aus insgesamt 35 Items, die sich aus Einfachwahlaufgaben sowie Zuordnungsaufgaben im Unterrichtsfach Biologie zusammensetzen. Die Schwerpunkte dieses Formats liegen vor allem in der Hypothesenarbeit sowie der prüfenden Datenauswertung (Germann, 1989).

prüfbare Fähigkeiten:

| PD | FF | **HG** | BI | **BP** | ED | PK |

Zielgruppe: Sekundarstufe I & II

Vorteile: Die Wahl von einfachen Multiple-Choice-Items und Zuordnungsaufgaben bieten eine kognitive Abwechslung. Auch die Durchführung und Auswertung dieser Teststruktur ist sehr ökonomisch und ermöglicht eine Anwendung im größeren Rahmen. Zudem lässt sich der Test über eine große Altersspanne einsetzen und ermöglicht dadurch die Untersuchung von längerfristigen Entwicklungen bei den Schüler:innen.

Nachteile: Der Test bildet nur einzelne prozessbezogene naturwissenschaftliche Grundfertigkeiten ab. Daher sind mögliche Transferleistungen nur schwer mit dem Test zu bestimmen. Mit rund 60 Items ist der Test eher umfangreich und zeitintensiv, zudem sind keine deutschen Übersetzungen bekannt.

3.2.2.9 Science Process Skill Test (SPST)

Der „Science Process Skill Test" besteht aus verschiedenen Problemsituationen, die Inhalte des Chemielehrplans abdecken und zeitgleich auch Themen aus den Bereichen Technik, Gesellschaftswissenschaft und Umwelt tangieren. Anhand der Einfachwahlaufgaben sollen die Schüler:innen die dargestellten problemorientierten Fragestellungen überprüfen und beantworten (Feyzioglu et al., 2012).

prüfbare Fähigkeiten:

| PD | FF | **HG** | **BI** | BP | ED | PK |

Zielgruppe: Sekundarstufe I & II

Vorteile: Das problemorientierte Aufgabendesign fokussiert Fähigkeiten, die auf der prozessorientierten Anwendung naturwissenschaftlichen Wissens basieren. Im Vergleich zu anderen Testinstrumenten deckt dieses Format die Untersuchung des vorgegebenen Problemgegenstands weitgehend ab. Wie viele andere Multiple-Choice-Instrumente eignet sich das Fragenformat für größere Gruppen und ist durch eine gute Testökonomie ausgezeichnet. Die Verknüpfung mehrerer Fachbereiche (technisch, sozial, ökologisch) deckt ein ganzheitliches Denken ab und ermöglicht einen thematischer Alltagsbezug.

Nachteile: Auch wenn der Test den Fokus auf die Beweisgenerierung legt, werden aufgrund der vorgegebenen Antwortmöglichkeiten keine Kompetenzen im Hinblick auf das Entwerfen von Experimenten überprüft.. Zudem beruht der thematische Kontext überwiegend auf chemischen Lehrplaninhalten. Mit 52 Fragen ist auch dieser Test sehr komplex und liegt zudem nicht in einer deutschen Version vor.

3.2.2.10 Scientific Reasoning Test Version 9 (SR-9)

Die neunte Version des „Scientific Reasoning Tests" kann entweder im „paper-and-pencil-Format" oder computerbasiert durchgeführt werden. Es gilt, innerhalb von 45 Minuten so viele der insgesamt 49 Multiple-Choice-Items, die sich auf die Hypothesenbildung sowie Beweisfindung bei naturwissenschaftlichen Problemen beziehen, wie möglich zu beantworten (Sundre, 2008).

prüfbare Fähigkeiten:

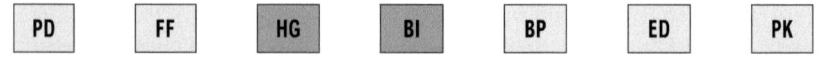

| PD | FF | HG | BI | BP | ED | PK |

Zielgruppe: Universität

Vorteile: Dadurch, dass der Test auch digital durchgeführt werden kann, ist die Auswertung sehr effizient. Auch im Papierformat sind die Ergebnisse der Einfachwahlaufgaben schnell zu prüfen. Anhand der geschlossenen Konstruktion lässt sich auch dieser Test quantitativ gut auswerten. Mit einer Durchführungszeit von 45 Minuten ist der Test zwar umfangreich, aber noch gut anwendbar.

Nachteile: Der Test ist nicht für die individuelle Betrachtung von Leistungsständen oder individuelles Feedback entwickelt worden. Des Weiteren beschränkt sich das Erhebungsspektrum auf die Hypothesenbildung sowie Beweisfindung, wodurch ein Großteil des naturwissenschaftlichen Erkenntniswegs kaum berücksichtigt wird. Aufgrund der vorgeschriebenen Durchführungsdauer von 45 Minuten ist dieser Test zudem eher zeitintensiv. Außerdem ist der Test für ein universitäres Niveau konzipiert und damit möglicherweise für Oberstufenschüler:innen zu schwierig. Es gibt keine Daten zu deutschsprachigen Testversionen.

3.2.2.11 Test Of Enquiry Skills (TOES)

Der „TOES-Test" besteht aus insgesamt neun Skalen, von denen sich die Skalen 8 und 9 auf einen Bereich der prozessbezogenen Fähigkeiten naturwissenschaftlichen Arbeitens beziehen. Die Aufgaben sind dabei inhaltsfrei und konzeptbezogen gestaltet. Zudem wird der Test häufig als Messinstrument für den Lernzuwachs genutzt, indem er jeweils zu Beginn und zum Ende einer Unterrichtseinheit oder eines Schuljahres im Pre- und Post-Design angewendet wird (Fraser, 1979, 1980).

prüfbare Fähigkeiten:

| PD | FF | HG | **BI** | **BP** | ED | PK |

Zielgruppe: Klasse 7–10

Vorteile: Der Test ist aufgrund des Fragenformats effizient in größeren Gruppen anzuwenden und auszuwerten, allerdings kann er genauso für die individuelle Betrachtung einzelner Schüler:innen genutzt werden. Ein weiterer Vorteil ist die fachunspezifische Integration – es wird kein Vorwissen abgefragt, sondern der Fokus liegt auf den Prozessebenen.

Nachteile: Neun Skalen mit jeweils mehreren Items (insgesamt 87) sammeln zwar umfangreiche Daten, jedoch bedarf es demnach auch einer zeitlich aufwendigeren Durchführung sowie einer gründlichen Auswertung, die ebenfalls sehr zeitintensiv sein kann. Die Ergebnisse werden zudem nur für die einzelnen Skalen ausgegeben, sodass Gesamtpunktzahlen eigenständig berechnet werden müssen. Eine deutsche Testversion liegt nicht vor.

3.2.2.12 Test of Integrated Process Skills I&II (TIPS)

Beide TIPS-Formate bestehen aus insgesamt 36 Items und eignen sich, um die naturwissenschaftlichen Kompetenzen von Schulklassen zu messen und zeigen dadurch auch, wie wirkungsvoll die im Unterricht angewandten Methoden sind (Baird, 1989).

TIPS I: Alle Items haben vier Antwortmöglichkeiten, von denen eine richtig ist. Die Aufgaben sind in praktisch-problemorientierten Kontexten eingebettet, die dabei nicht fachspezifisch, aber allgemein naturwissenschaftlich ausgerichtet sind. Der Test ist für 45 Minuten ausgelegt (Baird & Borich, 1987; Baird et al., 1996).

TIPS II: Auch hier bestehen die Items aus je vier Antwortmöglichkeiten mit drei Distraktoren. Die Bearbeitungszeit nimmt mit steigendem Jahrgang ab, sodass für eine sechste Klasse beispielsweise 50 Minuten und für eine zwölfte Klasse 25 Minuten eingeplant sind (Burns et al., 1985; Dillashaw & Okey, 1980; Padilla et al., 1983).

prüfbare Fähigkeiten:

| PD | FF | HG | BI | BP | ED | PK |

Zielgruppe: (I) Klasse 9–10 | (II) Klasse 6–12

Vorteile: Beide Testversionen sind in variablen Kontexten einsetzbar. Mit 36 Items und einer Durchführungszeit von 20-25 Minuten sind die Tests vergleichsweise schnell anzuwenden. Zudem ermöglicht das Itemformat eine intuitive Anwendung und ökonomische Auswertungszeit. Je nach Reflexionsschwerpunkt kann mit Hilfe dieser Test auch eine Methodenreflexion für Lehrende eingebunden werden. Insbesondere TIPS II hat dabei auch den Vorteil, dass Lernende über einen längeren Zeitraum getestet werden können, um so Entwicklungen aufzuzeigen und entsprechend dieser den Unterricht zu optimieren.

Nachteile: Die Durchführung der Tests ist besonders in den niedrigeren Jahrgängen zeitintensiv, was bei der Planung berücksichtigt werden muss. Zudem bilden TIPS I&II nur einen Teilbereich der prozessbezogenen Kompetenzen der Naturwissenschaften ab und fokussieren hauptsächlich die Arbeit mit Hypothesen und den damit verbundenen experimentellen Beweisansätzen. Eine deutsche Testversion liegt nicht vor.

3.2.2.13 Test Of Logical Thinking (TOLT)

Der „Test Of Logical Thinking" von Tobin und Capie (1981) besteht aus zehn Items im doppelten Single-Choice-Format. Dabei werden den Testpersonen ein naturwissenschaftliches Problem und dazu fünf Antwortmöglichkeiten gegeben, von denen nur eine Antwort richtig ist. Im zweiten Schritt muss eine von fünf möglichen Begründungen für diese Wahl angekreuzt werden. Nur wenn beide Antworten richtig korrelieren, gilt die Aufgabe als erfüllt (Tobin & Capie, 1981, 1982).

prüfbare Fähigkeiten:

| PD | FF | HG | BI | BP | ED | PK |

Zielgruppe: Grundschule, Sekundarstufe I & II, Universität

Vorteile: Das doppelte Single-Choice-Format hat den Vorteil, dass die Wahrscheinlichkeit einer richtigen Antwort durch einfaches Raten herabgesetzt wird. Zudem ist dieser Test ökonomisch vorteilhaft, benötigt keine weitere Vorbereitung und ist in jeder Klassenstufe anwendbar und zum Messen von längerfristigen Entwicklungen geeignet.

Nachteile: Wie die prüfbaren Fähigkeiten zeigen, ist der TOLT spezifisch auf den Umgang mit Beweisen und deren Generierung durch naturwissenschaftliche Experimente ausgerichtet. Dadurch lassen sich keine Aussagen zu den weiteren Kompetenzen, die hier nicht erhoben werden, treffen. Die Antworten müssen zum Teil durch die Schüler:innen selbst formuliert werden, wodurch Inkonsistenzen in der Auswertung entstehen können. Eine deutsche Testversion liegt nicht vor.

3.2.2.14 Test of Science Process Skills (SPST)

Der von Molitor und George (1976) entworfene Multiple-Choice-Test besteht aus 18 Items, die in einen kontextfreien Zusammenhang gesetzt sind und die Fähigkeiten des Schlussfolgerns sowie das Überprüfen dieser messen. Die Items wurden so entwickelt, um die Fähigkeiten der Schüler:innen, unabhängig vom naturwissenschaftlichen Hintergrundwissen, zu messen. Das Besondere an diesem Instrument sind Bilder, die statt wörtlichen Formulierungen genutzt werden, um Ungleichheiten im Basiswissensverständnis, wie beispielsweise sprachliche Fertigkeiten, vorzubeugen (Molitor & George, 1976).

prüfbare Fähigkeiten:

| PD | FF | HG | BI | **BP** | **ED** | PK |

Zielgruppe: Klasse 4–6

Vorteile: Besonders in jüngeren Klassenstufen kann der Einsatz von Bildern zu einer Gleichberechtigung im Aufgabenverständnis führen und dadurch Daten reliabel erhoben werden. Auch die unspezifischen Kontexte ermöglichen einen vielfältigen Einsatz, der nicht in Abhängigkeit zum Vorwissen steht. Der Test kann außerdem spezifisch Unterschiede im Leistungsniveau von Lerngruppen nachweisen.

Nachteile: Der „Test of Science Process Skills" ist, wie einige andere Multiple-Choice-Tests, auf wenige naturwissenschaftliche Grundfähigkeiten begrenzt. Hier geht es lediglich um die Verknüpfung von Beweisen und Ergebnissen, die gemeinsam darzustellen sind. Die individuelle Testung stellt einerseits einen großen Vorteil dar, bedeutet andererseits jedoch einen hohen Aufwand in Durchführung und Auswertung. Eine deutsche Version ist nicht bekannt.

3.2.2.15 Test Of Scientific Literacy Skills (TOSLS)

Der „Test Of Scientific Literacy Skills" setzt sich aus insgesamt 28 Fragen mit jeweils vier Antwortmöglichkeiten zusammen, von denen drei Distraktoren sind. Die Fragen basieren thematisch auf biologischen Inhaltsfeldern, die jedoch im Vorfeld nicht näher erläutert werden. Zudem kann dieser Test für die Messung von Lernzuwachs verwendet werden, indem in einem Pre- und Post-Test die jeweils aktuellen naturwissenschaftlichen Grundfähigkeiten von Studierenden erhoben werden (Gormally et al., 2012).

prüfbare Fähigkeiten:

| PD | FF | HG | BI | BP | ED | PK |

Zielgruppe: Universität

Vorteile: Das gewählte Multiple-Choice-Format ist sehr effizient in Anwendung und Auswertung. Durch diese Effizienz ist der Test für größere Stichproben geeignet. Zudem kann die Messung von Lernzuwachs Rückschlüsse auf den methodischen Unterricht geben und bei zukünftigen Planungen als Referenz dienen. Im Vergleich zu den voranstehenden Testinstrumenten umfasst der TOSLS auch das prüfende Kommunizieren und damit das Analysieren und Interpretieren von quantitativen Daten und Informationen. Mit 35 Minuten ist die Durchführungszeit des Tests vergleichsweise kurz.

Nachteile: Aufgrund der biologischen Inhaltsspezifität muss ein gewisses Grundwissen für biologische Sachverhalte bestehen. Dies ist damit in Verbindung zu bringen, dass sich der Test an Studierende an Universitäten richtet. Je nach Curriculum kann diese Voraussetzung eventuell auch für Oberstufenschüler:innen bereits erfüllt sein. Es gilt die Fragen im Vorfeld zu prüfen. Eine deutschsprachige Version des Testes liegt nicht vor.

3.2.2.16 Test zum naturwissenschaftlich-induktiven Denken

Der Test zum naturwissenschaftlich-induktiven Denken (Peperkorn & Wegner, 2023b) wurde auf Grundlage von bestehenden Tests zur (fluiden) Intelligenz entwickelt. Es handelt sich um einen digitalen Test, der mit nonverbalen Matrizenitems arbeitet, die auf kognitive Fähigkeiten abzielen, welche der naturwissenschaftlichen Arbeitsweise zugrunde liegen. Durch die Verortung in biologisch-naturwissenschaftlichen Kontexten sollen besonders naturwissenschaftlich interessierte und begabte Kinder adressiert werden. Der Test wird mit unterschiedlichen Schülerstichproben speziell für die Begabungsdiagnostik validiert und mithilfe des Design-based Research-Ansatzes fortlaufend für den Einsatz im Regelunterricht angepasst, sodass dieser zukünftig von Lehrkräften für die Diagnostik in der Schulübergangsphase herangezogen werden kann.

prüfbare Fähigkeiten:

| PD | FF | HG | BI | BP | ED | PK |

Zielgruppe: Klasse 3-5

Vorteile: Durch das digitale Testformat wird eine zeitökonomische Auswertung gewährleistet. Außerdem liefert der Test Einblicke in grundlegende kognitive Fähigkeiten der Schüler:innen, was für die Begabungsdiagnostik in der Schule einen Mehrwert liefern kann. Durch fortlaufende Anpassungen an schulische Bedingungen, die Validierung anhand von weiteren Begabungstests und die kurze Durchführungsdauer von ca. 20 Minuten, kann der Test leicht im Regelunterricht implementiert und zur naturwissenschaftlichen Begabungsdiagnostik herangezogen werden.

Nachteile: Durch den Test werden grundlegende kognitive Fähigkeiten abgefragt, was im Hinblick auf die biologisch-naturwissenschaftliche Begabungsdiagnostik heißt, dass die gemessenen Fähigkeiten nicht direkt auf naturwissenschaftliche Arbeitsweisen bezogen werden können. Hierfür muss das Gelingen des Übertrags der vorhandenen Fähigkeiten auf die naturwissenschaftliche Arbeit durch weitere Tests oder Diagnostikmaßnahmen (Beobachtungen, Interviews, etc. …) abgesichert werden.

3.2.3 Offene Fragen (*open-ended questions*)

Offene Items können als freie Items bezeichnet werden, deren Bearbeitung keine konkreten Vorgaben, sowohl auf verbaler als auch non-verbaler Ebene, erfordern. Dieses Format gibt nicht nur einen Blick auf das Endergebnis einer Aufgabe, sondern ermöglicht auch einen Einblick in die gedanklichen Prozesse von Schüler:innen. Es wird vorausgesetzt, dass die Schüler:innen beispielsweise den Prozess des Entwerfens eines Experiments in ihrem Kopf durchdenken, ohne darauf hingewiesen zu werden, was die richtige Antwort aus den Optionen eines Multiple-Choice-Tests sein könnte.

Ergänzungsaufgaben

Ergänzungsaufgaben zeichnen sich dadurch aus, dass sie durch ein (Schlüssel-)Wort oder eine eigene Darstellung bzw. Schilderung sinnvoll ergänzt werden sollen.

Abbildung 17: Beispiel für eine Ergänzungsaufgabe.

> **Fülle die Lücken mit passenden Begriffen.**
>
> Die _____ ist eine Vermutung, die aus einer _____ entwickelt wird.

Quelle: Eigene Darstellung.

Vorteile: Ein solches Itemformat vermeidet nahezu vollständig die Gefahr von Zufallslösungen. Zudem ist es möglich, in diesem Zusammenhang komplexe Aufgabenstellungen zu formulieren, wodurch – besonders im Hinblick auf das naturwissenschaftliche Arbeiten – Kompetenzen im detaillierteren Maße erhoben werden können (Bühner, 2021). Die Lösungsfindung erfolgt selbstständig, sodass das Format nicht nur quantitativ, sondern auch qualitativ auszuwerten ist (Lienert & Raatz, 1998). So könnten beispielsweise bei einer Aufgabe mehrere richtige Lösungen existieren, die sich in ihrer inhaltlichen Qualität unterscheiden und somit bei der Auswertung zu unterschiedlichen Punkten führen.

Nachteile: Je nach Aufgabenstellung kann es hier zu einer einfachen Reproduktion von Wissen kommen, ohne eine Kompetenzorientierung zu erreichen. Außerdem sind Ketteneffekte möglich, wodurch die Bearbeitung von Folgeaufgaben aufgrund von nicht gefundenen Schlüsselworten nicht möglich ist. Der Zeitaufwand bei der Konzeption solcher Items ist vergleichsweise hoch, außerdem kann es zu einer eingeschränkten Auswertungsobjektivität kommen, wenn mehrere Begriffe theoretisch passend sind. Hier gilt eine differenzierte Vorbereitung mit einem Pool an festgelegten Lösungsmöglichkeiten (Bühner, 2021).

Kurzaufsatz
Das Format eines Kurzaufsatzes ist mit einem Essay zu vergleichen. Es wird eine ausgeschriebene Antwort verlangt, die zumeist in der Wortanzahl beschränkt ist, um das Formulieren von präzisen Erläuterungen anzuregen.

Abbildung 18: Beispiel für ein Kurzaufsatz-Item.

> Schreibe einen kurzen Text zum Ablauf der Proteinbiosynthese (300 Wörter).

Quelle: Eigene Darstellung.

Vorteile: Kurzaufsätze sind frei von Zufallslösungen und setzen vollständig eine Reproduktion und gegebenenfalls eine Vernetzung von Wissen und Sachgegenständen voraus. So kann vor allem eine intensive und individuelle Beurteilung stattfinden, die besonders bei der Testung stilistischer Begabung sinnvoll ist (Bühner, 2021). Hinzu kommt, dass Kurzaufsätze ähnlich wie Klausuren oder Tests zu sehen und daher bereits aus dem Regelunterricht vertraut sind, sowohl für Schüler:innen als auch für Lehrkräfte.

Nachteile: Zwar bietet das Format viele Vernetzungsmöglichkeiten, jedoch steigt damit die Schwierigkeit der objektiven Auswertung vielfältiger Bewertungsgesichtspunkte (Lienert & Raatz, 1998). Aus der zeitlichen Perspektive müssen hier aufwendige Inhaltanalysen und Auswertungsbögen angefertigt werden, die sich nicht für die Erhebung von großen Stichproben eignen (Bühner, 2021).

3.2.3.1 A written test for procedural understanding

Der Test besteht aus insgesamt 19 Items, denen zum Teil romanähnliche Textelemente aus verschiedensten Kontexten der Biologie, Chemie und Physik vorangestellt werden. Zu den präsentierten Informationen werden Fragen gestellt, die in Form von Kurztextantworten bearbeitet werden sollen (Roberts & Gott, 2004). Es geht dabei um das prozedurale Verstehen, anhand dessen Evidenzkonzepte anzuwenden sind. Wie diese Konzepte aufeinander aufbauen, zeigt folgende Grafik:

Abbildung 19: Rahmen der Entwicklung von Evidenzkonzepten (nach Roberts & Gott, 2006).

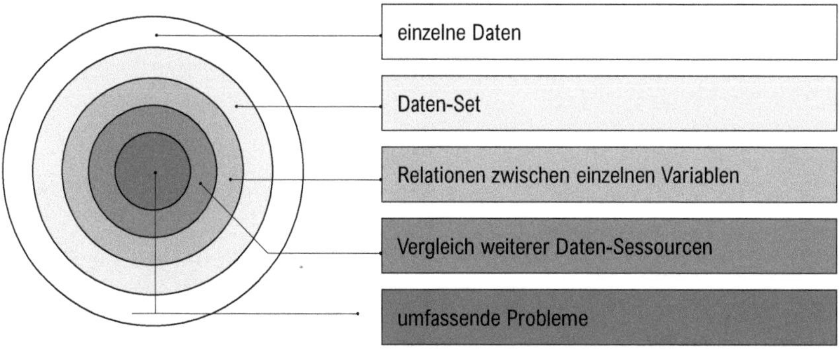

- einzelne Daten
- Daten-Set
- Relationen zwischen einzelnen Variablen
- Vergleich weiterer Daten-Sessourcen
- umfassende Probleme

Quelle: In Anlehnung an Roberts & Gott, 2006.

prüfbare Fähigkeiten:

| PD | FF | HG | BI | BP | ED | PK |

Zielgruppe: Klasse 10

Vorteile: Der zentrale Vorteil von Freitextantworten liegt in der Konstruktion von eigenen Lösungswegen. Anders als bei den vorgestellten Multiple-Choice-Formaten werden hier kaum Antwortmöglichkeiten suggeriert, sodass besonders auf individueller Betrachtungsebene Erhebungen stattfinden können. Die entsprechend ausgearbeiteten Bewertungsbögen decken die Antworten der Schüler:innen in großer Breite, sodass dadurch individuelle Feedbackmöglichkeiten entstehen. Zudem werden fachliche Kontexte aus allen Naturwissenschaften (Biologie, Chemie, Physik) mit einbezogen.

Nachteile: Aufgrund des offenen Aufgabenformats sind die Bearbeitungszeit (50–60 Min.) und auch die Antworten der Schüler:innen in der Regel umfangreicher. Für die Auswertung ist demnach mit viel Arbeitsaufwand und Zeit zu rechnen. Die Ergebnisse können außerdem von der individuellen Lesekompetenz der Schüler:innen abhängen. Des Weiteren müssen einheitliche Bewertungsmaßstäbe gesetzt werden, um so wenig wie möglich die Objektivität zu verlieren. Die Zielgruppe ist recht beschränkt und eine deutsche Testversion ist nicht bekannt.

3.2.3.2 Constructive Inquiry Science Reasoning Skills (CISRS)

Diese Erhebungsmethode ist ein konstruktives und ergebnisoffenes Aufgabenformat, bei dem die Testpersonen ihre prozessorientierten Denkprozesse abbilden sollen. Der Kontext ist tendenziell eher mathematisch ausgerichtet, jedoch unabhängig von jeglichem spezifischen Fachwissen. Die Problemdarstellungen sind in lebensweltlichen Kontexten der Testpersonen konstruiert. Über ein kategoriales Punktesystem werden die Antworteinheiten klassifiziert und bewertet (Weld et al., 2011).

prüfbare Fähigkeiten:

| PD | FF | HG | BI | BP | ED | PK |

Zielgruppe: Universität

Vorteile: Trotz der freien Antworten eignet sich der Test durch das strukturierte Wertungssystem auch für große Gruppen und spart deshalb an Auswertungszeit. Die fachlich unabhängigen Kontexte sind benutzerfreundlich. Zudem konzentrieren sich die Aufgaben zentral auf die Denkprozesse und keine Wissensreproduktionen. Mit acht Items ist der Test vergleichsweise kurz. Trotz der doppelten Durchführung in einem Pre-Post-Design kann somit die Entwicklung der Studierenden abgebildet werden.

Nachteile: Der Test ist für ein universitäres Niveau ausgelegt und deshalb in der Schule eher schwer zu integrieren. Zudem muss für die ausführliche Bearbeitung der offenen Items genügend Zeit eingeplant werden. Trotz eines aufgestellten Kategoriensystems bleibt eine hinreichende Objektivität fraglich.

3.2.3.3 Evidence-Based Reasoning Assessment System (EBRAS)

Das „evidenzbasierte Bewertungssystem EBRAS" orientiert sich an den vier Schritten eines Bewertungszyklus – Beobachten, Bewerten, Zusammenfassen und Interpretieren. Die Schüler:innen sollen unter der Verwendung von Forschungsergebnissen und Theorien wissenschaftliche Konstrukte ableiten und im Hinblick auf angewandte

Methoden bewerten. Die Items decken verschiedene Unterrichtsfächer ab, insbesondere im Bereich der naturwissenschaftlichen Argumentation. Es werden Aspekte der Physik, wie zum Beispiel Auftrieb und Dichte, sowie allgemeine wissenschaftliche Argumentationsfähigkeiten thematisiert. Das EBRA-System gilt als valides Instrument zur Analyse und Bewertung der Verwendung von Beweisen durch Schüler:innen in wissenschaftlichen Kontexten (Brown et al., 2010).

prüfbare Fähigkeiten:

| PD | FF | HG | BI | BP | **ED** | **PK** |

Zielgruppe: Mittel- & Oberstufe

Vorteile: Im Vergleich zu vielen anderen Testformaten inkludiert das EBRA-System die Kompetenz des prüfenden Kommunizierens. Damit können vor allem die Transferleistungen von Schüler:innen geprüft werden.

Nachteile: Das beschriebene Format ist in der Auswertung umfangreich. Zwar werden die Ergebnisse anhand von Skalen eingeordnet und bewertet, diese sind jedoch sehr kleinschrittig und setzen geschulte Prüfer:innen zur Einhaltung der Objektivität voraus. Durch den fachlichen Schwerpunkt ist der Test recht einseitig nutzbar.

3.2.3.4 Experimental Design Ability Test (EDAT)

Der EDA-Test wird im Pre- und Post-Design durchgeführt und bewertet dabei bei den Testpersonen die Fähigkeit, Experimente zu entwerfen, jeweils zum Einstieg einer Kursreihe und zum Ende hin. Die Schüler:innen erhalten ein Blatt Papier und werden aufgefordert, so viel Platz zum Schreiben zu verwenden, wie sie benötigen, um ein Experiment zu praktischen Herausforderungen aus dem Alltag der Schüler:innen zu entwerfen und zu begründen. Dies geschieht in einem Rahmen von zehn bis zwölf Minuten (Sirum & Humburg, 2011).

prüfbare Fähigkeiten:

| PD | FF | HG | **BI** | BP | ED | PK |

Zielgruppe: Sekundarstufe I & II

Vorteile: Ein zentraler Vorteil steht in der kurzen Durchführung der Testvariante. Zudem basieren die Items auf praktischen Herausforderungen aus dem Alltag, um die Akzeptanz seitens der Schüler:innen zu erhöhen. Das offene Aufgabenformat unterstützt zusätzlich die Erhebung von prozessbezogenen Denkweisen. Mit zehn Items ist der Test sehr kurz und auch die Auswertung ist im Vergleich zu anderen offenen Testformaten zeiteffizient in der Bewertung.

Nachteile: Aufgrund der kurzen Durchführung wird deutlich, dass nur ein geringer Teil der prozessbezogenen naturwissenschaftlichen Grundfähigkeiten erhoben werden kann. Zudem könnten sprachliche Barrieren oder der wahrgenommene Zeitdruck das Ergebnis verzerren. Eine deutsche Version ist nicht bekannt.

3.2.3.5 Interdisciplinary scenarios

Im Rahmen von interdisziplinären Szenarien werden insbesondere die Fähigkeiten des Problemlösens und Begründens von Schüler:innen getestet. Es werden konkrete Beispiele aus bereichsübergreifenden Kontexten geschildert – unter anderem zu den Themen Wetter, Körper, Impfungen, etc. – anhand derer wissenschaftliche Begründungen für mögliche Vorgehensweisen beschrieben werden sollen. Beispielsweise werden Jahreswetterdaten für den Grand Canyon angegeben und die Schüler:innen müssen auf dieser Datengrundlage begründete Hinweise und Verhaltensregeln für Wanderungen aufstellen. Die Durchführung dauert 45 Minuten und die Antworten werden basierend auf der von Bybee (1997) entworfenen Skala für wissenschaftliche Grundbildung ausgewertet, wobei die vier Stufen nominal, funktional, konzeptionell/prozedural und multidimensional berücksichtig werden (Soobard & Rannikmäe, 2011).

prüfbare Fähigkeiten:

| PD | FF | HG | BI | **BP** | ED | PK |

Zielgruppe: Klasse 10 & 11

Vorteile: Dadurch, dass das Testverfahren unabhängig von im Unterricht behandelten Fachwissen ist, kann dieses Format in jeglichen Settings angewandt werden. Außerdem wird der Fokus dadurch speziell auf die Fähigkeiten, wie das Prüfen gegebener Daten und Begründen von Sachverhalten, gelegt. In Bezug auf das Wertungssystem ist der Test zeitökonomisch auszuwerten.

Nachteile: Der spezifische Fokus auf die Begründungskompetenzen ermöglicht letztlich die Prüfung eines kleinen Teils der prozessbezogenen Fähigkeiten. Weitere Verknüpfungsarbeiten können dadurch nur schlecht aufgezeigt werden. Zudem muss für die Testung ein entsprechendes Zeitfenster eingeräumt werden. Auch bei der Auswertung ist es eine Herausforderung, bei der Einordnung auf der Skala die nötige Objektivität zu bewahren.

3.2.3.6 Test of competencies of scientific thinking

Der Kompetenztest wissenschaftlichen Denkens bezieht sich auf das Experimentieren im Fach Biologie. Anhand der Informationen aus präsentierten Aufgabentexten sollen die Schüler:innen zunächst eine Fragestellung entwickeln, daraus eine Hypothese ableiten, ein passendes Experiment planen und Ergebnisse aus einem Experiment deuten. Die Auswertung erfolgt auf der Grundlage eines Codeschemas mit zuvor entwickelten Beispielantworten (Grube, 2010).

prüfbare Fähigkeiten:

| PD | FF | HG | BI | BP | ED | PK |

Zielgruppe: Grundschule

Vorteile: Die Durchführungszeit des Tests liegt bei ca. 35 Minuten (24 Items) und ist damit noch verhältnismäßig kurz. Mit den behandelten Teilkompetenzen Fragestellung, Hypothese, Planung und Durchführung sind die zentralen Fähigkeiten der naturwissenschaftlichen Grundbildung abgedeckt. Der Test bietet somit eine umfangreiche Erhebung der prozessbezogenen Kompetenzen. Außerdem liegt der Test in deutscher Sprache vor.

Nachteile: Trotz des angefertigten Codeschemas bleibt die Schwierigkeit der Objektivität in der Bewertung freier Aufgabenformate. Der Test ist außerdem auf Grundschulkinder ausgerichtet, wodurch in der Durchführung und Betreuung gegebenenfalls mehr Zeit eingeplant werden muss.

3.2.3.7 Test of Scientific Thinking (TST)

Der „Test of Scientific Thinking" besteht aus vier Kompetenzteilen mit Referenzen zum Fach Psychologie. Den Studierenden wird ein Problem geschildert, zu dem Graphen, Daten und Tabellen angegeben sind. Daraus soll schließlich eine Hypothese generiert werden (Frederiksen & Ward, 1978). Des Weiteren müssen die Studierenden Studien evaluieren und einen kritischen Kommentar zu Studiendesign und zugrundeliegender Theorie verfassen. Darauf folgt die Angabe von Lösungsvorschlägen für methodische Probleme einer geplanten Studie. Abschließend sollen die angewandten Methoden beurteilt werden. Die Ergebnisse werden bei der Auswertung in Kategorien eingeteilt und anhand eines dazu angepassten Punktesystems bewertet (Ward et al., 1980).

prüfbare Fähigkeiten:

| PD | | FF | | **HG** | | **BI** | | BP | | ED | | PK |

Zielgruppe: Universität

Vorteile: Die Itemformate erheben die zentralen Fähigkeiten der naturwissenschaftlichen Grundbildung. Auch die Aufgabenstruktur macht deutlich, dass durch dieses Instrument besonders Verknüpfungen von Sachverhalten evaluiert werden können und dass dieser Test auch besonders für individuelle Erhebungen geeignet sein kann.

Nachteile: Der Test ist im Bereich der Psychologie eher fachspezifisch und hauptsächlich auf Studierende ausgerichtet. Wie bei vielen anderen offenen Tests gilt auch hier die Schwierigkeit der Objektivität entlang eines codierten Punktesystems. Mit 50 Minuten ist die Durchführung des Tests zudem eher lang. Hinzu kommt, dass eine deutsche Testversion nicht bekannt ist.

3.2.3.8 Test zum naturwissenschaftlich-divergenten Denken

Der Test zum naturwissenschaftlich-divergenten Denken zielt auf die Kreativität der Schüler:innen im Bereich der Naturwissenschaften ab. Durch die bereits dargestellte Theorie zur Begabungsdiagnostik und weiteren fachspezifischen Analysen (Peperkorn & Wegner, 2022) wird deutlich, dass sich eine biologisch-naturwissenschaftliche Begabung in kreativen Arbeitsprozessen besonders deutlich äußern kann. Die Schüler:innen werden im Rahmen des Tests aufgefordert, zu einem biologischen Stimulus in Form eines Fabelwesens möglichst viele Ideen zu verschiedenen Schritten des naturwissenschaftlichen Erkenntniswegs zu generieren. Darunter fällt das Aufstellen von Fragestellungen, die Planung von möglichen Untersuchungen und die Weiterentwicklung wissenschaftlicher Erfindungen. Die Antworten werden in den Kategorien Flüssigkeit, Flexibilität und Originalität ausgewertet. Der Test wird mit unterschiedlichen Schülerstichproben speziell für die Begabungsdiagnostik validiert und mithilfe des Design-based Research-Ansatzes fortlaufend für den Einsatz im Regelunterricht angepasst, sodass dieser zukünftig von Lehrkräften für die Diagnostik in der Schulübergangsphase herangezogen werden kann.

prüfbare Fähigkeiten:

| PD | | **FF** | | **HG** | | **BI** | | BP | | ED | | PK |

Zielgruppe: Klasse 3–5

Vorteile: Trotz der Verwendung eines offenen Antwortformat wird die Auswertung im Gegensatz zu anderen offenen Formaten vereinfacht, da die Schüler:innen in kurzen Stichpunkten antworten. Der Test lässt sich gut in Unterrichtsvorhaben einbinden, da die einzelnen Aufgaben einen sehr aktivierenden Charakter haben und neben den quantitativen Daten zusätzlich Beobachtungsmöglichkeiten zur Begabungsdiagnostik für die Lehrkraft erzeugen.

Nachteile: Der Test kann bis dato nicht digital durchgeführt werden. Auch die Auswertung der Ergebnisse kann bisher nicht automatisiert ablaufen, da die Handschrifterkennung durch entsprechende Softwares insbesondere bei jüngeren Schüler:innen noch nicht ausgereift ist.

3.2.4 Gemischte Fragen (*mixed questions*)

Gemischte Fragen zeichnen sich durch die Anwendung mehrerer Formate aus. Meist werden geschlossene und offene Items miteinander kombiniert (beispielsweise Multiple-Choice und Kurzantworten; Föhl & Friedrich, 2022).

Vorteile: Während bei rein geschlossenen Fragestellungen eine Wahl zwischen vorgegebenen Antwortmöglichkeiten forciert wird, können insbesondere experimentelle Planungen oder Prozesse in Form von Freitextantworten konkretisiert werden. Meist ergeben sich dadurch neue Bewertungsmöglichkeiten, da sich die Testpersonen erklären können. Vor allem für den Transfer von gefestigtem Wissen auf neue Sachzusammenhänge ermöglichen gemischte Fragen eine verknüpfte Abbildung der gegebenen Antworten.

Nachteile: Freie Aufgabenformate sind immer mit einem höheren Zeitaufwand in der Auswertung zu sehen. Je nach Stichprobengröße sollte auf diese Variante entsprechend verzichtet oder zumindest in eingeschränktem Maße darauf zurückgegriffen werden. Außerdem muss eine gut angepasste Bewertungsskala bzw. ein detaillierter Erwartungshorizont für die Auswertung genutzt werden. Nur so ist eine hohe Objektivität bei der Bewertung zu gewährleisten, die idealerweise zusätzlich durch mehrere Korrekturbeauftragte weiter gestützt wird.

3.2.4.1 *Assessment of Critical Thinking Ability survey (ACTA)*

Im Rahmen dieser Umfrage sind verschiedene Itemformate enthalten – zum einen Multiple-Choice-Aufgaben und zum anderen offene Fragestellungen. In der Umfrage werden drei Fallstudien vorgestellt, die sich mit der Ursache von Pellagra (Krankheit, die durch den Mangel an Vitamin B3 entsteht) befassen, wobei jede Studie methodische Mängel aufweist und alternative Interpretationen zulässt. Die Schüler:innen werden gebeten, jede Studie einzeln zu bewerten, die Ursache(n) auszuwählen, welche die Studie am stärksten unterstützt und die wahrscheinlichste Ursache für eine exemplarische Krankheit zu bestimmen. Insbesondere die Fähigkeiten, mit widersprüchlichen Daten umzugehen, daraus Schlussfolgerungen zu ziehen, Experimente zu entwerfen und Interpretationsmöglichkeiten auf Grundlage derselben Daten zu konzeptualisieren, werden erhoben. Die offenen Antworten werden durch unterschiedliche Level nach dem Grad der Auseinandersetzung mit der Fragestellung klassifiziert (White et al., 2011).

prüfbare Fähigkeiten:

| PD | FF | HG | **BI** | BP | **ED** | PK |

Zielgruppe: Universität

Vorteile: Die beschriebene Umfrage kann als Methode genutzt werden, um das Level des Medians einer Studierendengruppe zu erfassen. Außerdem sind die Multiple-Choice-Teile in der Durchführung (25 Minuten) sowie Auswertung weniger zeitintensiv.

Nachteile: Die ACTA-Umfrage richtet sich vor allem an höhere Bildungsstufen und ist damit nur schwer in der Schule anzuwenden. Des Weiteren stellt die Objektivität eine Herausforderung dar. Trotz der Einteilung ich mehrere Komplexitätsstufen muss die Korrektur einheitlich entsprechend des Auswertungsschemas erfolgen, damit die Ergebnisse reliabel sind. Der Test ist verhältnismäßig alt und liegt zudem nicht in deutscher Sprache vor.

3.2.4.2 Assessment of Scientific Thinking in Basic Science

Dieser Test zeichnet sich durch vier Subtests mit Artikeln aus dem Bereich der Stammzellforschung aus: (1) Das Zeichnen einer Concept-Map zu einem vorgegebenen Sachverhalt, (2) Hypothesen generieren, (3) die Auswahl von zu prüfenden Variablen anhand der jeweiligen Hypothese und (4) das Messen von wissenschaftlichen Gedanken. Die Durchführung findet an zwei Tagen statt, pro Tag werden zwei Tests á zwei Stunden absolviert (Azarpira et al., 2012).

prüfbare Fähigkeiten:

| PD | FF | **HG** | **BI** | BP | **ED** | PK |

Zielgruppe: Universität

Vorteile: Durch die Kombination der vier verschiedenen Testinstrumente können Wissensstrukturen visualisiert und verschiedene Teilaspekte miteinander verknüpft werden. Somit ergibt sich ein recht differenziertes Bild des gewählten wissenschaftlichen Erkenntniswegs und damit auch der prozessbezogenen Kompetenzen der naturwissenschaftlichen Grundbildung.

Nachteile: Wie die Durchführung bereits vermuten lässt, ist der Aufwand dieses Kombi-Tests sehr umfangreich und aufwendig. Auch die Auswertung ist dementsprechend langwierig. Hinzu kommt, dass der Test mehr auf englischsprachige universitäre Kurse ausgelegt ist als auf Schulklassen.

3.2.4.3 Institut zur Qualitätsentwicklung im Bildungswesen (IQB)

Dieser Kompetenztest wird im Rahmen einer Landesvergleichsstudie angewandt. Die Items setzen sich aus geschlossenen (Einfachwahlaufgaben), halboffenen (Angabe von einzelnen Wörtern oder Sätzen) und offenen Fragen (kurze Antworten aus mehreren Sätzen) bezogen auf mathematische (Zahl, Messen, Raum und Form, funktionaler Zusammenhang sowie Daten und Zufall) und naturwissenschaftliche (Fachwissen und Erkenntnisgewinnung) Sachverhalte zusammen. Zusätzlich werden Fragebögen zu persönlichen Hintergrundinformationen von Schüler:innen und Schulleitung ausgefüllt, welche die Ergebnisse mit demografischen Aspekten in Verbindung bringen (Pant et al., 2013).

prüfbare Fähigkeiten:

| PD | FF | HG | BI | BP | ED | PK |

Zielgruppe: Sekundarstufe I & II

Vorteile: Die Verknüpfung von einfachen Wahlaufgaben und offenen Antworten eignet sich gut, um die prozessorientierten Fähigkeiten der Schüler:innen darzustellen. Außerdem geht dieser Test auch auf die Kompetenz des Formulierens von Fragen ein, welche bei anderen Testkonstruktionen eher vernachlässigt wurde. Darüber hinaus ist der Test auf Deutsch.

Nachteile: Der Begriff „Landesvergleichsstudie" macht deutlich, dass dieser Kompetenztest nur in einem großen Rahmen durchgeführt wird und damit nicht für individuelle Analysen geeignet ist. Mit 3,5 Stunden Testung ist die Durchführung sehr lang und aufwendig.

Zugang: https://www.iqb.hu-berlin.de/bt/

3.2.4.4 National Assessment of Educational Progress (NAEP)

Das NAEP-Gutachten kann zu drei unterschiedlichen Zeiten in der Schullaufbahn durchgeführt werden. Je nach Klassenstufe unterscheiden sich die Schwerpunktthemen des Tests, der allgemeine Schwerpunkt liegt jedoch auf der Physik und den Biowissenschaften (National Assessment Governing Board, 2009). Der Test setzt sich aus zwei wesentlichen Itemformaten zusammen: (1) Einfachwahlaufgaben, (2) Konstrukt-Antwort-Items (Concept-Maps und kurze formulierte Antworten; United States National Assessment Governing Board, 2010).

prüfbare Fähigkeiten:

| PD | FF | HG | BI | BP | ED | PK |

Zielgruppe: Klassen 4, 8, 12

Vorteile: Der Test bietet eine recht umfangreiche Erhebungsgrundlage im Bereich der Anwendung von generiertem Wissen. Damit kann insbesondere die Kompetenz der Beweisprüfung mit anschließender Darstellung erhoben werden.

Nachteile: Der Test ist nur auf bestimmte Klassenstufen ausgerichtet und kann daher nicht beliebig angewendet werden. Auch hier ist bei den Konstrukt-Antwort-Items die Frage nach der Objektivität zentral und inwiefern die Antworten anhand von Erwartungshorizonten bewertet werden können. Mit 80 Minuten in der Durchführung ist der Test verhältnismäßig lang. Zudem liegt keine deutschsprachige Testversion vor.

3.2.4.5 National Assessment Program – Science Literacy

Hierbei handelt es sich um einen siebenteiligen „paper-and-pencil-Test" in Kombinationen mit zwei praktischen Aufgaben in Form von der Durchführung von Experimenten. Der schriftliche Teil setzt sich wiederum aus Einfachwahlaufgaben und Kurzantworten zusammen (Donovan et al., 2008a,b). Exemplarische Themenfelder sind u. a. Energie, Naturkunde oder die Elemente. Bei der Durchführung wird jeweils ein Test aus den zwei Formarten angewandt. Der schriftliche Test hat eine Bearbeitungszeit von 60 Minuten, der praktische Teil 45 Minuten (Wu et al., 2008).

prüfbare Fähigkeiten:

| PD | FF | HG | BI | BP | ED | PK |

Zielgruppe: Grundschule

Vorteile: Die Übersicht der prüfbaren Fähigkeiten zeigt deutlich, dass nahezu alle prozessbezogenen Kompetenzen der naturwissenschaftlichen Grundbildung im Test berücksichtigt werden. Dadurch ist es möglich, die einzelnen Gedankenschritte der Schüler:innen nachzuverfolgen und entsprechend zu beurteilen. Daraus ergibt sich ein umfassendes Gesamtbild, das als Grundlage zur individuellen Förderung genutzt werden kann.

Nachteile: Der Test ist für Grundschulklassen ausgelegt und hat damit kein großes Einsatzspektrum. Hinzu kommt, dass durch die Integrierung eines praktischen Teils eine intensive Betreuung nötig ist und somit auch die Erhebung in keinem zu großen Rahmen stattfinden sollte. Durch die zwei Komponenten ist die Durchführung des Tests sehr zeitintensiv.

3.2.4.6 Natural Science Methods Test (NAW)

Der „Natural Science Methods Test" soll insbesondere die naturwissenschaftlichen Kompetenzen messen und kein Fachwissen. Dazu ist er an die Schritte des experimentell-naturwissenschaftlichen Arbeitens angelehnt – Hypothesenbildung, experimentelle Umsetzung, Schlussfolgerung (Klos, 2009). Zu Beginn wird ein kurzer Informationstext mit dem für die Aufgabe benötigten Fachwissen präsentiert. Daraufhin sollen anhand von geschlossenen und offenen Items die Problembeschreibung abgeleitet und vorgegebene Hypothesen als geeignet oder ungeeignet klassifiziert werden. Schließlich geht es um die Einschätzung der Angemessenheit von vorgeschlagenen Experimenten und darum, welche Schlussfolgerungen aus den Informationen heraus getroffen werden können. Hervorzuheben ist hier ein dichotomes Single-Choice-Format (Richtig-/Falsch-Aufgaben; Klos et al., 2008).

prüfbare Fähigkeiten:

| PD | FF | HG | BI | BP | ED | PK |

Zielgruppe: Klasse 7 & 12

Vorteile: Der Test umfasst eine gute Kompetenzbandbreite von dem Generieren einer Hypothese bis hin zur Ergebnisdarstellung und denkt somit den naturwissenschaftlichen Erkenntnisweg gut ab. Zudem sind die eher geringen Durchführungszeiten von Vorteil (7. Klasse – 20 Minuten, 12. Klasse – 60 Minuten). Durch die Bereitstellung der benötigten Fachinformation im ersten Teil des Tests lässt sich die Erhebung zudem unabhängig vom konkreten Lehrplan durchführen. Der Test liegt in der deutschen Sprache vor.

Nachteile: Der Test bietet sich eher für Erhebungen mit mehreren Testpersonen an. Das geschlossene Itemformat von Richtig- oder Falsch-Aufgaben erhöht zudem die Ratewahrscheinlichkeit (50 Prozent) und senkt damit gleichzeitig die Reliabilität. Zudem eignet sich der Test nur für zwei Jahrgangsstufen, wodurch er nur ein geringes Einsatzspektrum hat.

3.2.4.7 PISA Science 2006

In der OECD-Studie „PISA Science" wurden unter anderem im Jahre 2006 Kompetenzen aus den Bereichen Lesen, Mathematik und Naturwissenschaften gemessen. Die Tests basieren dabei nicht auf Faktenwissen, sondern auf dem Anwenden und sinnvollen Verknüpfen von Informationen. Die Fragen ergeben ein 13-Item-Cluster aus den drei Testbereichen und bestehen zu 60 Prozent aus Multiple-Choice-Formaten und zu 40 Prozent aus freien Antworten (OECD, 2006, 2007, 2009).

prüfbare Fähigkeiten:

| PD | FF | HG | BI | BP | ED | PK |

Zielgruppe: Sekundarstufe I & II

Vorteile: Die Testkonstruktion ermöglicht eine umfangreiche Erfassung der naturwissenschaftlichen Kompetenzen, von der Darstellung eines Problems bis hin zur überprüfenden Diskussion des gewählten Forschungsverfahrens, ohne explizites Faktenwissen vorauszusetzen. Zwar handelt es sich um eine großangelegte Studie, aber einige Testaufgaben können trotzdem eingesehen und genutzt werden. Ein weiterer Vorteil besteht zudem in der digitalen Version: Das Testsystem kann sich im Sinne eines adaptiven Testens an die Schüler:innen anpassen. Wenn eine Testperson einen Aufgabenblock leicht bewältigt, registriert das System die Daten und erschwert die nächsten Fragen entsprechend. Die Testelemente liegen in deutscher Sprache vor.

Nachteile: Ähnlich wie beim Institut für Qualitätsentwicklung im Bildungswesen (IQB) handelt es sich bei dieser Studie um ein internationales Testverfahren. Die Auswertung findet somit nur im großen Maßstab statt und bietet keine Möglichkeit der individuellen Diagnostik.

Zugang: https://www.pisa.tum.de/pisa/beispielaufgaben/

3.2.4.8 Science-P

Das Forschungsprojekt „Science-P" hat, in Anlehnung an verschiedene Kompetenzmodelle und den in der Forschung etablierten Interviewformaten, gruppentestfähige Aufgaben in einem weitgehend geschlossenen Antwortdesign entworfen (Koerber et al., 2015). Die angewandten Antwortformate umfassen Einfach- und Mehrfachwahlaufgaben, Richtig- oder Falsch-Aufgaben sowie offene Aufgaben mit inhaltsfreien Kontexten für eine domänenübergreifende Testung. Bei den Auswahlmöglichkeiten gibt es immer drei Wahlantworten, die verschiedenen Leveln zugeordnet sind – „naiv", „intermediate" und „advanced". Für die Bearbeitung stehen 80 Minuten zur Verfügung (Mayer, 2012; Mayer et al., 2014).

prüfbare Fähigkeiten:

| PD | FF | HG | **BI** | **BP** | ED | PK |

Zielgruppe: Grundschule

Vorteile: Der schriftliche Teil wird durch Interviewelemente ergänzt, wodurch die Schüler:innen ihre prozessorientierten Gedanken genauer schildern können. Damit bietet sich auch die Möglichkeit, individuelle Beobachtungen zu dokumentieren. Die Testinhalte liegen in deutscher Sprache vor.

Nachteile: Insbesondere bei Interviewformaten ist die Durchführung und Auswertung entsprechend aufwendig und muss stets auf eine reliable Objektivität hin reflektiert werden. Generell hat der Test eine umfangreiche Bearbeitungszeit, die es bei der Planung zu berücksichtigen gilt. Des Weiteren ist der Test lediglich für die Grundschule konzipiert, wodurch die Einsatzmöglichkeiten eingeschränkt sind.

3.2.4.9 TIMSS

Die „Trends in International Mathematics and Science Study" wird alle vier Jahre durchgeführt und erhebt das mathematische und naturwissenschaftliche Grundverständnis von Schüler:innen (Martin & Mullis, 2012). Der Test zielt darauf ab, das Verständnis und die Fähigkeiten der Schüler:innen in diesen Fächern zu messen, basierend auf dem Lehrplan des entsprechenden Alters- und Schulniveaus. Das Fragenformat setzt sich zum einen aus Einfachwahlaufgaben (vier Antwortmöglichkeiten, von denen eine richtig ist) und zum anderen aus dem Konstruieren schriftlicher Antworten zusammen. Viertklässler:innen haben 72 Minuten für die Bearbeitung der 170 Item, Achtklässler:innen bekommen für 200 Items 90 Minuten zur Verfügung (Martin et al., 2012). Zusätzlich gibt es, wie bei den IQB-Fragebögen, Fragen in Bezug auf persönliche Hintergrundinformationen von Schüler:innen und Schulinstitution, welche die Ergebnisse mit demografischen Aspekten verbinden (Mullis et al., 2009).

prüfbare Fähigkeiten:

| PD | FF | HG | BI | BP | ED | PK |

Zielgruppe: Klasse 4 & 8

Vorteile: Anhand der abgebildeten prüfbaren Fähigkeiten wird deutlich, dass die Tests, die im Rahmen der TIMS-Studie angewandt werden, ein breites Spektrum an prozessbezogenen naturwissenschaftlichen Kompetenzen abdecken. Auf diese Weise ist es möglich, ein vergleichsweise genaues Bild der Leistungen der Schüler:innen abzubilden. Die Auswertung erfolgt zudem zentral und automatisiert.

Nachteile: Die Studie ist, wie PISA oder der Test vom IQB, auf größere und vergleichende Untersuchungen ausgelegt. Daher gestaltet sich eine individuelle Beurteilung als schwierig. Außerdem sind die Testzeiten vergleichsweise lang, sodass eine Durchführung im Vorfeld gut geplant werden muss und auch die kleine Zielgruppe des Tests stellt eine große Einschränkung dar.

3.2.5 Interviews

Neben den bereits aufgeführten Testinstrumenten gibt es noch viele weitere Formate, mit denen unter anderem Kompetenzen der naturwissenschaftlichen Grundbildung erhoben werden können. Eine Variante stellt die Erhebung durch ein Interviewverfahren dar. Diese Methodik zeichnet sich vor allem durch die Analyse qualitativer Daten aus. Sie haben den Vorteil, dass tiefgehende Analysen zur Denk- und Arbeitsweise der Schüler:innen durchgeführt werden können und beispielsweise sprachliche oder inhaltliche Verständnisfragen bei der Testdurchführung individuell geklärt werden können, um somit ein reliables Ergebnis zu erhalten. Interviews können zudem spezifisch bei ausgewählten Kindern angewandt werden und vermeiden durch eine offene Gesprächsführung eine klassische Testsituationen sowie den Druck, einer erwarteten Leistung gerecht werden zu müssen. Jedoch sind Interviews durch aufwendige Durchführungen und Auswertungen zeitintensiv, wodurch meist nur einzelne Schüler:innen oder kleinere Gruppen diagnostiziert werden können. Zudem kann durch die offene Methodik und geringe Standardisierungsmöglichkeiten nicht immer ein ausreichendes Maß an Objektivität gewährleistet werden. Je nach Erhebung bieten sich daher verschiedene Formen von Interviews an, welche schließlich inhaltlich auf einer qualitativen Ebene ausgewertet werden (Niebert & Gropengießer, 2014).

Leitfadengestützte Interviews
Interviews, die durch einen Leitfaden strukturiert sind, eignen sich gut für die Rekonstruktion naturwissenschaftlichen Wissens. In Verbindung mit einem praktischen Experiment kann dieses Wissen zudem auf andere Sachverhalte übertragen und damit auch sichtbar gemacht werden. Die interviewende Person lässt der Testperson dabei einen freien Rahmen und lenkt lediglich entlang einiger, zuvor entworfener Orientierungspunkte durch die Konversation. Die eingebrachten Themen sollen den Prozess der Erhebung strukturieren. Es sind fünf zentrale Formen des Leitfadeninterviews anzuführen. Dabei ist zu erwähnen, dass Experteninterviews für die schulische Diagnostik in der Regel nicht zielführend sind, jedoch der Vollständigkeit halber trotzdem aufgelistet werden. Weitere Interviewformen, die für empirische Arbeiten angewandt werden können lauten wie folgt:

Tabelle 3: Varianten von Leitfadeninterviews mit Erläuterung.

Experteninterview	Interesse an Expertenrolle statt an der individuellen Person (meist einzeln)
Narratives Interview	Autografische Schlüsselerlebnisse im offenen Erzählen
Dilemma-Interview	Urteile und Bewertungen zu ausgewählten Sachverhalten erfassen
Problemzentriertes Interview	Bezogen auf Gegenstand und wissenschaftsorientierten Vorstellungen
Fokussiertes Interview	Erlebte Situationen reflektieren (bspw. im Rahmen von Exkursionen)

Quelle: nach Niebert & Gropengießer, 2014.

Anhand von qualitativen Analyseverfahren werden die komplexen Denkstrukturen der Testpersonen aufbereitet. Dieses systematische Vorgehen kann sich zum einen an der „qualitativen Inhaltsanalyse" nach Mayring (2010, 2022) orientieren. Die Interviewdaten werden dabei anhand von festgelegten Kategorien regelgeleitet ausgewertet. Zudem können Interviews anhand von konstruierten Auswertungsrastern schrittweise analysiert werden. Interviewauswertungen können allgemein induktiv – anhand der Daten werden Theorien generiert – oder deduktiv – abgeleitet aus theoretischen Grundlagen – erfolgen (Krüger & Riemeier, 2014).

Vorteile: Zentral für Interviews ist, dass die Auswertung in der Regel sehr flexibel erfolgen kann. Zudem ermöglichen Interviews eine starke qualitative Tiefe, sodass zum Teil unbewusste und automatisierte Denkprozesse ausgesprochen und damit sichtbar gemacht werden können. Ein Interview ist hoch individuell und bringt damit auch eine genaue Standerhebung von ausgewählten Schüler:innen hervor.

Nachteile: So individuell Interviews sind, so spezifisch sind sie auch in ihrer Auswertung. Sie sind nicht nur in der Durchführung vergleichsweise aufwendig, sondern ebenso in der Beurteilung. Teilweise müssen Transkriptionen angefertigt werden, die sehr viel Zeit beanspruchen und auch auf eine hohe Objektivität ist zu achten. Besonders im Hinblick auf die Konzeption solcher Interviews muss stets ein strukturierter Leitfaden berücksichtigt werden, der einerseits einen Rahmen bietet und andererseits nicht die Testperson in ihrem Handeln einschränkt oder zu stark lenkt.

3.2.5.1 Spring Task

Ein Feder-Experiment wird als ein 15-minütiges Interview durchgeführt. Die Testperson soll dabei ein eigenes Experiment zu den Eigenschaften einer Sprungfeder entwickeln und durchführen (Linn et al., 1981). Im nächsten Schritt folgen eine Erklärung und Kritikpunkte an der eigens gewählten Vorgehensweise. Daraufhin wird der Testperson ein Experiment ohne eine Kontrollvariable demonstriert, anhand dessen die gezeigten Ergebnisse analysiert werden sollen. Das Interview wird in der Regel aufgezeichnet und im Anschluss bewertet. Dabei gibt es ein Punktesystem, bestehend aus drei Wertungskategorien: Definition der Variablen des eigenen Experiments, Kritik an der Konstruktion und Analyse eines ähnlichen Experiments (Linn & Rice, 1979; Linn & Swiney, 1981).

prüfbare Fähigkeiten:

PD	FF	HG	**BI**	BP	ED	**PK**

Zielgruppe: Grundschule, Sekundarstufe I & II, Universität

Vorteile: Der Test lässt sich sehr gut auf verschiedene Kontexte projizieren und ist in jeder Klassenstufe anwendbar, wenn das Niveau entsprechend angepasst wird. Auch wenn sich die prüfbaren Fähigkeiten lediglich auf die Beweisentwicklung und das prüfende Kommunizieren beziehen, ermöglicht das Testformat eine intensive Auseinandersetzung mit den Vorgehensweisen der Testpersonen. Eine Weiterentwicklung der Auswertung, um auch die Durchführung des selbstentwickelten Experiments zu integrieren, wäre zudem denkbar. Der Test bietet sich besonders für die individuelle Betrachtung an.

Nachteile: Auch wenn das Interview nur für 15 Minuten angesetzt ist, so braucht die Auswertung, die gegebenenfalls ganze Transkriptionen erfordert, umso länger. Der Fokus liegt auf einer qualitativen statt einer quantitativen Analyse. Es liegt keine deutschsprachige Übersetzung oder Version des Tests vor.

3.2.6 Selbsteinschätzungen (*Self-Assessment*)

„Self-Assessments" beschreiben ein Testverfahren der psychologischen Eignungsdiagnostik und setzen sich zumeist aus Testaufgaben und Fragebögen zur Selbsteinschätzung in ausgewählten Kontexten zusammen (Stoll & Weis, 2022). Anhand dieser Charakterisierung können entsprechende Stärken- bzw. Schwächen-Profile generiert werden. Häufig wird das Instrument auch im Feld der Studienberatung angewandt. Das Verfahren lässt sich in vier Kategorien einteilen, die je nach Ausgangslage und gegebenen Setting bestimmte Einschätzungskriterien erheben können. Die Einteilung orientiert sich dabei an den Dimensionen „Spezifität" und „Informationsfokus". Ein „Self-Assessment" kann Kompetenzen abfragen, die sich entweder speziell auf einen Sachgegenstand beziehen oder die in einem allgemeinen Kontext gestellt sind. Der Fokus der Erhebung kann sich einerseits zentriert auf die Testperson ausrichten oder andererseits Kriterien aus der Umwelt in den Blick nehmen. Je nach Einordnung in die zwei Dimensionen ergeben sich vier Grundtypen von „Self-Assessments" (siehe Abbildung 20; Heukamp et al., 2009).

Abbildung 20: Grundtypen von Self-Assessments (nach Heukamp et al., 2009).

Spezialität	Informationsfokus: Person	Informationsfokus: Umwelt
allgemein	**1. Allgemeiner Selbsttest** allgemeines Stärken-Schwächen-Profil	**3. Allgemeiner Erwartungsabgleich** Informationen zu allgemeinen Anforderungen
spezifisch	**2. Spezifischer Selbsttest** gegenstandsbezogenes Stärken-Schwächen-Profil	**4. Spezifischer Erwartungsabgleich** gegenstandsbezogenes Anforderungsprofil

Quelle: In Anlehnung an Heukamp et al., 2009.

Vorteile: Die Kategorisierung der vier Grundtypen von „Self-Assessments" zeigt, dass dieses Testinstrument vielseitig einsetzbar ist und auf den jeweils angestrebten Kontext ausgerichtet werden kann. Somit ist auch die Stichprobengröße kein limitierendes Kriterium. Die Durchführung und Auswertung von Selbsteinschätzungen sind sehr effizient. Hinzu kommt, dass dieses Testformat vermehrt auch als Online-Tool konzipiert wird (OSA – Online-Self-Assessment). Ähnlich wie bei den automatisch analysierbaren Experimenten können die Daten schnell ausgewertet und statistisch entsprechend aufbereitet werden.

Nachteile: Selbsteinschätzungen sind sehr subjektiv und können fehlerhaft sein. Bereits im Kapitel der geschlossenen Aufgabenformate wurden die Rating-Skalen angesprochen, bei denen sich verschiedene Wahltypen abzeichnen können. So ist es möglich, dass auch hier Fehleinschätzungen abgegeben werden, die aufgrund von Neigungen zu Extremantworten nicht ausschließbar sind. Indem man in Kombination zu Aufgaben der Selbstwahrnehmung jedoch kontextbezogene Fragen stellt, können derartige Differenzen weitgehend sichtbar gemacht werden.

3.2.6.1 Competence Scale for Learning Science

Dieser Fragebogen wurde entwickelt, um individuelle Testpersonen oder Gruppen im Hinblick auf naturwissenschaftliches Lernen zu befragen. Der Bogen kann mit oder ohne Zeitbeschränkung ausgefüllt werden (im Schnitt brauchen die Schüler:innen 20 Minuten) und besteht aus Rating-Skalen mit bis zu fünf Antwortmöglichkeiten. Inhaltlich umfasst der Fragebogen zwei Konstrukte: die Kompetenz im Rahmen wissenschaftlicher Untersuchungen (vermuten, experimentieren, analysieren, interpretieren) sowie die Kommunikationsfähigkeiten (ausdrücken, bewerten, antworten; Chang et al., 2011).

prüfbare Fähigkeiten:

| PD | FF | HG | BI | BP | ED | PK |

Zielgruppe: Grundschule, Sekundarstufe I & II

Vorteile: Die Skala kann in beliebigen Settings eingesetzt werden und zeichnet sich durch eine verhältnismäßig kurze Bearbeitungszeit aus. Zudem ist die Auswertung der geschlossenen Rating-Skala sehr ökonomisch, weshalb der Test auch in großen Gruppen gut durchführbar ist. Mit ca. 20 Minuten Bearbeitungszeit ist der Test vergleichsweise zeiteffizient.

Nachteile: Selbsteinschätzungen sind sehr subjektiv und können daher ein falsches Ergebnis widerspiegeln. Die fünfteilige Skala gibt den Schüler:innen zudem die Möglichkeit, sich bei der Bearbeitung stimmlich nicht zu positionieren, indem die mittlere Stufe gewählt wird. Eine deutsche Testversion ist nicht bekannt.

3.2.6.2 Research Knowledge Skills to Conduct Research Questionnaire

Dieser Fragebogen wurde als diagnostisches Instrument entwickelt, um die naturwissenschaftlichen Grundfähigkeiten von Studierenden, die eine Promotion anstreben, zu messen und entsprechende Unterstützungsmaßnahmen zu entwickeln. Auch in diesem Beispiel handelt es sich um eine fünfstufige Rating-Skala mit Einschätzungsfragen zu analytischen Fähigkeiten und Kompetenzen im Bereich des Forschens und Problemlösens (Meerah et al., 2012).

prüfbare Fähigkeiten:

| PD | FF | HG | **BI** | BP | ED | **PK** |

Zielgruppe: Universität

Vorteile: Auch wenn Selbsteinschätzungen sehr subjektiv sind, zeigt die gemessene Reliabilität, dass der Fragebogen für die Diagnose der Forschungskompetenzen von Studierenden geeignet ist. Das Skalen-Format ist zudem sehr effizient in Durchführung und Auswertung.

Nachteile: Der Fragebogen richtet sich vor allem an Studierende, die im Rahmen ihres Studiums forschungszentriert arbeiten. Deshalb ist ein Einsatz in höheren Schulklassen ungeeignet. Die ungerade Wahlskala ermöglicht zudem neutrale Positionen, die für die Datenerhebung nicht aussagekräftig sind. Es liegen keine Informationen zu einer deutschsprachigen Testversion vor.

3.2.7 Kompetenzraster (*scoring rubrics*)

Kompetenzraster sind einzelne Tabellen, welche die kontextbezogenen Lernziele in unterschiedliche Niveaustufen aufteilt. Sie eignen sich besonders für das Prüfen handlungsorientierter Aufgabenstellungen, beispielsweise die Experimentkompetenzen. Generell muss zwischen Beurteilungsrastern (*rubrics*) und Kompetenzrastern (*scoring rubrics*) unterschieden werden. Während „rubrics" an einzelnen Aufgaben orientiert sind und den Lernprozess begleiten sollen, stellen „Kompetenzraster" übergeordnete Lernziele in Form von Kompetenzstufen dar (Maier, 2015). Die Anwendung von „scoring rubrics" steht im engen Zusammenhang mit dem Prozess des selbstregulierten Lernens. Mittels der definierten Kompetenzstufen soll es Schüler:innen ermöglicht werden, einen besser ausgerichteten Zugang zu ihren jeweiligen Selbsteinschätzungsfähigkeiten zu erhalten. Die Qualitätsdimensionen werden mit konkreten Anwendungsbeispielen in einen Zusammenhang gebracht (Bachmann & Smit, 2019).

Vorteile: Dadurch, dass die Bewertungskriterien in Form von Rastern transparent gestaltet werden, stellen „scoring rubrics" eine effiziente Feedback-Methode dar, um selbstreguliertes Lernen zu unterstützen. Auch bieten sich Testkombinationen mit Interviews und Self-Assessment-Formaten an, um auf diese Weise qualitative Erhebungen zu reflektieren und zu konkretisieren.

Nachteile: Eine zentrale Problematik von Bewertungsskalen liegt im Auflösungsgrad der einzelnen Kategorien. Bei einer zu groben Klassifizierung wird das Raster zu ungenau und erschwert die Interpretation von Ergebnissen. Wenn die Stufen jedoch zu fein gegliedert sind, werden die Inhalte schnell unübersichtlich. Die Konzeption solcher Kompetenzraster ist, ohne Einführung in die Nutzung von „rubrics", sehr komplex (Smit et al., 2023). Das Nutzen vorgefertigter Skalen sollte schließlich hinreichend reflektiert werden, da die einzelnen Kategorien für ein optimales Feedback gut auf die Lerninhalte abgestimmt sein müssen.

3.2.7.1 Practical Test Assessment Inventory (PTAI)

Das „Practical Tests Assessment Inventory" wurde auf Grundlage der analysierten Antworten von Studierenden entwickelt, die einen Biologie-Immatrikulationstest geschrieben haben. Der Test besteht aus insgesamt 21 Kategorien, die nahezu alle prozessbezogenen naturwissenschaftlichen Grundfähigkeiten ansprechen. Im ersten Teil des Tests werden Problemdarstellungen gegeben, die in einem offenen Aufgabenformat schrittweise bis hin zur Planung eines Experiments beantwortet werden. Der zweite Teil besteht aus der aktiven Durchführung eines Experiments, bei dem die Methoden und Ergebnisse analysiert sowie interpretiert werden (Tamir et al., 1982).

prüfbare Fähigkeiten:

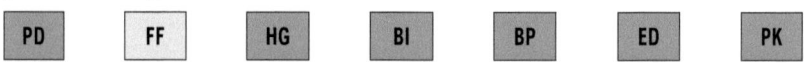

| PD | FF | HG | BI | BP | ED | PK |

Zielgruppe: Sekundarstufe II

Vorteile: Der Test ist mit 21 Kategorien sehr umfangreich aufgestellt und zeichnet die Kompetenzen entlang des naturwissenschaftlichen Erkenntniswegs deutlich ab. Zudem werden theoretische wie auch praktische Aspekte berücksichtigt, um ein umfassendes Kompetenzprofil zu erhalten.

Nachteile: Auch anhand des Bewertungssystems ist der Test in der Auswertung der 21 Kategorien sehr zeitintensiv sowie auch in der Durchführung mit Experimenten innerhalb großer Gruppen sehr aufwendig. Es gibt keine Angaben zu einer deutschen Testversion.

3.2.7.2 Rubric

Die Entwicklung einer allgemeingültigen „rubric" zur Beurteilung wissenschaftlicher Fähigkeiten von Studierenden fand anhand eines Mentoring-Programms statt (Gilmore et al., 2015). Dabei wurden qualitative Interviewdaten über die Fähigkeiten der Studierenden, naturwissenschaftliche Forschungskonzepte anzuwenden, ausgewertet. Die Interviews dauerten im Schnitt 30 Minuten und es wurden sowohl die Mentor:innen als auch die Studierenden befragt. Zu den Elementen des Interviewprotokolls gehörten Fragen zu vier Teilbereichen – den Zielen der Teilnehmenden, der Fähigkeitsselbsteinschätzung der Teilnehmenden, die möglichen Einflüsse auf die Entwicklung der Fähigkeiten der Teilnehmenden und Fragen zu den Beziehungen zwischen Mentor:innen und Studierenden (Feldon et al., 2015). Aus diesen Ergebnissen wurden Codierungen für Wissen und Fähigkeiten entwickelt. Diese sind die Grundlage der Auswertung von Fragebögen und bestehen aus den Subskalen Kontext, Methoden, Ergebnisse und Diskussion (Timmerman et al., 2011, 2013).

prüfbare Fähigkeiten:

PD	FF	HG	BI	BP	ED	PK

Zielgruppe: Universität

Vorteile: Die „rubrics" für weitere Testverfahren wurden aus einer großen Stichprobe qualitativer Daten analysiert. Somit bietet die Skala eine gewisse Tiefe, um Fähigkeiten von Studierenden einzuordnen und zu klassifizieren. Auch in Bezug auf individuelle Erhebungen ermöglichen die festgelegten „rubrics" eine intensivere Auseinandersetzung mit den prozessbezogenen Kompetenzen.

Nachteile: Das Mentoring-Programm ermöglicht zwar einen intensiven Austausch über die Qualifizierung von Studierenden im naturwissenschaftlichen Bereich, jedoch ist die Konzeption und Durchführung solcher Tandems sehr zeitintensiv und muss gut vorbereitet sein. Auch die Auswertung der Interviews ist für eine zeiteffiziente Erhebung eher ungeeignet. Es liegen keine Informationen zu einer deutschen Testversion vor.

Zusammenfassung: Leitfaden für Lehrkräfte

Um Kompetenzen von Schüler:innen zu erfassen und dadurch mögliche Defizite oder Begabungen zu erkennen, gilt es, das richtige Testformat zur Erhebung dieser Daten zu wählen. Viele zentrale Kriterien wurden in den vorangegangenen Kapiteln thematisiert. Die folgende Tabelle zeigt eine erste Zusammenfassung der in den Erhebungen überprüfbaren prozessbezogenen Fähigkeiten und dient als Orientierung für die weiteren konkludierenden Aspekte.

Tabelle 4: Übersicht der überprüfbaren naturwissenschaftlichen Basiskompetenzen in einzelnen Testformaten.

Testformate	prozessbezogene naturwissenschaftliche Fähigkeiten						
	PD	FF	HG	BI	BP	ED	PK
3.2.1 Automatische Analyse simulierter Experimente							
Inq-IST – Inquiry Intelligent Tutoring System							
Online Portfolio Assessment and Diagnosis Scheme (OPASS)							
3.2.2 Multiple Choice							
Abilities in processes of scientific inquiry							
Fähigkeiten im Rahmen naturwissenschaftlicher Arbeitsweisen							
Chemistry Concept Reasoning Test							
Classroom Test of Scientific Reasoning (Lawson-Test)							
Experimental problem solving							
Experimenting as problem-solving							
Objective Referenced Evaluation in Science (ORES)							
Process of Biological Investigation Test (PBIT)							
Science Process Skill Test (SPST)							
Scientific Reasoning Test Version 9 (SR-9)							
Test Of Enquiry Skills (TOES)							
Test of Integrated Process Skills I&II (TIPS)							
Test Of Logical Thinking (TOLT)							
Test of Science Process Skills (SPST)							
Test Of Scientific Literacy Skills (TOSLS)							
Test zum naturwissenschaftlich-induktiven Denken							
3.2.3 Offene Fragen							
A written test for procedural understanding							
Constructive Inquiry Science Reasoning Skills (CISRS)							
Evidence-Based Reasoning Assessment System (EBRAS)							
Experimental Design Ability Test (EDAT)							
Interdisciplinary scenarios							
Test of competencies of scientific thinking							
Test of Scientific Thinking (TST)							
Test zum naturwissenschaftlich-divergenten Denken							

Testformate	prozessbezogene naturwissenschaftliche Fähigkeiten						
	PD	FF	HG	BI	BP	ED	PK
3.2.4 Gemischte Fragen							
Assessment of Critical Thinking Ability survey (ACTA)	■	■	■			■	
Assessment of Scientific Thinking in Basic Science		■	■	■		■	
Institut zur Qualitätsentwicklung im Bildungswesen (IQB)		■	■		■	■	
National Assessment of Educational Progress (NAEP)		■	■	■	■	■	
National Assessment Program – Science literacy		■	■	■	■	■	
Natural Science Methods Test (NAW)		■	■	■	■	■	
Pisa Science 2006	■	■	■	■	■	■	
Science-P		■	■	■	■	■	
TIMSS		■	■	■	■	■	
3.2.5 Interviews							
Spring Task							
3.2.6 Selbsteinschätzungen							
Competence Scale for Learning Science		■	■	■	■	■	
Research Knowledge Skills to Conduct Research Questionnaire		■	■	■	■	■	
3.2.7 Kompetenzraster							
Practical Test Assessment Inventory (PTAI)		■					
Rubric	■						

Quelle: Eigene Darstellung.

Automatische Analyse simulierter Experimente

- sehr zeiteffizient
- Zielgruppe allgemein bis spezifisch
- Erhebung vieler Kompetenzen
- technische Ausstattung & Programme erforderlich

Die Beispiele für automatische Analysen von simulierten Experimenten haben gezeigt, dass derartige Testverfahren für jegliche Gruppenkonstellationen geeignet und im Allgemeinen sehr zeiteffizient in Durchführung und Auswertung sind. Automatisierte Daten können in den meisten Fällen neben eindimensionalen Ergebnissen auch Statistiken erstellen, die eine genauere Beurteilung der Schüler:innen ermöglichen. Neben der funktionalen Testökonomie werden in vielen Simulationen auch viele der prozessbezogenen naturwissenschaftlichen Grundfähigkeiten erhoben. Dies hängt jedoch vom jeweiligen Programm ab, bei dessen Auswahl unbedingt auf die Leistungsanforderungen geachtet werden muss. Es ist wichtig, dass die Inhalte der Simulationen mit den konzeptuellen Fähigkeiten der Lernenden übereinstimmen, sodass keine Unter- oder Überforderungen daraus resultieren.

Multiple Choice

- sehr zeiteffizient
- Zielgruppe allgemein bis spezifisch
- Erhebung ausgewählter Kompetenzen
- keine zusätzliche Ausstattung

Multiple-Choice-Items sind sehr vielfältig und ermöglichen eine valide und ökonomisch günstige Messung von vielen verschiedenen Inhalten. Je nach Bedarf können die Fragen an die jeweiligen Grundvoraussetzungen angepasst werden. Wie Tabelle 4 zeigt, liegt der Schwerpunkt von Multiple-Choice-Aufgaben im naturwissenschaftlichen Themenfeld hauptsächlich auf der Generierung und Überprüfung von Hypothesen. Die Fragen erfordern keine Erklärungen oder unterstützenden Aussagen, sodass diese Itemformate weniger dafür geeignet sind, komplexere Interpretations- oder Bewertungskompetenzen von Schüler:innen zu erheben.

Offene Fragen (*open-ended questions*)

- eher zeitintensiv
- Zielgruppe eher spezifisch
- Erhebung vieler Kompetenzen
- keine zusätzliche Ausstattung

Im Gegensatz zu den geschlossenen Fragenformaten können die Schüler:innen im offenen Aufgabenformat ihr gewähltes Vorgehen näher erläutern. Auch die Entwicklung eines eigenen Lösungsweges wird in diesem Format begünstigt, sodass der problemlösungsorientierte Prozess detailliert abgebildet werden kann. Dies kann anhand von Ergänzungsaufgaben oder Kurzaufsätzen erfolgen. Die ausformulierten Textantworten erfordern mehr Zeit für die Auswertung, weshalb es nicht ratsam ist, offene Aufgabenformate bei einer Vielzahl von Schüler:innen anzuwenden. Hinzu kommt, dass offene Fragen oft eine geringere Reliabilität aufweisen und deshalb eine einheitliche Codierung der Lösungen stattfinden muss, um die Auswertungsobjektivität nicht zu vernachlässigen.

Gemischte Fragen (*mixed questions*)

- eher zeiteffizient
- Zielgruppe eher spezifisch
- Erhebung vieler Kompetenzen
- keine zusätzliche Ausstattung

Der Mix aus geschlossenen und offenen Fragen deckt die meisten Felder an naturwissenschaftlichen Grundkompetenzen ab. Dieses Testformat ist im Hinblick auf die geschlossenen Aufgabenteile ökonomisch, jedoch muss berücksichtigt werden, dass die Bearbeitung und Auswertung von offenen Aufgaben zeitintensiver ist und entsprechend vorbereitet werden muss. Hier bietet es sich an, mehrere, aber gleich geschulte Personen korrigieren zu lassen. Zwar bedeutet dies einen höheren Aufwand, jedoch sind die Ergebnisse auf diese Weise objektiver zu bewerten.

Interviews

- zeitintensiv
- Zielgruppe spezifisch
- Erhebung ausgewählter Kompetenzen
- ggf. Materialien erforderlich

Die verschiedenen Varianten eines Leitfadeninterviews haben gezeigt, dass diese Methode sehr flexibel genutzt und der jeweiligen Ausgangslage entsprechend modifiziert werden kann. Innerhalb eines Gesprächs können viel tiefergreifende qualitative Strukturen sichtbar gemacht werden, weshalb der Fokus aber auch größtenteils auf ausgewählten Kompetenzen liegt. Das verbalisierte Denken kann zusätzlich durch kleine Experimente ergänzt werden, deren Durchführung den Verständnisgrad von Schüler:innen genauer darstellen kann. Bereits kurze Interviews von einer Viertelstunde sind sehr zeitaufwendig in Planung und Auswertung. Ähnlich wie bei den offenen Fragen muss auf eine detaillierte Bewertungsskala geachtet werden.

Selbsteinschätzungen (*Self-Assessment*)

- eher zeiteffizient
- Zielgruppe allgemein bis spezifisch
- Erhebung vieler Kompetenzen
- ggf. technische Ausstattung erforderlich

Das Prinzip der Selbsteinschätzung beruht in den meisten Fällen auf Kombinationen aus persönlichen Fragebögen und Aufgaben im fachlichen Kontext. Die Konzeption orientiert sich entlang der Dimensionen der Spezifität und des jeweiligen Informationsfokus, sodass der Einsatz des Testformats flexibel gestaltet werden kann. Selbsteinschätzungen sollten stets mit faktischen Aufgaben in Verbindung gebracht werden, da Schüler:innen diese Fähigkeit der eigenen Beurteilung zum Teil erst noch erlernen müssen. Einige Self-Assessment-Formate sind bereits digitalisiert und ermöglichen eine effiziente Auswertung. Dementsprechend muss unter Umständen eine technische Ausstattung gewährleistet sein.

Kompetenzraster (*scoring rubrics*)

- eher zeitintensiv
- Zielgruppe allgemein bis spezifisch
- Erhebung vieler Kompetenzen
- ggf. Schulung zur Konzeption

Beurteilungs- und Kompetenzraster können sich an Lernprozessen und Lernzielen orientieren und damit ein umfangreiches Feedback-System für Schüler:innen ermöglichen. Anhand der „rubrics" werden die Kompetenzen der Schüler:innen klassifiziert und reflektiert. Je nach Spezifität umfassen diese Skalen einzelne bis viele der prozessbezogenen naturwissenschaftlichen Fähigkeiten. Die Raster können auch in Kombination mit Interviews oder Selbsteinschätzungsformaten angewandt werden, um qualitative Erhebungen zu reflektieren. Jedoch muss beachtet werden, dass der Entwurf solcher Skalen mit viel Aufwand und dem Anspruch auf Präzision verbunden ist. Sollten vorgefertigte Kompetenzraster gebraucht werden, ist unbedingt auf die Anwendbarkeit im eigenen Lernsetting zu achten.

4 Weiterbildungsmöglichkeiten im Bereich der Begabungsdiagnostik und -förderung

Eine wesentliche Gelingensbedingung der Begabungsförderung ist die fortlaufende Professionalisierung der Lehrkräfte. Besonders weil sich Rolle und Funktion von Schule ständig im Wandel befinden (Aldorf, 2016), stehen Lehrkräfte in der Verantwortung, sich auf fachlicher, didaktischer, kommunikativer sowie auf diagnostischer Ebene fortzubilden und sich somit gegen ständige Veränderungen im System Schule zu wappnen (Fischer, 2019). Mit dem Abschluss der Berufsausbildung haben Lehrkräfte ihren Professionalisierungsprozess folglich nicht abgeschlossen. Der gesellschaftliche Wandel und die neuen, sich verändernden Lebensbedingungen von Schüler:innen führen zu neuen Innovationen auf bildungspolitischer und Veränderungen auf curricularer Ebene (Demary et al., 2021), wenngleich die Verbreitung derartiger Innovationen im Bildungssystem meist langsam und stockend verläuft (Gräsel et al., 2006). Ein bedeutender Faktor für die Professionalisierung im Lehrkräfteberuf ist das kontinuierliche Weiterlernen neben dem Beruf. In einer gemeinsamen Erklärung der Kultusministerkonferenz (KMK) und der Lehrkräftegewerkschaften vom 05.10.2000 heißt es: „Wie in anderen Berufen auch, ist die ständige Fort- und Weiterbildung ein wesentlicher und notwendiger Bestandteil ihrer beruflichen Tätigkeit." (Deutscher Verein zur Förderung der Lehrerinnen- und Lehrerfortbildung e.V., 2018, S. 8). Die Fortbildung dient dem Qualifikationserhalt, der Aktualisierung des Kompetenzniveaus und der Vermittlung neuen Wissens. In der internationalen Literatur wird die Lehrkräftefortbildung unter dem Begriff „professional development" diskutiert und überwiegend als lebenslanges, berufsrelevantes Lernen von Lehrkräften verstanden (Florian, 2008; Rösken, 2008).

In Deutschland wird die Fortbildung der dritten Phase der Lehrkräfteausbildung zugeordnet. Die Ausbildung setzt sich insgesamt aus drei Phasen zusammen. Die erste Phase beinhaltet das Studium an einer Hochschule. Daraufhin folgt der Vorbereitungsdienst (das Referendariat) oder als Einzelfall die Qualifizierung von Quereinsteiger:innen als zweite Phase. Die letzte Phase umfasst die wohl längste Phase, da sie den gesamten Berufsverlauf, der sich wiederum in Berufsanfangs-, Berufshaupt- und Berufsausstiegsphase gliedern lässt, einschließt (Pasternack et al., 2017). Die Fortbildung dient dabei ...

> „[...] der Erhaltung und Erweiterung der beruflichen Kompetenz der Lehrperson und trägt dazu bei, dass Lehrerinnen und Lehrer den jeweils aktuellen Anforderungen ihres Lehramtes entsprechen und den Erziehungs- und Bildungsauftrag der Schule erfüllen können" (Daschner, 2004, S. 291).

Weitere Ziele von Fortbildungsmaßnahmen sind der Wandel, die Weiterentwicklung und die Verbesserung schulischer Praxis (Burkhard, 2001). Es geht darum, Schule dem gesellschaftlichen Wandel anzupassen und dabei beste Ergebnisse für eine optimale Vorbereitung der Schüler:innen auf die Gesellschaft zu erzielen. Fortbildungen dienen somit auch der Kompetenzentwicklung von Schüler:innen. Diese sind zentral, wenn es darum geht, qualifizierte Nachwuchskräfte zu gewinnen und dem demographisch bedingten Fachkräftemangel entgegenzuwirken (u. a. Anger et al., 2023).

Dass die Rolle der Lehrkraft in Bezug auf die Qualität von Schule und dem Lernerfolg der Schüler:innen von großer Bedeutung ist, zeigt die vielzitierte Hattie-Studie „Visible Learning" (Hattie, 2009). John Hattie hat erstmalig aufzeigen können, welch breites Spektrum an Einflussfaktoren auf den Lernerfolg existieren. Er konnte insgesamt 138 Einflussfaktoren feststellen und eine Gesamtübersicht der vorliegenden Studien, die es zu diesen Faktoren bereits gibt, erstellen. Nach Hattie (2009, 2013) steht die Lehrperson im Mittelpunkt der Wirksamkeit von Unterricht (Steffens & Höfer, 2016). Aus einer von ihm erwähnten Studie nach Sanders und Rivers (1996) geht hervor, dass sich die Leistungen der Schüler:innen bei Lehrpersonen mit niedrigen Kompetenzen um 14 Prozent und bei Lehrpersonen mit hohen Kompetenzen um 53 Prozent verbessert haben (Hattie, 2013). In der Forschungsbilanz der „Visible Learning"-Studie geht deutlich hervor, dass sich das Vorwissen und die kognitiven Grundfähigkeiten der Lehrenden als die wichtigsten Faktoren zur Vorhersage des Lernerfolgs von Schüler:innen erweisen (Steffens & Höfer, 2016). Hattie appelliert, dass lehrkraftbezogene und nicht strukturbezogene Maßnahmen in den Mittelpunkt der Schulentwicklung gestellt werden müssen, um den Lernerfolg von Schüler:innen zu steigern (Steffens & Höfer, 2016). Zusammenfassend kann festgehalten werden, dass eine qualitative und fortdauernde Kompetenzentwicklung von Lehrkräften maßgeblich für den Lernerfolg von Schüler:innen und die Aufrechterhaltung der Unterrichtsqualität beiträgt. Die Aktualisierung des Fachwissens und die Weiterentwicklung der Lehrkräftekompetenzen sind grundlegende Voraussetzungen, um die Unterrichtsqualität zu erhöhen (Steffens & Höfer, 2016). Somit ist die Teilnahme an Fortbildungen aus wissenschaftlicher Sicht ein sehr wichtiges Instrument zur Qualitätssicherung im Bildungssektor und die fortlaufende Kompetenzentwicklung der Lehrkräfte. Dies kann jedoch nur gewährleistet werden, wenn entsprechende Organisationsstrukturen gegeben sind, welche die Lehrkräfte bei der Wahl einer passenden Fortbildung unterstützen.

4.1 Organisationsstruktur von Fortbildungen in Deutschland

Eine wichtige Institution im Kontext der Lehrkräftefortbildung ist der gemeinnützige „Deutsche Verein zur Förderung der Lehrerinnen- und Lehrerfortbildung e. V." (DVLfB). Dieser bildet eine bereits seit Jahrzehnten existierende Struktur, in der sich die beteiligten Akteur:innen der dritten Ausbildungsphase als Individualgemeinschaft zusammengeschlossen haben. Seit dem Jahr 1979 fördert der Verein die Zusammenarbeit in den Bereichen der Lehrkräftefortbildung und Schulentwicklung an deutschen Schulen. Eine umfassende Bestandsaufnahme, die im Rahmen eines mehrjährigen Projektes zur Qualitätssicherung und -entwicklung der Lehrkräftefortbildung in Deutschland entstanden ist, bietet einen großen Datenfundus und zeigt die Organisationsstruktur von Fortbildungsmaßnahmen in Deutschland auf.

Diese umfasst in den meisten Bundesländern mehrere Stufen. Die oberste Instanz ist das Ministerium, welches die Ziele, Inhalte und Rahmenbedingungen für die Lehrkräftefortbildung vorgibt. Staatliche Einrichtungen, wie zum Beispiel Lehrkräftefortbildungsinstitute, führen die Fortbildungsmaßnahmen durch. Diese werden meist zentral, aber auch regional organisiert. Als Kontakt für die Schulen dienen staatliche Schulämter, die als beratende Instanz den Schulen bei ihrer Fortbildungsplanung zur Seite stehen. Auf der letzten Stufe stehen die Schulen (Aldorf, 2016). Die regionale Lehrkräftefortbildung wird von den staatlichen Schulämtern organisiert und ausgestaltet (Aldorf, 2016). Lokale Fortbildungsangebote werden von Schulämtern aber auch von verschiedenen Trägern, Kirchen, Hochschulen oder Verbänden organisiert. In Nordrhein-Westfalen sind beispielsweise 53 Kompetenzteams an der Organisation und Planung staatlicher Fortbildungen beteiligt (MSB NRW, 2022a). Deutschlandweit gibt es eine andauernde Fortbildungspflicht für Lehrkräfte, die in nahezu allen Bundesländern schulrechtlich verankert ist (Pasternack et al., 2017). Außerdem beinhalten Lehrkräfteausbildungsgesetze Regelungen zur Lehrkräftefortbildung, einschließlich ihrer institutionellen Organisation (z. B. Landesfortbildungsgesetz).

Eine explizite Vorgabe des Umfangs der Fortbildungsverpflichtung gibt es in nur wenigen deutschen Bundesländern. Während in Bayern 15 Stunden pro Jahr erwartet werden, sind in Bremen und Hamburg jeweils 30 Stunden pro Schuljahr gefordert (Deutsche Verein zur Förderung der Lehrerinnen- und Lehrerfortbildung e. V., 2018). Andere Bundesländer diskutieren, ob eine Verschärfung der Fortbildungsregelungen sinnvoll sei. Die meisten Bundesländer setzen die Erfüllung der Fortbildungspflicht in Form einer Dokumentationspflicht um. Lehrkräfte in den Bundesländern Baden-Württemberg, Berlin, Brandenburg, Bremen, Hessen, Mecklenburg-Vorpommern, Sachsen-Anhalt, Schleswig-Holstein und Thüringen müssen ein Portfolio über ihre Fortbildungsmaßnahmen führen (Deutsche Verein zur Förderung der Lehrerinnen- und Lehrerfortbildung e. V., 2018). In Bayern und allen Bundesländern mit Dokumentationspflicht außer Berlin, Brandenburg und Schleswig-Holstein gibt es darüber hinaus ein jährliches Gespräch der Lehrkräfte mit der Schulleitung. Dieses Gespräch dient der individuellen Karriereförderung und des Controllings der Fortbildungsverpflichtung.

Fortbildungsmaßnahmen thematisieren häufig Schwerpunkte, die in der Schulpolitik als relevant eingestuft worden sind. In Nordrhein-Westfalen werden die Fortbildungen in zwei Oberkategorien unterteilt: „Schulentwicklung" und „Unterrichtsentwicklung – für eine neue Lehr- und Lernkultur" (MSB NRW, 2022a). Weitere aktuelle Themen, die in allen Bundesländern eine wichtige Rolle spielen, sind u. a. der MINT-

Bereich, die digitale Bildung, Inklusion, Sprache und interkulturelle Bildung, die Berufseingangsphase sowie die Führungsfortbildung (Deutsche Verein zur Förderung der Lehrerinnen- und Lehrerfortbildung e. V., 2018, S. 9).

Eine weitere Möglichkeit bilden schulinterne Fortbildungen. Als positive Folgen dieser Art von Fortbildungsangeboten nennt Richter (2016) unter anderem die stärkere Verankerung des beruflichen Lernens in der Schule, was den Transfer von Theorie und Praxis erleichtert. Das Lernen neben dem Berufsalltag wird stärker mit dem Beruf verknüpft, sodass die Hemmschwelle verringert wird, das Gelernte tatsächlich anzuwenden. Außerdem betont Richter (2016), dass das gemeinsame Lernen im Kollegium einen positiven Effekt habe. Durch die gemeinsame Erarbeitung eines Themas können neue Inhalte besser transportiert werden. Des Weiteren beruht die Teilnahme an schulinternen Fortbildungsmaßnahmen nicht nur auf individuellem Interesse der Lehrkräfte und lässt sich dadurch einfacher umsetzen (Pasternack et al., 2017). Nach Absolvierung einer internen Fortbildung können neue Inhalte direkt im Anschluss im Kollegium diskutiert werden. Eine Pflicht für schulinterne Fortbildungen würde die Einhaltung der bereits erwähnten landesspezifischen Regelungen gewährleisten. Schulinterne Fortbildungen haben demzufolge viele Vorteile. Allerdings können externe Fortbildungsangebote gleichermaßen sinnvoll sein, da sich Lehrkraftpersönlichkeiten voneinander unterscheiden und das Vertiefen individueller Interessen ebenfalls zur Verbesserung der eigenen Unterrichtsqualität beitragen und motivationsfördernd wirken kann.

Es zeigt sich, dass es in Deutschland keine einheitlichen Regelungen in Bezug auf die Durchführung von Fortbildungsmaßnahmen gibt. Das Fortbildungsangebot ist durch das große Spektrum an Fortbildungsträgern sehr vielfältig. Die Organisation der Teilnahme an einer Fortbildungsmaßnahme scheint auf Seiten der Schule und jeder einzelnen Lehrkraft zu liegen. Darum sollen im Folgenden die Vor- und Nachteile von Fortbildungen dargestellt werden, um den genauen Nutzen für die Lehrkräfte und Schulen zu skizzieren.

4.2 Effektivität von Fortbildungen

Es zeigt sich, dass Fortbildungsmaßnahmen über das gesamte Berufsleben notwendig sind, um die Unterrichtsqualität im ständigen Wandel aufrecht erhalten zu können (Aldorf, 2016). Dafür reicht eine hohe Quantität an Fortbildungsangeboten allein nicht aus. Entscheidend ist dabei die Fortbildungsqualität und -effektivität. Über diese Aspekte von Fortbildungen in Deutschland gibt es bisher wenig Datenmaterial (Pasternack et al., 2017). In einer repräsentativen Befragung von MINT-Lehrkräften aus dem Jahr 2017 durch die „forsa Politik- und Sozialforschung GmbH" im Auftrag der deutschen Telekom-Stiftung zeigt sich ein ernüchterndes Stimmungsbild (Deutsche Verein zur Förderung der Lehrerinnen- und Lehrerfortbildung e. V., 2018): 500 Lehrkräfte aus dem ganzen Bundesgebiet, die an allgemeinbildenden Schulen arbeiten, nahmen an der Befragung teil. 24 Prozent der Teilnehmer:innen gaben an, die Inhalte ihrer letzten Fortbildung im Unterricht tatsächlich anwenden zu können. Über die Hälfte der Befragten (57 Prozent) stimmten zu, die Inhalte marginal umsetzen zu können und 16 Prozent konnten die Inhalte gar nicht umsetzen (Deutsche Verein zur Förderung der Lehrerinnen- und Lehrerfortbildung e. V., 2018). Es scheint, dass der Transfer des Gelernten in die eigene Unterrichtspraxis ein zentrales Qualitätsmerkmal der Fortbildung darstellt, jedoch durch ein Fortbildungsangebot nicht automatisch erreicht wird (Vigerske, 2017). Die Lehrkräfte, welche die gelernten Inhalte nicht umfassend in ihrem Unterricht integrieren konnten, wurden zusätzlich befragt, welche Maßnahmen ihnen geholfen hätten, diesen Transfer zu erleichtern. 40 Prozent der Befragten gaben an, dass es ihnen leichter fallen würde, wenn die Umsetzung gemeinsam im Kollegium erfolgt wäre oder wenn konkrete Umsetzungsmöglichkeiten innerhalb der Fortbildungsmaßnahme besprochen worden wären (Deutsche Verein zur Förderung der Lehrerinnen- und Lehrerfortbildung e. V., 2018).

In Abbildung 21 werden weitere Gründe für die Unzufriedenheit mit Fortbildungsangeboten aufgezeigt, die sich aus der Befragung ergeben haben:

Abbildung 21: Gründe für die Unzufriedenheit mit dem Fortbildungsangebot.

Mit dem Fortbildungsangebot sind nicht so zufrieden wegen …	insgesamt **) %
… zu wenig bzw. fehlender Angebote	31
… mangelnder Inhalte	29
… fehlendem Praxisbezug / Umsetzung der Inhalte	27
… der Zeitpunkte der Fortbildungen bzw. des zeitlichen Aufwandes	15
… der Qualifikation der Referenten	9
… fehlender Angebote vor Ort	8
… der Kosten bzw. Finanzierung	7
… Informationsdefiziten	3
*) Basis: Befragte, die mit dem Fortbildungsangebot weniger zufrieden bzw. unzufrieden sind **) offene Abfrage, aufgeführt sind Nennungen ab 3 Prozent	

Quelle: Deutsche Verein zur Förderung der Lehrerinnen- und Lehrerfortbildung e. V., 2018, S. 35.

Aufgrund der elementaren Bedeutung von Fortbildungen ist es schwierig nachzuvollziehen, dass die Teilnahmequoten von Lehrkräften an Fortbildungen je nach Bundesland zwischen 56 Prozent und 87 Prozent variieren (Deutsche Verein zur Förderung der Lehrerinnen- und Lehrerfortbildung e. V., 2018). Durch das vielfältige Fortbildungsangebot in Deutschland ist es kaum möglich, Qualitätsstandards zu überprüfen, da es keine einheitlichen Strukturen gibt. Dies kritisiert auch der Deutsche Verein zur Förderung der Lehrerinnen- und Lehrerfortbildung: „[Die Lehrerfortbildung benötige] die gleiche Aufmerksamkeit, die gleiche Reformbereitschaft und entsprechende Ressourcen" (Hanisch, 2015, S. 187) wie die ersten beiden Phasen der Lehrkräfteausbildung. Der Verein fordert eine Systematisierung der Lehrkräftefortbildung, eine inhaltliche Ausrichtung an Schwerpunktthemen, Bildungsgerechtigkeit und die Entwicklung von Standards für die Ausbildung der Lehrbeauftragten (Pasternack et al., 2017).

Über die Effektivität von Fortbildungen existieren bereits einige wenige Theorien. So zeigt das Vier-Ebenen-Modell nach Lipowsky (2010) unterschiedliche Wirkungsebenen von Fortbildungen auf, welche die Wirksamkeit von Lehrkräftefortbildungen beeinflussen (Aldorf, 2016). Folgende Ebenen sollten nach diesem Modell berücksichtigt werden, um die Effektivität einer Fortbildungsmaßnahme zu analysieren (Lipowsky, 2010; Lipowsky & Rzejak, 2019):

– Zufriedenheit und Akzeptanz der Teilnehmenden
– Lernerfolg der Teilnehmenden, z. B. die Erweiterung des Lehrkräftewissens
– Tatsächliche Veränderungen im unterrichtspraktischen Handeln
– Veränderungen auf Seiten der Schüler:innen

Alle genannten Aspekte müssen bei der Diagnose der Wirksamkeit einer Fortbildung berücksichtigt werden, um aussagekräftige Ergebnisse zu erhalten. Außerdem gibt es weitere Einflussfaktoren, wie beispielsweise Kontextbedingungen (Aldorf, 2016.). Basierend auf weiteren Wirksamkeitsstudien zur Lehrkräftefortbildung konnte außerdem festgestellt werden, dass Maßnahmen vor allem dann Erfolg haben, „wenn die Lehrkräfte sie mit ihrer konkreten Schularbeit verbinden können, reale Aufgaben des Unterrichts betroffen sind und die Lernerfahrung in der Weiterbildung zu einer überzeugenden Problemlösung führt" (Pasternack et al., 2017, S. 233).

Es zeigt sich, dass es im Bereich der Fortbildung im Schulsektor in Deutschland einen großen Nachholbedarf gibt. Damit das System funktioniert, sollte das Ziel sein, Lehrkräfte für den Wandel zu wappnen und in den Schulen gleichbleibende Unterrichtsqualitäten zu fördern.

4.3 Schwerpunktthema: Naturwissenschaftliche Begabung

Der Bereich der naturwissenschaftlichen Bildung hat unter anderem durch den gravierenden MINT-Fachkräftemangel und die wirtschaftliche Entwicklung an Bedeutung gewonnen. Eine frühe Erkennung von Begabungspotenzialen ist ausschlaggebend für die Schaffung individueller Fördermaßnahmen, die aus dem Potenzial die Entwicklung einer Begabung begünstigen können (BMBF, 2009; Schäfers & Wegner, 2022; Wegner, 2014).

Des Weiteren wird das Fachwissen auf Seiten der Lehrkräfte dringend benötigt, um die Schüler:innen entsprechend ihrer Begabung fördern zu können (Fischer, 2019). Dass naturwissenschaftliche Themen im Primarstufencurriculum unerlässlich sind, wurde insbesondere durch TIMSS und PISA festgestellt (Gesellschaft für Didaktik des Sachunterrichts, 2002). Trotzdem werden Inhalte aus den Bereichen Chemie und Physik in der Schulpraxis der Primarstufe kaum realisiert (Einsiedler, 2002). Viele Lehrkräfte schätzen ihre eigenen Kompetenzen eher niedrig ein und trauen sich nicht, Inhalte der Chemie und Physik in ihren Unterricht zu integrieren (Möller, 2004). Diese Hemmschwelle muss überwunden werden, damit Begabungen erkannt und gefördert werden können.

Mit dem Wissen um den großen Nachholbedarf im naturwissenschaftlichen Bereich lohnt sich ein Blick auf die häufigsten Themen von schulinternen Fortbildungen, die im Jahr 2015 im Land Brandenburg bei einer Befragung von Lehrkräften angegeben worden sind (Pasternack et al., 2017). Die Ergebnisse sind in Abbildung 22 dargestellt.

Abbildung 22: Inhalte der schulinternen Fortbildung im Land Brandenburg 2015.

Als die häufigsten Themen der schulinternen Fortbildung im Laufe des ausgewerteten Jahres werden angegeben: *

Schulische Organisationsentwicklung:
Schule ohne Stress
Ausgestaltung des Ganztages
Umgang mit Konflikt- und Krisensituationen
Klare Kommunikation und Konfliktmanagement
Weiterentwicklung der schulinternen Lehrpläne
Entwicklung eines schulgenauen Förderkonzepts
Möglichkeiten und schulische Strukturen der Begabungsförderung
Entwicklung eines Fortbildungskonzepts Inklusion Weiterentwicklung des Schulprogramms
Fachkonferenzarbeit effektiv gestalten
Evaluation des Unterrichts

Unterrichts- und schülerbezogene Themen:
Binnendifferenzierung im Unterricht, Selbstorganisation des Lernens
Differenzierung durch individuelle Lernzugänge
Aktivierung und Selbstregulation im Unterricht
Herausforderndes Verhalten von Schülern
Unterrichtsstörungen verstehen
Wie motiviere ich Schüler richtig/besser?!

Offene Unterrichtsformen – ein Thema für jeden Unterricht
Leistungsbewertung auf der Grundlage von Kompetenzen
Lesen – ein wichtiger Bereich für alle Unterrichtsfächer
Stille und Konzentration
Autismus-Spektrum-Störung

Außerunterrichtliches:
Chancen und Gefahren Neuer Medien
Soziale Netzwerke – Hintergründe und Gefahren

Lehrerbezogene Persönlichkeitsentwicklung und Professionalisierung:
Methodentraining „Das Lernen lernen"
Motivations- und Stärkungstraining
Kollegiale Unterrichtshospitation
Supervision
Mediation und Coaching
Gute gesunde Schule: Lehrkräftegesundheit (Resilienzentwicklung)
Gute gesunde Schule: Resilienz-Basistraining
Burn-out – Ursachen und Wirkung, Vorbeugung und Methodentraining

* Eigene Kategorisierung und entsprechende Veränderung der Reihenfolge
Quelle: Landesregierung Brandenburg (2016)

Quelle: Pasternack et al., 2017, 271.

Es sind kaum fächerspezifische Inhalte vorhanden und die meisten Themen sind bildungswissenschaftlich einzuordnen. Kein Thema lässt sich eindeutig dem MINT-Bereich zuordnen. Im Kontext der schulischen Organisationsentwicklung wurde allerdings die Begabungsförderung als eines der häufigsten Themen genannt. Trotz der gesellschaftlichen Relevanz scheint der Nachholbedarf im MINT-Bereich noch nicht in der dritten Phase der Lehrkräfteausbildung umgesetzt worden zu sein. Auch aktuelle Rechercheergebnisse legen dies nahe: Die vom Land Nordrhein-Westfalen geführte Internetseite „suche.lehrerfortbildung.schulministerium.nrw.de" bietet über 5.500 Fortbildungsangebote an. Zur Rubrik „Sachunterricht" wurden zuletzt lediglich 25 Treffer angezeigt (MSB NRW, 2022b). Der Rubrik „Naturwissenschaften" wurden 74 Treffer zugeordnet und die Trefferausgabe für die Rubriken „Chemie, Physik und Biologie" ergab 235 Treffer (MSB NRW, 2022b).

Eine positive Entwicklung im Bereich der Begabungsförderung zeigt das Institut für Qualitätsentwicklung an Schulen in Schleswig-Holstein. Dieses präsentiert in einer Broschüre 60 Schulen, die ihre schulspezifischen Profile im Bereich der Begabungsförderung ausgerichtet haben (Institut für Qualitätsentwicklung an Schulen Schleswig-Holstein, 2020). Es zeigt sich, dass das Thema in der Schulentwicklung an Relevanz gewinnt.

Zusammenfassend kann festgehalten werden, dass es in Deutschland mehr Fortbildungsangebote im MINT-Bereich und zur Begabungsförderung geben muss, um sich dem gesellschaftlichen Wandel anzupassen und den Schüler:innen qualitativ hochwertige Fördermaßnahmen bieten zu können. Lehrkräfte müssen durch gezielte Fortbildungen an naturwissenschaftliche Inhalte herangeführt werden und benötigen Hilfestellung in diesem Bereich, damit positive Veränderungen geschaffen werden können.

4.4 MINT- und Begabungsfortbildungen

Im Fortbildungsbereich gibt es bereits einige Möglichkeiten zur Professionalisierung von Lehrkräften im Feld der Begabungsförderung, die als Inspiration für weitere Fortbildungsangebote dienen können. Die folgende Auswahl an Qualifikationsangeboten stellt dabei lediglich einen kleinen Teil des Angebots dar und soll eine erste Übersicht über verschiedene Formate geben (Weblinks zu den Angeboten finden Sie hinter dem Literaturverzeichnis). In der tabellarischen Zusammenfassung werden vielseitige Fortbildungsangebote mit einer jeweils kurzen Beschreibung der zentralen Inhalte dargestellt (siehe Tabelle 5):

Tabelle 5: Zusammenfassende Übersicht exemplarischer Qualifikationsfortbildungen für bereits ausgebildete Lehrkräfte in Deutschland.

Fortbildungsangebot	Beschreibung
Begabungslotse.de *bundesweit / online*	– Web-Portal für das Filtern von Fortbildungsmöglichkeiten für Lehrkräfte – Möglichkeit einer standortbezogenen Suche von Förderangeboten für Schüler:innen – Kalenderfunktion für Veranstaltungen
Grips & Co. *Verein zur Förderung hochbegabter Kinder und Jugendlicher e. V.* *Osnabrück*	– differenzierte Tagesseminarangebote für Lehrkräfte in Form von Basis- und Aufbaumodulen – theoretischer Input zum Themenfeld Begabung und beispielhafte Entwicklung von Fördermaßnahmen – weiterer Fokus auf der Zusammenarbeit mit Kindern und Erziehungsberechtigte
Deutsches Zentrum für Begabungsforschung und Begabungsförderung (DZBF) *bundesweit / Minden*	– Weiterbildungsangebot zum Begabungspsychologischen Lernbegleitenden (BPLB) durch den Besuch mehrerer Module – Diagnostik bis zur Lernorganisation im eigenen Unterricht – bundesweite Vorträge und Veranstaltungen im Bereich Begabungsförderung

Fortbildungsangebot	Beschreibung
evoc Weiterbildungsinstitut *Würzburg*	– Angebote für die Schulgestaltung im Schwerpunkt Begabungsförderung für Lehrpersonen – Basismodule über die Grundlagen personenorientierter Pädagogik sowie der systemischen Förderung von Begabten – Vertiefungsmodule zu einer personenorientierten Schul- und Lernkultur – Länderprojekte dienen als Austauschplattform und ermöglichen eine kooperative Weiterentwicklung
Internationales Centrum für Begabungsförderung (icbf) *Münster*	– Anbindung an den „European Council for High Ability" (ECHA) – Seminarangebot zum Erlangen des ECHA-Diploms oder Ausbildung zum ECHA-Coach – zentrale Inhalte sind das Erkennen von Entwicklungsbedürfnissen und die Entwicklung von Förderangeboten – Einbindung in das europäische Netzwerk der Begabungsförderung
Stiftung Kinder forschen *bundesweit*	– Web-Portal für die Suche nach Fortbildungen – Fokus liegt zwar nicht schwerpunktmäßig auf Begabungsförderung, jedoch auf dem Förderschwerpunkt MINT mit übertragbaren Ansätzen – Angebot von kostenlosen Online-Fortbildungen sowie weitere Bildungsveranstaltungen in Form von regionalen Fachtagen
Deutsches Zentrum für Luft- und Raumfahrt (DLR) *bundesweit*	– bietet Fortbildungen für neue naturwissenschaftliche Lehransätze für Lehrkräfte mit Erfahrungen im Bereich der Begabungsförderung – Entwicklung von naturwissenschaftlichen Projekten, die Lehrkräfte in Förderungskonzepte integrieren können – Vermittlung von didaktischen, fachwissenschaftlichen und kommunikativen Kompetenzen – Beteiligung an den Ausbildungen im Rahmen des ECHA-Diploms (siehe icbf)

Quelle: Eigene Darstellung.

4.5 Einbindung in die Lehramtsausbildung

Die im vorigen Teilkapitel beschriebenen Fortbildungsmöglichkeiten für Lehrkräfte spiegeln ein diverses Angebot für die individuelle fachliche Weiterbildung in Bezug auf den Bereich der Begabungsförderung wider. Neben den aufgeführten Angeboten für bereits ausgebildete Lehrkräfte geht es im Folgenden konkret um die vorgeschaltete Ebene der Lehramtsausbildung. Auf dieser finden sich bereits Möglichkeiten für Studierende, den Umgang mit begabten Schüler:innen zu professionalisieren. Die nachstehende Tabelle listet exemplarisch deutschlandweite Hochschulangebote in den Bereichen der Begabungsdiagnostik oder auch Begabungsförderung im Rahmen der Lehramtsausbildung auf. Dabei werden einzeln ausgewählte Standorte mit ihren jeweiligen Angeboten in den Blick genommen und inhaltlich skizziert (siehe Tabelle 6):

4 Weiterbildungsmöglichkeiten im Bereich der Begabungsdiagnostik und -förderung

Tabelle 6: Zusammenfassende Übersicht exemplarischer Hochschulen in Deutschland mit Angeboten zu Begabungsdiagnostik und -förderung in der Lehramtsausbildung.

Hochschulstandort	Angebotsbeschreibung
RWTH Aachen Aachener Modell zur frühen Förderung begabter und hochbegabter Kinder	– RWTH Aachen als Kooperationspartner des Projekts „Aachener Modell zur frühen Förderung begabter und hochbegabter Kinder" – Grundschulförderung und Begabungsförderung an Gymnasien und Gesamtschulen mittels außerschulischer Kursangebote
Universität Bielefeld Osthushenrich-Zentrum für Hochbegabungsforschung (OZHB) an der Fakultät für Biologie	– Seminare für Studierende, die in die Begabungstheorie und -diagnostik einführen sowie die Konzeption von Förderangeboten in den mathematisch naturwissenschaftlichen Fächern ermöglichen – Angebot der Organisation und Durchführung von fächerübergreifenden Angeboten sowie Workshops für naturwissenschaftlich interessierte Schüler:innen – Möglichkeit der praktischen Erfahrung im Projekt Kolumbus-Kids im Rahmen einer berufsfeldbezogenen Praxisstudie (BPSt) – Begabungsforschung und -förderung im Rahmen des Praxissemesters (Vorbereitung, Begleitung und Reflexion) – Begabtenforschung kann von Studierenden durch weitere Projektmodule oder Abschlussarbeiten begleitet werden
Westfälische Wilhelms Universität Münster Begabungsforschung & individuelle Förderung	– interne Arbeitsgruppe, die an das Internationale Centrum für Begabungsforschung (icbf) und das Landeskompetenzzentrum für individuelle Förderung NRW (lif nrw) angebunden ist – Schwerpunkte liegen in Diagnostik und Förderung von Begabung, Lernkompetenz sowie der Persönlichkeitsentwicklung und im Beratungsbereich – AG bietet Einführungs- und Vertiefungskurse in erziehungswissenschaftlichen Studiengängen – Veranstaltungen in BA- und MA-Studiengängen mit Ringvorlesungen zum Thema Talententwicklung und pädagogischer Diagnostik, auch im Kontext inklusiver Bildung und Lehrkraftfortbildungen
Universität Leipzig Studiengang Begabungsforschung und Kompetenzentwicklung	– eigener Masterstudiengang – thematisiert Grundlagen der Begabungsforschung und Kompetenzentwicklung sowie Grundlagen der Diagnostik – Fördermaßnahmen zur individuellen Kompetenzentwicklung und individuellen Begabungsförderung unter Einbezug aktueller Forschungsergebnisse – Einbindung von Institutionen und Programmen der Begabungsforschung sowie von Forschungskolloquien – Fokus liegt schließlich auf der Qualitäts- und Schulentwicklung, Evaluation sowie verschiedenen Tätigkeitsfeldern und der entsprechenden Professionalisierung

Hochschulstandort	Angebotsbeschreibung
Ludwig-Maximilians-Universität München Beratungsangebote	– stellt Beratungsangebote für Diagnostik und Förderung – Angebote verfolgen in erster Linie die Beratung und Unterstützung von Erziehungsberechtigten begabter Kinder – in der Arbeitsgruppe können aber auch Studierende Forschungspraktika absolvieren und Abschlussarbeiten schreiben
Universität Trier Professur für Hochbegabtenforschung	– wissenschaftliche Begleitung von Gymnasien in Trier
TU Dortmund Pädagogische und Differentielle Psychologie	– Abteilung forscht zu Einstellungen von Lehrkräften gegenüber Begabung
Christian-Albrechts-Universität Kiel MIND-Beratung	– extracurriculare Studienangebote zur Ergänzung und Vertiefung
Goethe Universität Frankfurt am Main (Hoch)begabte Schüler:innen erkennen und fördern	– bietet Fortbildungen für Lehrkräfte aller Schulen und Fächer, aber auch für Lehrkräfte im Vorbereitungsdienst – bestehend aus den Modulen über pädagogisch-psychologische Grundlagen hoher Begabung bei Schüler:innen und Integrativer Förderung hochbegabter Schüler:innen im Regelunterricht – organisiert in einem Online-Seminar mit zwei Online-Workshops – Arbeitsmaterialien über eine Lernplattform abrufbar
Universität Würzburg Begabungspsychologische Beratungsstelle	– Begabungs- und Orientierungsberatung für eine individuelle Förderung und testpsychologische Untersuchungen oder bei Unsicherheiten im Umgang mit begabten Kindern sowie Fragen zur Schullaufbahn – darüber hinaus praxisorientierte Lehre für u. a. Lehramtsstudierende – Angebote sollen psychologische Kompetenzen für einen fachgerechten Umgang im schulpraktischen Alltag vermitteln – Einblicke in Forschungsprojekte für eine Verknüpfung von theoretischen und praktischen Konzepten im Studium

Quelle: Eigene Darstellung.

Zusammenfassung

Phasen der Lehrkräfteausbildung

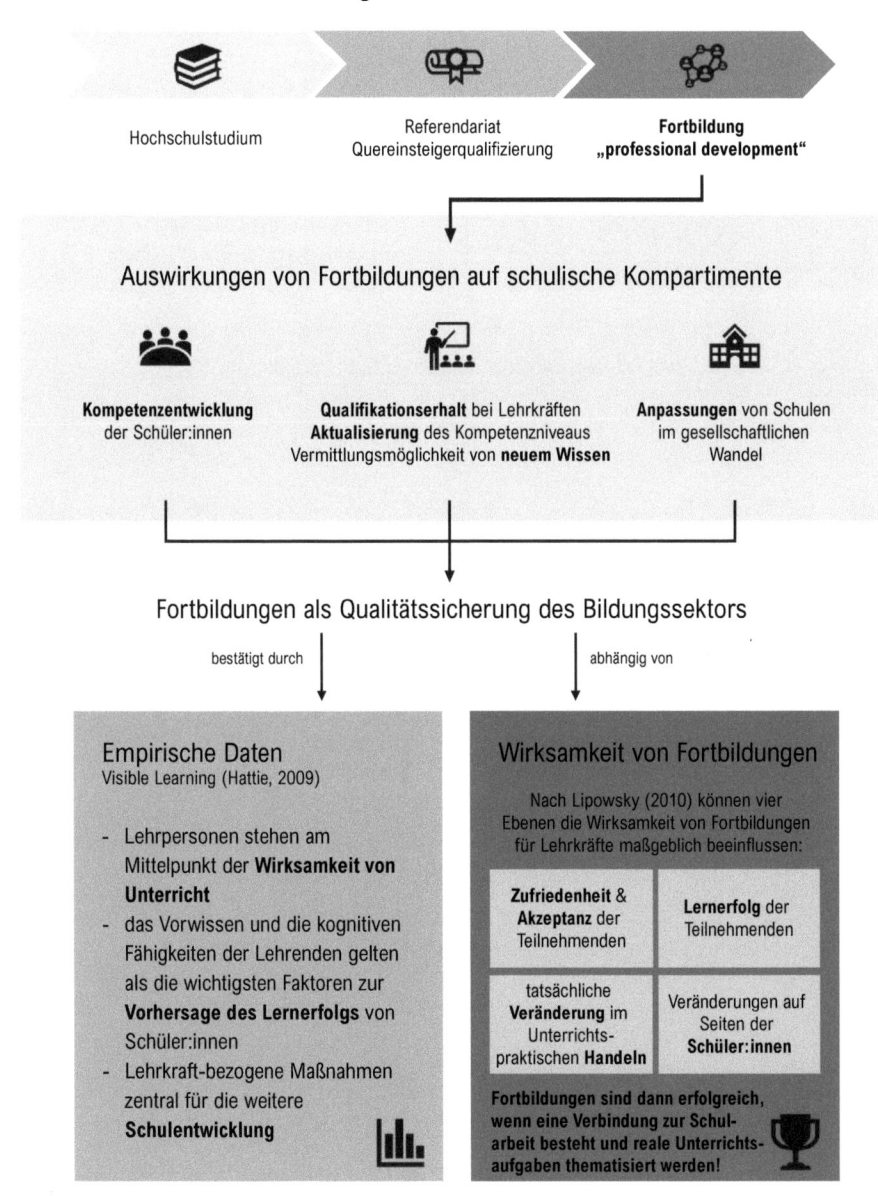

Hochschulstudium	Referendariat Quereinsteigerqualifizierung	Fortbildung „professional development"

Auswirkungen von Fortbildungen auf schulische Kompartimente

Kompetenzentwicklung der Schüler:innen

Qualifikationserhalt bei Lehrkräften
Aktualisierung des Kompetenzniveaus
Vermittlungsmöglichkeit von **neuem Wissen**

Anpassungen von Schulen im gesellschaftlichen Wandel

Fortbildungen als Qualitätssicherung des Bildungssektors

bestätigt durch | abhängig von

Empirische Daten
Visible Learning (Hattie, 2009)

- Lehrpersonen stehen am Mittelpunkt der **Wirksamkeit von Unterricht**
- das Vorwissen und die kognitiven Fähigkeiten der Lehrenden gelten als die wichtigsten Faktoren zur **Vorhersage des Lernerfolgs** von Schüler:innen
- Lehrkraft-bezogene Maßnahmen zentral für die weitere **Schulentwicklung**

Wirksamkeit von Fortbildungen

Nach Lipowsky (2010) können vier Ebenen die Wirksamkeit von Fortbildungen für Lehrkräfte maßgeblich beeinflussen:

Zufriedenheit & Akzeptanz der Teilnehmenden	Lernerfolg der Teilnehmenden
tatsächliche Veränderung im Unterrichtspraktischen Handeln	Veränderungen auf Seiten der Schüler:innen

Fortbildungen sind dann erfolgreich, wenn eine Verbindung zur Schularbeit besteht und reale Unterrichtsaufgaben thematisiert werden!

Organisationsstrukturen in Deutschland

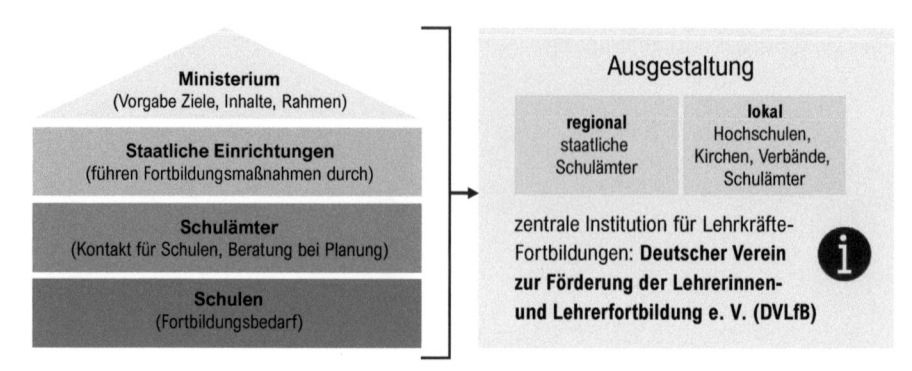

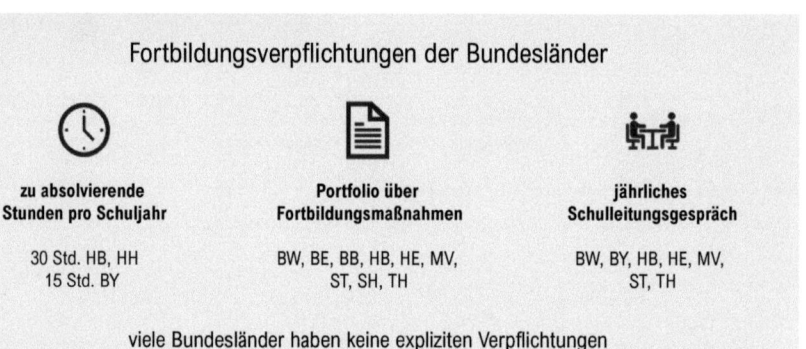

Ministerium
(Vorgabe Ziele, Inhalte, Rahmen)

Staatliche Einrichtungen
(führen Fortbildungsmaßnahmen durch)

Schulämter
(Kontakt für Schulen, Beratung bei Planung)

Schulen
(Fortbildungsbedarf)

Ausgestaltung

regional	lokal
staatliche Schulämter	Hochschulen, Kirchen, Verbände, Schulämter

zentrale Institution für Lehrkräfte-Fortbildungen: **Deutscher Verein zur Förderung der Lehrerinnen- und Lehrerfortbildung e. V. (DVLfB)**

Fortbildungsverpflichtungen der Bundesländer

zu absolvierende Stunden pro Schuljahr

30 Std. HB, HH
15 Std. BY

Portfolio über Fortbildungsmaßnahmen

BW, BE, BB, HB, HE, MV, ST, SH, TH

jährliches Schulleitungsgespräch

BW, BY, HB, HE, MV, ST, TH

viele Bundesländer haben keine expliziten Verpflichtungen
nicht aufgeführte Bundesländer diskutieren über Verschärfungen der Fortbildungsregeln

Fortbildungsangebote Naturwissenschaftliche Begabung

Portale & Vereine mit Fortbildungsangeboten

- Begabungslotse.de
- Grips & Co.
- Deutsches Zentrum für Begabungsforschung und Begabungsförderung (DZBF)
- evoc Weiterbildungsinstitut
- Internationales Centrum für Begabungsförderung (icbf)
- Haus der kleinen Forscher
- Deutsches Zentrum für Luft- und Raumfahrt (DLR)

5 Fördermöglichkeiten im Biologieunterricht

Der erhebliche Fachkräftemangel in Deutschland ist eine gegenwärtige Folge des gesellschaftlichen Wandels und der sich verändernden Lebensbedingungen der Schüler:innen. Laut des Informationsdienstes der deutschen Wirtschaft gab es im April 2023 rund 496.500 unbesetzte Stellen im MINT-Bereich (Anger et al., 2023). 2,586 Millionen Menschen waren laut der Bundesagentur für Arbeit im selben Monat arbeitslos, aber nur 7,9 Prozent dieser Menschen haben den Wunsch, im MINT-Bereich zu arbeiten. Der Mangel an Fachkräften hat gravierende negative Folgen auf die deutsche Wirtschaft. Die Interessensbildung beginnt bereits in jungen Jahren (Lück, 2013b; Schäfers & Wegner, 2021). Kinder zeigen bereits im Vorschulalter eine natürliche Neugierde und haben eine hohe Begeisterungsfähigkeit für Naturphänomene (Conezio & French, 2002). Es ist wichtig, Kinder im naturwissenschaftlichen Bereich frühzeitig zu fördern, damit sie in der späteren Schullaufbahn nicht das Interesse verlieren (Gebhard et al., 2017; Potvin & Hasni, 2014b; Schäfers & Wegner, 2020a). Für diese Förderung sind entsprechende Fachkenntnisse auf Seiten der pädagogischen Fachkräfte geboten, viele Pädagog:innen im Elementarbereich haben allerdings eine Ausbildung ohne naturwissenschaftliche Inhalte abgeschlossen und verfügen somit über ein geringfügiges Fachwissen (Lück, 2013a, 2013b). Die Förderung von begabten Schüler:innen kann auf verschiedenen Ebenen sowohl innerhalb des regulären Unterrichts als auch außerhalb von diesem erfolgen. Die wohl zentralste Möglichkeit ist eine Ausrichtung des Biologieunterrichts anhand des naturwissenschaftlichen Erkenntnisweges, der als forschender Lernprozess die grundlegenden Kompetenzen der „Scientific Literacy" (siehe Kapitel 1.1) in sich vereint. Die Förderung der „Scientific Literacy" kommt natürlich nicht nur begabten Schüler:innen zugute, weswegen der naturwissenschaftliche Erkenntnisweg für die naturwissenschaftliche Unterrichtsgestaltung allgemein anerkannt ist. Neben diesem eher globalen Rahmen der Unterrichtsgestaltung werden zudem verschiedene Methoden benötigt, um einen abwechslungsreichen und kompetenzorientierten Unterricht zu gestalten. Dabei gilt es stets, die Methoden passgenau für die jeweilige Lerngruppe bzw. den Lernenden auszuwählen und sinnvoll im naturwissenschaftlichen Erkenntnisweg einzubinden.

5.1 Der naturwissenschaftliche Erkenntnisweg

Für die Förderung von begabten Schüler:innen eignet sich in den Naturwissenschaften die strukturelle Orientierung des Unterrichts entlang des naturwissenschaftlichen Erkenntnisweges. Von der initiierenden Beobachtung eines Forschungsgegenstandes bis zur Diskussion von erhobenen Daten ergeben sich Kompetenzen, die Kennzeichen für naturwissenschaftliche Begabungen sein können. Die folgende Abbildung beschreibt die einzelnen Phasen sowie Verknüpfungen des Lernprozesses (siehe Abbildung 23):

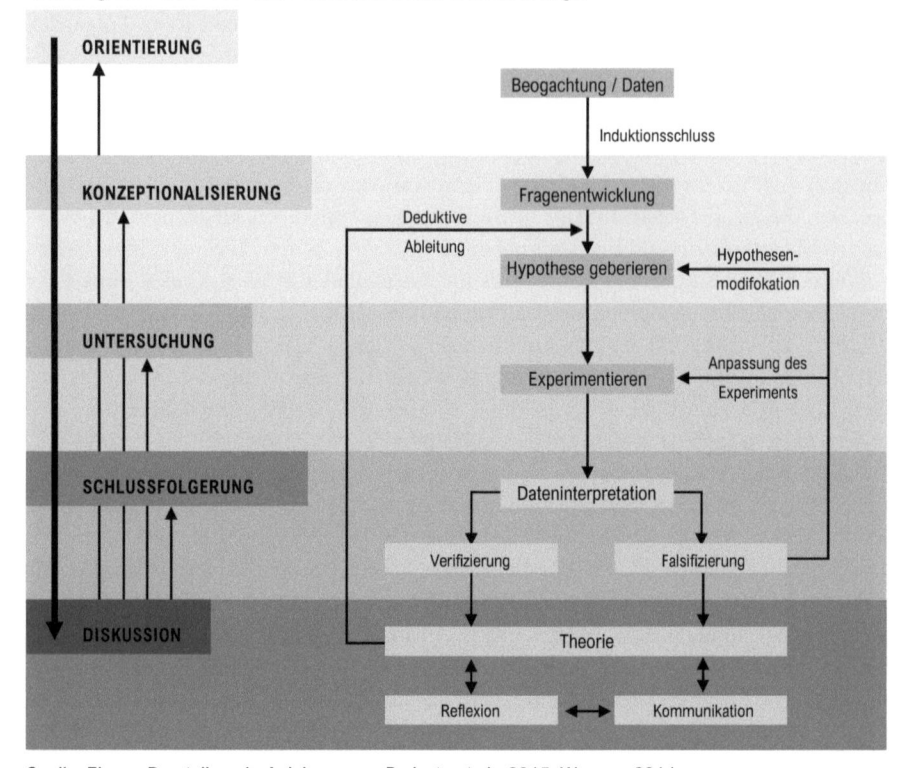

Abbildung 23: Phasen des naturwissenschaftlichen Erkenntniswegs.

Quelle: Eigene Darstellung in Anlehnung an Pedaste et al., 2015; Wegner, 2014.

Die Abbildung 23 verdeutlicht die einzelnen Phasen des naturwissenschaftlichen Erkenntniswegs, welche die naturwissenschaftliche Arbeitsweise beim Forschen widerspiegeln und authentische Lernsituationen im Unterricht schaffen können. Allgemein sind fünf zentrale Phasen zu definieren, die verschiedene Kompetenzen einer naturwissenschaftlichen Bildung implizieren (siehe Tabelle 7, linke Spalte). Im Idealfall werden alle fünf Schritte des naturwissenschaftlichen Erkenntniswegs im Verlauf einer Unterrichtsstunde oder -sequenz durchlaufen (siehe Tabelle 7, rechte Spalte), um so die naturwissenschaftliche Denk- und Arbeitsweise im Sinne eines holistischen Ansatzes zu begreifen.

Tabelle 7: Darstellung des naturwissenschaftlichen Erkenntniswegs entlang eines Umsetzungsbeispiels aus dem Biologieunterricht.

Phase des naturwissenschaftlichen Erkenntniswegs	Umsetzungsbeispiel
Orientierung: Zunächst orientieren sich die Schüler:innen im Unterrichtseinstieg anhand von Beobachtungen und/oder Daten in Bezug auf einen ausgewählten Forschungsgegenstand. Die Beobachtungen und/oder Daten werden daraufhin konzeptualisiert und in einen allgemeineren Kontext gesetzt.	**Orientierung:** Die Schüler:innen beobachten entweder am lebenden Objekt oder wahlweise in einem Video oder einem Foto, wie ein Gecko an einer senkrechten Wand hochlaufen kann. Diese Beobachtungen werden verbalisiert und an der Tafel gesichert.
Konzeptualisierung: Dadurch können Fragen formuliert werden, die als Stundenfrage(n) dienen, aber je nach Kontext auch eine längere Unterrichtssequenz strukturieren. Im Anschluss werden – je nach Altersstand – Vermutungen bzw. Hypothesen zu den formulierten Fragen aufgestellt.	**Konzeptualisierung:** Die Schüler:innen formulieren ausgehend von der Beobachtung eine Stundenfrage, z. B. „Wieso kann der Gecko an der Wand laufen?" oder „Welche körperlichen Anpassungen hat der Gecko, um an der Wand laufen zu können?". Anschließend werden Vermutungen im Klassenverband gesammelt, wie etwa „Der Gecko kann eine Art Kleber über Drüsen an den Füßen absondern." oder „Der Gecko besitzt kleine Saugnäpfe unter den Füßen.".
Untersuchung: Zur Überprüfung dieser Vermutungen werden in der nächsten Phase Untersuchungen durchgeführt. Diese sind im Idealfall Versuche bzw. Experimente (Unterscheidung siehe Kapitel 5.1.3), können aber auch die Arbeit mit Datenmaterial umfassen (z. B. weil ein Experiment selbst nicht in der Schule durchgeführt werden kann). Die gewonnenen bzw. erhaltenen Daten werden daraufhin interpretiert.	**Untersuchung:** Die Schüler:innen untersuchen die morphologische Struktur des Geckofußes unter dem Binokular. Dabei beobachten sie, dass der Gecko feine Rillen unter seinen Füßen hat. Durch detailliertere Aufnahmen von einem Elektronenmikroskop erkennen die Lernenden, dass die beobachteten Rillen eigentlich ganz viele kleine Härchen sind, die sich wie eine Art Borste unter dem Fuß befinden.
Schlussfolgerung: Aus der Dateninterpretation folgt die Bestätigung oder Widerlegung der aufgestellten Hypothesen.	**Schlussfolgerung:** Die Schüler:innen nutzen die Beobachtungen, um ihre Vermutungen zu überprüfen. Beispielsweise wurden keine Saugnäpfe oder speziellen Drüsen unter dem Fuß entdeckt.
Diskussion: Anhand der Ergebnisse ergibt sich eine theoriegeleitete Diskussion, in der die gewählten Forschungsmethoden sowie aufgestellten Forschungsfragen und Vermutungen reflektiert werden. Zudem ist eine deduktive Ableitung hinsichtlich weiterer Fragestellungen oder dem Mehrwert der gewonnenen Erkenntnisse möglich. Entsprechend greift die Phase der Diskussion auf alle Stufen zurück, da der Erkenntnisprozess hinterfragt und gegebenenfalls für weitere Untersuchungen modifiziert wird.	**Diskussion:** Die Lernenden diskutieren, inwiefern die beobachteten Strukturen den Haftmechanismus des Geckos erklären können. Dabei gibt die Lehrkraft einen fachlichen Input über Van-der-Waals-Kräfte, die auch mit einem Modellexperiment oder einem Erklärvideo veranschaulicht werden können. In einer anschließenden kreativen Phase sollen die Schüler:innen in Kleingruppen bionische Erfindungen entwickeln, die den Haftmechanismus des Geckos imitieren.

Quelle: Eigene Darstellung.

Trotz der wenigen empirischen Befunde wird angenommen, dass problemorientiertes Lernen entlang des naturwissenschaftlichen Erkenntniswegs unter anderem in Bezug auf die „Problemlösefähigkeit [...] erhebliche Vorteile hat" (Berck & Graf, 2018, S.116). Durch das eigenständige Entwerfen eines Forschungsvorhabens können zum einen die individuellen Interessensschwerpunkte und zum anderen kreative Denkmuster der Schüler:innen fokussiert werden. Dadurch können vor allem begabte Kinder ihr Potenzial in verschiedene Richtungen nutzen. Forschendes Lernen sollte dafür sowohl motivierend als auch kognitiv herausfordernd und aktivierend (Mayer, 2013) gestaltet werden, was durch verschiedene Offenheitsgrade des Lernprozesses gewährleistet sein kann. Folgende Grade werden von Mayer (2013) angeführt:

- „structured inquiry": Das Problem und die Untersuchungsstruktur werden von der Lehrkraft vorgegeben. Die Durchführung der Untersuchung sowie die Auswertung obliegt den Schüler:innen.
- „guided inquiry": Die Fragestellung sowie das Material sind durch die Lehrkraft vorbestimmt. Die Schüler:innen entwickeln jedoch eigenständig die Untersuchung und führen die Auswertung auf Grundlage der Materialien durch.
- „open inquiry": Der Forschungsgegenstand wird eigenständig entlang des naturwissenschaftlichen Erkenntniswegs erarbeitet.

Es ist Aufgabe der Lehrkraft, entsprechend der Lerngruppe sowie des anvisierten Lernziels den optimalen Grad der Offenheit für den eigenen Unterricht zu wählen. Je nach Grad der Offenheit ist es der Lehrkraft möglich, die Fähigkeiten der Schüler:innen zunächst genauer einzuordnen, um in einem nächsten Schritt die Aufgabenstrukturen zu individualisieren. Anhand der Konzeptualisierungsphase kann beispielsweise eine gute Einschätzung in Bezug auf das Vorwissen oder die Präkonzepte der Lernenden erfolgen, da die Formulierung von Vermutungen und Hypothesen Grundkenntnisse und Forschungsperspektiven miteinander vereint (Raschke, 2018). Für eine heterogene Lerngruppe können auf diese Weise Differenzierungsmöglichkeiten geschaffen und damit auch im Spezifischen begabte Kinder gefördert werden. Neben dieser Form der Offenheit können die Arbeitsphasen für Begabte nach den Akzeleration- und Enrichment-Prinzipien konzipiert werden (siehe Kapitel 6). Durch den fünfstufigen Untersuchungsprozess ergeben sich Regulationsebenen, an denen durch vernetzende Transferaufgaben oder Zusatzmaterialien eine fachliche Erweiterung bzw. Vertiefung stattfinden kann (Fischer & Fischer-Ontrup, 2022).

Diese Vielfältigkeit an Strukturierungsmöglichkeiten im Arbeitsprozess zieht wiederum differenzierte Kompetenzen mit sich. Fischer und Kolleg:innen (2014) gehen in ihrem Aufsatz über die Förderung einer interdisziplinären Forschungsagenda im Bildungsbereich noch genauer auf die einzelnen Kompetenzbereiche des naturwissenschaftlichen Erkenntniswegs ein und definieren acht zentrale prozessbezogene Fähigkeiten im Bereich des wissenschaftlichen Denkens und Argumentierens. Diese können den Prozessphasen des Erkenntniswegs zugeordnet werden (siehe Tabelle 8):

Tabelle 8: Übersicht prozessbezogener Fähigkeiten wissenschaftlichen Arbeitens mit Phasenzuordnung im naturwissenschaftlichen Erkenntnisweg (NEW).

Phase NEW	Kompetenz
Orientierung	Problemdarstellung (problem identification)
Konzeptualisierung	Fragen formulieren (questioning)
	Hypothesen generieren (hypothesis generation)
Untersuchung	Beweise induzieren (evidence generation)
Schlussfolgerung	Schlussfolgerungen ziehen (drawing conclusions)
Diskussion	Beweise prüfen (evidence evaluation)
	Prüfendes Kommunizieren (communicating and scrutinizing)
	Konstruktion und Überarbeitung des Forschungsgegenstandes (construction and redesign of artefacts)

Quelle: In Anlehnung an Pedaste et al., 2015.

Besonders im Unterrichtsalltag ist es nicht immer realistisch, dass jede Unterrichtsstunde oder -sequenz vollständig entlang des naturwissenschaftlichen Erkenntniswegs durchgeführt wird. Die einzelnen Schritte lassen sich jedoch auch losgelöst voneinander fokussieren und in den Unterricht integrieren. Hierfür ist es zentral, dass Verständnis zum Ablauf sowie zu den erwerbbaren Kompetenzen der einzelnen Phasen herrscht, um so gezielt Schwerpunkte im eigenen Unterricht setzen zu können.

5.1.1 Orientierung – Beobachtung & Daten

Phasenbeschreibung & Kompetenzen

Zu Beginn einer jeden Forschung steht ein Problem, welches sich aus dem bereits erlernten oder erforschten Kontext oder aus (Alltags-)Beobachtungen ergeben hat. Dabei ist es wichtig, dass die Schüler:innen das Problem aus unterschiedlichen Perspektiven wahrnehmen und betrachten (nicht nur optisch, sondern auch kognitiv), um eine ganzheitliche Forschung betreiben zu können (Krämer et al., 2015). Der Induktionsschluss von konkreten Beobachtungen oder Daten auf allgemeine Zusammenhänge ermöglicht schließlich den Übergang in die nächste Phase der Konzeptualisierung.

In der Phase der Orientierung wird zunächst insbesondere die Kompetenz der Problemdarstellung (*problem identification*) angesprochen. Diese Fähigkeit umfasst das Wahrnehmen von Nichtübereinstimmungen eines Problems und aktuellen Erklärungen dafür. Dabei werden wissenschaftliche oder lebensweltliche Kontexte analysiert, sodass neue Forschungsansätze entwickelt und in weiteren Schritten untersucht werden können (Fischer et al., 2014).

Die Formulierung einer präzisen Beobachtung beim Experimentieren ist gleich aus mehreren Gründen von entscheidender Bedeutung: Erstens dient sie als Grundlage für die spätere Analyse und Interpretation der experimentellen Ergebnisse. Eine klare und objektive Formulierung der Beobachtungen ermöglicht es, Muster zu erkennen, Trends zu identifizieren und valide Schlussfolgerungen zu ziehen. Zweitens hilft die genaue Formulierung, Verwechslungen zwischen Beobachtung und Interpretation zu vermeiden. Es ist wichtig zu betonen, dass die Beobachtung lediglich das Feststellen von Fakten ist, während die Interpretation die zugehörige Erklärung oder Deutung darstellt. Daher sollte darauf geachtet werden, dass die Beobachtung neutral und frei von voreiligen Schlüssen bleibt. In dieser Phase des Experimentierens stehen verschiedene Möglichkeiten zur Verfügung, um Beobachtungen zu generieren und als Ausgangspunkt für die Identifizierung von Problemen zu dienen. Dies kann durch die Präsentation von Bildern, Demoexperimenten, Videos oder sogar durch die Beschreibung alltäglicher Phänomene geschehen. Die Vielfalt dieser Ansätze ermöglicht es, ein breites Spektrum an Beobachtungen zu sammeln und potenzielle Probleme in unterschiedlichen Kontexten zu erkennen. Schwierigkeiten bei den Schüler:innen können oft in der Unterscheidung zwischen Beobachtung und Interpretation liegen. Es ist nicht ungewöhnlich, dass sie vorschnell zu Erklärungen oder Schlussfolgerungen neigen, anstatt sich auf die genaue Feststellung von Beobachtungen zu konzentrieren. Ein weiteres Problem kann darin bestehen, dass sie Schwierigkeiten haben, relevante Details zu identifizieren oder die Beobachtungen präzise zu formulieren. Daher ist es wichtig, den Schüler:innen klare Anleitungen zu geben und sie zu ermutigen, die Beobachtung als ersten Schritt im wissenschaftlichen Prozess zu fokussieren.

Zwei Beispiele für den Einsatz des naturwissenschaftlichen Erkenntniswegs finden sich jeweils in den grauen Kästen.

A: Im Rahmen des Themenbereichs „Samenpflanzen" in Jahrgang 5 und 6 sollen die Schüler:innen einen Einblick in die Vielfalt der Samenpflanzen gewinnen. Zu Beginn der Unterrichtsstunde zeigt die Lehrkraft eine Tüte Bohnen und zusätzlich ein Bild von einer Bohnenpflanze. Daraufhin

> sollen die Schüler:innen Beobachtungen zu den Unterschieden zwischen Pflanze und Bohne formulieren und den Zusammenhang zwischen Bohne und Pflanze herstellen.
> Während der Unterrichtsreihe kann den Schüler:innen Zeit zum Forschen gegeben werden. Eine Schülergruppe möchte sich hinsichtlich der Fotosynthese und den Bedingungen des Lebens mit der Fragestellung beschäftigen: Wachsen Samenpflanzen ohne Licht?
>
> **B:** Während der Unterrichtsreihe „Neurobiologie" beobachten die Schüler:innen in einem Video, wie eine Kegelschnecke der Gattung *Conus* mit einer harpunenartigen Struktur einen Fisch jagt und anschließend frisst. Die Schüler:innen deuten ihre Beobachtung so, dass die Kegelschnecke ein Gift injiziert haben muss, welche das Beutetier lähmt.

5.1.2 Konzeptualisierung – Frage & Hypothese

Phasenbeschreibung & Kompetenzen

Durch die Auseinandersetzung mit den Unterrichtsinhalten und den Erkenntnissen, welche die Schüler:innen bis zu diesem Zeitpunkt gewonnen haben, werden Fragestellungen nach dem Induktionsschluss konzeptualisiert. Das bedeutet, dass ausgehend von einem konkreten Einzelfall eine allgemeine Fragestellung entwickelt wird. Aus ersten Vermutungen zu dieser Fragestellung formulieren die Schüler:innen entsprechend der kognitiven Leistungsfähigkeit Vermutungen oder wissenschaftliche Hypothesen (Kleesattel, 2006), die im weiteren Unterrichtsverlauf anhand eines Experiments, Versuchs, gegebenen Datenmaterials oder Informationstexten überprüft werden. Im schulischen Kontext und speziell im naturwissenschaftlichen Unterricht ist es entscheidend, den Unterschied zwischen Vermutungen und Hypothesen zu verstehen, um ein fundiertes wissenschaftliches Arbeiten zu fördern. Vermutungen sind oft informelle, intuitive Annahmen, die auf persönlichem Wissen, Erfahrungen oder Meinungen basieren. Sie sind zwar ein wichtiger Ausgangspunkt, sollten jedoch im wissenschaftlichen Kontext nicht mit Hypothesen verwechselt werden. Eine Hypothese hingegen ist eine präzise formulierte, testbare Aussage, die auf Beobachtungen und dem aktuellen Wissen basiert. Im naturwissenschaftlichen Unterricht wird den Schüler:innen beigebracht, Hypothesen zu entwickeln, die durch experimentelle Untersuchungen überprüfbar sind. Dies fördert nicht nur das kritische Denken, sondern auch die Fähigkeit, wissenschaftliche Methoden anzuwenden. Im Gegensatz dazu können Vermutungen subjektiv und ungenau sein, was zu weniger zuverlässigen Ergebnissen führen kann. Daher ist es wichtig, das Formulieren von Vermutungen oder Hypothesen vom Alter, der Jahrgangsstufe sowie vom Unterrichtsinhalt abhängig zu machen. Der Unterschied zu der Fragestellung besteht darin, dass die Hypothese als Aussagesatz formuliert wird, der sich direkt auf die Fragestellung bezieht (Trendel & Lübeck, 2019).

Die zentralen Kompetenzen der zweiten Phase sind einerseits das Formulieren von Fragen (*questioning*). Das Formulieren von Fragen resultiert meist aus der Problemdarstellung und stellt einen Leitfaden für den angehenden Forschungsprozess sowie den weiteren Unterrichtsverlauf dar. Eine weitere Kompetenz ist das Generieren von Hypothesen (*hypothesis generation*). Diese Fähigkeit beschreibt das Aufstellen von Vermutungen, die auf Grundlage des Forschungsgegenstandes gebildet werden.

A: Die Lerngruppe formuliert ausgehend von den Beobachtungen die Forschungsfrage „Welchen Einfluss hat der Faktor Licht auf die Keimung?" und formulieren dazu Vermutungen:
„Bohnen können ohne Licht nicht keimen, weil Pflanzen Licht zum Wachsen brauchen."
„Je mehr Licht eine Bohne bekommt, desto besser keimt sie."

B: Aufgrund der Beobachtungen zum Jagdverhalten der Kegelschnecke entwickeln die Schüler:innen ihre Forschungsfrage: „Wie wirkt das Gift der Kegelschnecke auf neurologischer Ebene?" Daraufhin stellen sie Hypothesen auf, welche Ansatzpunkte das Gift haben könnte, welche Auswirkungen das Gift hätte und wie dies messbar wäre:
„Wenn das Gift die Calcium-Kanäle der Präsynapse blockiert, würden keine Neurotransmitter in den synaptischen Spalt freigesetzt werden und die Postsynapse könnte nicht erregt werden."

5.1.3 Untersuchung – Experiment

Phasenbeschreibung & Kompetenzen

Grundlegend lässt sich in dieser Phase zwischen der Durchführung eines Versuchs und der Planung und Durchführung eines Experiments unterscheiden (Schulz et al., 2012). Beides sind adäquate Möglichkeiten, damit Schüler:innen Erkenntnisse hinsichtlich der Forschungsfrage gewinnen und somit den naturwissenschaftlichen Erkenntnisweg durchlaufen (Ricker, 2023). Unterschieden wird hierbei insbesondere hinsichtlich der notwendigen eigenen Planungskompetenz, denn bei einem Versuch ist die Durchführung bereits vorgeben. Im Gegensatz dazu müssen die Schüler:innen bei einem Experiment das Vorgehen selbst planen. Zudem ist im eigentlichen Sinne bei einem Versuch das Ergebnis bereits bekannt, bei einem Experiment jedoch nicht. Selbstverständlich ist dies im schulischen Kontext kritisch zu reflektieren, da die Schüler:innen in der Regel weder bei einem vorgegebenen Versuch noch bei einem selbst geplanten Experiment das Endergebnis kennen (Hartinger, 2003). Zeitgleich wird die Lehrkraft sowohl beim Versuch als auch beim Experiment grundsätzlich das zu erwartende Ergebnis kennen. Insbesondere bei jüngeren Schüler:innen oder im oftmals stressigen Unterrichtsalltag werden vermehrt Versuche durchgeführt, da die eigenständige Planung (selbst wenn sie durch vorgegebene Materialien schon vorstrukturiert ist) einerseits einen hohen Zeitaufwand im Unterricht bedarf und andererseits von den Schüler:innen hohe kognitive Kompetenzen fordert.

Als zentrale Kompetenz kann dieser Phase das Induzieren von Beweisen (*evidence generation*) zugeordnet werden. Anhand von Experimenten, Beobachtungen und allgemein deduktiven, theoriegeleiteten Forschungsansätzen, können Beweise für den Forschungsgegenstand entwickelt werden (Fischer et al., 2014).

Testgütekriterien
Zwischen Präzision der Planung und Aussagestärke der Ergebnisse des Experiments besteht ein starker Zusammenhang, sodass die Schüler:innen bei der Planung und Durchführung auf unterschiedliche Parameter achten müssen. Auch wenn es sich bei den Experimenten um Schülerexperimente handelt, forschen die Schüler:innen im Sinne der Wissenschaft. Dies setzt voraus, dass sie versuchen, die Qualität der Experimente zu sichern. Damit das gelingt, müssen die drei Testgütekriterien berücksichtigt werden: Objektivität, Reliabilität und Validität (Döring & Bortz, 2016). Die Objektivität beschreibt die Anwenderunabhängigkeit und gliedert sich in drei weitere Unterformen: Ein Experiment gilt als objektiv, wenn es durchführungsobjektiv, auswertungsobjektiv und interpretationsobjektiv ist. Das bedeutet, dass bei den unterschiedlichen Schritten des Experiments verschiedene Anwender:innen zu gleichen Ergebnissen kommen würden. Außerdem kann bei gegebener Objektivität ein Experiment oder Versuch unabhängig ausgewertet und die Ergebnisse unabhängig interpretiert werden. Die Reliabilität ist das Maß für die Genauigkeit und Zuverlässigkeit der Messungen, mit denen das Merkmal überprüft wird. Durch eine steigende Fehlerquote sinkt die Reliabilität. Dies lässt den Schluss zu, dass bei einer perfekten Reliabilität keine Messfehler auftreten. Das letzte Gütekriterium ist die Validität und wird in der Fachliteratur häufig als das wichtigste Gütekriterium bezeichnet. Durch die Validität wird überprüft, wie genau das Experiment in der Lage ist das zu testen, was auch getestet werden soll. Auch diese lässt sich in Untergruppierungen einteilen: Inhaltsvalidität, Kriteriumsvalidität und Konstruktvalidität (Döring & Bortz, 2016).

An dieser Stelle muss betont werden, dass es den Rahmen eines Experiments von Schüler:innen sprengen würde, alle Gütekriterien für das Experiment berechnen und deuten zu lassen. Jedoch sollten die Schüler:innen die Grundaussagen der Kriterien verstehen und versuchen, sie in ihre Planung in einfacher Form zu integrieren. Dies kann zum Beispiel durch die folgenden Regeln zum Experimentieren erreicht werden, die die Schüler:innen in aufbereiteter Form zur Diskussion hinzuziehen können. Es handelt sich um eine schülerfreundliche Reduzierung der Gütekriterien nach Arnold und Kolleg:innen (2012), die im Unterricht eingesetzt werden kann:

a. Die abhängige Variable:
Die abhängige Variable stellt den Forschungsgegenstand der Schüler:innen dar und ist die Variable, die im Versuchsablauf gemessen wird. Sie unterliegt den Einflüssen der unabhängigen Variablen (Ursachen und Bedingungen). Die Messart, welche für die abhängige Variable angelegt wird, muss von den Schüler:innen in der Planung festgelegt werden.
b. Die unabhängige Variable:
Unter den unabhängigen Variablen versteht man den Einfluss auf die abhängige Variable, den man mithilfe des Experiments untersuchen will. Dazu wird die Variable systematisch geändert und die Auswirkungen der Änderungen an der abhängigen Variable beobachtet und notiert.
c. Die Störvariable:
Als Störvariablen werden alle Bedingungen bezeichnet, die zwar Einfluss auf die abhängige Variable nehmen können, in diesem Experiment aber nicht überprüft werden sollen. Nur wenn diese in der Planung einbezogen werden und entweder konstant gehalten oder parallel gemessen werden, kann man sie kontrollieren. Somit werden sie zu Kontrollvariablen.
d. Messzeiten und Messwiederholungen:
Von den Schüler:innen muss im Vorhinein festgelegt werden, wie lange und wie oft das Experiment durchgeführt werden soll. Besonders die Anzahl der Messwiederholungen nimmt großen Einfluss auf die Reliabilität und die Validität der Ergebnisse.

A: Die Schüler:innen haben sich dazu entschlossen, den Einfluss des Parameters „Licht" auf die Keimung von Bohnen zu untersuchen. Dazu bereiten sie zwei gleichgroße Petrischalen vor, befeuchten Küchenpapier mit der gleichen Menge Wasser, legen dieses in die Petrischalen und geben auf jedes die gleiche Anzahl an Bohnen. Eine Petrischale wird mit einem großen Kasten abgedeckt, sodass an die Petrischale kein Licht gelangt. Die Schüler:innen lagern die Versuchsansätze im gleichen Raum, um Temperaturunterschiede oder die Luftfeuchtigkeit im Raum als Einflussfaktor ausschließen zu können. In den folgenden Tagen gießen die Schüler:innen beide Ansätze regelmäßig mit der gleichen Menge Wasser.

⇨ Objektivität erreichen die Schüler:innen dadurch, dass nicht nur ein:e Schüler:in die Experimente durchführt, sondern sich mehrere Personen an der standardisierten Durchführung beteiligen.

⇨ Reliabel wird das Experiment dadurch, dass die Schüler:innen beide Ansätze im gleichen Raum testen sowie die gleiche Menge an Wasser zum Gießen nutzen und dadurch möglichst viele bzw. eine didaktisch reduzierte Anzahl an Einflussfaktoren, die nicht getestet werden (Störvariablen), entweder konstant halten oder ausschalten.

⇨ Der Nachweis von Validität ist bei diesem Experiment relativ leicht zu erfüllen, da die Schüler:innen die unabhängige Variable (das Licht) direkt entziehen oder zulassen.

⇨ Die abhängige Variable ist die Keimung der Bohnen, welche während des Experiments beobachtet wird und sowohl quantitativ (z. B. die konkret messbare Länge der Bohnenkeimlinge) als auch qualitativ (z. B. Unterschiede in Wachstumsform oder der Farbe) gemessen werden kann.

B: Die Schüler:innen untersuchen anhand einer Online-Simulation die Wirkungsweise zweier Kegelschnecken-Gifte ($α$- und $ω$-Conotoxin). Dabei können sie an fünf Messstationen beispielsweise die Konzentration an Neurotransmitter oder den Natrium-Ionen-Einstrom unter normalen Bedingungen sowie unter Einfluss von $α$- bzw. $ω$-Conotoxin messen.

⇨ Objektivität, Reliabilität und Validität erreichen die Schüler:innen dadurch, dass die Online-Simulation unabhängig von der durchführenden Person immer die gleichen Ergebnisse produziert und die Simulation auf tatsächlich gemessene Werte zurückgreift. Mögliche Einflussfaktoren müssen nicht von den Schüler:innen berücksichtigt werden.

⇨ Die abhängige Variable unterscheidet sich je nach Messstation und ist beispielsweise die Neurotransmitterkonzentration im synaptischen Spalt. Diese wird durch das (Nicht-) Vorhandensein eines Giftes als unabhängige Variable beeinflusst.

Festhalten der Beobachtungen

Während der Versuchs- oder Experimentdurchführung halten die Schüler:innen ihre Beobachtungen fest, um diese nach Beenden des Versuchs oder Experiments als Grundlage für die Ergebnisse nutzen zu können. Bei Beobachtungen handelt es sich nach von Falkenhausen um „systematisch gelenkte Wahrnehmung[en]" (von Falkenhausen, 1985, S. 33). Daraus geht hervor, dass Beobachtungen, welche während des Versuchs gemacht werden, trotz der Leitung durch Hypothesen, der mehrfachen Kontrolle und der zielgerichteten Auswertung nicht vollständig objektivierbar sind. Den Schüler:innen muss bewusst sein, dass jede Beobachtung eine Entscheidung erfordert und individuell von jedem Beobachtenden unterschiedlich aufgefasst werden kann. Dadurch sind die Beobachtungen häufig ungewollt subjektiv geprägt (Häder, 2015). Trotzdem handelt es sich bei Beobachtungen um eine häufig angewandte Methode zur Datenerhebung in der Wissenschaft. Die Fakten, welche die Schüler:innen im Versuchsverlauf wahrnehmen, werden von ihnen festgehalten. Die Art der Verschriftlichung (Zeichnung, Textform) ist den Schüler:innen überlassen und dem Versuchsdesign anzupassen (Kleesattel, 2006). Die Objektivität von Beobachtungen in einem Experiment oder Versuch ist von zentraler Bedeutung für die Zuverlässigkeit und Reproduzierbarkeit der Ergebnisse. Demnach ist es wichtig zu beachten, dass die Objektivität von Beobachtungen je nach Art der beobachteten Parameter variieren kann. Bei messbaren Größen wie der Ionenkonzentration können Beobachtungen oft als objektiv betrachtet werden, vorausgesetzt, es gibt keine signifikanten Messfehler. Hier können vorher festgelegte Maßstäbe und standardisierte Messverfahren dazu beitragen, subjektive Einflüsse zu minimieren.

Im Gegensatz dazu kann die Objektivität bei Verhaltensbeobachtungen, wie im Präferenzversuch mit Asseln, herausfordernder sein. Um mögliche subjektive Einflüsse zu minimieren, ist die Verwendung von Beobachtungsbögen und vorher festgelegten Kriterien entscheidend. Ein Beobachtungsraster kann helfen, den Fokus auf bestimmte Aspekte zu lenken und die Notierung von Beobachtungen zu standardisieren.

Es ist jedoch wichtig anzumerken, dass trotz dieser Bemühungen einige Beobachtungen, insbesondere solche, die auf subjektiven Wahrnehmungen wie Farben oder Formen beruhen, gewisse Grade der Subjektivität aufweisen können. Die Schüler:innen nehmen ihre Umgebung unterschiedlich wahr, und daher kann es schwierig sein, vollständige Objektivität zu erreichen. Dennoch ist es durch den Einsatz von standardisierten Methoden und vorher festgelegten Kriterien möglich, den Grad der Objektivität in Beobachtungen zu maximieren.

Somit ist es die Aufgabe der Lehrkraft sicherzustellen, dass es sich beim Beobachten um einen komplexen Vorgang handelt, der wissenschaftlich fundiert durchgeführt werden muss. Sie vermittelt den Schüler:innen, dass auch scheinbar unwichtige und weniger bedeutsam erscheinende Beobachtungen für das Resultat des Experiments oder Versuchs essenziell sein können und sie nicht außer Acht gelassen werden dürfen (Staeck, 1995).

A: Da es sich bei den Pflanzen um Objekte im Ruhezustand handelt, betrachten die Schüler:innen die Pflanzen zunächst (für den Unterschied zwischen Betrachten und Beobachten siehe Kapitel 5.2.2). Durch weitere Prozesse, wie das Messen oder Zählen der Keimlinge, wird aber auch beobachtet. Die Lerngruppe dokumentiert an jedem Tag das Wachstum in den Petrischalen mit einem Foto und trägt in eine angefertigte Tabelle die Höhe (in cm), die Farbe und die Anzahl der keimenden Bohnen ein. Eine weitere Spalte lassen die Schüler:innen für Besonderheiten offen.

B: Die Schüler:innen messen in der Online-Simulation an fünf verschiedenen Messstationen die Vorgänge an der Synapse. Dabei gibt das Programm sowohl konkrete Messwerte als auch Diagramme zum zeitlichen Verlauf an jeder der Messstationen an. Diese Beobachtungen werden von den Schüler:innen in einem vorgefertigten Beobachtungsbogen notiert.

5.1.4 Schlussfolgerung – Verifizierung & Falsifizierung

Phasenbeschreibung & Kompetenzen

Sobald die Experimentierphase der Schüler:innen abgeschlossen ist, erfolgt die Zusammenfassung der ermittelten Ergebnisse (Otteni, 2020). Die Daten werden dargestellt, ohne sie jedoch zu deuten. Studien von Riemeier (2011) zeigen, dass Schüler:innen der Sekundarstufe II den Prozess der Beschreibung und den der Erklärung nicht voneinander abgrenzen können und die Wörter sogar synonym verwenden. Bei der Einführung der wissenschaftlichen Arbeitsweisen muss die Lehrkraft darauf achten, dass die Schüler:innen in ihre Beschreibungen keine Erklärungen oder Deutungen einbeziehen. An dieser Stelle kann der Kontrollversuch miteinbezogen werden, um die ermittelten Ergebnisse einordnen zu können. Für die Auswertung von unterschiedlichen Datensätzen können von den Schüler:innen Programme, wie zum Beispiel „Microsoft Excel", herangezogen werden, damit, je nach Jahrgangsstufe, statistische Auswertungen erfolgen und die Ergebnisse grafisch dargestellt werden können. Die Schüler:innen beziehen sich bei der Auswertung wieder auf ihre Hypothese und entscheiden, ob sie durch ihr Experiment oder ihren Versuch bestätigt (verifiziert) werden kann oder widerlegt (falsifiziert) werden muss (Eschenhagen et al., 1998). Falls es Widersprüche gibt, wird die Hypothese entweder verworfen oder muss so angepasst oder überarbeitet werden, dass durch weitere Versuche die neue Hypothese bestätigt werden kann.

Unter Berücksichtigung dieser Phasenmerkmale wird an dieser Stelle die Kompetenz des Schlussfolgerns (*drawing conclusions*) gefördert. Im Rahmen dieser Fähigkeit wird die Bedeutung der erhaltenen Ergebnisse im Forschungszusammenhang reflektiert und zu einem Endergebnis kombiniert. Je nach gewähltem Ansatz führt diese Fähigkeit zu einer Überarbeitung der eingangs aufgestellten Hypothese.

> **A:** Nach dem Abschluss der Untersuchung werten die Schüler:innen ihre Tabelle aus. Dazu interpretieren sie die unterschiedlichen Parameter und vergleichen die Ergebnisse mit dem Kontrollversuch. Für die Größe (in cm) und die Anzahl der keimenden Bohnen konstruieren die Schüler:innen passende Diagramme zur Veranschaulichung. Durch ihre Ergebnisse nehmen sie auch eine Bewertung ihrer Vermutungen vor.
>
> **B:** Die Schüler:innen werten die eingetragenen Messwerte aus der Online-Simulation der Synapse aus und interpretieren die Werte. Die interpretierten Ergebnisse nutzen die Schüler:innen, um die aufgestellten Hypothesen zu bewerten.

5.1.5 Diskussion – Theoriebezug & kommunikative Reflexion

Phasenbeschreibung & Kompetenzen

Im letzten Schritt werden aus den Ergebnissen Rückschlüsse zu der theoretischen Grundlage gezogen (Otteni, 2020). Somit kann eine Übertragung oder Anwendung auf neue Sachverhalte erfolgen, was wiederum zu weiteren Hypothesen und Experimenten der Versuchen führt. Außerdem sollten die Schüler:innen an dieser Stelle eine Fehlerdiskussion durchführen, was bedeutet, dass mögliche Fehlerquellen im Experiment oder Versuch und deren Auswirkungen auf die Ergebnisse analysiert und diskutiert werden. Insgesamt nehmen die Schüler:innen in der Diskussion eine reflektiert-kritische Haltung ein, wodurch sie ihre Objektivität beweisen. Je nach Ergebnis und Diskussion des Experiments oder Versuchs kann aus der Hypothese eine neue, vorübergehend richtige Annahme generiert werden, die so lange als wahr gilt, bis ein weiteres Experiment oder ein weiterer Versuch die Annahme falsifiziert.

In der Phase der Diskussion steigt der Anspruch an Verknüpfungen und damit auch die Dichte der prozessbezogenen Kompetenzen. Zunächst werden Beweise geprüft (*evidence evaluation*). Zu dieser Fähigkeit zählt das Analysieren der gesammelten Beweise und Aussagen in Bezug auf die zu Beginn aufgestellte Hypothese und den theoretischen Ansatz zur Überprüfung des Forschungsgegenstandes. Hinzu kommt das prüfende Kommunizieren (*communicating and scrutinizing*). Diese Fähigkeit des Vorstellens und Diskutierens der Methoden und Ergebnisse des Forschungsgegenstandes umfasst ein kritisches Denken in Bezug auf das gewählte Vorgehen und den Transfer der Ergebnisse auf weitere Sachzusammenhänge. Schließlich sind die Konstruktion und Überarbeitung des Forschungsgegenstandes (*construction and redesign of artefacts*) anzuführen. Diese Fähigkeit beschreibt noch detaillierter das Konstruieren sowie Korrigieren des forschenden Arbeitsprozesses und bietet einen Ausblick auf modifizierte oder auch neue Forschungsperspektiven (Fischer et al., 2014).

A: Die Schüler:innen diskutieren ihre Ergebnisse und überprüfen ihre Hypothese („Bohnen können ohne Licht nicht keimen, weil Pflanzen Licht zum Wachsen brauchen."). In diesem Fall können die Schüler:innen ihre Hypothese falsifizieren, da sie mit ihrer Vermutung nicht das richtige Ergebnis vorausgesagt haben: Die Samen keimen ohne Licht. Es ist wichtig, dass die Schüler:innen das Falsifizieren ihrer Hypothese nicht als Misserfolg werten und enttäuscht von ihren Ergebnissen sind. Vielmehr müssen sie die Chance sehen, trotzdem einen Beitrag zur Theorie leisten zu können. Denn aufgrund ihrer Beobachtungen zu Kontroll- und Versuchsgruppe haben sie festgestellt, dass Samen ohne Licht zwar keimen, aber in ihrem Aufbau verändert sind. Außerdem überlegen sie, inwiefern sich Fehler in ihre Messungen eingeschlichen haben und welche Möglichkeiten zur Fehlerreduktion es in Folgeexperimenten gibt. Ein Fehler könnte zum Beispiel das Lüften im Raum sein. Zwar

> unterliegen beide Testobjekte den gleichen Einflüssen, jedoch übt ein Temperaturwechsel im Raum Einfluss auf das Wachstum aus.
> Ausgehend von diesem Experiment ergeben sich in der Diskussion bereits weitere Fragestellungen und Folgeexperimente. So könnte der beobachtbare Farbunterschied zwischen belichteten und unbelichteten Samen bei den Schüler:innen die Frage „Welche Bedeutung hat der Faktor Licht für das Pflanzenwachstum?" hervorrufen. Dabei unterscheiden sie direkt intuitiv zwischen den beiden biologischen Prozessen „Keimung" und „Wachstum", wodurch sich das weitere Vorgehen in Unterrichtsreihe aus dem Kontext heraus selbst entwickelt.
>
> **B:** Die Schüler:innen müssen ihre Hypothese („Wenn das Gift die Calcium-Kanäle der Präsynapse blockiert, würden keine Neurotransmitter in den synaptischen Spalt freigesetzt werden und die Postsynapse könnte nicht erregt werden.") zwar einerseits konkretisieren, da es nur nicht ein Gift bei der Kegelschnecke gibt, andererseits können sie inhaltlich ihre Hypothese aber verifizieren, da das ω-Conotoxin genau diesen Wirkmechanismus hat. In der weiteren Diskussion können Vorteile des „Giftcocktails" der Kegelschnecke diskutiert werden, aber auch ein Blick auf mögliche Einsatzgebiete der Conotoxine in der Medizin ist denkbar (Wegner et al., 2024).

5.2 Wissenschaftliche Methoden

Die Aufschlüsselung des naturwissenschaftlichen Erkenntniswegs hat gezeigt, dass ein problemorientierter Lernweg eine Vielzahl an Kompetenzen fördert. Gestützt wird dieser Lernprozess durch variierende Medien und Methoden, die im Sinne der Begabungsförderung einen selbstbestimmten und mehrdimensionalen Erkenntnisweg gestalten. Dies kann durch den bewussten Einsatz unterschiedlicher Medien im naturwissenschaftlichen Unterricht (siehe Kapitel 5.2.1; 5.2.3; 5.2.4; 5.2.5) sowie die Einführung wissenschaftlicher Denk- und Arbeitsweisen, wie beispielsweise dem Experimentieren, Beobachten und Modellieren (siehe Kapitel 5.2.2), unterstützt werden.

5.2.1 Medien im naturwissenschaftlichen Unterricht

In den letzten Jahren haben die Digitalisierung und der rasante technische Fortschritt unsere Gesellschaft in vielerlei Hinsicht verändert. Diese Entwicklungen haben auch vor den Schulen nicht haltgemacht und sowohl Lehrkräfte als auch Schüler:innen sind Zeug:innen einer bemerkenswerten Transformation im Bildungsbereich geworden. Eine der signifikantesten Veränderungen betrifft den Einsatz von Medien im Unterricht. Traditionelle Lehrmethoden und -materialien sind zwar nach wie vor relevant und wichtig, doch sie werden immer häufiger durch innovative digitale Medien ergänzt oder gar ersetzt. Dieser Wandel führt dazu, dass im Klassenzimmer eine faszinierende Vielfalt an Lehr- und Lernressourcen zum Einsatz kommt. Trotz dieser digitalen Revolution bleiben die klassischen Medien, wie Lehrbücher, Tafeln und Arbeitsblätter, ein unverzichtbarer Bestandteil des schulischen Alltags. Ihre bewährte Effektivität und Zugänglichkeit sorgen dafür, dass sie nach wie vor aktuell sind. Stattdessen findet vielmehr ein integrativer Prozess statt, bei dem klassische und digitale Medien miteinander verschmelzen, um den Bildungsprozess zu bereichern. Insbesondere im naturwissenschaftlichen Unterricht eröffnen sich hierbei vielfältige Möglichkeiten, Synergieeffekte zu nutzen und Schüler:innen gleichermaßen in ihren naturwissenschaftlichen und digitalen Kompetenzen zu fördern. Folglich ist es unabdingbar, sowohl bewährte klassische Medien als auch innovative digitale Medien zu kennen, um eine optimale Förderung von naturwissenschaftlichen und digitalen Kompetenzen im eigenen Unterricht zu ermöglichen.

Bei Unterrichtsmedien handelt es sich um Formen unterschiedlichen Wissenstransfers (Arbeitsblätter, Fotos, wissenschaftliche Artikel oder Objekte). Dabei ist es wichtig, genau zu überlegen, welches Unterrichtsmedium sich für die Vermittlung eines speziellen Inhalts eignet. Allgemein unterscheiden Gropengießer und Kollegen (2010) zwischen zwei Formen von Zielen der Unterrichtsmedien:

Abbildung 24: Zweck der unterschiedlichen Medien im Unterricht.

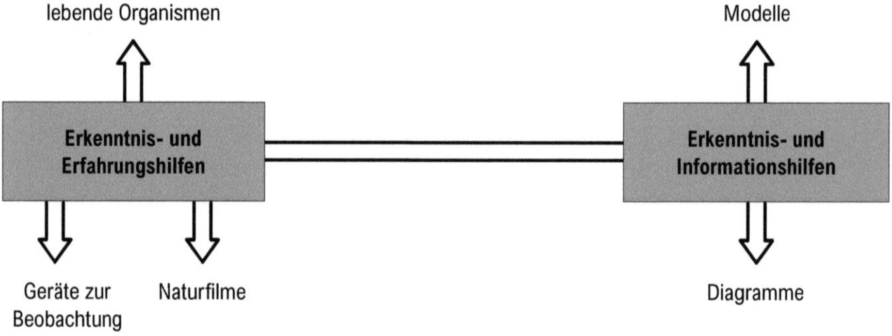

```
   lebende Organismen                              Modelle
          ⇧                                           ⇧
  ┌──────────────────┐                       ┌──────────────────┐
  │  Erkenntnis- und │───────────────────────│  Erkenntnis- und │
  │  Erfahrungshilfen│                       │ Informationshilfen│
  └──────────────────┘                       └──────────────────┘
       ⇩        ⇩                                    ⇩
  Geräte zur  Naturfilme                         Diagramme
  Beobachtung
```

Quelle: In Anlehnung an Gropengießer et al., 2010.

Wenn im Unterricht Erlebnis- und Erfahrungshilfen ermöglicht werden sollen, eignen sich besonders lebende Organismen, aber auch Naturfilme oder Geräte zur Beobachtung als Medium. Tritt jedoch der Fall auf, dass das Medium als Erkenntnis- und Informationsquelle dienen soll, so werden vermehrt Modelle und Diagramme eingesetzt. Für den Biologieunterricht ist somit der Einsatz von Mikroskopen oder Präparierbesteck eine Erlebnis- und Erfahrungshilfe für die Schüler:innen, da sie durch diese Geräte die biologischen Phänomene beobachten können. Der Einsatz eines Modells hingegen dient eher der Erkenntnis- und Informationshilfe, weil anhand des Modells neue Sachverhalte erschlossen werden können. Dabei können

Modelle unterschiedliche Schwerpunkte im Prozess der Erkenntnisgewinnung setzen (siehe Kapitel 5.2.5).

Die Unterrichtsmedien können auf unterschiedliche Weise kategorisiert werden. Zum einen können die verwendeten Medien hinsichtlich der Sinnesmodalität in zwei Gruppen eingeteilt werden: die Ein-Kanal-Systeme (z. B. wissenschaftliche Podcasts, Abbildungen und Fühlkästen) und die Mehr-Kanal-Systeme (z. B. Simulationen, Realobjekte und die Arbeit mit Tablets). Wie aus den Namen abzuleiten, wird bei den Ein-Kanal-Systemen eine Sinnesebene der Schüler:innen angesprochen, wohingegen es bei Mehr-Kanal-Systemen zu einem Zusammenspiel unterschiedlicher Sinne kommt. Sinne, die in der Schule angesprochen werden können und durch welche Medien dies geschehen kann, werden in Tabelle 9 näher dargestellt. Dabei wird deutlich, dass fast alle Experimente oder Versuche, die im Unterricht durchgeführt werden, parallel mindestens zwei Sinne ansprechen, sodass die meisten Situationen mindestens ein Zwei-Kanal-System erfordern.

Tabelle 9: Übersicht der Sinneswahrnehmungen im naturwissenschaftlichen Unterricht.

Sinn	angesprochenes System	Unterrichtsbeispiel		
		Jahrgangsstufe	Thema	Beispiel
Visuell	Sehsinn	7–8	Bionik	Elektromikroskopische Aufnahmen eines Geckofußes → Van-der-Waals-Kräfte
		10–11	Zellbiologie	Aufnahmen der unterschiedlichen Mitosestadien
Auditiv	Gehörsinn	5–7	Vögel	Tonaufnahmen von unterschiedlichen Vogelstimmen (bzw. Balzverhalten)
		5–9	Orientierung	Echoortung von Schleiereulen
Haptisch	Tastsinn	7–8	Ökologie	Strukturelle Unterschiede der Rinden von Bäumen
		Q1-Q2	Neurobiologie	Kniesehnenreflex
Olfaktorisch	Geruchssinn	5–6	Sinne des Menschen	Geruchsmemory
		EF-Q2	Gärungsprozesse	Unterschiedliche Gärungsstadien der Essigsäure
Gustatorisch	Geschmackssinn	5–6	Gesunde Ernährung	Makronährstoffe (Katabole Abbauprozesse Stärke → Glucose)

Quelle: Eigene Darstellung.

Zum anderen kann bei Unterrichtsmedien zwischen primären und sekundären Informationsträgern unterschieden werden (Killermann et al., 2013). Demnach werden lebende Objekte und Präparate von Tieren, die in der Vergangenheit tatsächlich gelebt haben, zu den Primärinformationsträgern gezählt, wohingegen in die Kategorie Sekundärinformationsträger alle weiteren Arbeitsmittel wie Fotos, Bilder, Modelle, Filme oder Lehrbücher fallen. „Reale wissenschaftliche Geräte, unbelebte Materie wie Gesteine, Salze und Gase sowie lebende Organismen ermöglichen im naturwissenschaftlichen Unterricht eine originale Begegnung mit realen Objekten und Naturobjekten, die sogenannte *Primärerfahrung*" (Nerdel, 2017, S. 190). Nach Gropengießer und Kollegen (2010) kann dann von Primärerfahrung gesprochen werden, „wenn Lernende mit ihren Sinnen unmittelbar oder mittelbar durch Geräte, die die Leistung der Sinnesorgane erweitern (z. B. Lupe, Mikroskop, Fernglas, Stethoskop, Blutdruckmessgerät), mit originalen Gegenständen in Kontakt treten" (Nerdel, 2017, S. 92). Ein Merkmal für sekundäre Quellen ist, dass diese künstlich hergestellt wurden und es sich dabei nicht um reale Naturobjekte handelt. Außerdem wird das zu vermittelnde Wissen durch die Art der Aufbereitung gefiltert (Nerdel, 2017). Beispielhaft kann hier der Einsatz von Modellen genannt werden, welcher in Kapitel 5.2.5 näher beleuchtet wird.

Eschenhagen und Kollegen (2003) bringen die genannten Faktoren in einer Gesamtübersicht zusammen:

Abbildung 25: Medien des Biologieunterrichts, geordnet nach der Stellung zwischen Original und Abbild.

Original → Abbild	Geräte	Anschauungsobjekte	Funktionen
	Beobachtungsgeräte Exprimentiergeräte	Lebewesen	Erlebnismittel Erfahrungsmittel
		Peparate Abgüsse Nachbildungen	
	Messgeräte		
		Naturbilder (Licht- und Hörbilder)	Erkenntnismittel
	Computer		
		Modelle	
	Vorführgeräte (Bildprojektoren, Tonbandgeräte)	Schemata Diagramme Texte	
	Wandtafel	Symbole	Informationsmittel

Quelle: In Anlehnung an Eschenhagen et al., 2003.

Für Lehrkräfte ist es zwar oftmals aufwendig, aber durchaus möglich, den Schüler:innen im Unterricht Primärerfahrungen zu bieten, da einige Lebewesen auch im Schulkontext in ihrem (natürlichen) Habitat besucht und diese dort beobachtet werden können (Nerdel, 2017). Bereits auf dem Schulhof können die Schüler:innen mit unterschiedlichen Organismen in Kontakt kommen, die eine unterrichtliche Relevanz darstellen. Außerdem besteht bei einigen Organismen die Möglichkeit, deren Lebensraum kurzfristig in den Klassenraum zu verlegen und somit die Primärerfahrungen in die Schule zu bringen, wobei selbstverständlich „stets die Vorschriften zum Natur-, Arten-, und Tierschutz sowie die rechtlichen Bestimmungen der Schule und die Sicherheit der Schülerinnen und Schüler zu beachten [sind]" (Nerdel, 2017, S. 192). Auf dem Schulhof können Gliederfüßer, wie zum Beispiel Bienen, Wespen, Fliegen, Spinnen oder Tausendfüßler gefangen oder beobachtet werden. Im Klassenraum gibt es die Möglichkeit, Aquarien, Terrarien oder Käfige aufzubauen, in denen kurzfristig Kleinsäuger, wie Mäuse oder Meerschweinchen und Kaninchen, Fische oder kleine Reptilien gehalten werden können.

In Bezug auf die außerschulischen Orte für die Primärerfahrungen von Schüler:innen lassen sich zwei Kategorien voneinander unterscheiden. Zum einen die Lernorte, welche speziell für das Erleben und Verarbeiten von Primärerfahrungen der Schüler:innen ausgerichtet sind, wie zum Beispiel spezielle Angebote von Zoos oder unterschiedlichen Umweltstiftungen. Ein Beispiel bildet hier das grüne Klassenzimmer (Wappel, 2023), welches in vielen Städten angeboten wird und den Schüler:innen die Natur spielend und forschend näherbringen soll. Zum anderen bieten aber auch nahegelegene Wiesen, Wälder oder Seen ein großes Potenzial, welches die Lehrkräfte in ihren Unterricht integrieren können. Dazu ist es ratsam, dass die Lehrkräfte im Voraus die Gegebenheiten vor Ort sichten, um sich einen Überblick zu verschaffen und nicht ungefiltert mit ihren Schüler:innen die Umwelt erkunden. Ein Beispiel hierfür ist die Bestimmung und Errechnung des Saprobienindexes in Gewässern. So haben die Schüler:innen zum einen die Möglichkeit, die Organismen zu fangen und zu bestimmen, zum anderen aber auch die biologische Bedeutung ihres Vorkommens in dem Gewässer zu deuten.

Aus den genannten Informationen lassen sich mehrere Rückschlüsse auf die Förderung von begabten Schüler:innen ziehen. Je nach Ausprägung bzw. beobachtbarer Äußerung der Begabung (siehe Kapitel 2) können anhand der Spanne vom Erlebnis- bis zum reinen Informationsmedium verschiedene Interessen von Begabten verfolgt werden. Die Mehrdimensionalität von verschiedenen Medien bietet zudem vielseitige Differenzierungsmöglichkeiten in Bezug auf Ein- oder Mehr-Kanal-Systeme. Gallagher (2015) erwähnen im Zusammenhang mit der Lernweg-Modifikation für begabte Schüler:innen die Arbeit mit komplexen Konzepten (Gallagher, 2015). Daraus lässt sich eine vorrangige Arbeit mit Mehr-Kanal-Systemen ableiten. Darüber hinaus kann der Fokus auf die Primärerfahrung nach Nerdel (2017) gelegt werden, da diese Lernobjekte zumeist wenig durch die Lehrkraft aufbereitet werden können und daher mehr Entdeckungs- und Forschungsmöglichkeiten für Begabte zulassen.

5.2.2 Experimente und Beobachtungen

Beim naturwissenschaftlichen Arbeiten werden verschiedene Methoden genutzt, um anhand einer Untersuchung aufgestellte Forschungsfragen beantworten und Hypothesen überprüfen zu können. Dies kann klassisch durch Experimente (Unterscheidung zum Versuch siehe Kapitel 5.1.3), aber auch durch die Durchführung von Beobachtungen ermöglicht werden. Sie sind gleichermaßen grundlegende Formen des wissenschaftlichen Arbeitens und haben Vor- und Nachteile hinsichtlich der Aussagekraft sowie aus zeit- und ressourcenökonomischen Gesichtspunkten. Gleichzeitig stehen diese Arbeitsweisen nicht für sich selbst, sondern werden häufig miteinander vernetzt, wodurch eine klare Abgrenzung erschwert wird. Um eine gezielte Förderung von naturwissenschaftlich begabten Schüler:innen zu ermöglichen, muss man die Charakteristika dieser drei genannten Kernmethoden kennen, um sich begründet für den jeweiligen Einsatz entscheiden zu können.

Experimente

Experimente sind Untersuchungen, die sich durch künstlich hergestellte Umstände sowie die „Isolation und die Variation eines Parameters" (Killermann et al., 2020, S. 150) auszeichnen. Das Besondere ist der direkte Objektbezug, der im Erkenntnisprozess die Anschaulichkeit unterstützt und zur Förderung der grundlegenden Kompetenzen der naturwissenschaftlichen Grundbildung (*Scientific Literacy*; siehe Kapitel 1.1) beiträgt (Kremer et al., 2019). Experimentelles Lernen leistet außerdem „einen wichtigen Beitrag zum Verständnis von biologiespezifischen Charakteristika von Naturwissenschaften (*Nature of Science*)" (Kremer et al., 2019, S. 116). Studien belegen ergänzend, dass biologische Experimente Schüler:innen im Unterricht nachhaltig motivieren können: „Durch das Experimentieren kann so situationales Interesse entstehen, das wiederum zu individuellem Interesse am Fach Biologie führen kann und damit einen Einfluss auf die zukünftige Beschäftigung mit biologischen Themen hat" (Kremer et al., 2019, S. 114). Killermann und Kollegen (2020) sehen in der Durchführung von Experimenten die Chance auf einen Methodenpluralismus und unterscheiden dabei Differenzierungsebenen (siehe Tabelle 10).

Nach dieser Klassifizierung können Experimente in Bezug auf die Datenerhebung qualitativ oder quantitativ aufgebaut sein. Auch der Aktivitätsmodus ist anpassbar. So können Experimente einerseits von Lehrkräften vorgeführt oder in Zusammenarbeit mit Schüler:innen demonstriert werden. Diese Wahl steht im Verhältnis mit einer gesteuerten oder autonomen Strukturierung des Lernprozesses. Tendenziell wird jedoch betont, dass vor allem mit steigendem Alter das experimentelle Vorgehen nicht nur im Sinne eines Versuchs vorgegeben, sondern als eigentliches Experiment von den Schüler:innen selbst entwickelt werden sollte. Durch einen offenen und forschenden Unterricht soll gewährleistet sein, „sowohl Fachwissen als auch [die] wissenschaftsmethodische Kompetenz der Lernenden nahezu zu gleichen Anteilen zu fördern" (Kremer et al., 2019, S. 122).

Tabelle 10: Differenzierung von Experimenten anhand verschiedener Einteilungskriterien nach Killermann et al., 2020.

Einteilung	Experimente		
Nach der Genauigkeit der Ergebnisse	qualitativ		quantitativ
Nach der auszuführenden Person	Lehrkraft	Demonstration (Lehrer:in + Schüler:innen)	Schüler:innen
Nach der Abstraktionsebene	mit realen Objekten	mit realen (Funktions-) Modellen	mit virtuellen Modellen
Nach dem Zeitbedarf	kurze Zeitspanne		längerer Zeitraum
Nach der didaktischen Funktion	einführend	klärend	bestätigend

Quelle: In Anlehnung an Killermann et al., 2020.

Die Tabelle verweist außerdem auf eine verschieden auslegbare Zeitintensivität, die je nach Forschungsgegenstand und Untersuchungsprozess enger oder weiter gefasst werden kann. Des Weiteren können im Rahmen von Experimenten reale oder auch virtuelle Materialien genutzt werden, wodurch die Flexibilität deutlich erhöht wird und die Lehrkräfte, je nach schulinternen Voraussetzungen, Experimente für ihren Unterricht einplanen können. Schließlich kann das Experimentieren verschiedene didaktische Funktionen erfüllen. Die Methode kann als Auftakt und Inspiration im Zusammenhang mit einem neuen Lerngegenstand dienen, um dabei gezielt ein Konflikt oder Problem aufzuwerfen. Ein klärendes Experiment dient hingegen vorrangig der Problemlösung und der Erkenntnisgewinnung. Im Unterschied dazu ist ein bestätigendes Experiment eine Überprüfung eines bereits bekannten Sachverhalts (Killermann et al., 2020).

Beispiele der didaktischen Funktionen von Experimenten

Einführend: Ein einfacher, aber anschaulicher Einstieg in die Thematik der Enzymatik kann durch das längere Kauen von Brot und die darauf folgende Beobachtung von Veränderungen im Geschmack erfolgen. Durch den Kauvorgang wird im Mund der Speichel freigesetzt, der Enzyme wie Amylase enthält. Diese Enzyme beginnen sofort mit der Spaltung von Stärke im Brot zu einfacheren Zuckern. Während des längeren Kauens können Schüler:innen selbst erleben, wie sich der Geschmack des Brotes verändert, da die Enzyme die Stärke in süßere Bestandteile zerlegen. Diese praktische Demonstration ermöglicht einen direkten Bezug zu enzymatischen Prozessen im menschlichen Körper und bildet eine Brücke zu vertieften Diskussionen über die Rolle von Enzymen in biochemischen Reaktionen.

Klärend: Die Untersuchung des Einflusses der Temperatur auf die Enzymaktivität ist ein faszinierendes Experiment, selbst ohne vorheriges Fachwissen. Enzyme sind Proteine, die als Biokatalysatoren fungieren und biochemische Reaktionen beschleunigen. Bei dieser Untersuchung geht es darum, wie sich verschiedene Temperaturen auf die Aktivität dieser Enzyme auswirken. Da Enzyme empfindlich auf Temperaturschwankungen reagieren, können die Schüler:innen beobachten, wie ihre Aktivität bei verschiedenen Temperaturen variiert, ohne im Voraus genaue Kenntnisse über die spezifischen Enzyme zu haben. Dieses Experiment bietet die Möglichkeit, grundlegende Einblicke in biochemische Prozesse zu gewinnen und das Verständnis für die Funktionsweise von Enzymen zu vertiefen.

Bestätigend: Die Kenntnis der Einflussfaktoren auf die Enzymaktivität ermöglicht es, gezielte Experimente durchzuführen, um spezifische Aspekte genauer zu untersuchen. Ein häufig untersuchter Einflussfaktor ist die Temperatur, wie in zahlreichen Experimenten belegt. Durch die gezielte Variation der Temperaturbedingungen kann man erkennen, wie Enzyme auf unterschiedliche Temperaturen reagieren und wie sich ihre Aktivität verändert. Interessanterweise zeigt diese Erkenntnis, dass ein und dasselbe Experiment an verschiedenen Stellen eingesetzt werden könnte, jedoch mit unterschiedlichen Zielen und Zwecken. Ein Experiment zur Temperaturabhängigkeit der Enzymaktivität könnte beispielsweise dazu dienen, die optimale Temperatur für eine bestimmte enzymatische Reaktion zu identifizieren oder die Stabilität von Enzymen bei verschiedenen Temperaturen zu prüfen. Somit verdeutlicht diese Vielseitigkeit, wie ein experimenteller Ansatz mehrere didaktische Funktionen übernehmen kann.

Neben den variablen Einsatzmöglichkeiten benötigt das Experimentieren sowohl kognitive als auch motorische Fähigkeiten der Schüler:innen (Kremer et al. 2019). Daran schließt sich ein erster Bezug zur Begabungsförderung an, da beim Konzipieren und Durchführen von Experimenten umfassende naturwissenschaftliche Kompetenzen von Schüler:innen verlangt, aber auch geschult werden.

Beobachtungen

Die Beobachtung als Arbeitsweise ist klar und scharf von dem Vorgang des Betrachtens abzugrenzen. Das Betrachten ist die einfachste Arbeitsweise im Biologieunterricht. Dabei wird das Erscheinungsbild eines Objekts im Ruhezustand beschrieben. Durch die Einschränkung „Ruhezustand" sind Betrachtungen oftmals oberflächlich und ungenau. Das Betrachten ist ein einzelner Prozess, der keine weiteren Schritte benötigt oder durch andere bedingt wird.

Im Gegensatz dazu steht das Beobachten, welches eine komplexere Arbeitsweise im Unterrichtsfach Biologie darstellt (Wegner & Schmiedebach, 2017). Es wird nicht nur der Ruhezustand von Objekten erfasst, sondern zusätzlich die Bewegungen und Verhaltensweisen sowie die Reaktionen auf äußere Einflüsse oder Veränderungen über einen bestimmten Zeitraum und auf bestimmte Anlässe hin eingefangen und notiert (Nehring et al., 2016). Diese stellen die Grundlage für die Ergebnisse dar. Durch die Vielseitigkeit von Beobachtungen ist die Arbeitsweise bewusst, genau und zielgerichtet. Das Beobachten lässt sich dabei nicht als ein einzelner Prozess beschreiben. Vielmehr handelt es sich dabei um ein Zusammenspiel von unterschiedlichen Methoden aus der Biologie, wie zum Beispiel Betrachten, Beschreiben, Sammeln, Ordnen, Vergleichen, Messen und Zählen. Außerdem können Beobachtungen vielseitig fixiert und für die Weiterarbeit konstruiert werden (Bruckermann et al., 2017). Das Festhalten von wahrgenommenen Strukturen oder Prozessen kann durch Zeichnungen oder Protokolle erfolgen. Auch digitale Aufzeichnungen in Form von kurzen Videosequenzen oder Bilddokumentationen sind denkbar. An dieser Stelle kann die Kreativität (siehe Kapitel 1.1) der Schüler:innen, z. B. durch den Einsatz von Lapbooks, selbsterstellten Tutorials und Videopodcasts, gefördert werden. Beobachtungen können zudem einerseits als Einstieg und Hinführung zu einem neuen Thema dienen, andererseits aber auch zur gezielten Untersuchung von Fragestellungen, indem zum Beispiel Entwicklungsvorgänge bei Tieren oder Pflanzen beobachtet werden (Killermann et al. 2020). Um das Beobachten als wissenschaftliche Methode in den Unterricht zu integrieren, folgen hier ein paar Praxistipps:

1. **Klare Anweisungen geben:** Beginnen Sie mit klaren Anweisungen für die Beobachtungen. Geben Sie den Schüler:innen klare Ziele und erklären Sie, worauf sie sich konzentrieren sollen. Dies hilft, die Aufmerksamkeit zu lenken und präzise Beobachtungen zu fördern.
2. **Verwenden Sie vorher festgelegte Maßstäbe:** Definieren Sie vorher festgelegte Maßstäbe oder Kriterien, anhand derer die Schüler:innen ihre Beobachtungen bewerten können. Dies fördert die Objektivität und ermöglicht einen standardisierten Ansatz.
3. **Nutzen Sie verschiedene Beobachtungsmethoden:** Ermutigen Sie die Schüler:innen, verschiedene Beobachtungsmethoden zu verwenden, je nach Art des Experiments. Das könnte das Anfertigen von Skizzen, das Notieren von Zeitabläufen oder das Messen von Größen sein.
4. **Ermöglichen Sie Gruppendiskussionen:** Fördern Sie Gruppendiskussionen über Beobachtungen. Der Austausch von Ideen innerhalb der Gruppe kann unterschiedliche Perspektiven aufzeigen und das Verständnis vertiefen.
5. **Verwenden Sie (falls zielführend) Beobachtungsbögen:** Erstellen Sie Beobachtungsbögen mit vordefinierten Kategorien oder Fragen. Dies hilft den Schüler:innen, ihre Beobachtungen strukturiert zu dokumentieren.

6. **Unterstützen Sie die Entwicklung von Beobachtungskompetenzen:** Weisen Sie die Schüler:innen darauf hin, dass Beobachtung eine Fähigkeit ist, die entwickelt werden kann. Ermutigen Sie sie, regelmäßig zu üben und Rückmeldungen zu nutzen, um ihre Beobachtungskompetenzen zu verbessern.
7. **Verknüpfen Sie Beobachtungen mit Konzepten:** Betonen Sie die Verbindung zwischen Beobachtungen und wissenschaftlichen Konzepten. Zeigen Sie den Schüler:innen, wie ihre Beobachtungen zur Formulierung von Hypothesen und zur Entwicklung von Erklärungsansätzen beitragen können.
8. **Berücksichtigen Sie unterschiedliche Lernstile:** Bedenken Sie die Vielfalt der Lernstile in der Klasse. Bieten Sie verschiedene Ansätze für die Beobachtung an, um unterschiedlichen Schüler:innen gerecht zu werden.

Fördermöglichkeiten für Begabte

Anhand der aufgeführten Punkte kann festgehalten werden, dass Experimente und Beobachtungen sehr divers strukturierbar sind und sich daher gut im Umgang mit begabten Schüler:innen einbetten lassen. Die zwei Grundsatzmethoden zeichnen sich durch die Individualisierung des Lernprozesses und eigenständiges Arbeiten aus. Experimente sind schülerzentriert (Gijbels et al., 2005). Durch das forschende Lernen entscheiden die Schüler:innen „im Rahmen instruktionaler Maßnahmen oftmals selbst über die Ausgestaltung des Experiments" (Kremer et al., 2019, S.116). Beobachtungen haben eine differenzierende Wahrnehmungskomplexität, die es begabten Schüler:innen ermöglicht, über gesetzte Rahmenbedingungen hinaus Phänomene und neue Sachverhalte zu entdecken. Diesen kann schließlich in Form von Vertiefungen oder Erweiterungen des Lernangebotes nachgegangen werden. Aufgrund des hohen Grades an Autonomie sind derartige methodische Ansätze nach einer Studie von Bade (2014) besonders zur Förderung von begabten Kindern geeignet. Doch auch wenn individuelle Lernmethoden für Begabte förderlich sind (Hattie, 2013), so muss der Vollständigkeit halber erwähnt werden, dass es bisher kaum Studien über die förderliche Wirksamkeit von ausgewählten Methoden in Bezug auf Begabung gibt (Fischer & Fischer-Ontrup, 2022). Dennoch plädieren wir für eine Methodenvielfalt, welche die Vorteile der unterschiedlichen Methoden zielgenau nutzt und dadurch begabte Schüler:innen methodenbasiert fördert.

5.2.3 Lebende Objekte

Schon der bedeutende Pädagoge Johan Amos Comenius schrieb im 17. Jahrhundert realen Gegenständen in Lernprozessen einen großen Wert zu. Sein Grundsatzwerk von 1657 *Didactica magna* beschreibt reale Gegenstände als Lernprozessaktivator (Comenius, 1657, übersetzt von Flitner, 2018). Aus der Sicht der Assoziationspsychologie steht die sinnliche Erfahrung im Vordergrund, durch welche die Vorstellungsbildung der Schüler:innen ausgebaut werden soll (Hummel, 2011). Roth (1957) und Wagenschein (1980) prägten im Zusammenhang mit lebenden Objekten besonders die Begriffe „Originale Begegnung" sowie „Naturobjekte" und „natürliche Phänomene". Nach dem Prinzip der originalen Begegnungen von Roth (1957) gehen mit den originalen Begegnungen methodische Prinzipien einher, welche den Wissenserwerb von Schüler:innen fördern sollen. Graf (2004) kommentiert:

> „Die pädagogische Begründung für Originalobjekte im Biologieunterricht ist beispielsweise bei Heinrich Roths Prinzip der originalen Begegnung zu suchen; es wird in seiner Bedeutung für den Wissenserwerb und die Persönlichkeitsbildung von keinem Biologiedidaktiker angezweifelt" (S. 190).

Die wissenschaftliche Disziplin von Biologie ist die „Lehre von den Lebewesen und deren Lebensäußerungen" (Heimerich, 1998, S. 50). Dabei sind lebende Organismen für Schüler:innen besonders lebensnah und anschaulich, denn sie beanspruchen zugleich mehrere Sinneskanäle (Nerdel, 2017). Da liegt es sehr nahe, dass diese auch im Fachunterricht eingesetzt werden, um einen schüleraktivierenden und selbsttätigen Unterricht zu schaffen. Eschenhagen und Kollegen (2003) unterstreichen die Sinnhaftigkeit von Lebewesen im Biologieunterricht: „Wie in den Chemieunterricht Chemikalien mitgebracht und verwendet werden, so selbstverständlich gehören Lebewesen in den Biologieunterricht" (S. 320). Darüber hinaus machen lebende Objekte in spezifischer Weise den Charakter des Biologieunterrichts aus (Wüsten, 2010). Dabei ist jedoch zu beachten, dass die in der Planung berücksichtigten Organismen verfügbar sind und didaktisch sinnvoll in den Unterrichtskontext eingebunden werden können und auch dürfen.

Aus diesen Ausführungen geht hervor, dass lebende Objekte im Biologieunterricht besonders drei Zwecke erfüllen: Zum einen wird der Unterricht durch den Einsatz von lebenden Objekten veranschaulicht und ist nahezu frei von Abstraktionen. Zum anderen soll die Einbindung von lebenden Objekten in den Unterricht die kognitive Aktivierung der Schüler:innen fördern und somit den Erkenntnisgewinn unterstützen. Besonders im Hinblick auf die morphologischen, physiologischen und verhaltensbiologischen Aspekte bekommen die Schüler:innen neue Einsichten, da sie häufig ein Defizit an Primärerfahrungen mit in die Schule bringen (Kleesattel, 2006). Ganz entscheidend ist jedoch auch der Einfluss von Lebewesen auf die Motivation der Schüler:innen (Eschenhagen et al., 2003). Durch die Verbindung von Kognition und Emotion wird eine emotionale Reaktion hervorgerufen, die sich entweder zum Organismus hin- oder abwendet. „Als wichtigste Funktionen, die mit dem Einsatz von lebenden Objekten verbunden werden können, sind vor allem in der frühen Sekundarstufe I die Motivierung der Schüler:innen für biologische Fragestellungen, das Entwickeln einer positiven Einstellung Lebewesen gegenüber sowie das Gewinnen von biologischen Grunderfahrungen herauszustellen" (Eschenhagen et al., 2003, S. 320). Dadurch kann sowohl die kurzfristige als auch die langfristige Attraktivität von Biologieunterricht gesteigert werden (Kleesattel, 2006).

Jedoch ist bisher kaum wissenschaftlich bewiesen, dass sich der Einsatz von lebenden Objekten im Biologieunterricht tatsächlich auf den Wissenserwerb, die Motivation oder sogar den Haltungswunsch der Schüler:innen niederschlägt (Klingenberg, 2008). Daher haben Wilde und Bätz (2009) in einer Studie den Einfluss von lebenden Objekten, in diesem Fall Eurasischer Zwergmäuse (*Micromys minutus*), auf die genannten Aspekte untersucht. Die Ergebnisse der Studie zeigten, dass sowohl die Schüler:innen ohne als auch mit lebenden Zwergmäusen nach der Unterrichtseinheit ein signifikant höheres Wissen aufwiesen. Jedoch hatten die Schüler:innen mit lebenden Objekten im Unterricht und Haltung von Mäusen in der Klasse signifikant höhere Wissenszuwächse als die Vergleichsgruppen. Unterschiede zeigten sich auch im Hinblick auf die Motivation. Schüler:innen, welche die Mäuse zum Unterricht im Klassenraum beobachten konnten, waren motivierter und hatten einen höheren Grad von intrinsischer Motivation in Bezug auf den Unterricht (Wilde & Bätz, 2009; Meyer et al., 2016). Den eigenen Haltungswunsch bewerteten die Schüler:innen, welche die Mäuse im Unterricht erlebt hatten und in einem Zeitraum von vier Wochen versorgen mussten, reflektierter und kritischer (Wilde & Bätz, 2009). Somit wird geschlussfolgert, dass „der Einsatz originaler Objekte [...] [den] Lernerfolg und [die] intrinsische Motivation von Schüler:innen steigern [kann]" (Wilde & Bätz, 2009, S. 29).

Im Biologieunterricht können sowohl Pflanzen als auch Tiere als lebende Organismen unterrichtlich eingesetzt werden. Der Einsatz muss dabei stets mit Blick auf die Lernziele und der konkreten Lerngruppe wohlüberlegt sein, wobei die möglichen Vor- und Nachteile von der Lehrkraft abgewogen werden müssen. Insbesondere zur Begabungsförderung bieten lebende Objekte dabei zahlreiche Vorteile, derer man sich bewusst sein sollte.

Pflanzen
Die meisten Schüler:innen empfinden Pflanzen als langweilig, da sie sich wenig sichtbar bewegen und daher als „tote Lebewesen" angesehen werden (Lehnert & Köhler, 2012). Daher ist es für den Biologieunterricht förderlich, wenn von der Lehrkraft Pflanzen für den Unterricht ausgewählt werden, bei denen im Laufe der Zeit eine Veränderung beobachtet werden kann (Eschenhagen et al., 2003), wie z. B. die Knollenbildung und vegetative Vermehrung bei der Kartoffel (*Solanum tuberosum*). Dadurch üben die Schüler:innen zum einen ihre Beobachtungskompetenz, zum anderen finden sie im Optimalfall aber auch Gefallen an Langzeitbeobachtungen und -experimenten, da bei Pflanzen faszinierende Erkenntnisse erlangt werden können (Lehnert & Köhler, 2012). Grundvoraussetzung dafür ist die Einstellung der Lehrkraft zum Thema, da ihre Begeisterung bzw. ihr Desinteresse gegenüber Pflanzen auch auf die Schüler:innen abfärbt. Außerdem muss die Lehrkraft berücksichtigen, dass sie die Pflanzen im Unterricht zweckorientiert und dem Kontext entsprechend auswählt.

Insgesamt sind Pflanzen mit weniger Aufwand zu pflegen als Tiere, was den Lehrer:innen ganzjährig die Gelegenheit bietet, den Schüler:innen Primärerfahrungen zu ermöglichen. Im Klassen- oder Fachraum kann ein Pflanzentisch hergerichtet werden, auf dem alle Pflanzen ausgestellt werden, die sich auf das Unterrichtsthema beziehen. Dazu kann zu jeder Pflanze ein kleiner Steckbrief von den Schüler:innen angefertigt werden, um genauere Informationen über die einzelnen Arten zu bekommen. Außerdem können Bestimmungsbücher hilfreich sein, um bestimmte Charakteristika auf eine gemeinsame Abstammung hin vergleichen zu können.

In dem unten angeführten Kasten steht eine kleine Auswahl an Pflanzenarten bzw. Pflanzenfamilien, die sich gut für den Einsatz im Unterricht eignen:

Abbildung 26: Geeignete Pflanzenauswahl für den Biologieunterricht.

> Aloe   Ampelpflanze   Bogenhanf   Brutblatt   Buntnessel   Buschbohne
> Erbsen   Feuerdorn   Fleißiges Lieschen   Geranie   Grünlilie   Kakteen
> Mimose   Venusfliegenfalle   Wasserpest   Wolfsmilcharten

Quelle: Eigene Darstellung.

Wenn Pflanzen von den Schüler:innen gesammelt und in die Schule mitgebracht werden, muss unbedingt darauf geachtet werden, dass es sich nicht um giftige, geschützte oder seltene Pflanzen handelt. Hierfür kann man mit der Lerngruppe im Vorfeld bereits besprechen, unter welchen Bedingungen Pflanzen aus der Natur gepflückt werden dürfen und dann im Anschluss auch regionale Pflanzen zeigen, die aus den besprochenen Gründen nicht gepflückt werden dürfen.

Neben der unterrichtlichen Verwendung müssen sich die Schüler:innen auch im Schulalltag um die Pflanzen kümmern. Durch einen Pflanzendienst, Pflegepatenschaften oder eine Versorgungsliste fördern die Lehrkräfte das Verantwortungsbewusstsein der Schüler:innen. Dadurch steigern sie auch das Interesse der Lernenden an der Pflanze und trainieren den artgerechten Umgang mit den unterschiedlichen Lebewesen.

Tiere

Schüler:innen bringen Tieren häufig eine höhere Aufmerksamkeit entgegen als Pflanzen. Dies liegt nicht zuletzt daran, dass die Schüler:innen eine emotionale Bindung zu den Tieren aufbauen können und sich im Schulalltag um sie kümmern. Es kann dabei zwischen Kurzzeithaltung und Langzeithaltung unterschieden werden. Bei der Kurzzeithaltung werden Tiere aus der Natur für einige Tage oder Wochen in den Klassenraum oder den Fachraum integriert. Für diese Form der Untersuchung eignen sich z. B. die Aufzucht von Schmetterlingsraupen und die Verfolgung der Entwicklungsstadien. Nach Abschluss der Arbeitsphase mit den Tieren können diese wieder in ihren natürlichen Lebensraum entlassen werden (Lehnert & Köhler, 2012). Jedoch sind einige Arten auch dazu geeignet, über Jahre im schulischen Kontext gehalten zu werden, wie

z. B. einige Insektenarten (Stabheuschrecken, Samtschrecken oder Gespenstschrecken) sowie Kleinsäuger (Hausmaus, Meerschweinchen oder Hamster) und Fische (Guppys, Goldfische oder Stichlinge). Die folgende Abbildung bietet eine Übersicht, in welchem Rahmen Tiere in den Biologieunterricht integriert werden können:

Abbildung 27: Übersicht über mögliche Haltungsmöglichkeiten im Biologieunterricht.

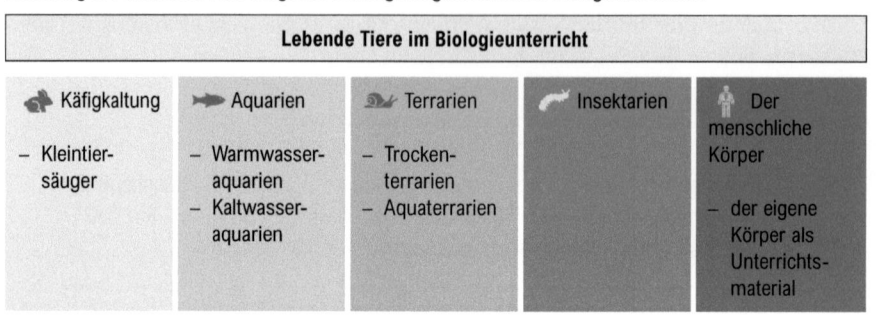

Lebende Tiere im Biologieunterricht				
Käfigkaltung	Aquarien	Terrarien	Insektarien	Der menschliche Körper
– Kleintiersäuger	– Warmwasseraquarien – Kaltwasseraquarien	– Trockenterrarien – Aquaterrarien		– der eigene Körper als Unterrichtsmaterial

Quelle: In Anlehnung an Killermann et al., 2013.

Nicht immer muss ein Tier in den Unterricht mitgebracht werden (Klingenberg, 2009). Der Mensch, als ein Vertreter einer Tierart, kann auch einen entscheidenden Beitrag zum anschaulichen Biologieunterricht leisten. Untersuchungen, Experimente aber auch Beobachtungen können an menschlichen Objekten vorgenommen werden. Mögliche Beispiele für den Einsatz von Versuchen an den Schüler:innen selbst sind:

- Reiz-Reaktion-Versuche (Kramer et al., im Druck)
- Blutkreislauf → Herzschlag, Blutdruck, Puls, Herzratenvariabilität in Abhängigkeit von unterschiedlichen Aktivitäten (Kramer & Wegner, 2020a)
- Versuche mit Speichelamylase
- Psychologische Tests (Kramer et al., 2022)

Diese und weitere Versuche am eigenen Körper ermöglichen Schüler:innen, biologische Prozesse individuell zu erforschen und verstehen. Das Fach Sport bietet in diesem Zusammenhang eine gehaltvolle Schnittstelle, um Auswirkungen sportpraktischen Handelns auf den Körper zu thematisieren. Durch den Erfahrungswert des Sports werden auch komplexe biologische Konzepte wie die Stoff- und Energieumwandlung am eigenen Körper erleb- und untersuchbar (Kramer & Wegner, 2020b; Kramer & Wegner, 2022a; Kramer & Wegner, 2022b). Werden hingegen Tiere im Unterricht thematisiert, können Schüler:innen bei der Versorgung der Lebewesen noch intensiver in die Pflicht genommen werden (Klingenberg, 2010). Neben dem Füttern muss regelmäßig der Lebensraum des Tieres gesäubert sowie das Tier an sich gepflegt werden. Aufgabe der Lehrkräfte ist es, genau darauf zu achten, für welchen Zweck die Tiere im Unterricht eingesetzt werden (Killermann et al., 2013). „Kommt es nur auf den Kontakt mit Lebewesen an, auf das pflegende Tun, oder sollen die Tiere in den Unterricht mit einbezogen werden? Welche Lernziele können konkret mithilfe der Tiere erreicht werden? Was kann an dieser oder jener Art besonders günstig beobachtet werden?" (Killermann et al., 2013, S. 159). Je nachdem, welche Intention die Lehrkraft beim Einsatz von Tieren hat, muss die Unterrichtsmethode angepasst werden.

Wie auch bei den Pflanzen spielen rechtliche Bedingungen eine große Rolle. Die genauen Bestimmungen müssen im Vorfeld von den Lehrkräften recherchiert werden. Dabei ist unbedingt darauf zu achten, dass sich diese länderspezifisch unterscheiden. Außerdem gelten für alle Tiere und Pflanzen, die in den Unterricht eingebracht werden, die Verordnungen des Bundesartenschutzgesetzes. Falls es absehbar ist, dass die Lehrkraft ein geschütztes oder nur in einer bestimmten Stückzahl genehmigtes Tier mit in den Unterricht bringen will, kann zuvor eine Ausnahmegenehmigung beantragt werden. Dies benötigt jedoch eine lange Vorlaufzeit (Klingenberg, 2009).

Das Arbeiten mit Tieren im Unterricht bringt jedoch nicht nur Vorteile für Lehrkräfte und Schüler:innen. Zum einen benötigt eine umfassende Auseinandersetzung mit lebenden Tieren im Unterrichtskontext mehr Zeit als die Auseinandersetzung mit Bildern oder Videos. Das bedeutet, dass Tiere zu didaktisch sinnvollen Unterrichtszeitpunkten eingesetzt werden sollten, sodass sich der zeitliche Aufwand lohnt. Zum anderen „[kann] die objektive Auseinandersetzung mit Tieren [...] aber durch emotionale Sperren (z. B. Angst oder Ekel vor Spinnen) [...] erschwert werden" (Lehnert & Köhler, 2012, S. 160). Besonders unbeliebte Tiere stehen bei diesem Diskurs im Fokus. Über diese halten sich unter den Schüler:innen Mythen und Vorurteile, die irrationale Ängste hervorrufen (Hummel, 2011). Diese extreme Abwehrhaltung kann auch zu Lern- oder Denkblockaden im Unterricht führen und sich allgemein lernhinderlich auswirken. Es ist wichtig, dass die Lehrkräfte ihre Schüler:innen genau beobachten, mögliche Ekel- oder Angstemotionen erkennen und versuchen, durch behutsame und langsam heranführende Unterrichtsmethoden die negativen Gefühle Schritt für Schritt abzubauen. Eventuell schafft es die Lehrkraft sogar, den Ekel gegenüber bestimmten Tieren komplett auszuschalten (Berck & Graf, 2010). Retzlaff-Fürst (2008) stellt in ihrem Werk besonders wirbellose Tiere, wie z. B. Nacktschnecken, Asseln, Tausendfüßer und Regenwürmer, als ekelerregende Tiere heraus. Außerdem führt sie, gestützt durch ihre Studie, an, dass verletzte Tiere (fehlende Gliedmaße oder Quetschungen) negative Gefühle wie Ekel und Mitleid verstärken, wohingegen helle und farbige Tiere als attraktive Lebewesen herausgestellt werden (Retzlaff-Fürst, 2008).

Erschwerend kann hinzukommen, dass Lebewesen meistens mehrere Sinne gleichzeitig ansprechen, was eine genaue Beobachtung verhindern kann (Gropengießer et al., 2010). Dazu führte Staeck (1980) Studien durch, die zum Ergebnis hatten, dass einkanalige Informationen bessere Lernleistungen zur Folge haben. Des Weiteren gilt „zu bedenken, dass die Wahrnehmung realer Objekte den Lernenden lediglich ein subjektives Abbild der Wirklichkeit [präsentiert]" (Hummel, 2011, S. 49) und somit durch einen anderen Fokus die Lernziele nicht erreicht werden (Staeck, 1980). Das bedeutet, dass die Schüler:innen durch genaue Aufgabenstellungen einen klaren Arbeits- oder Beobachtungsauftrag bekommen, der wenig Spielraum für Fehlinterpretationen lässt. Einige Aspekte, die essenziell für den Erkenntnisgewinn sind, können jedoch gar nicht oder eher schlecht am lebenden Objekt beobachtet werden, wenn sich Tiere beispielsweise anders verhalten, als es unter Normalbedingungen der Fall wäre. Abschließend müssen sich die Lehrkräfte vor Augen führen, dass ein lebendes Tier im Unterricht kein Garant für gelingenden und produktiven Unterricht ist, sondern erst das Konzept, in welches das Tier eingeflochten wird, effektives Lernen hervorrufen kann.

Fördermöglichkeiten für Begabte
Tiere und Pflanzen können im Unterricht verschiedene Funktionen einnehmen. Zum einen können sie aktiv in den Prozess der Erkenntnisgewinnung eingebunden werden und zum anderen passiv in Form von Pflege den bewussten Umgang fördern. In beiden Fällen kann dadurch das Verantwortungsbewusstsein gegenüber anderen Organismen wachsen und damit insbesondere für begabte Schüler:innen ein zusätzlicher Aufgabenbereich entstehen, der in einer gesteigerten Motivation resultieren kann (Randler, 2013). Gropengießer und Kollegen (2010) betonen, dass besonders im Umgang mit Tieren viele Sinne gleichzeitig angesprochen werden, wodurch die Beobachtungen der Schüler:innen ungenau werden können. Außerdem können Tiere, deren Verhalten nicht planbar ist, zu einem Fokusverlust führen und die Kinder ablenken (Gehlhaar, 1991). In Bezug auf begabte Kinder ergeben sich hieraus auch Chancen, die zumeist höhere Auffassungsgabe zu nutzen und dementsprechend das Entwerfen neuer Problemfragen anzuregen. Der Umgang mit Pflanzen und Tieren kann neue Denkprozesse initiieren und im Sinne von weiterentwickelbaren Versuchen das kreative Denken sowie Anschlusskommunikationen fördern (Randler, 2013).

5.2.4 Präparate

Häufig sind lebende Objekte, in diesem Zusammenhang besonders tierische Naturobjekte, nicht für den Unterricht verfügbar. Daher greifen Lehrkräfte auf Präparate zurück, an denen besonders die morphologischen und anatomischen Merkmale studiert werden können und zum Erkenntnisgewinn der Schüler:innen beitragen (Killermann et al., 2013; Lehnert & Köhler, 2012). Bei Präparaten handelt es sich um tote Organismen oder zumindest Teile der toten Organismen, welche zur Beobachtung hergerichtet oder konserviert worden sind (Eschenhagen et al., 2003). Die Präparate können durch unterschiedliche Techniken hergestellt und für den Unterricht genutzt werden. Für Schüler:innen haben Präparate einen zweifachen Mehrwert: zum einen haben sie emotionalen Abstand, da der Organismus nicht mehr lebendig ist, zum anderen bleibt, anders als z. B. bei Abbildungen, die Dreidimensionalität erhalten. Außerdem werden die Schüler:innen nicht durch verhaltensbiologische Beobachtungen von den wesentlichen Erkenntnissen (z. B. Körperbau) abgelenkt. Ein typisches Beispiel aus dem Unterricht ist der Vergleich von unterschiedlichen Gebissen und inwiefern sich ein Raubtier-, Pflanzenfresser- und Nagergebiss voneinander unterscheiden. Die Gebisse lassen sich nicht gut am lebenden Objekt beobachten, sodass ein Präparat im Unterricht an dieser Stelle einen entscheidenden Vorteil bringt. Damit stellen Präparate „eine notwendige Ergänzung der Beobachtung und des manuellen Umgangs mit lebendigen Objekten" (Killermann et al., 2013, S. 163) dar.

Entweder sind die Präparate in der Sammlung der Schule vorhanden und können den Schüler:innen zur Beobachtung ausgeteilt werden oder die Herstellung der Präparate ist eine Kompetenz, welche die Schüler:innen im Unterricht erlangen (biologische Arbeitstechniken). Somit erhalten die Schüler:innen einen Bezug zum ganzen Objekt (Lehnert & Köhler, 2012). Dabei ist das Präparieren im Unterricht nicht unumstritten (Meyfarth, 2013). Häufig werden Präparate und die Methode des Präparierens von Schüler:innen als ekelerregend oder abstoßend empfunden. Dadurch wird es zur Aufgabe der Lehrkräfte, die betreffenden Unterrichtsstunden nicht nur methodisch und arbeitstechnisch, sondern auch psychologisch gut vorzubereiten, damit sich möglichst viele Schüler:innen der Aufgabe stellen. Sollte es dennoch Lernende geben, die sich weigern, beim Vorgang des Präparierens zu helfen, können für diese alternative Aufgaben, wie das Protokollieren, die Auseinandersetzung mit Fachliteratur oder das Sezieren als Simulation am Computer, gefunden werden (Meyfarth, 2013). Wie auch bei den lebenden Objekten im Unterricht hat die Lehrkraft dafür Sorge zu tragen, dass die Präparate den Natur- und Tierschutzgesetzen unterliegen (Meyfarth, 2013).

Frischpräparate

Abbildung 28: Frischpräparat eines Schweineherzens (*Sus scrofa domesticus*).

Quelle: Eigene Darstellung.

Um besonders die technischen Arbeitsweisen des Biologieunterrichts zu erlernen, können verschiedene Organe von unterschiedlichen Schlachttieren in einer passenden Unterrichtseinheit seziert und präpariert werden. Dazu eignen sich besonders Schweine- oder Hühnerherzen, Pferde- und Schweineaugen und Schweinelungen sowie ganze Fische. Die Organe können meistens umsonst oder gegen eine geringe Bezahlung von Metzgereien oder Schlachthöfen bezogen werden.

Stopfpräparat

Abbildung 29: Stopfpräparat eines Katzenhais (*Scyliorhinus canicula*).

Quelle: Eigene Darstellung.

Diese Art der Präparate spielt im Unterricht eine besondere Rolle. Die ausgestopften Tiere kommen der Wirklichkeit am nächsten und sind damit besonders für das Erfassen der Form- und Gestaltmerkmale geeignet. In Schulsammlungen sind meistens Stopfpräparate von heimischen Arten vertreten. Es gibt Stopfpräparate sowohl von Fischen und Säugern als auch von Vögeln und Reptilien. „Wegen der Gefahr des Milben- oder Mottenbefalls sind Stopfpräparate in der Regel mit Giften (Pestiziden) behandelt. Sie dürfen daher nur im geschlossenen Schaukasten im Unterricht eingesetzt oder nur mit Handschuhen berührt werden" (Meyfarth, 2013, S. 351). Andere Stopfpräparate, wie z. B. Gewölle, müssen vor Benutzung im Unterricht autoklaviert werden. Zudem ist auf einen vorsichtigen Umgang mit den Präparaten zu achten.

Trockenpräparate

Abbildung 30: Trockenpräparate einer Heuschrecke (Ordnung: *Orthoptera*) und eines Maikäfers (Gattung: *Melolontha*).

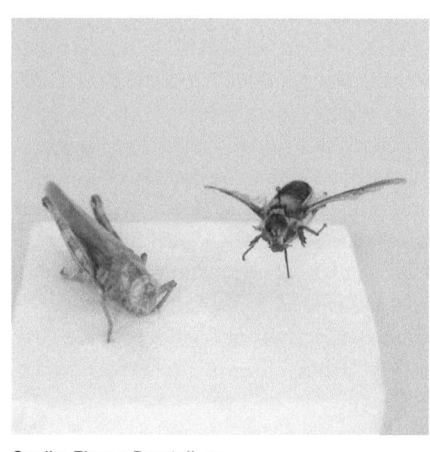

Quelle: Eigene Darstellung.

Bei Insekten und anderen Arthropoden sind Trockenpräparate einfach herzustellen. Durch ihren Chitinpanzer bleiben sie in ihrer Form stabil und müssen lediglich trocknen. Nach dem Vorgang des Trocknens und des Säuberns sind die Präparate robust und haltbar. Häufig werden Trockenpräparate mit Stecknadeln fixiert, um Verwandtschaften oder Homologien anschaulich darzustellen. Insekten mit größeren Körpern müssen hingegen speziell aufbereitet werden. Mit solchen Präparaten können auch die Schüler:innen im Unterricht selbstständig arbeiten.

Flüssigkeitspräparat

Abbildung 31: Flüssigkeitspräparat eines Madagassischen Großkopfgeckos (*Paroedura stumpffi*).

Zur Aufbewahrung von beispielsweise Reptilien, Amphibien oder Wirbellosen wählt man häufig die Herstellung von Flüssigkeitspräparaten. Dazu werden die Organismen in 70 %iger Alkohollösung eingelegt und dadurch haltbar gemacht. Der Alkohol sorgt dafür, dass die Organismen oder die einzelnen Organe konserviert werden. Außerdem können mit Hilfe dieser Methode auch unterschiedliche Entwicklungsstadien verschiedener Lebewesen konserviert und für die Schüler:innen zugänglich gemacht werden.

Quelle: Eigene Darstellung.

Einschlusspräparat

Abbildung 32: Einschlusspräparat von Gehörknöchelchen.

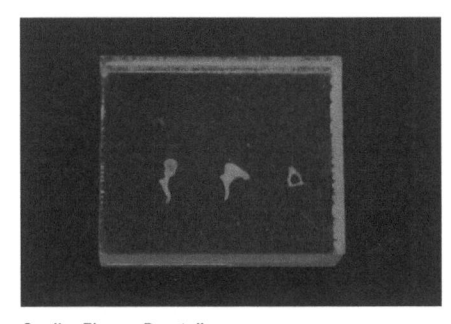

Die Bioplastiken haben den Vorteil, dass die Organismen in einem Block aus Kunststoff eingegossen sind und somit robuster werden. Dadurch können auch die Schüler:innen bedenkenlos mit den Einschlusspräparaten arbeiten. Für diese Methode wird durchsichtiger Kunststoff verwendet, sodass die Schüler:innen sich jedes Detail gut anschauen können.

Quelle: Eigene Darstellung.

Skelette oder Skelettteile

Abbildung 33: Unterschiedliche Schädel von verschiedenen Säugetieren.

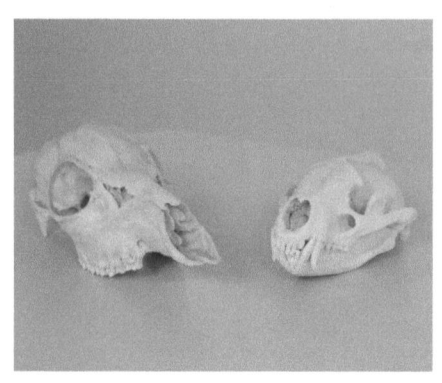

Quelle: Eigene Darstellung.

Diese Art des Präparats ist für die Schüler:innen besonders anschaulich, da es sich meistens um Knochen, Schädel, Gelenke oder Schnabeltypen von bekannten Wirbeltieren handelt. Diese können über die ganze Schulzeit hinweg von den Lehrkräften genutzt werden, angefangen mit den unterschiedlichen Gebissen (Jahrgang 5 und 6) bis hin zu Homologievergleichen (Oberstufe). Eine Ausnahme bildet das menschliche Skelett. Dieses ist in der Schule nicht als Originalpräparat, sondern als Kunststoffpräparat vorhanden.

Mikroskopische Präparate

Abbildung 34: Mikroskopische Präparate eines Schachtelhalmquerschnitts (Gattung: *Equisetum*) und eines Bambusquerschnitts (Gattung: *Bambusoideae*).

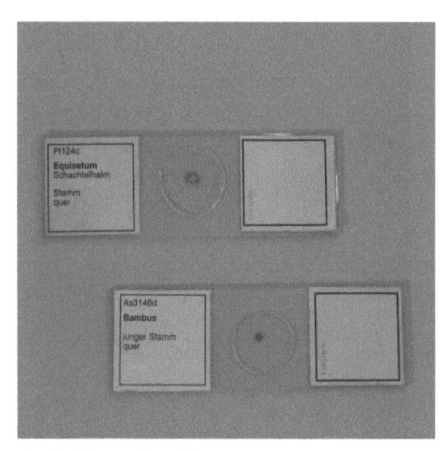

Quelle: Eigene Darstellung.

Bei dieser Art von Präparaten kann es sich entweder um Dauer- oder um Frischpräparate handeln. Frischpräparate werden von den Schüler:innen im Unterricht selbst angefertigt, um im Anschluss betrachtet werden zu können. Dauerpräparate sind Fertigpräparate, die in jeder biologischen Sammlung vorhanden sind. Zur Herstellung von Frischpräparaten muss zunächst mit den Schüler:innen erarbeitet werden, wie biologische Präparate herstellt werden und wie das Mikroskop richtig benutzt wird. Besonders für die Unterstufe bieten sich hier viele Möglichkeiten.

Besonders bei der (mikroskopischen) Beobachtung von Präparaten kommt der Methode des Zeichnens eine bedeutende Rolle zu, da das Anfertigen von Zeichnungen zahlreiche Vorteile im Biologieunterricht bietet und das Verständnis biologischer Konzepte fördert. Hierfür muss im Vorfeld mit den Schüler:innen erarbeitet werden, welche Merkmale eine gute wissenschaftliche Zeichnung hat.

5 Fördermöglichkeiten im Biologieunterricht

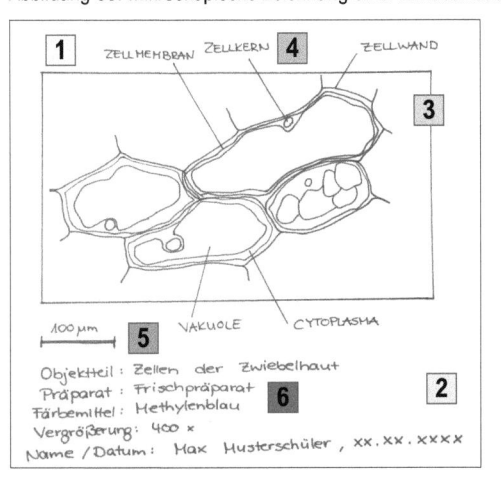

Abbildung 35: Mikroskopische Zeichnung einer Zwiebelhautzelle und nummerierte Erläuterung.

```
 1  ZELLMEMBRAN  ZELLKERN  4   ZELLWAND
                                  3




   100 μm    5   VAKUOLE     CYTOPLASMA
   Objektteil : Zellen der Zwiebelhaut
   Präparat : Frischpräparat            2
   Färbemittel : Methylenblau    6
   Vergrößerung : 400 x
   Name / Datum : Max Musterschüler , xx.xx.xxxx
```

1	**Papier und Stift** Für eine mikroskopische Zeichnung verwenden die Schüler:innen ein Blanko-Papier (weiß, unliniert) und einen mittelharten spitzen Bleistift (Radieren nur in Notfällen, keine Farbe, kein Kugelschreiber, keine Tinte).
2	**Format und Größe** Die Zeichnung der Schüler:innen (inklusive Beschriftung) soll min. eine halbe DIN A4 Seite einnehmen, damit sie genügend Platz für eine Detailzeichnung haben.
3	**Rahmen** Für die Zeichnung skizzieren die Schüler:innen zunächst einen Rahmen. Dieser kann entweder in Form eines Rechtecks oder eines Kreises konturiert werden. Je nach Wahl des Rahmens benutzen die Schüler:innen passende Hilfsmittel, wie z. B. ein Lineal, ein Geodreieck oder einen Zirkel. Außerdem ist es die Aufgabe der Schüler:innen, einen sinnvollen Ausschnitt zu wählen, eventuell Nachbarzellen oder Nachbarstrukturen anzudeuten und nur tatsächlich Sichtbares zu zeichnen.
4	**Fachliche Beschriftung der Zeichnung** Eine Zeichnung ohne Beschriftung ist so gut wie wertlos. Dabei müssen die Schüler:innen auf die Vollständigkeit und Richtigkeit der Beschriftung achten.
5	**Maßstab** An jede mikroskopische Zeichnung gehört der Maßstab, der für die Zeichnung verwendet wurde. Das bedeutet im Umkehrschluss für die Schüler:innen, dass sie ihre Zeichnungen maßstabsgetreu anlegen sollen, da so die Größe der Strukturen realitätsnah nachvollzogen werden kann.
6	**Angaben zur Zeichnung** Die Angaben zur Zeichnung geben Auskunft über das gezeichnete Objekt (Objektteil), die Art des Präparats, eventuell verwendete Färbemittel, die Vergrößerung (am Mikroskop) sowie den Namen der Person, welche die Zeichnung angefertigt hat und das Datum der Herstellung.

Quelle: Eigene Darstellung.

Fördermöglichkeiten für Begabte
Präparate sind in ihrem Nutzen und der Herstellung häufig mehrdimensional und bieten daher verschiedene Ebenen, die von Schüler:innen und besonders Begabten genauer erforscht werden können. Somit erschließen sie sich kleinste Strukturen und können diese leichter in Verbindung mit übergeordneten Strukturen setzen. Es ergeben sich differenzierte Niveaustufen, vom Betrachten eines Präparates bis hin zum selbstbestimmten Untersuchen und strukturierten Aufbereiten. Präparate sind multifunktional und können unter verschiedenen Betrachtungspunkten in verschiedenen Klassenstufen zum Einsatz kommen. Daher sind sie gut geeignet, um begabte Schüler:innen im Sinne des vertieften oder auch beschleunigten Lernens (siehe Kapitel 6) zu fördern.

5.2.5 Modelle

Die Umwelt kann nicht entdeckt, sondern konstruiert werden (Terzer, 2012). Da Wissenschaft als Konstruktion von Modellen definiert werden kann und Modelle somit sowohl das Resultat als auch zu der Methode der Wissenschaft werden (Terzer & Upmeier zu Belzen, 2007), scheint der Einsatz von Modellen im Biologieunterricht essenziell und von großer Bedeutung zu sein. Im folgenden Abschnitt werden daher die wichtigsten Aspekte erläutert, die im Umgang mit Modellen von Bedeutung sind – von dem Aufbau unterschiedlicher Modelle über den Einsatz im Unterricht bis hin zu Kompetenzerwartungen und Vorgaben der KMK und des Kernlehrplans. Der Begriff „Modell" wird im Alltagssprachgebrauch in unterschiedlicher Weise benutzt; so gelten bereits eine Puppe, ein Spielzeugauto oder ein Globus als Modell. In verschiedenen Kontexten kann der Begriff „Modell" unterschiedliche Bedeutungen haben:

- Modelle sind vereinfachte Darstellungen oder Beschreibungen von realen Objekten, Systemen oder Phänomenen. Sie werden erstellt, um komplexe Sachverhalte zu vereinfachen und zu verstehen.
- Modelle dienen als Repräsentationen von etwas. Zum Beispiel können mathematische Gleichungen, Diagramme, Simulationen oder physische Modelle als Darstellungen von realen Phänomenen oder Systemen fungieren.
- Modelle erfassen die wichtigsten Merkmale oder Eigenschaften eines Objekts oder Systems, ohne alle Details zu berücksichtigen. Dies ermöglicht eine leichtere Handhabung und Analyse.
- Einige Modelle werden verwendet, um zukünftige Ereignisse oder Entwicklungen vorherzusagen. In diesem Kontext werden Modelle oft durch Daten und Annahmen gespeist, um Prognosen zu generieren.
- In der Künstlichen Intelligenz und im maschinellen Lernen werden Modelle als Algorithmen oder Netzwerke bezeichnet, die aufgrund von Daten trainiert wurden. Diese Modelle können dazu verwendet werden, Muster zu erkennen, Vorhersagen zu treffen oder Aufgaben zu automatisieren.

Für den unterrichtlichen Kontext lässt sich eine genauere Definition festhalten. Nach Lehnert und Köhler (2012) handelt es sich bei Modellen um vereinfachte Abbildungen der komplexeren Wirklichkeit. Die Hauptaufgaben von Modellen sind die veranschaulichte Erkenntnisgewinnung und -vermittlung (Schmiemann, 2012). Somit werden sie eingesetzt, damit Schüler:innen ein besseres Verständnis für das Original entwickeln. „Die Konstruiertheit von Wissen ist für die Schüler im Zusammenhang mit Modellen leichter zugänglich" (Terzer & Upmeier zu Belzen, 2007, S. 34). Durch das Hervorheben der Besonderheiten und das gezielte Weglassen von einzelnen Merkmalen werden die wesentlichen Eigenschaften transportiert und strukturell so reduziert, dass sie anschaulicher werden (Killermann et al., 2013). Je nach Vermittlungszweck können sich die hervorgehobenen Eigenschaften in verschiedenen Modellen zum gleichen Phänomen unterscheiden. Außerdem können Modelle immer dann eingesetzt werden, wenn das Original nicht zur Verfügung steht (Terzer & Upmeier zu Belzen, 2007).

In den Naturwissenschaften gibt es unzählige Objekte, die als Vorlage für ein Modell dienen können. Daraus ist abzuleiten, dass es unterschiedliche Arten von Modellen geben muss, um die Unterrichtsinhalte angemessen und zielorientiert vermitteln zu können. In der Biologiedidaktik und Fachwissenschaft gibt es eine Vielzahl von Kategorisierungs- und Systematisierungsmöglichkeiten, welche die einzelnen Modelltypen ordnen und klassifizieren. In diesem Buch wird mit einer abgewandelten Version des Schaubildes von Eschenhagen und Kollegen (2003) gearbeitet (siehe Abbildung 36), da diese einen umfassenden Überblick über die einzelnen Typen gibt und sie in einen bestimmten Arbeitsbereich einordnet. Der innere Ring der Abbildung beschreibt dabei unterschiedliche Oberkategorien, wie zum Beispiel den Realitätsbereich oder die Dimensionen des Modells. Den Oberkategorien werden jeweils zwei (mit einer Ausnahme drei) gegensätzliche Unterkategorien zugeordnet (Realitätsbereich → gedanklich oder materiell / Dimensionen → zweidimensional oder dreidimensional). Den einzelnen Polen ist im äußersten Ring eine entsprechende Modellart zugeordnet.

Abbildung 36: Einteilung von Modellen nach verschiedenen Gesichtspunkten.

Quelle: In Anlehnung an Eschenhagen et al., 2003.

Die Abbildung darf nicht als starres Konstrukt gelesen werden. Körperliche Modelle können wiederum unterteilt werden in Funktions- und Strukturmodelle, ein Modell, bei dem die Theorie bereits bekannt ist, kann sowohl ein Konstrukt- als auch ein Lern- und Lehrmodell sein. Das bedeutet, dass die Wahl des geeigneten Modells für den Einsatz im Unterricht abhängig von unterschiedlichen Faktoren ist und es für die Vermittlung eines Aspektes nicht nur das eine richtige Modell oder die eine richtige Zuordnung zu einem Modelltyp gibt.

Denkmodelle
Als Denkmodell wird die „modellhafte Vorstellung des Originals" (Terzer & Upmeier zu Belzen, 2007, S. 37) verstanden, welche sich durch den Rückgriff auf eine Theorie herausgebildet hat. Der Theoriebezug hat einen Selektionsmechanismus zur Folge, da somit die zahllosen Eigenschaften des Originals sortiert und nur die für die Theo-

rie wichtig erscheinenden Kriterien in das Denkmodell eingebaut werden (Terzer & Upmeier zu Belzen, 2007). Daher wird auch das Bilden von Hypothesen als Denkmodell bezeichnet, da auf theoretischer Grundlage Annahmen über das Original getroffen und diese im weiteren Verlauf verifiziert oder falsifiziert werden. Ein Denkmodell ist Grundlage für jedes materielle Modell, da zunächst in der Vorstellung ein Modell gebildet werden muss, um dieses auch materiell umsetzen zu können. Es ist jedoch nicht zwingend notwendig, dass ein Denkmodell nur als Durchgangs- oder Arbeitsstadium hin zu einem Anschauungsmodell gesehen wird. Vielmehr kann ein Denkmodell auch auf einem gedanklichen Level bleiben.

Strukturmodelle

Abbildung 37: Strukturmodell des menschlichen Ohres.

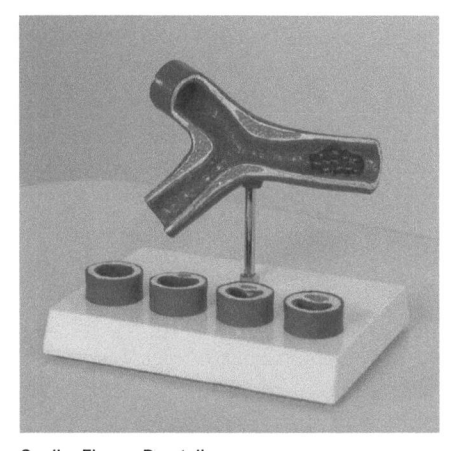

Quelle: Eigene Darstellung.

Strukturmodelle geben, wie bereits im Namen des Modells beschrieben, die Struktur des Originals wieder. Daher werden sie auch Realmodell genannt. Dabei liegt der Fokus besonders auf morphologischen und anatomischen Merkmalen, wobei die einzelnen Baumerkmale in dem Modell möglichst realitätsnah auftauchen sollen (Eschenhagen et al., 2003). Das Strukturmodell ist meist in kleinere Untereinheiten zerlegbar, „um auch Einblicke in den inneren Bau zu ermöglichen" (Killermann et al., 2013, S. 166). Im Unterrichtskontext eignen sich Strukturmodelle besonders dann, wenn die zu untersuchenden Organe oder Organismen in der Realität nicht oder nur unter Zuhilfenahme von fachspezifischen Zusatzgeräten analysiert werden können. Auch stellen Strukturmodelle eine gute Alternative für Schüler:innen dar, die aus persönlichen Gründen nicht am Originalpräparat arbeiten möchten.

Funktionsmodelle

Abbildung 38: Funktionsmodell des menschlichen Ohres.

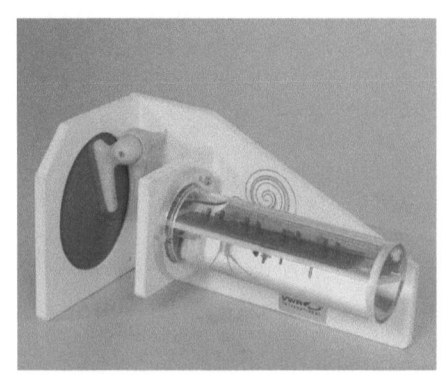

Quelle: Eigene Darstellung.

Funktionsmodelle zeigen im Gegensatz zu Strukturmodellen Vorgänge, Verläufe und Prinzipien von Prozessen. Da die Analyse sowohl der Funktion als auch der Mechanismen im Mittelpunkt steht, gibt es meistens keine optische Übereinstimmung von Modell und Original. Auch die anatomischen Verhältnisse werden nur ungenau erfasst oder gänzlich außer Acht gelassen. So ist auch das Material häufig realitätsfremd, verdeutlicht aber die Funktionsweise und erlaubt, dass an dem Modell gearbeitet und manipuliert werden kann. „Manche Funktionsmodelle sind auf zweidimensionale Abbildungen reduziert" (Killermann et al., 2013, S. 166). Das bedeutet, dass Funktionsmodelle nicht nur körperlich sein müssen, sondern es sich auch um bildliche Modelle handeln kann.

Homologmodelle

Abbildung 39: Homologmodell des Herzens eines Hundes.

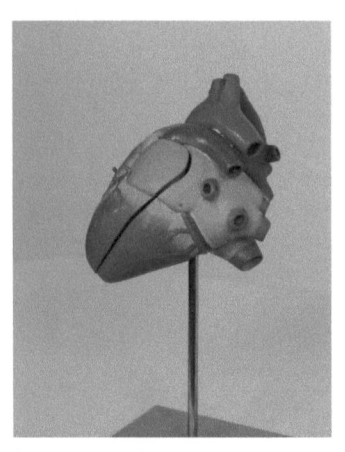

Bei Homologmodellen handelt es sich um Nachbildungen eines gegenständlichen Originals. Das bedeutet, dass die Proportionen und der Körperbau des Modells mit denen des Originals übereinstimmen. Lediglich die Dimensionen sind meistens verändert, um kleine Gegenstände, wie z. B. die Gehörknöchelchen, durch ein überdimensional großes Modell anschaulicher und zugänglicher machen zu können. Viele Strukturmodelle können auch als Homologmodell bezeichnet werden.

Quelle: Eigene Darstellung.

Analogmodelle

Abbildung 40: Analogmodell der menschlichen Lunge.

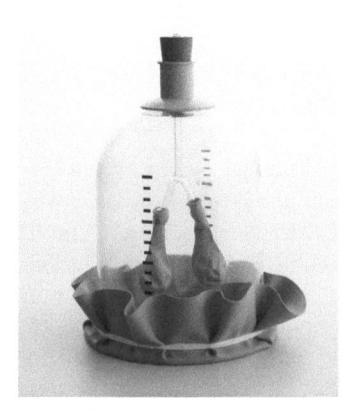

Analogmodelle „bilden das Original [...] nur in einer bestimmten Anzahl von Eigenschaften ab, die sich bei Original und Modelle einander zuordnen (analogisieren) lassen, ohne [dass] im [Ü]brigen eine Übereinstimmung (z. B. in der Gestalt) zwischen beiden vorhanden ist" (Eschenhagen et al., 2003, S. 335). Das bedeutet, dass ein Analogmodell Funktionsanalogien abbildet. Somit werden Analogmodelle häufig nicht extra hergestellt, sondern durch bereits existierende Gegenstände aus der Realität abgebildet. Dabei kommt es im naturwissenschaftlichen Unterricht, besonders auch im Fach Biologie, häufig zu Vergleichen zwischen biologischen und somit natürlichen Systemen und technischen Systemen (Eschenhagen et al., 2003). Je nach Betrachtungswinkel sind viele Funktionsmodelle auch als Analogmodelle zu kategorisieren.

Quelle: Eigene Darstellung.

Der Einsatz von Modellen soll von Seiten der Schüler:innen nicht unreflektiert bleiben, da als weitere Kompetenz gefordert wird, dass die Schüler:innen die Anwendbarkeit des Modells kritisch reflektieren. Modelle eignen sich in besonderer Weise für das Hinterfragen von Lerngegenständen. Sie „zeichnen sich durch prägnante Eigenschaften aus, nämlich ihren Limitationen und Begrenzungen, die im Rahmen von Modellkritik gut herausgearbeitet werden können" (Upmeier zu Belzen & Krüger 2023, S. 3). Außerdem sind Modelle zumeist mehrdimensional und bilden mehrere Parameter ab, die erarbeitet werden können. Das setzt zum einen voraus, dass sie den vermittelten Unterrichtsinhalt verstanden haben, denn ein Modell kann nur dann kritisch bewertet werden, wenn die fachliche Basis durchdrungen ist. Zum anderen müssen die Schüler:innen aber auch zu Transferleistungen fähig sein. Nur Schüler:innen, die ein Modell auf unterschiedliche Anwendungsbereiche übertragen können, sind in der Lage, dessen Einsatz auch umfassend zu reflektieren. Somit können Modellierung einerseits der didaktischen Reduktion dienen, andererseits aber auch ermöglichen, dass eine heterogene Klasse an verschieden komplexen Strukturen forschend arbeitet. Daraus ergibt sich eine Reihenfolge, die bei der Modellkompetenzentwicklung einzuhalten ist:

Abbildung 41: Prozess der Modellkompetenzentwicklung.

Erkenntnisgewinn	Kommunikation	Bewertung
Fachlicher Input	Erklärung und Anwendung	Reflexion

Quelle: In Anlehnung an Upmeier zu Belzen, 2020.

Somit ist der Erwerb der Modellkompetenz als eine Art Schlüsselkompetenz und Türöffner für den Zugang zum wissenschaftlichen Arbeiten und Denken sowie zu wissenschaftlichen Arbeitsmethoden zu verstehen (Terzer & Upmeier zu Belzen, 2007). Durch die anschauliche Art wird das Modell somit für den Einsatz in Schulen besonders attraktiv, um die Schüler:innen schrittweise an wissenschaftliches Denken und fachspezifische Arbeitsweisen heranzuführen.

Modellbildung

Aus wissenschaftlicher Perspektive sind die Grundvoraussetzungen für die Teilkompetenz des Modellbildens nach Upmeier zu Belzen und Krüger (2010) die Fähigkeiten zum wissenschaftlichen Denken und die Fähigkeit, Modelle auch kritisch hinterfragen zu können. Dies setzt voraus, dass die Modellbildenden sowohl das zu modellierende Objekt oder Phänomen verstanden haben, Zusammenhänge zu weiteren fachlichen Richtungen bilden, aber auch einen Transfer zu anderen Sachgebieten herstellen können. Dabei entwickeln die Modellbildenden in einem Zyklus unterschiedlicher Schritte sukzessive ein aussagekräftiges Modell (siehe Abbildung 42):

Abbildung 42: Zyklus der Modellbildung.

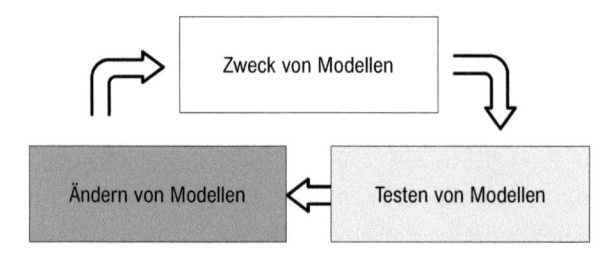

Zweck von Modellen → Testen von Modellen → Ändern von Modellen → Zweck von Modellen

Quelle: In Anlehnung an Upmeier zu Belzen & Krüger, 2010.

Zunächst wird der anvisierte Zweck des Modells in den Fokus genommen. Dieser lässt sich in zweierlei Hinsicht beschreiben. Zum einen ist der Zweck des Modells auf die Herstellung bezogen. Es soll Erklärungen u. a. über die Beziehung zwischen Original und Modell liefern. Zum anderen werden bereits beim Zweck die Anwendungsmöglichkeiten bedacht. Auf diesen Schritt folgt die Testung des Modells in der Theorie und Praxis. Dazu werden die Modelle untersucht und mit der zugrunde liegenden Theorie aufgearbeitet. „Beim Parallelisieren von Modellobjekt und Ausgangsobjekt wird unter der Herstellungsperspektive die Passung mit der modellierten Realität geprüft" (Upmeier zu Belzen & Krüger, 2010, S. 52). Folglich kann man durch die Testung feststellen, inwiefern die Aspekte des Ausgangsobjekts, die man durch das Modell darstellen möchte, auch tatsächlich beleuchtet werden. Als logische Konsequenz darauf folgt in einem weiteren Schritt das Ändern eines Modells, falls bei der Testung verbesserungswürdige Erkenntnisse gewonnen werden.

Abbildung 43: Zyklus zur Modellbildung in der Schule.

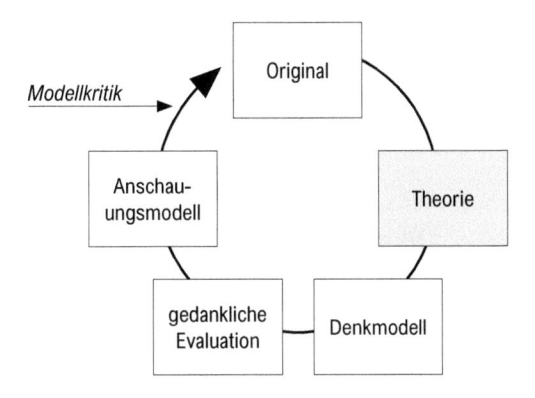

Quelle: In Anlehnung an Gropengießer et al., 2010.

Diese Art von Modellbildung scheint für den schulischen Kontext in dem Ausmaß kaum realisierbar zu sein, da dies zum einen viel Zeit in Anspruch nimmt, zum anderen aber den Schüler:innen das wissenschaftliche Denken, welches zur Modellbildung als Voraussetzung des Modellierers genannt wird, durch die Modelle erst nah gebracht werden soll. Die Abbildung 43 zeigt, wie Modellbildung aber auch im naturwissenschaftlichen Unterricht möglich ist. Dabei können Parallelen zum naturwissenschaftlichen Erkenntnisweg gezogen werden (siehe Kapitel 5.1). Um die Erklärung transparenter zu gestalten, wird in folgender Tabelle der Zyklus auf zwei Beispiele des Biologieunterrichts angewendet (siehe Tabelle 11).

Tabelle 11: Beispiele zum Zyklus der Modellbildung in der Schule.

	Beispiel 1	Beispiel 2
Thema	Gebisse von Säugetieren	Populationsdynamik
Jahrgangsstufe	5–6	Q1–Q2
Original	Einsatz von Nagetieren, die in der Schule gehalten werden, Einsatz des Schulhundes, usw.	Daten zur Populationsdynamik von Hasen (Beute) und Füchsen (Räuber)
Theorie	Aufbau und Funktion von unterschiedlichen Gebissen	Lotka-Volterra-Regeln
Denkmodell	Überlegungen, wie ein Gebiss optisch dargestellt werden kann	Überlegungen, wie die Lotka-Volterra-Regeln optisch dargestellt werden können
Gedankliche Evaluation	Überarbeitung der Denkmodelle in Gruppenarbeit und Verbesserungen dieser	Überarbeitung der Denkmodelle in Gruppenarbeit und Verbesserungen dieser
Anschauungsmodell	Die Schüler:innen stellen mit den zur Verfügung stehenden Materialien ein oder mehrere Modelle her, welche die theoretischen Aspekte wiederspiegeln	Die Schüler:innen entwickeln ein Rollenspiel zu den Lotka-Volterra-Regeln, um die theoretischen Aspekte optisch und im Verlauf darstellen zu können
Modellkritik	Die Schüler:innen prüfen ihr Modell hinsichtlich der Stärken, aber besonders auch der Schwächen, sodass sie reflektiert Kritik an ihrem Modell üben können	Die Schüler:innen prüfen ihr Modell hinsichtlich der Stärken, aber besonders auch der Schwächen, sodass sie reflektiert Kritik an ihrem Modell üben können

Quelle: Eigene Darstellung.

Aus dieser Tabelle gehen wesentliche Aspekte hervor, die im Folgenden kurz aufgelistet werden sollen:

1. Modellbildung ist keineswegs ausschließlich für die Oberstufe gedacht, sondern kann in didaktisch reduzierter Form auch in der Unter- und Mittelstufe eingesetzt werden.
2. Modellbildung schließt unterschiedliche Arten von Modellen ein.
3. Es muss unbedingt ausreichend Zeit im Unterricht für die Modellkritik eingeräumt werden, damit sich Schüler:innen der Chancen und Grenzen von Modellen bewusst werden. Nur dadurch kann ein reflektierter Umgang mit Modellen erlernt werden.

Einsatz von Modellen im Unterricht

Je nach Unterrichtsthema und Stundenplanung können Modelle vielfältig und in unterschiedlichen Phasen der Unterrichtsstunde eingebaut werden. Ihr Einsatz muss jedoch didaktisch gut überlegt sein. Sowohl zum Einstieg als auch in der Erarbeitungsphase oder in der Sicherung gibt es für die Lehrkraft die Möglichkeit, Modelle effizient und zielführend in den Unterricht einzubauen. Der Zweck des Einsatzes kann dabei der „Erkundung, [der] Erklärung [oder der] Demonstration" (Schmiemann, 2012, S. 104) dienen. Der Einsatz soll erreichen, dass die Schüler:innen durch die Abstraktion des Modells die fachwissenschaftlichen Inhalte vertiefter und intensiver nachvollziehen sowie eine Problematisierung des Zusammenhangs von Realität und Modellen herstellen können (Tasquier et al., 2016). Dabei gilt jedoch: „We do not learn much from looking at a model – we learn more from building the model and from manipulating it" (Morrison & Morgan, 1999, S. 12). Die Konsequenz daraus ist, dass Schüler:innen im Unterricht Modelle nicht nur zum Anschauen bekommen, sondern diese, soweit möglich, praktisch bearbeiten sollen. Bei Strukturmodellen bietet es sich an, dass die Schüler:innen das Modell in die einzelnen Bestandteile zerlegen oder bei Funktionsmodellen in der Realität Mechanismen oder Vorgänge testen. Diese aktive und selbsttätige Arbeitsweise der Schüler:innen begünstigt zwei Lernziele, welche von besonderer Relevanz sind. Zum einen bilden Modelle den Einstieg in ein Wissenschaftsverständnis, welches die Schüler:innen für sich generieren können, zum anderen entwickeln sie dadurch wissenschaftliche Denkweisen. Im Hinblick auf Abitur- oder Ausbildungsprüfungen können diese Fähigkeiten für die Schüler:innen von Vorteil sein. Insgesamt kann durch den Einsatz erreicht werden, dass die Schüler:innen aufmerksamer dem Unterrichtsgeschehen folgen, da dieser abwechslungsreicher gestaltet ist.

Die Lehrkraft kann auch als Arbeitsauftrag an die Schüler:innen formulieren, ein eigenes Modell zu bauen. Zu den bereits genannten Vorteilen, welche die Arbeit mit Modellen hat, kann ergänzend genannt werden, dass die Schüler:innen durch die gemeinsame Entwicklung eines Modells ihre Kommunikationskompetenzen ausbauen, sowohl im Umgang mit ihren Mitschüler:innen als auch in ihrer fachspezifischen Ausdrucksweise. Jedoch sollten ihnen folgende Aspekte bei der Arbeit mit Modellen bewusst sein (Berck & Graf, 2010):

- Bei Modellen handelt es sich um eine Reduktion der Eigenschaften des Originals.
- Eventuell sind unterschiedliche Merkmale im Modell aufgenommen, die in der Theorie angenommen werden, jedoch noch nicht am/im Original gefunden wurden.
- Ein Modell wird immer für einen bestimmten Zweck entworfen oder modelliert.
- Das Original und das Modell unterscheiden sich in den meisten Fällen stark in der Dimension und dem verwendeten Material.

Insgesamt steigert der Einsatz von Modellen die Motivation von Schüler:innen, wodurch tendenziell bessere Ergebnisse im Unterricht erreicht werden können (Lehnert & Köhler, 2012). Außerdem haben Modelle zum Vorteil, dass die Schüler:innen das vermittelte Wissen meist besser behalten und stärker dazu in der Lage sind, ihr Wissen auf ähnliche oder abweichende Sachverhalte zu transferieren.

Eine Herausforderung im Unterricht mit Modellen ist, dass die Schüler:innen, besonders bei der Arbeit mit Denkmodellen, „Modelle oft als naturgetreue Kopie der Realität an[sehen]" (Gropengießer et al., 2010, S. 96), was dazu führt, dass sie den theoretischen Ansatz hinter dem Modell nicht begreifen. Daher muss zum einen festgehalten werden, dass ein Modell ein Original nicht ersetzen kann und daher eine Gegenüberstellung von Original und Modell zu Beginn der Arbeit ratsam ist, um die Komplexität des Originals deutlich zu machen. Zum anderen ist eine Modellkritik oder -bewertung zum Ende der Einheit notwendig, um die Grenzen des Modells aufzuzeigen und zu diskutieren.

Den Schüler:innen muss bewusst gemacht werden, dass es sich bei dem Modell eben nicht um eine Nachbildung, sondern um eine Konstruktion handelt (Eschenhagen et al., 2003) und somit zwar zur Erkenntnisgewinnung beiträgt, ohne jedoch alle Merkmale konkret abzubilden (Killermann et al., 2013). Durch die Herausstellung von Stärken und Schwächen des Modells im Unterrichtsgespräch kann so einer Verwirrung der Schüler:innen vorgebeugt werden (Eschenhagen et al., 2003). Als Tipp für gelingenden Unterricht mit Modellen nennen Eschenhagen und Kollegen (2003) einen entscheidenden Aspekt: „Wenn möglich, sollten zur Verdeutlichung eines Phänomens verschiedene Modellversuche eingesetzt werden. Da kein Modell (auch kein Denkmodell) das Original optimal repräsentiert, können verschiedene Modellversuche ein vielseitigeres und damit umfassenderes Bild vermitteln als nur ein Experiment" (S. 338).

Zusammenfassend lässt sich zum Einsatz von Modellen im Unterricht festhalten, dass der Einsatz generell einen positiven Einfluss auf die Aufmerksamkeit und die Motivation der Schüler:innen hat, jedoch das Modell nicht ohne Vor- und Nachbereitung eingesetzt werden kann, sondern zu jeder Zeit auch kritisch in den Blick genommen werden muss.

Fördermöglichkeiten für Begabte
Ähnlich wie bei den vorherigen Methoden bietet der Einsatz von Modellen verschiedene Möglichkeiten zur Förderung von begabten Schüler:innen im naturwissenschaftlichen Unterricht. Zentrale Merkmale dafür sind die Komplexität der Modelle, die geförderten Kompetenzen sowie die Autonomie bei der Modellarbeit und die Kreativität bei der Modellentwicklung.

Komplexität: Das Modellieren eines Sachverhalts stellt einen vielschichtigen Erkenntnisprozess dar. Zunächst müssen die einzelnen Komponenten eines Modells erarbeitet und mit Funktionen versehen, bzw. überhaupt konstruiert werden. Sobald ein Modell in Form von Beobachtungen oder Experimenten genutzt wird, führen die jeweiligen Erkenntnisse dann entweder „zur Bestätigung oder notwendigen Änderungen der entwickelten Modelle" (Upmeier zu Belzen & Krüger, 2023, S.4). Diese Form von Modellkritik und -optimierung kann insbesondere für begabte Schüler:innen einen erweiterten Differenzierungsbereich darstellen und wissenschaftliche Denkweisen weiter ausbauen.

Kompetenz: Die bereits angeführte Komplexität von Modellen verläuft in verschiedene Niveaustufen, auf denen die Schüler:innen arbeiten können. Durch diese potenzielle Binnendifferenzierung eignen sich Modelle besonders zur Förderung von begabten Lernenden. Die folgende Tabelle schlüsselt die vier Niveaustufen genauer auf:

Tabelle 12: Niveaustufen bei der Arbeit mit Modellen.

Teilkompetenzen	mediale Perspektiven		methodische Perspektiven	
	Niveaustufe I	Niveaustufe II	Niveaustufe III	Niveaustufe IV
	fokussiert Blick auf das Modellobjekt	sachbezogene Erklärung für ein Phänomen	abduktiv-schließende Erklärung für ein Phänomen	weiter gehende hypothetisch-deduktive Untersuchung des Phänomens

Quelle: In Anlehnung an Upmeier zu Belzen & Krüger 2023.

Die ersten zwei Stufen beschreiben demnach vorrangig die Entschlüsselung von Modellen zur Veranschaulichung und zum Verständnis des ausgewählten Sachgegenstands. Die methodischen Perspektiven und nächsthöheren Stufen verstehen wiederum das „Modellieren als Werkzeug in einem Forschungsprozess und als methodische Arbeitsweise" (Upmeier zu Belzen & Krüger, 2023, S. 5). Modelle werfen Fragen im Arbeitsprozess auf, die weiter untersucht werden. Das Erkennen dieser Fragen erfordert jedoch eine entsprechend ausgeprägte Kompetenz der Schüler:innen. Vor dieser Grundlage lässt sich die Modellarbeit im naturwissenschaftlichen Unterricht also einerseits im Hinblick auf begabte Kinder differenzieren. Je nach Leistungsstand können die Aufgaben entsprechend dem Niveau angepasst werden. Andererseits bietet diese Stufung auch eine Möglichkeit in Bezug auf die Diagnostik und zum Erkennen von Begabung. Lehrkräfte können anhand der Kompetenzen eine erste Einschätzung darüber bekommen, inwieweit die Leistungsniveaus der Schüler:innen differieren. Je nach Ausprägung können begabte Kinder auch als Expert:innen fungieren, um ihren Mitschüler:innen die höheren Niveaustufen kommunikativ im Austausch näher zu bringen.

Kreativität: Modelle regen zu kreativen Denkprozessen an. Neben der Berücksichtigung von fachlich-wissenschaftlichen Aspekten sind die Schüler:innen dazu angehalten, Funktionen zu abstrahieren und auf anderen Ebenen zu konstruieren. „Der Fantasie der Schüler:innen sind dabei grundsätzlich keine Grenzen gesetzt" (Upmeier zu Belzen & Krüger, 2023, S.3). Demnach können Begabte ihre Fähigkeiten durch

Modelle zum Ausdruck bringen und sind dabei weitgehend frei, wodurch sie selbstbestimmt arbeiten können.

Autonomie: Selbstbestimmtes Lernen spricht eine weitere Förderebene durch die Arbeit mit Modellen an. Durch die angeleitete Arbeit mit Modellen lernen begabte Kinder, ihre Lernprozesse selbstständig zu strukturieren. In einer Studie von Mendonça und Justi (2013) konnte gezeigt werden, dass bei den Schüler:innen durch die Arbeit mit Modellen ein Anstieg an Autonomie und Unabhängigkeit verzeichnet werden konnte. Robinson und Kolleg:innen (2003) bezeichnen solche selbstgesteuerten Lernsettings, die durch ihren Projektcharakter und die Möglichkeit zur eigenverantwortlichen Entscheidungsfindung geprägt sind (Fischer & Fischer-Ontrup, 2022), als gewinnbringend für begabte Schüler:innen. Auch eine Studie von Bade (2014) zeigt, dass Methoden, die individuelles Arbeiten ermöglichen, besonders förderlich für begabte Kinder sind. Artelt und Kolleg:innen (2003) führen an, dass für die Entwicklung und individuelle Entfaltung von Potenzialen und somit der Begabungen durch selbstbestimmtes Lernen hervorgerufen werden kann. Aus diesen Gründen sollte der Mehrwert von Modellen für die Förderung von Begabten berücksichtigt werden.

5.2.6 Digitale Medien

Digitale Medien im Bildungsbereich beziehen sich auf alle elektronischen Ressourcen, die zur Unterstützung von Lehr- und Lernprozessen eingesetzt werden. Diese umfassen eine breite Palette von Tools und Inhaltsformaten, einschließlich interaktiver Whiteboards, E-Books, Multimedia-Präsentationen, Online-Kurse, Lernplattformen, Simulationen und mehr. Der Zweck besteht darin, den Unterricht durch den effektiven Einsatz von Technologien zu bereichern und Lernmöglichkeiten zu erweitern. Darüber hinaus existieren Methoden im Bildungsbereich, die sich auf den digitalen Einsatz konzentrieren, um Lehr- und Lernprozesse zu optimieren. Dies kann die Anwendung von Lernmanagement-Systemen, die Integration von interaktiver Lernsoftware, datengestützte Lehrmethoden, digitale Bewertungswerkzeuge und andere technologiebasierte Ansätze umfassen. Die digitalen Methoden grenzen sich insofern von den bisher genannten Methoden ab, da sie nicht für sich selbst stehen müssen, sondern mit den bereits aufgeführten Arbeitsweisen kombiniert werden können. Experimente oder Modellierungen können computergestützt simuliert, Beobachtungen an lebenden Objekten oder Präparaten digital dokumentiert und aufbereitet werden. Ziel des Einsatzes sowohl digitaler Medien als auch digitaler Methoden ist es, den Unterricht effizienter, interaktiver und individualisierter zu gestalten. Ein Medium ist interaktiv, „wenn es dem Benutzer ermöglicht, auf den Ablauf einzuwirken und auf entsprechende Aktionen und Reaktionen angemessen zu reagieren" (Killermann et al., 2020, S.187). Das Medium ist individuell, wenn es sich individuell anpassen lässt. Neben diesen zwei zentralen Eigenschaften weisen digitale Lernobjekte und Methoden in ihrer komplexen Verarbeitung unterschiedliche Ebenen der didaktischen Struktur auf (Herzig, 2017).

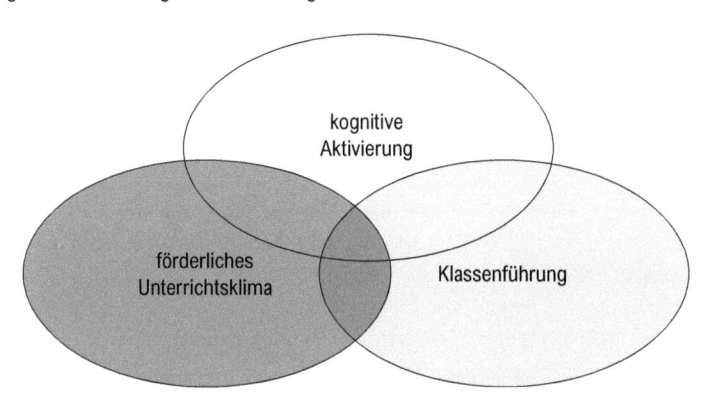

Abbildung 44: Unterstützungsdimensionen digitaler Methoden.

(Venn-Diagramm mit drei überlappenden Kreisen: kognitive Aktivierung, förderliches Unterrichtsklima, Klassenführung)

Quelle: Eigene Darstellung nach Groß et al., 2022.

Groß und Kolleg:innen (2022) führen drei Dimensionen an, in denen digitale Methoden förderlich für den Unterricht sein können (siehe Abbildung 44): in Verbindung mit der kognitiven Aktivierung der Schüler:innen kann der Einsatz digitaler Methoden zu einer ausgeprägteren Verarbeitungstiefe im Lernprozess führen. Im Hinblick auf ein förderliches Unterrichtsklima unterstützen derartige Methoden motivationsfördernd das „Autonomie- und Kompetenzerleben sowie d[ie] soziale Eingebundenheit" (Groß et al., 2022, S.49). Als dritte Dimension wird die Klassenführung genannt, die in Bezug auf die Unterrichtsorganisation durch digitale Methoden gestützt werden kann. So ermöglicht der Einsatz digitaler Methoden eine höhere zeitliche, soziale und örtliche Flexibilität, die besonders im Umgang mit heterogenen Klassenstrukturen förderlich wirken kann (Groß et al., 2022). Schulz-Zander (2005) definiert vier weitere Potenziale des Lehrens und Lernens mit digitalen Methoden, die in der folgenden Tabelle genauer ausgeführt werden:

Tabelle 13: Lernprozessbezogene Potenziale durch digitale Methodenanwendung.

Individualisiertes Lernen	je nach Interessen und Potenzial eine individuelle Lernumgebung, schülerspezifische Förderung
Forschendes Lernen	selbstständiges Forschen, Programme als Unterstützung zur Messung und Auswertung von Daten
Kollaboratives Lernen	Lernprozesse global organisieren, gemeinschaftliches Arbeiten und Dokumentieren von Leistungsfortschritten, Wissen teilen
Produktorientiertes Lernen	Präsentieren und Veröffentlichen, Zugang zu Reflexion

Quelle: In Anlehnung an Schulz-Zander, 2005.

In den Naturwissenschaften kann darüber hinaus eine Vielzahl an digitalen Medien, die individualisiert, forschend, kollaborativ und produktorientiert Anwendung finden können, in den Unterricht implementiert werden. Schüler:innen können mit verschiedenen Lernprogrammen in virtuellen Laboren experimentieren oder durch Lernspiele und Bestimmungsapps in einem Feedbacksystem schrittweise Erkenntnisse generieren. In vielen Fällen sind die jeweiligen Programme so aufgebaut, dass diese sich während der Bearbeitung an das jeweilige Niveau der Schüler:innen anpassen und damit individuelle Lernsettings schaffen. Weitere Simulationen, Animationen oder 3D-Modelle ermöglichen (unter Umständen) Versuche oder Beobachtungen, die im Unterricht aufgrund mangelnder Ausstattung oder zu hoher Gefahrenpotenziale kaum realisierbar wären. Auch können Messungen von Experimenten aufgezeichnet und digital ausgewertet werden. Generell müssen Übungs- und Lehrprogramme unterschieden werden. Übungsprogramme testen oder überprüfen angeeignetes Wissen, während Lehrprogramme gezielt für den Wissenserwerb genutzt werden (Killermann et al., 2020). Dabei ist darauf zu achten, dass digitale Medien nicht ausschließlich im Anforderungsbereich der Reproduktion genutzt werden, sondern vertiefende und komplexere Anwendungen für einen nachhaltigeren Erkenntnisgewinn von Bedeutung sind (Killermann et al., 2020). Puentedura (2006) zeigt mit seinem SAMR-Modell, dass die Einbindung von digitalen Medien in den Unterricht in vier Stufen eingeordnet werden kann. Während die ersten beiden Stufen „Ersetzung" (*Substitution*) und „Erweiterung" (*Augmentation*) lediglich eine Verbesserung von bisher analog durchgeführten Aufgaben darstellen, werden durch die Stufen „Änderung" (*Modification*) und „Neubelegung" (*Redefinition*) erreicht, dass Aufgaben gänzlich umgestaltet werden. So können zum Beispiel durch den Einsatz von Simulationen und Modellen neuartige Aufgaben generiert werden, die in der analogen Welt nicht denkbar sind (Puentedura, 2006). Die fortschreitende Technisierung aller Lebensbereiche und insbesondere der Schule führte zu einem Paradigmenwechsel. So wurde erkannt, dass Schüler:innen gezielt im Umgang mit (digitalen) Medien geschult werden müssen, um sicher, kreativ und verantwortlich mit Medien umzugehen und ihre Potenziale zu nutzen. Hierfür wurden Konzepte, wie der Medienkompetenzrahmen Nordrhein-Westfalen erarbeitet, der für alle Schulen verbindlich ist. Dieses Konzept definiert in sechs verschiedenen Bereichen, welche Kompetenzen im Umgang mit Medien im Laufe der Schulbildung erlernt werden sollen. Demnach sollten die Schüler:innen lernen, Programme ergebnisorientiert anzuwenden und sich durch eine reflektierte Recherche zu informieren. Hinzu kommen Fähigkeiten im Bereich der digitalen Kooperation sowie Produktion und Präsentation von Lerngegenständen. Auch das Analysieren und Reflektieren sowie Problemlösen und Modellieren zählen zu der Entwicklung eines verantwortungsvollen Umgangs mit digitalen Medien (Medienberatung NRW, 2018). Andere Bundesländer bieten ähnliche Konzepte wie Nordrhein-Westfalen. Lehrkräfte sind immer als zentrale Instanz bei der digitalen Transformation der Gesellschaft zu sehen, da sie maßgeblich als Gestalter:innen von Unterricht und Vermittler:innen eben jener digitalen Kompetenzen fungieren. Ihre Kompetenzen sind ausschlaggebend, wenn es darum geht, wie digitale Medien in den Unterricht eingebunden und das Wissen darüber vermittelt werden. An dieser Stelle präsentieren Mischra und Koehler (2008) ein Modell, mithilfe dessen sie aufzeigen, dass das Herz guten Unterrichts mit Technologie aus drei Komponenten (Inhalt, Pädagogik und Technologie) besteht.

Abbildung 45: TPACK-Modell.

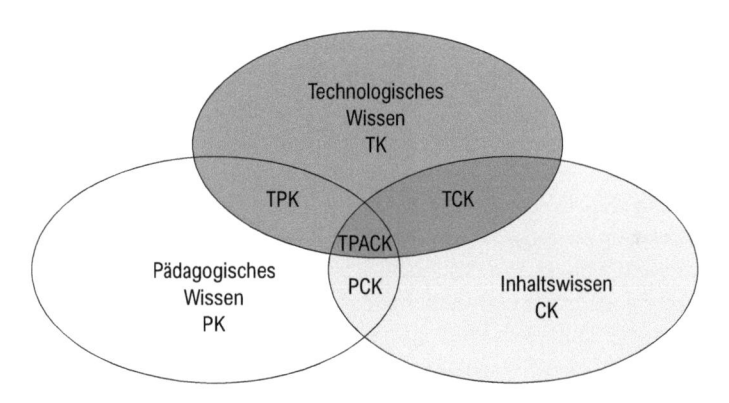

Quelle: nach Mishra & Koehler, 2006.

Aus dem TPACK-Modell (Abbildung 45) folgt, dass die isolierte Betrachtung von technologischem Wissen keinesfalls ausreicht, um Technologien sinnstiftend in die Bildung miteinzubeziehen (Schmid et al., 2020). Das von Mishra und Koehler (2008) neu eingeführte technologisch-pädagogische Inhaltswissen (TPACK) stellt vielmehr das Wissen über die Wechselwirkung der drei Bereiche des pädagogischen Wissens (PK), des Inhaltswissens (CK) und des technologischen Wissens (TK) in einer emergenten Form dar. Unter der Annahme, dass moderner Unterricht zunehmend Technologie integriert, erfordert dieser folglich ein „tiefes, pragmatisches und nuanciertes Verständnis des Unterrichtens mit Technologie" (Mishra & Koehler, 2008 S. 17). Aktuelle Forschung zeigt, dass die selbsteingeschätzten TPACK-Kompetenzen der Lehrkräfte einen maßgeblichen Einfluss darauf haben, wie oft sie diese digitalen Medien in ihrem Unterricht nutzen (Mußmann et al., 2021). Es ist also notwendig, ebenjene Kompetenzen (oder die positive Selbstreflexion dieser) bei Lehrkräften zu fördern, um die Einbindung von digitalen Medien im Unterricht weiter zu stärken. So vielfältig digitale Medien sind, so unübersichtlich kann die Auswahl für den eigenen Unterricht sein. Während fortlaufend versucht wird, mithilfe von Sammlungen einen Überblick über den Dschungel an digitalen Werkzeugen zu schaffen (Gerke & Wegner, 2021), werden kontinuierlich neue Tools entwickelt, die einen Einfluss auf die (digitale) Lehre haben können.

Neben weiteren digitalen Medien sind Simulationen insbesondere für den naturwissenschaftlichen Unterricht ein hoch interessantes digitales Medium. Der Begriff Simulation leitet sich von dem lateinischen Wort *simulare* also „ähnlich machen", „abbilden, nachahmen" oder „vorgeben, vortäuschen" ab. Die Hauptaufgabe einer Simulation liegt in der vereinfachten Abbildung eines (bereits bestehenden) Prozesses. Da Simulationen möglichst die Nachahmung oder Abbildung zum Ziel haben, existieren diese nicht ohne ein Bezugssystem, an dem sie sich orientieren. Dies kann sowohl ein bereits existierendes Objekt als auch ein abstraktes Ziel sein, da die Simulation nicht nur retrospektiv dazu genutzt werden kann, ablaufende Prozesse besser zu verstehen, sondern auch dazu Prognosen zu bisher unbekannten Sachverhalten zu erstellen. Zauner und Schrempf (2009) verstehen (Computer-)Simulationen als „[…] Vorbereiten, Durchführen und Auswerten gezielter Experimente mit einem Simulationsmodell […]" und liefern zudem Begründungen für den Einsatz von Modellen und Simulationen. So sind sie sinnvoll, wenn technologisches Neuland beschritten werden soll, die Grenzen analytischer Methoden erreicht oder Versuche nicht möglich, zu teuer und zu zeitaufwendig sind (Zauner & Schrempf, 2009). Insbesondere die letzten drei Gründe sind für Schulen im Hinblick auf begrenzte Möglichkeiten und Ressourcen relevant. Im Kontext Simulation tauchen die Begriffe AR, VR und immersiv immer wieder auf. AR als Abkürzung für „augmented reality" wird von Ardiny und Khanmariza (2018) als „interaktive Erfahrung innerhalb einer realen Umgebung, in der computergenerierte Informationen und Elemente mit der Realwelt verbunden sind" (Ardiny & Khanmirza, 2018, S. 483) definiert. „Virtual reality" (VR) hingegen verortet sich in einem künstlichen Umfeld, an dem der/die Benutzer:in als immersives oder nichtimmersives Mitglied teilnimmt. Immersion wiederum wird von Burbules (2006) als das Gefühl einer „als-ob"-Erfahrung definiert, also dem Eintauchen in ein Umfeld, welches als authentisch wahrgenommen wird. Eine immersive Simulation kann dazu beitragen, ein authentisches Lernerlebnis zu schaffen. Insbesondere hier können Schüler:innen wissenschaftliche Arbeitsweisen kennenlernen, die so in der Schule nicht durchführbar sind.

Jebeile (2017) zeigt in ihrer vergleichenden Analyse, dass das Experiment und die Simulationen viele gemeinsame Eigenschaften besitzen. So erlauben beide die Exploration, also das Entdecken, sind hoch interaktiv und können Phänomene visualisieren (Jebeile, 2017). Dass bei Experimenten nicht immer klar ist, welche Prozesse hinter dem (Mess-)Ergebnis wirken, nennt sie Blackbox-Effekt und schreibt diese Eigenschaft auch der Simulation zu (Jebeile, 2017). Gleichzeitig gibt sie zu bedenken, dass Simulationen nicht daran gebunden sind, die Wirklichkeit zu repräsentieren und abhängig von den Variablen und Funktionen sind, auf die sie aufbauen (Jebeile, 2017). Daher schränkt sie die Fähigkeit der Simulation dahingehend ein, absolut neues Wissen zu generieren, das bestehenden Theorien zuwiderläuft. Diese Eigenschaft schreibt sie einzig dem Experiment zu. Gleichwohl kann eine Simulation bei der ersten Verwendung neues Wissen erzeugen (Jebeile, 2017). Dem explorativen Charakter des Lernens können also nicht nur Experimente Rechnung tragen, sondern (in eingeschränktem Maße) auch Simulationen. Durch die interaktive und für den/die unwissende:n Betrachter:in zunächst neue Simulation, können Phänomene experimentähnlich aktiv selbst untersucht werden, sodass forschendes Lernen ermöglicht wird. Dabei spielt die Darstellung des Phänomens, der Grad der Interaktivität und die Repräsentativität des Verhaltens der Simulation in Bezug auf die Realität eine wichtige Rolle. Als interaktive Simulation bezeichnen Bo und Kolleg:innen (2018) eine Simulation, die es Lernenden erlaubt, eine oder mehrere Variablen über ein Interface zu verändern. Zahlreiche Studien konnten zeigen, dass Simulationen einen Mehrwert für den naturwissenschaftlichen Unterricht darstellen können. So wirken sie sich positiv auf den Wissenserwerb aus (Cayvaz et al., 2020; Krüger et al., 2022; Lin et al., 2012; Magana et al., 2019), können das Interesse (am Fach) steigern (Bilek et al., 2018; Makransky et al., 2020; Reilly et al., 2021; Tapola et al., 2013) und steigern die Modellierungsfähigkeiten (Wen et al., 2018). Mithilfe von Simulationen können Schüler:innen Sachverhalte selbstständig erforschen, ohne dabei Gefahr zu laufen, wertvolle Apparaturen zu verschleißen oder gar zu zerstören. In diesem Kontext sind noch weitere Vorteile anzuführen, die einen Einsatz von Simulationen, insbesondere im Biologieunterricht, stützen. So sind sie durch die Anwendung auf digitalen Endgeräten mobil und asynchron nutzbar, stellen im Gegensatz zu Animationen eine interaktive Auseinandersetzung mit den Lerngegenstand dar und ermöglichen so praxisnahes und realistisches Arbeiten und eine authentische Lernumgebung (Höntzsch et al., 2013; Schäfers et al., 2020).

Fördermöglichkeiten für Begabte
Im Hinblick auf die genannten Aspekte zeigen bereits die lernprozessbezogenen Potenziale einen Anknüpfungspunkt zur Begabungsförderung. Wie bei vorangegangenen Methoden bereits thematisiert, ist ein möglichst autonomer Lernprozess in der Begabungsförderung vorteilhaft. Computergestützte Lernprogramme arbeiten überwiegend mit Feedback-Systemen, die es den Schüler:innen ermöglichen, unabhängig von der Lehrkraft oder den Mitschüler:innen den eigenen Lernprozess zu reflektieren und fortzusetzen. Forschendes Lernen kann durch die variablen Möglichkeiten realisiert werden, indem Sachverhalte in neuen Umfängen ausdifferenziert werden können. Die begabten Kinder sind also nicht an einen Forschungsgegenstand gebunden, sondern können beispielsweise durch weitere Recherchen oder Auswertungsprogramme ihr Wissen vertiefen oder transferieren. Insbesondere in Bezug auf das Weiterdenken von Unterrichtsinhalten greift das kollaborative Lernen, wodurch Begabte im Austausch mit Begabtennetzwerken neue Vernetzungsmöglichkeiten und auch Zugang zu außerschulischen Veranstaltungen erhalten. Plattformen, die gezielt auf die Förderung begabter Schüler:innen ausgerichtet sind (siehe Kapitel 7), können zudem als didaktische Reserve eingeplant werden und damit den Unterricht in einem heterogenen Umfeld weiter strukturieren. Dabei spielt die anhaltende und fortschreitende Digitalisierung auch in der Begabungsförderung eine große Rolle. Durch digitale Maßnah-

men besteht für die begabten Schüler:innen über die regionalen Grenzen hinaus die Möglichkeit, sich zu vernetzen und auch an entfernten Maßnahmen und Angeboten teilzunehmen.

5.2.7 Zeitschriften

In Ergänzung zu den bereits aufgeführten Fördermaßnahmen und -methoden bieten zudem einige Zeitschriften Materialien oder Ideen für die schulische Begabungsförderung in den Naturwissenschaften. Die im Folgenden dargestellten Zeitschriften bilden lediglich einen Einblick in verschiedene Informationsmaterialien, die im Bereich der Naturwissenschaften hinzugezogen werden können und schließen die Sammlung an Fördermöglichkeiten. Dabei handelt es sich lediglich um eine Auswahl möglicher Angebote (Weblinks zu den Zeitschriften finden Sie hinter dem Literaturverzeichnis). Für eine zentrale Übersicht werden die ausgewählten Medien abschließend tabellarisch erläutert (siehe Tabelle 14):

Tabelle 14: Zusammenfassende Übersicht exemplarischer Zeitschriften mit Informationen und Materialien in Bezug auf die naturwissenschaftliche Förderung.

Zeitschrift	Beschreibung
Naturwissenschaften im Unterricht Physik	– für Lehrkräfte der Jahrgänge 5–13 – Theorie- und Praxisbeiträge aus der Fachdidaktik erläutern Methoden, welche Schüler:innen beim selbstständigen Arbeiten unterstützen können – enthält Materialien, Versuchsanleitungen, Arbeitsblätter und Vorlagen für den Unterricht oder für eine außerunterrichtliche Förderung
Unterricht Biologie	– für Lehrkräfte der Sekundarstufe I & II – Konzepte für den Biologieunterricht zu naturwissenschaftlichen Themen – Auswahl an didaktischen Materialien wie Filmen, Grafiken, Aufgabenstellungen sowie Experimenten für die Praxis
Unterricht Chemie	– für Lehrkräfte der Jahrgänge 5–13 – enthält Basisartikel mit didaktischen und fachlichen Grundlagen der Chemie sowie verschiedene Schwerpunktthemen, die theoretisch und mit Praxisbeispielen aufbereitet werden – (Kopier-)Vorlagen für differenzierte Aufgabenstellungen, Versuchsanleitungen und Arbeitsblätter – erläutert Medien- und Internetangebote und stellt in digitalen Ausgaben Arbeitsblätter zur Editierung bereit

Zeitschrift	Beschreibung
MNU Journal	– für Lehrkräfte der Sekundarstufe I & II aller Schulformen – Fachschwerpunkte in Mathe, Biologie, Physik, Technik und Informatik – schulrelevante Berichte aus der Forschung sowie Buch- und Lernmittelbesprechungen – praxisbezogene und fächerübergreifende Unterrichtshilfen, insbesondere Aufgaben für Schülerzirkel zur Förderung begabter und interessierter Schüler:innen
BU Praktisch	– für Lehrkräfte von Grundschule bis Sek I & II – bietet ein Online-Journal für den Biologieunterricht sowie ein Forum für praxistaugliche und moderne Lehr- und Lernmaterialien – stellt Artikel mit entsprechenden Arbeitsmaterialien und Informationen zu digitalen Medien zur Verfügung
On. Lernen in der digitalen Welt	– für Lehrkräfte mit Informatik-Profil – enthält Beiträge aus der Forschung und pädagogischen Praxis zu Themen informatischer Bildung in Schule und Unterricht sowie dem Schwerpunkt digitaler Medien – Vorstellung von Simulationen und Hinweise auf Materialien, weiterführende Literatur sowie Softwaretools und Fortbildungsangebote
Welt der Physik	– kosten-/werbefreies Onlinemagazin in leichter Sprache für Physik-Interessierte, insbesondere Kinder – enthält verschiedene Themen rund um Physik sowie aktuelle Forschungsergebnisse und Interviews über die Arbeitswelt in diesem Fachbereich – es erscheinen monatlich Podcast-Folgen – bietet Informationen über Wettbewerbe und Veranstaltungen, Experimente zum Nachmachen und Erklärvideos
Plus Lucis	– für Physik- und Chemielehrkräfte aller Schulformen – veröffentlicht in vier Themenheften pro Jahr schulrelevante Beiträge aus der Fachwissenschaft und fachdidaktischen Forschung – angegliedert an den Verein zur Förderung des physikalischen und chemischen Unterrichts
Zeitschrift für Didaktik der Naturwissenschaften (ZfDN)	– für Lehrkräfte der Fächer Biologie, Chemie, Physik und auch Sachunterricht – enthält Beiträge zum naturwissenschaftlichen Lehren und Lernen oder zu Professionalisierungsmöglichkeiten im Fachbereich – deutsche und englische Empirie, Reviews oder Rezensionen
echt jetzt?	– Kindermagazin für Grundschüler:innen der Klassen 3-4, das sich an den Lehrplänen für den Sachunterricht orientiert – kann aber auch fächerübergreifend genutzt werden – Geschichten, Rätsel und Experimente zu ausgewählten Themen stellen Bezüge zum Alltag her und sollen so das Entdecken von technischen Sachverhalten oder Naturphänomenen ermöglichen

Quelle: Eigene Darstellung.

Zusammenfassung

Der naturwissenschaftliche Erkenntnisweg

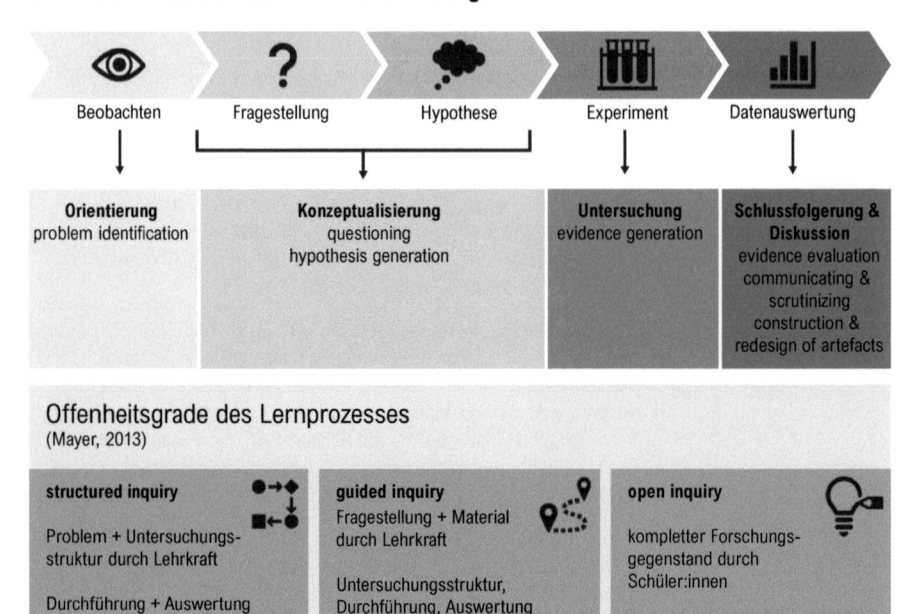

Beobachten	Fragestellung	Hypothese	Experiment	Datenauswertung
Orientierung problem identification	Konzeptualisierung questioning hypothesis generation		Untersuchung evidence generation	Schlussfolgerung & Diskussion evidence evaluation communicating & scrutinizing construction & redesign of artefacts

Offenheitsgrade des Lernprozesses
(Mayer, 2013)

structured inquiry
Problem + Untersuchungsstruktur durch Lehrkraft

Durchführung + Auswertung durch Schüler:innen

guided inquiry
Fragestellung + Material durch Lehrkraft

Untersuchungsstruktur, Durchführung, Auswertung durch Schüler:innen

open inquiry
kompletter Forschungsgegenstand durch Schüler:innen

Möglichkeiten der Diagnostik und der Differenzierung

Medien im naturwissenschaftlichen Unterricht

Unterrichtsmedien = Formen unterschiedlichen Wissenstransfers
(Arbeitsblätter, Fotos, wissenschaftliche Artikel, Objekte, usw.)

Erlebnis- und Erfahrungshilfen

Naturfilme
lebende Organismen
Geräte zur Beobachtung

Erkenntnis- und Informationshilfen

Modelle
Diagramme

Medien können **verschiedene Sinne** ansprechen: visuell, auditiv, haptisch, olfaktorisch, gustatorisch (meist über Zwei-Kanal-System)
Medien können **primäre** und **sekundäre** Informationsträger sein

Mehrdimensionalität der Medien bietet Lernweg-Modifikationen für Hochbegabte

5 Fördermöglichkeiten im Biologieunterricht

Förderung begabter Schüler:innen durch naturwissenschaftliche Methoden

Experimente, Beobachtungen, Modellierungen

E qualitative/quantitative Datenerhebung, anpassbarer Aktivitätsmodus, verschiedene Abstraktionsebenen, zeitliche Flexibilität, verschiedene didaktische Funktionen, Kognition & Motorik

B Beobachtung (Bewegung, Verhaltensweisen, Reaktionen) vs. Betrachtung (Ruhezustand)

M Modellzuordnung zum Original, Erfahrungsübertragung, Kompetenz der Modellkritik

diverse **Strukturierungsmöglichkeiten**, **Individualisierung** von Lernprozessen, **autonomes** Arbeiten, **Kreativitätsförderung**

Präparate

- notwendige Ergänzung zu lebenden Organismen
- Präparat-Formen: Frisch-/Stopf-/Trocken-/Flüssigkeits- und Einschlusspräparate sowie Skelett(teile) und Mikroskopische Präparate

Differenzierungsmöglichkeit einzelner **Niveaustufen**

Lebende Objekte

- Lösen von Abstraktionen, kognitive Aktivierung, Motivation
- Einsatz von Pflanzen und Tieren
- WICHTIG: artgerechte(r) Beschaffung und
- Umgang

Ansprechen mehrerer **Sinneskanäle**, Sensibilisierung des **Verantwortungsbewusstseins**

Modelle

- die vereinfachte Abbildung einer komplexen Wirklichkeit
- Anwendbarkeit ist kritisch zu reflektieren – Modellkritik (Erkenntnisgewinn → Kommunikation → Reflexion und Bewertung)
- Modell-Formen: Struktur-/Funktions-/Homolog- und Analogmodelle

Komplexe Darstellungsweisen, spezifische Kompetenzen, **autonomes** Lernen, Einbinden von Kreativität

Digitale Methoden

- Lernprozessbezogene Potenziale durch digitale Methoden: individualisiertes, forschendes kollaboratives und produktorientiertes Lernen
- Unterstützungsdimensionen (Groß et al., 2022): kognitive Aktivierung, förderliches Unterrichtsklima, Klassenführung

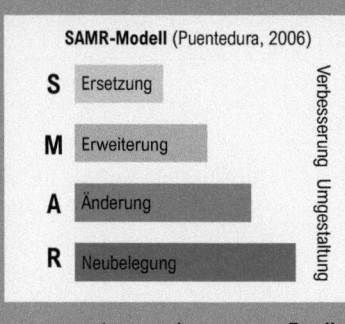

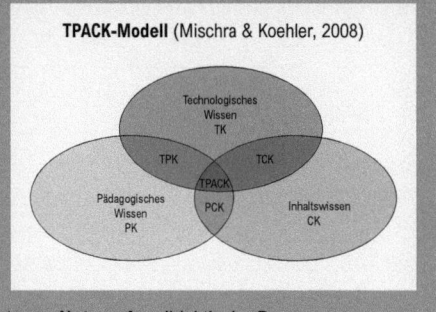

SAMR-Modell (Puentedura, 2006)

S Ersetzung
M Erweiterung
A Änderung
R Neubelegung

Verbesserung   Umgestaltung

TPACK-Modell (Mischra & Koehler, 2008)

Technologisches Wissen TK
TPK   TCK
TPACK
Pädagogisches Wissen PK   PCK   Inhaltswissen CK

autonomer Lernprozess, **Feedbacksysteme**, **Netzwerke**, didaktische **Reserven**

6 Schulstrukturelle Fördermöglichkeiten

Nachdem im vorherigen Kapitel vielfältige Methoden und Fördermöglichkeiten begabter Kinder im naturwissenschaftlichen Unterricht im Fokus standen, wird nun der Blick auf die schulstrukturellen Maßnahmen geworfen, die eine Schule ergreifen kann, um eine umfassende und individuelle Förderung für begabte Schüler:innen sicherzustellen, gelenkt. Der Schlüssel zu einer effektiven Begabungsförderung liegt nicht nur in der Anpassung des Lehrmaterials, sondern auch in der Schaffung einer unterstützenden Schulumgebung, die die einzigartigen Bedürfnisse und Potenziale dieser besonderen Schülergruppe erkennt und gezielt adressiert. Von spezialisierten Klassenformaten über flexible Lernpläne bis hin zu extracurricularen Angeboten werden in diesem Kapitel die vielfältigen Möglichkeiten aufgeführt.

6.1 Förderung durch Enrichment

Im Allgemeinen ist mit „Enrichment" eine schulische oder außerschulische Fördermaßnahme gemeint, die sich als eine inhaltliche Anreicherung des Lehrplans beschreiben lässt. Diese inhaltliche Anreicherung umfasst das Behandeln von Themen, die normalerweise nicht im Curriculum enthalten sind, und die Expansion oder Vertiefung von vorhandenen bzw. regulären Lerninhalten. Die Enrichmentmaßnahmen können sowohl separativ, in der Form von Spezialklassen, als auch integrativ, bei der begabte Schüler:innen im regulären Unterricht fordernde Zusatzaufgaben oder Projektarbeit angeboten bekommen, gestaltet sein. Wichtig ist, dass das Enrichment die persönliche, emotionale und/oder intellektuelle Entwicklung der Schüler:innen vorantreibt und nicht genutzt wird, um Leerlaufzeiten während des Unterrichts zu füllen (Preckel & Baudson, 2013). Schüler:innen ziehen den meisten Nutzen aus Enrichmentprogrammen, wenn diese „langfristig angelegt, detailliert geplant sind, Förderziele verfolgen und über ein eigenes finanzielles Budget verfügen" (Vock, 2011, S. 28).

6.1.1 Formen von Enrichment

Enrichment kann in verschiedenen Formen erfolgen. Es lassen sich Maßnahmen im Klassenverband, außerhalb des Klassenverbandes in der Schule und als außerschulisches Zusatzangebot umsetzen (Kwietniewski et al., 2017). All diese Möglichkeiten haben Vor- und Nachteile, wobei insbesondere auch die strukturellen Rahmenbedingungen der spezifischen Schule abgewogen werden müssen, um gezielte Enrichmentmaßnahmen für Schüler:innen treffen zu können.

Enrichment als Profil
Einzelschulen können durch die steigende Schulautonomie seit den 1990er Jahren Schulprofilierungen vornehmen (Eurydice, 2007), um z. B. höhere Gestaltungsspielräume bei der Etablierung von Enrichment Angeboten zu erlangen (Schulte, 2022). Durch die Profilbildung soll eine „Erhöhung von Qualität, Effektivität und Responsivität der Bildung" (Altrichter et al., 2011, S. 12) erreicht werden. Die Profilbildung in Schulen hat verschiedene Gründe, darunter die Verbesserung des Images, die Festlegung einer pädagogischen Identität und das Angebot zusätzlicher außerunterrichtlicher Aktivitäten (Altrichter et al., 2011; Schulte, 2022). Diese Profilierung kann sich auf die gesamte Schule oder auf bestimmte Klassen innerhalb der Schule beziehen. Es gibt auch die Möglichkeit, dass eine Schulprofilierung aus verschiedenen Klassenprofilen besteht (Schulte, 2022). Schulen nutzen Ergänzungsstunden, um Klassen- oder Schulprofile zu entwickeln, insbesondere zur individuellen Förderung der Schüler:innen in den Fächern Deutsch, Mathematik und Englisch. Gymnasien nutzen diese Profilierung oft, um im Wettbewerb um Schüleranmeldungen zu bestehen (Klekovkin et al., 2015). Profilklassen können verschiedene Schwerpunkte haben (Hackl, 2009), von Begabungsförderung bis hin zu fachlichen Schwerpunkten in Musik (Haas et al., 2019), Naturwissenschaften (Spörlein, 2003), Sprachen (Nold et al., 2008) oder Sport (Roth et al., 2017).

Science-Klassen bilden beispielhaft eine naturwissenschaftliche Profilbildung auf Klassenebene (Schulte, 2022). Dieses Modell sieht vor, dass Schüler:innen, zusätzlich zum wöchentlichen Unterricht in Biologie, Chemie und Physik, Lernzeit im Rahmen einer Doppelstunde zur Verfügung gestellt bekommen, in welcher sie sich mit lehrplanunabhängigen naturwissenschaftlichen Themen intensiv auseinandersetzen können, eigene Forschungssettings planen und durchführen und die Ergebnisse auf einer halbjahresabschließenden Forscherkonferenz präsentieren (Schulte & Wegner, 2019). Dabei kann auch darauf geachtet, dass den Schüler:innen weibliche Vorbilder in der Wissenschaft präsentiert werden, um besonders die Schülerinnen zu motivieren und für die Themen zu interessieren. Das Curriculum für die zusätzliche Lernzeit ist flexibel, sodass auf die individuellen Ideen der Schüler:innen im Sinne eines forschend-entdeckenden Lernansatzes eingegangen werden kann (Kang & Keinonen, 2017). Somit sollen durch die Profilklassen mit hohem Anteil an experimentellen Einheiten das Selbstkonzept und das Interesse an Naturwissenschaften gestärkt werden (Ertl et al., 2017; Schulte, 2022; Schulte & Wegner, 2021).

Enrichment innerhalb der Klasse
Im regulären Unterricht sind begabte Schüler:innen oftmals unterfordert. Es gibt diverse Fördermaßnahmen, um Begabte im Unterricht gezielt zu fordern und dabei weiterhin eine integrative Klassenführung beizubehalten. Die Bedingungen, die für einen begabungsförderlichen Unterricht eine Relevanz darstellen (Hattie, 2009), sind vergleichbar mit den Merkmalen guten Unterrichts (Meyer, 2021). Daraus kann

schlussgefolgert werden, dass nicht bloß Begabte von diesen Maßnahmen profitieren, sondern die gesamte Klasse. Kwietniewski und Kolleg:innen (2017) stellen folgende Beispiele für solche Fördermaßnahmen vor:

- **Differenzierte Aufgaben:** Die Lehrkraft entwickelt Aufgaben, die eine größere Komplexität und offene Lösungswege ermöglichen. Durch die Offenheit der Lösungswege können begabte Schüler:innen selbstständiger sein und so viel Leistung in die Bewältigung der Aufgabe stecken, wie sie es für nötig halten. Es können beispielsweise gestufte Lernhilfen verwendet werden, damit Aufgaben komplex genug für begabte Schüler:innen bleiben und sie herausfordern, während ihre Mitschüler:innen die gleichen Aufgaben mit Lernhilfen bewältigen. Der Einsatz von differenzierten Aufgaben im Biologieunterricht hat schon signifikante Vorteile beispielsweise im Hinblick auf den Lernerfolg für Lernende demonstriert (Stiller & Wilde, 2021).
- **Bildung von Interessengruppen:** Während der Bearbeitung eines Themas können kleine Gruppen gebildet werden, in denen sich Schüler:innen über ähnliche Interessen zu dem Thema austauschen. Diese Gruppen zeichnen sich dadurch aus, dass die Schüler:innen ein ähnliches Niveau an Interesse bzw. Begeisterung für das Thema zeigen; hinsichtlich ihrer Leistung können die Lernenden aber sowohl heterogen wie auch homogen zusammengesetzt sein.
- **Lernstoffstraffung (*Compacting*):** Die Lehrkraft strafft den Unterrichtsstoff für Begabte und reduziert die Menge an Wiederholungsphasen, an denen Begabte teilnehmen müssen. Oftmals haben Begabte die Menge an Wiederholung und die genauere Ausführung von Unterrichtsinhalte, welche im regulären Unterricht stattfinden, nicht nötig und verbringen viel Zeit damit, auf ihre Mitschüler:innen zu warten. Die Lehrkraft kann in diesen Wartezeiten zusätzliche (differenzierte) Aufgaben zur Verfügung stellen oder andere Formen von Enrichment anbieten.
- **Projekt- und Forscheraufgaben:** Die Schüler:innen können zum aktuellen Unterrichtsthema oder einem aktuell anliegenden Thema ein Projekt erstellen oder Forschung betreiben. Dafür können sie diverse Quellen und Medien nutzen. Die Gestaltung des Endprodukts kann beispielsweise als Präsentation oder digitales Poster erfolgen, kreative Möglichkeiten wie etwa ein Video oder Podcast sind jedoch auch denkbar und entsprechend der Neigungen der Schüler:innen auszuwählen.
- **Wettbewerbe:** Zusätzlich zum Unterricht können Lehrkräfte ergänzende Wettbewerbe anbieten, um begabte Schüler:innen herauszufordern. Dies kann in der Klasse einen Drang zur Wissensaneignung und erhöhten Teamfähigkeit führen, sollte aber in Abhängigkeit von der Lerngruppe nicht zu kompetitiv gestaltet werden, um mögliche Konflikte innerhalb der Klasse auf ein Minimum zu reduzieren.

Enrichment außerhalb der Klasse

Außerhalb der Klasse bieten sich für Begabte zusätzliche Möglichkeiten zur Förderung an, welche durch ihre separative Natur nicht darauf achten müssen, für mehrere Leistungsniveaus zugänglich zu sein. Es können Maßnahmen verwendet werden, die komplex und herausfordernd sind. Nach Kwietniewski und Kolleg:innen (2017) sind solche Maßnahmen:

- **Bildung von klassen-/jahrgangsübergreifenden Gruppen:** Es werden innerhalb einer Jahrgangsstufe Schüler:innen aus verschiedenen Klassen für eine Aufgabe oder ein Projekt zusammengebracht. Hier können Begabte aus mehreren Klassen oder sogar Jahrgangsstufen zusammenarbeiten und durch die größere Auswahl innerhalb der Begabtengruppierung aus verschiedenen Klassen oder Jahrgängen nach Leistungsniveau und Interessen gruppiert werden.
- **Drehtürmodell:** Beim Drehtürmodell verlassen Schüler:innen, die im Unterrichtsstoff schon weiter sind und keine Vertiefung oder Wiederholung brauchen, den regulären Unterricht, um anderen Enrichmentangeboten nachzukommen (z. B. Projektarbeit). Dies kann mehrmals im Laufe des Schuljahres und je nach Bedarf der Schüler:innen geschehen. Wenn sie mit dem Ausführen des Angebots fertig sind, können sie ihr finales Produkt der Klasse vorstellen, damit diese erfahren, was die Schüler:innen in ihrer Abwesenheit getan haben. Dies kann auch in klassen- oder jahrgangsübergreifenden Gruppen geschehen.
- **Nachmittagskurse:** Nachmittagskurse können als eine Form der freiwilligen Arbeitsgemeinschaften definiert werden. Hier können Themen und Interessen frei von Schüler:innen ausgewählt und bearbeitet werden, die in dem regulären Lehrplan nicht behandelt werden (Wegner & Grotjohann, 2012). Falls jedoch die Schüler:innen Unterstützung beim Aussuchen eines Themas brauchen oder ihre Arbeit zielgerichteter sein soll, kann eine Lehrkraft Themenvorschläge erstellen, welche den Schüler:innen zur Wahl gestellt werden. In diesen Nachmittagskursen können Projekt- oder Forschungsarbeit, begabtenfördernde Aktivitäten und Hobbies oder Wettbewerbe angeboten werden.

Außerschulisches Enrichment

Außerschulische Fördermaßnahmen können für Begabte vorteilhaft sein, da der Wechsel von Bezugspersonen, das Kennenlernen neuer Lernformen und Zugänge, das Arbeiten in neuen Peergroups und das Sammeln bedeutungsvoller Erfahrungen und Eindrücke ermöglicht werden (Kwietniewski et al., 2017). Obwohl begabte Schüler:innen die Möglichkeit haben, solche Enrichmentmöglichkeiten außerhalb der Schule zu besuchen, sind diese nicht als Ersatz, sondern als Ergänzung zur innerschulischen Begabungsförderung zu sehen (Wegner, 2009). Beispiele hierfür sind (Kwietniewski et al., 2017):

- **Außerschulische Wettbewerbe:** Im Rahmen von außerschulischen Wettbewerben können Begabte ihre individuellen Begabungsschwerpunkte vertiefen und im Verlauf des Wettbewerbs besonders intensive Herausforderungen erleben, bei denen sie eventuell mit ihren eigenen Leistungsgrenzen konfrontiert werden (Kwietniewski et al., 2017). Die Erforschung der eigenen Leistungsgrenzen ist ein wichtiger Bestandteil der Bildung. Begabte bekommen in der Schule oft nicht die Möglichkeit, diese zu erreichen. Beispiele für staatlich unterstützte Wettbewerbe in der Naturwissenschaft sind „bio-logisch!", die „Internationale JuniorScienceOlympiade" (IJSO), das „European Olympiad of Experimental Science" (EOES) oder Wettbewerbe wie „Jugend forscht".
- **Außerschulische Spezialgruppen:** Viele Universitäten, Fachhochschulen, Abendschulen und andere Bildungseinrichtungen bieten extracurriculare Fördermaßnahmen für Begabte an. Durch die Teilnahme an Entdeckungs- und Forscherwerkstätten, das Besuchen von Ferienakademien und die Teilnahme an einem Frühstudium können Begabte sehr komplexe und herausfordernde Themen kennenlernen. Sie können sich neue Kompetenzen aneignen (z. B. wissenschaftliches Arbeiten) und einen Einblick in (akademische) Berufe erhalten, um neue Interessen zu wecken, die möglicherweise ihre Karrierewahl beeinflussen (Schäfers & Wegner, 2020a). In einer Metaanalyse analysierte Kim (2016) 26 Studien, welche die Effekte von verschiedenen Enrichmentmaßnahmen untersuchten. Die Ergebnisse zeigen, dass längerfristige Ferienprogramme einen starken positiven Effekt auf die Lerngewinne der Schüler:innen hatte, und auch ihre sozial-emotionale Entwicklung begünstigten (Kim, 2016). Beispiele für solche Entdeckungs- und Forscherwerkstätten sind die Projekte „Kolumbus-Kids" (Wegner et al., 2013; Wegner & Ohlberger, 2014), „Biologie-hautnah" (Wegner, 2023) und „teutolab-robotik" (Wegner & El Tegani, 2019) in Bielefeld, das „GEO Lehr-Lern-Labor" in Münster oder das Freilandlabor mit Experimentierfeld (FLEX) aus Siegen.

Das Enrichment Triad Model

Das Enrichment Triad Model (ETM; Renzulli, 1977) kombiniert unterschiedliche Formen des Enrichments und soll die kreative Produktivität junger Menschen fördern, indem es sie mit verschiedenen Themen, Interessensgebieten und Studienbereichen in Berührung bringt und sie darin schult, fortgeschrittene Inhalte, prozessbezogene Fähigkeiten und Methoden auf selbst gewählte Interessensgebiete anzuwenden (Renzulli & Reis, 2010). Das Triaden-Modell verwendet drei Arten von Förderung, sogenannte Enrichments (siehe Abbildung 46):

Abbildung 46: Das Enrichment Triad Model.

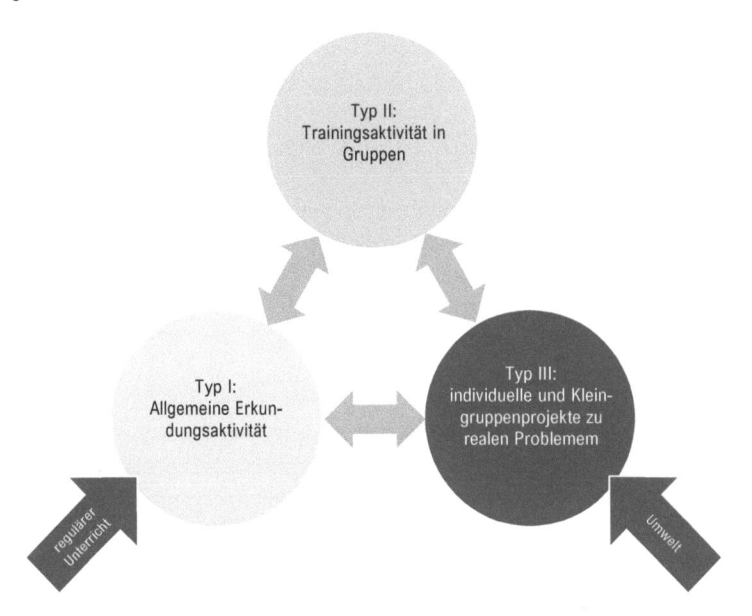

[Diagramm: Drei Kreise mit Doppelpfeilen verbunden – Typ II: Trainingsaktivität in Gruppen (oben); Typ I: Allgemeine Erkundungsaktivität (unten links); Typ III: individuelle und Kleingruppenprojekte zu realen Problemem (unten rechts). Pfeile von außen: „regulärer Unterricht" und „Umwelt".]

Quelle: nach Renzulli & Reis, 2010.

- Typ-I-Enrichment macht Schüler:innen mit einer Vielzahl von Disziplinen, Themen, Berufen, Hobbies, Personen, Orten und Ereignissen vertraut, die normalerweise nicht im regulären Lehrplan behandelt werden (Renzulli & Reis, 2010). Ein sogenanntes Enrichment-Team aus Erziehungsberechtigten, Lehrenden und Schüler:innen organisiert und plant Typ-I-Erfahrungen für die Schüler:innen der jeweiligen Schule (Renzulli & Reis, 2010). Das Team nimmt Kontakt zu Ansprechpartner:innen auf, organisiert Minikurse, führt Enrichment-Cluster, Demonstrationen und Vorführungen durch und verwendet zusätzliche Internetressourcen oder andere diverse audiovisuelle Medien (Renzulli & Reis, 2010). Typ-I-Enrichment dient hauptsächlich dem Zweck, neue Interessen in Schüler:innen zu wecken und sie zu motivieren, was die Grundlage für die beiden weiteren Enrichment-Typen bildet.
- Enrichment vom Typ-II verwendet Materialien und Methoden, welche die Entwicklung von Denk- und Gefühlsprozessen in Schüler:innen fördert (Renzulli & Reis, 2010; Wegner, 2009; Wegner et al., 2013). Die Form des Typ-II-Enrichments wird in der Regel in Klassenzimmern oder in Enrichmentprogrammen in Gruppen angeboten. Diese allgemeine Art der Förderung umfasst nach Renzulli und Reis (2010) die Entwicklung von:

a. kreativem Denken und Problemlösen, kritischem Denken, und affektiven Prozessen
b. einer Vielzahl von Lernfähigkeiten
c. Fähigkeiten zur angemessenen Nutzung von fortgeschrittenen Referenzmaterialien
d. schriftlichen, mündlichen und visuellen Kommunikationsfähigkeiten

Die andere Form des Typ-II-Enrichments ist spezifisch und kann meist nicht vollständig im Voraus geplant werden, da sich die Schüler:innen bei dieser Form ein Interessensgebiet frei aussuchen, welches sie bearbeiten möchten (Renzulli & Reis, 2010). Danach erfolgt ein unterstützendes Anleiten durch die Lehrkraft in dem ausgesuchten Interessengebiet der Schüler:innen.

- Am Enrichment-Typ-III nehmen Schüler:innen teil, die sich für ein selbstgewähltes Inhaltsgebiet interessieren und bereit sind, die erforderliche Zeit in eine fortgeschrittene Aneignung von Fachinhalten und prozessbezogenen Kompetenzen zu investieren, bei dem sie die Rolle von Forschenden übernehmen (Renzulli & Reis, 2010). Typ-III-Enrichment bietet Schüler:innen die Möglichkeit, Interessen, Wissen, kreative Ideen und Engagement auf ein selbst gewähltes Problem oder Studiengebiet anzuwenden (Renzulli & Reis, 2010). Es ermöglicht den Lernenden auch, sich Inhalte, Problemlösestrategien, Prozessfähigkeiten und überfachliche Kompetenzen anzueignen, die in bestimmten Disziplinen und Leistungsdomänen verwendet werden (Reis et al., 2021). Die Lernenden erarbeiten individuell oder in Kleingruppen Projekte, bei denen sie ein authentisches Produkt entwickeln (Renzulli & Reis, 2010). Diese Produkte können u. a. Plakate, Präsentationen, Experimentprotokolle, Texte, Videos, Podcasts oder andere (digitale) Medienformen sein. Ein Beispiel für ein authentisches Typ-III-Produkt im MINT-Bereich wäre die Entwicklung eines stromerzeugenden Sessels. Dabei würden die Schüler:innen zunächst Möglichkeiten der Stromerzeugung recherchieren, erforschen und Möglichkeiten untersuchen, diese in einem Sessel zu verbauen. Dabei können verschiedene Energiequellen, wie Reibung, Wärme oder Druck betrachtet werden. Beispielsweise kann der Seebeck-Effekt genutzt werden, wobei die Körperwärme für eine Potenzialdifferenz zwischen dem Köper und einem Aufnahmemedium (bspw. Aluminiumröhren) sorgt, wodurch ein Stromfluss erzeugt wird. Eine weitere Möglichkeit wäre die Verwendung von piezoelektronischen Sensoren, die durch den Gewichtsdruck der sitzenden Person Strom erzeugen. Das Forschungsprojekt würde ein hohes kreatives Engagement und kreative Arbeit von den Schüler:innen verlangen. Außerdem bietet es viele Anknüpfungspunkte für fächerübergreifende Betrachtungsweisen. Beispielsweise könnte zusätzlich erforscht werden, wie die Körpertemperatur des Menschen aus biologischer Sicht überhaupt entsteht oder wie viele Sensoren bzw. Sessel benötigt werden, um ein Klassenzimmer mit ausreichend Strom zu versorgen.

> **Praxisbeispiel**
>
> Die Schüler:innen haben nach einer Exkursion in einen Zoo (Typ-I-Enrichment) ein Interesse für Seerobben entwickelt. Sie möchten sich nun weiterbilden, indem sie weiterführende Inhalte über Seerobben recherchieren und ein Experiment planen und durchführen, in welchem sie bspw. die Temperaturisolierfähigkeit von Robben-Blubber untersuchen. Während dieses Prozesses hilft die Lehrkraft den Schüler:innen, indem sie die jeweiligen Teilprozesse definiert, aber die Schüler:innen bei der Ausführung autonom arbeiten lässt. Diejenigen, die nach dem Typ-II-Enrichment weiterhin neugierig sind und einen Typ-III-Enrichment-Kurs absolvieren möchten, erhalten zusätzlich noch eine fortgeschrittene Methodenausbildung von der Lehrkraft (Renzulli & Reis, 2010).

Vielen langzeitigen Anwender:innen des ETM fielen spezielle Schüler:innen auf, die nicht für die Teilnahme an den ETM-Programmen ausgewählt wurden, obwohl diese das entsprechende Potenzial aufzeigten (Renzulli & Reis, 2010). Diese Schüler:innen wurden oft ausgeschlossen, weil sie bei Leistungs- oder Intelligenztests nicht zu den besten 1 Prozent bis 3 Prozent der Bevölkerung gehörten (Renzulli & Reis, 2010). Untersuchungen zum ETM ergaben, dass eine breite Gruppe von Schüler:innen (15 Prozent der Allgemeinbevölkerung, die als Talentpool identifiziert wurden), die an Enrichmenterfahrungen des Typs I und II teilnahmen, Produkte des Typs-III erstellten, die von gleicher oder höherer Qualität waren als die von Schüler:innen, die traditionell als „begabt" identifiziert wurden (Reis, 1981). Lehrer:innen der benachteiligten Schüler:innen glaubten, dass diese Schüler:innen auf einem sehr hohen Niveau kreativ und produktiv arbeiten könnten und ihr Potenzial entfalten würden. Kirschenbaum und Siegle (1993) konnten nachweisen, dass Schüler:innen, deren Kreativität hoch bewertet wird, in der Regel auch gute schulische Leistungen erbringen. Dies und die Ergebnisse von Reis (1981) führten zur Ausführung von Tests und Untersuchungen zum sogenannten „Revolving Door Identification Model" (RDIM; deutsch: *Drehtürmodell*).

6.1.2 Das Schoolwide Enrichment Model

Das Schoolwide Enrichment Model (SEM) nach Renzulli und Reis (2010) baut auf viele der aktuellen Kenntnisse zum Thema Enrichment auf und integriert dabei die zuvor vorgestellten Enrichmentmaßnahmen. Das SEM verfolgt das Ziel, die kreative Produktivität und das Engagement in jungen Begabten zu entwickeln und zu fördern. Schüler:innen machen in diesem Modell Erfahrungen, die bereichernd auf sie wirken sollen, indem sie herausfordernd und interessenbasiert sind und ihnen Spaß machen. Die Wirksamkeit des SEM wurde über viele Jahrzehnte in Studien und diversen Praxistests geprüft. Das SEM basiert auf dem zuvor vorgestellten Enrichment Triad Model (Renzulli, 1976). Verschiedene Arten von Programmen, die auf dem ETM basierten, wurden von Lehrpersonen entworfen und implementiert, die sich u. a. auf Begabungsförderung, Bereicherungsprogramme und Klassenführung spezialisierten. Auf Grund ihrer hohen Anpassbarkeit und Flexibilität wird zum SEM bereits seit über 40 Jahren Forschung betrieben (Reis & Peters, 2021).

Dabei basiert das SEM u. a. auf der Erkenntnis, dass Begabung nicht als universelles Konzept gesehen werden darf. Begabungen sind zu facettenreich und es gibt zu viele verschiedene Manifestationsformen, um eine einheitliche Definition formulieren zu können. Trotz des anhaltenden Diskurses zur Definition von Begabung sind sich die meisten Wissenschaftler:innen in den folgenden Punkten einig (Sternberg & Davidson, 2005):

- Begabung entwickelt sich flexibel über längere Zeiträume.
- Begabung wird von zufälligen Ereignissen und Elementen beeinflusst.
- Die Entwicklung einer Begabung wird von zahlreichen Umständen und Eigenschaften eines Individuums beeinflusst (z. B. Kultur, Fähigkeiten, Umgebung, Geschlecht, soziale Möglichkeiten).

Das SEM definiert mit der akademischen und der kreativ-produktiven Begabung zwei Formen von Begabung – und fokussiert sich auf die Entwicklung und Förderung eben dieser (Renzulli & Reis, 2010). Mit der Förderung von kreativ-produktiver Begabung sind Aktivitäten und Beschäftigungen gemeint, bei denen einzigartige und originale Produkte von den Begabten entwickelt werden (Renzulli & Reis, 2010). Lernsituationen, die darauf ausgerichtet sind, kreativ-produktive Begabungen zu fördern, betonen die Nutzung und Anwendung von Informationen (Inhalten) und Denkfähigkeiten, in einer integrierten, induktiven und problemorientierten Art und Weise (Renzulli & Reis, 2010). Die akademische Begabung profitiert im SEM von bekannten Fördermaßnahmen, wie der Verdichtung des Lehrplans, Akzeleration, differenziertem Unterricht und verschiedenen Formen des Enrichments (Renzulli & Reis, 2010). Beide Formen der Begabung können problemlos miteinander interagieren und müssen nicht getrennt voneinander gefördert werden. Dies geschieht, wenn sich die Rolle der Schüler:innen als Lernende durch den Unterricht hin zur Rolle der Forschenden wandelt, damit sie sowohl eine akademische Herausforderung als auch die kreative Produktivität erleben können (Renzulli, 1977). Bei der Anwendung des SEM sollen Schüler:innen Themen und Lerninhalte bearbeiten, welche für sie eine persönliche Relevanz haben und auf ein angemessenes anspruchsvolles Niveau für etwaige Untersuchungs- und Forschungstätigkeiten gesteigert werden können (Renzulli & Reis, 2010).

Das SEM soll im allgemeinen Schüler:innen mit hohem Potenzial, besonderen Fähigkeiten oder einer Begabung herausfordern, ihren Bedürfnissen gerecht werden und gleichzeitig allen Schüler:innen anspruchsvolle Lernerfahrungen bieten (Renzulli & Reis, 1997). Die spezifizierten Hauptziele des SEM sind: (a) Beibehaltung und Ausweitung eines kontinuierlichen Angebots an individueller Förderung, die Schüler:innen mit nachgewiesenen überdurchschnittlichen Leistungen oder dem Potenzial für überdurchschnittliche Leistungen in allen Aspekten des schulischen und außerschulischen Programms herausfordern; (b) Integration eines breiten Spektrums von Aktivitäten für anspruchsvolles Lernen in das allgemeine Bildungsprogramm, das alle Schüler:innen zu fortgeschrittenen Leistungen herausfordert und es den Lehrkräften ermöglicht, zu entscheiden, welche Schüler:innen in bestimmten Bereichen, in denen überdurchschnittliches Interesse und überdurchschnittliche Leistungen gezeigt werden, erweiterte Möglichkeiten, Ressourcen und Ermutigung erhalten sollen; und (c) Erhaltung und Schutz der Stellen von Spezialist:innen für Begabungsförderung und anderem Fachpersonal, die für die Umsetzung dieser Ziele erforderlich sind (Renzulli & Reis, 2010). Das SEM besteht aus drei Förderkomponenten (siehe Abbildung 47), die den Schüler:innen zur Verfügung gestellt werden: das individuelle Stärken-Portfolio (*Total Talent Portfolio*), Techniken zur Lehrplanmodifikation sowie Enrichment (Reis et al., 2021). Diese drei Förderkomponenten werden durch den regulären Lehrplan, individuelle Förderung und Enrichmentgruppen getragen (Reis & Peters, 2021).

Abbildung 47: Das Schoolwide Enrichtment Model.

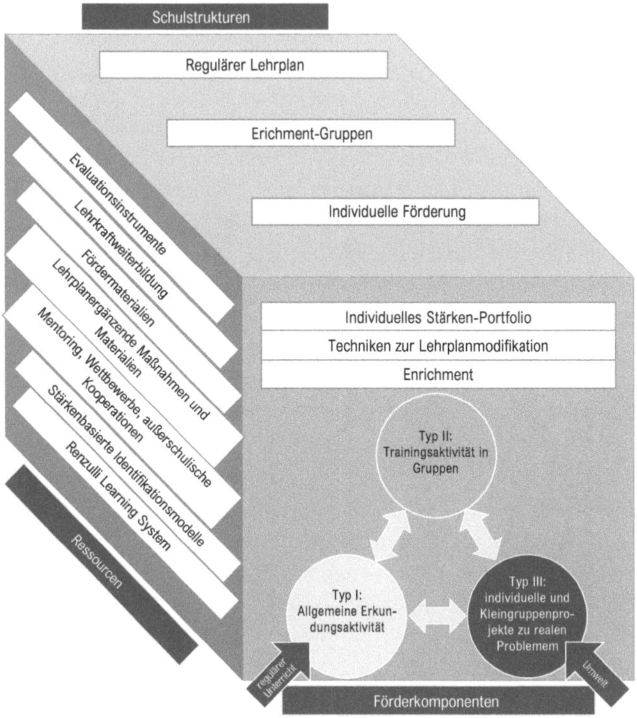

Quelle: nach Reis et al., 2021.

Die Umsetzung des SEM zeigt in vielen verschiedenen Bildungseinrichtungen, wie Grund- und weiterführenden Schulen sowie Schulen mit einem Begabungsfokus, positive Effekte auf die Begabungsentwicklung von Schüler:innen (Renzulli & Reis, 1994). Zusätzlich haben mehrere Langzeitstudien gezeigt, dass SEM-Begabungsprogramme Schüler:innen dabei helfen, Interessen an Bildungsinhalten zu finden, potenzielle Begabungen festzustellen, Ambitionen für höhere Bildung (Colleges, Universitäten, etc.) zu entwickeln und Perspektiven für die zukünftige berufliche Karriere zu erhalten (Delcourt, 1993; Gubbins, 1995; Hébert, 1993). Zusätzlich konnte auch festgestellt werden, dass sich die frühe Förderung durch SEM-Begabungsprogramme positiv auf die spätere Produktivität von Begabten auswirkt (Renzulli & Reis, 2014). Die positiven Effekte konnten durch eine Längsschnittanalyse von Westberg (2010) bestätigt werden, welche aufzeigte, dass Schüler:innen die frühen Interessen ihrer Schulzeit über die Begabtenprogramme hinaus behielten und diese auch nach ihrem Abschluss weiterverfolgten. Zusammenfassend wurde berichtet, dass insbesondere das SEM, aber auch allgemein Enrichmentmaßnahmen, eine positive Wirkung auf Begabte haben. Sie erhalten dadurch eine wertvolle Chance, sich selbst und ihre Interessen zu finden sowie auf dieser Grundlage ihren zukünftigen Lebensweg und ihre berufliche Karriere zu gestalten.

6.1.3 Relevanz für Lehrkräfte

Enrichment bildet einen wichtigen Baustein der Begabungsförderung. Es wird angewandt, um den Lernbedürfnissen und den Interessen der Begabten nachzukommen. Durch dessen Vielfältigkeit kann für jedes begabte Kind die passende Form angeboten werden und somit innerhalb oder außerhalb der Klasse oder als Zusatzangebot in extracurricularen Spezialklassen erfolgen. Jede:r begabte Schüler:in sollte die Chance haben, sich durch Enrichment bereichern zu lassen. Wenn beispielsweise ein:e begabte:r Schüler:in das bearbeitete Projekt zum Ende eines Unterrichtsthemas vorstellt, können thematische Aspekte für andere Schüler:innen klarer oder verständlicher werden. Wichtig ist, dass Enrichmentangebote nicht als Ersatz des regulären Unterrichts gesehen werden, sondern als eine Ergänzung.

Durch die Anwendung des Drehtürmodells können auch Schüler:innen versorgt werden, die durch reguläre Diagnostikverfahren nicht eingeschlossen werden. Zusätzlich bietet das SEM die Möglichkeit, so viele Schüler:innen einer Schule wie möglich mit Enrichment zu versorgen. Durch die Erstellung eines „Total Talent Portfolios" und die Modifizierung des Lehrplans können die Enrichmentangebote auf jede:n Schüler:in individuell abgestimmt werden. Dabei sollten der Rahmen und Aufwand des SEM nicht unterschätzt werden. Die Einführung des SEM an einer Schule sollte von der Schulverwaltung, dem Kollegium an der Schule und auch den Erziehungsberechtigten unterstützt und begleitet werden. Jede beteiligte Partei muss sich entsprechend fortbilden, um das SEM korrekt anzuwenden. Zusätzlich sollten Expert:innen und Institutionen außerhalb der Schule kontaktiert und involviert werden. Dieser Aufwand mag einschüchternd wirken, doch Studien und Forschung zeigen, dass das SEM positive Effekte auf die Begabungsentwicklung von Schüler:innen hat und ihnen dabei hilft, eine Perspektive für zukünftige Karrierepfade zu entwickeln (Delcourt, 1993; Gubbins, 1995; Hébert, 1993; Renzulli & Reis, 1994). SEM-Schulen können als Ort der Talentförderung und Expertenentwicklung gesehen werden.

Schließlich bildet Enrichment ein Mittel zur Begabungsförderung, das nicht nur förderlich, sondern tatsächlich erforderlich ist. Begabte sollen während ihrer Schulzeit genauso herausgefordert werden wie ihre Mitschüler:innen. Sie sollten, wie im Vorsatz des inklusiven Unterrichts, ein individualisiertes und differenziertes Lernangebot erhalten und nicht durch das unpassende Forderungsniveau des regulären Unterrichts in einen Zustand der Langeweile, des Desinteresses oder der Demotivation geraten.

6.2 Akzeleration – Schneller durch die Schule?

Oftmals wird Akzeleration grob als der frühere Beginn und das schnellere Bewältigen der Schulzeit angesehen (Heinbokel, 2012; Wegner, 2009). Genauer ist Akzeleration jede Maßnahme, welche es Lernenden ermöglicht, den vorgesehenen Lehrplan oder Teile davon früher zu beginnen, zu beenden oder schneller zu passieren, als es üblich oder gesetzlich vorgesehen ist (Heinbokel, 2001). Darunter fallen auch anpassungsfähigere Modelle, wie etwa das Drehtürmodell (siehe Kapitel 6.1), in welchem begabte Schüler:innen in einzelnen Fächern am jahrgangshöheren Unterricht teilnehmen können (Weigand et al., 2014).

Akzeleration entstand aus der Erkenntnis heraus, dass Lehrpläne so konzipiert werden, dass ihr Anspruchsniveau und ihre Inhaltsdichte für eine große Mehrheit der Lerngruppe angemessen, für eine leistungsstärkere Minderheit aber nicht adäquat sind. Wenngleich dies im Sinne von allgemeinen Bildungsstandards durchaus sinnvoll ist, kann diese Minderheit durch eine chronische Unterforderung durch den Lehrplan demotiviert werden, wodurch eine generelle Lern- und Leistungsminderung entstehen kann. Akzeleration hat u. a. das Ziel, die Lehrpläne auf das Leistungsniveau und die Lerngeschwindigkeit dieser Schüler:innen zu bringen, damit sie angemessen herausgefordert werden. Die alternative Bezeichnung für Akzeleration, „appropriate developmental placement" (Lubinski & Benbow, 2000), beschreibt diese Zielsetzung deutlich. Passend dazu soll Akzeleration auch ein gemeinsames Lernen mit Schüler:innen aus höheren Jahrgangsstufen, sogenannten „mental peers", möglich machen (Kulik & Kulik, 1984). Dies kann vor allem den Schüler:innen helfen, die Schwierigkeiten beim Aufbau zufriedenstellender Beziehungen mit Gleichaltrigen haben, weil diese andere Interessen und einen unterschiedlichen geistigen Entwicklungsstand als sie selbst aufweisen. Zuletzt schafft Akzeleration Kapazitäten im Zeitplan der Lernenden und ermöglicht extracurriculare Aktivitäten (für Enrichment siehe Kapitel 6.1), in denen andere und eventuell kompliziertere Inhalte von den Lernenden behandelt werden können.

6.2.1 Einstellungen gegenüber Akzeleration

Lehrkräfte und Erziehungsberechtigte stehen der Akzeleration häufig skeptisch gegenüber (Heinbokel, 2012). Die Wiederholung eines Schuljahres oder die spätere Einschulung eines Kindes wird häufiger eingesetzt und akzeptiert als akzelerierende Maßnahmen (Schümer et al., 2004), was an den klarer definierten Regelungen (z. B. definierten Versetzungsbestimmungen am Ende eines Schuljahres) liegen könnte, wobei Akzelerationsmaßnahmen häufig einen subjektiveren Charakter aufweisen. Obwohl ca. 75 Prozent der befragten Lehrkräfte aus Nordrhein-Westfalen angaben, schon Erfahrungen mit mindestens einem/einer Springer:in gemacht zu haben, hatten nur knapp ein Drittel von ihnen eine:n Schüler:in zum Überspringen einer Klassenstufe beraten (Westphal et al., 2017). Gründe hierfür könnten auf der einen Seite die mangelnden Fortbildungen von Lehrkräften im Bereich der Begabungsförderung sein, da viele Lehrkräfte sich nicht zutrauen, Erziehungsberechtigte und Kinder angemessen zu akzelerierenden Maßnahmen zu beraten (Endepohls-Ulpe, 2017). Es besteht die Befürchtung seitens der Lehrkräfte, dass ein Kind von den Inhalten überfordert und von den Mitschüler:innen ausgeschlossen wird (Endepohls-Ulpe, 2017). Auf der anderen Seite könnte jedoch auch die Tatsache, dass Beratungsgespräche hinsichtlich Akzelerationsmaßnahmen häufig mit den Klassenleitungen und nicht mit den Fachlehrkräften geführt werden, ein plausibler Grund für die fehlenden Erfahrungen im Bereich der Beratung zur Akzeleration sein. Diese Befürchtungen sind jedoch nicht gerechtfertigt, da Akzeleration in einem Schulkontext zu den am besten erforschten Fördermaßnahmen für Begabte gilt (Preckel & Baudson, 2013). Viele Studien konnten mittlere bis hohe positive Effekte für die Leistungsentwicklung und geringere Effekte für die soziale Entwicklung und Integration dokumentieren (u. a. Hattie, 2009; Steenbergen-Hu & Moon, 2011). Auch rückblickend wird Akzeleration von befragten Begabten als sehr positiv bewertet und eine große Mehrheit (über 70 Prozent) von 320 amerikanischen Begabten gab an, dass sich die Akzeleration positiv auf ihre akademische, soziale und emotionale Entwicklung auswirkte (Lubinski et al., 2001). Wichtig ist, dass alle Beteiligten (Kind, Erziehungsberechtigte und Lehrkraft) die Akzeleration unterstützen und dass das Kind die kognitiven Voraussetzungen für eine Akzeleration erfüllt.

6.2.2 Akzeleration in Form der vorzeitigen Einschulung

Eine beliebte Form der Akzeleration ist die vorzeitige Einschulung von Kindern. Jedoch nimmt die Quote der vorzeitigen Einschulung bundesweit stetig ab. Während sie in den 1970er Jahren noch bei knapp 12 Prozent bis 13 Prozent lag, liegt sie seit dem Jahr 2018 nur noch bei 3 Prozent (Vock, 2021). Dies kann nicht zuletzt in der Anfang des 21. Jahrhunderts (zeitweise) deutschlandweiten Verkürzung der Schulbesuchszeit an Gymnasien von neun auf acht Jahre begründet liegen. Für diese Entscheidung zu einer vorzeitigen Einschulung spielt scheinbar vor allem der soziale Status und der Bildungshintergrund der Erziehungsberechtigten eine wichtige Rolle. Oftmals kommen vorzeitig eingeschulte Kinder aus Familien mit gebildeten Erziehungsberechtigten und einem überdurchschnittlich hohen sozioökonomischen Status (Kratzmann & Schneider, 2009). Kinder aus solchen Verhältnissen stehen in der Regel mehr Bildungsressourcen zur Verfügung, weshalb ihnen die vorzeitige Einschulung eher zugetraut wird. Im besten Fall sollte das Kind mit der Maßnahme einverstanden und sogar intrinsisch motiviert sein (Vock, 2021).

Obwohl Studien zeigen, dass es eine Tendenz zu schlechteren Leistungen bei jünger eingeschulten Kindern gibt (Hagemeister, 2010; Jürges & Schneider, 2006) und diese ein erhöhtes Risiko haben, später eine Klasse wiederholen zu müssen (Bellenberg, 1999), können besonders begabte Kinder von ihrer vorzeitigen Einschulung profitieren. Sie schneiden in ihrer Leistungsentwicklung genauso gut oder besser als ihre älteren Klassenkamerad:innen ab (Gagné & Gagnier, 2004) und erreichen viel wahrscheinlicher den höchstmöglichen Schulabschluss (Bellenberg, 1999). Ein solcher Vorteil kann nur festgestellt werden, wenn das Kind den Gleichaltrigen kognitiv deutlich voraus ist und in anderen Entwicklungsbereichen keine Defizite zeigt (Holling et al., 2001).

Vor der Entscheidung über eine frühzeitige Einschulung muss festgestellt werden, ob diese Maßnahme sinnvoll ist. Die von den Schulbehörden bestimmte „Schulfähigkeit" wird durch Schulreifetests ermittelt, bei dem u. a. die kognitive, soziale und körperliche Reife untersucht wird (Kiese-Himmel, 2019). Zusätzlich können fortgeschrittene Fähigkeiten von Erzieher:innen in Kindertageseinrichtungen erkannt werden (Schäfers & Wegner, 2020b). Typische Anzeichen beispielsweise für erhöhte kognitive Fähigkeiten im Vorschulalter sind das selbstständige Lesen, Schreiben oder Rechnen und möglicherweise ein Interesse für den Schulstoff von älteren Kindern wie etwa der Geschwister (Duncan et al., 2007). Abgesehen von allgemein erhöhten kognitiven Fähigkeiten können auch spezifischere Fähigkeiten oder potenzielle Begabungen im Vorschulalter ermittelt werden. Ein Beispiel ist der standardisierte Test von Schäfers und Wegner (2022), bei dem eine potenzielle naturwissenschaftliche Begabung im Elementarbereich ermittelt werden kann (Schäfers, 2023).

6.2.3 Akzeleration in Form des Überspringens von Klassenstufen

Das Überspringen von Klassenstufen ist eine lang bekannte Methode der Akzeleration und schulrechtlich bundesweit in fast allen Jahrgangsstufen möglich (Vock, 2021). Trotz ihrer allgemeinen Bekanntheit zeigen länderübergreifende Berechnungen für das Schuljahr 2014/2015, dass es nur eine Quote von 0,03 Prozent sogenannter Springer:innen gab (Kretschmann, 2018). Meist erfolgt das Überspringen entweder am Ende des Schuljahres in die übernächste Klassenstufe oder durch Versetzung zum Halbjahr (Vock, 2021). Überwiegend findet das Überspringen in den ersten beiden Schuljahren des Grundschulalters statt und ist deshalb eine Intervention, die vor allem in der Grundschule praktiziert wird (Heinbokel, 2004; Oswald, 2006).

Jungen sind in den meisten Begabtenfördermaßnahmen (Petersen, 2013), Beratungsstellen (Elbing, 2002) und auch bei der Maßnahme des Überspringens (Vock et al., 2014) überrepräsentiert. Laut Vock (2021) und Rohrmann und Rohrmann (2010) ist eine mögliche Erklärung für diese Überrepräsentation, dass sie eher dazu neigen, im Unterricht durch externalisierendes Verhalten aufzufallen, wodurch ein Handlungsbedarf zur Förderung leichter erkannt wird. Interessanterweise sind die Erziehungsberechtigten vieler Springer:innen relativ oft Lehrkräfte (Heinbokel, 2016), was darauf zurückgeführt wird, dass Erziehungsberechtigte mit höherem Bildungsabschluss und einem pädagogischen Beruf die Anzeichen für fortgeschrittene kognitive Fähigkeiten besser erkennen können als die ohne (Vock, 2021). Ergebnisse einer Studie von Vock und Kolleg:innen (2014) zeigen, dass Akzelerationsmaßnahmen wegen Überschätzungen nicht immer zielführend sind. Ein Drittel der beobachteten Springer:innen mussten ein Schuljahr wiederholen und wiesen im Mittel leicht unterdurchschnittliche Intelligenztestwerte auf (Vock et al., 2014). Es wird also wie bei der vorzeitigen Einschulung deutlich, dass bestimmte Voraussetzungen erfüllt sein müssen, damit die betreffenden Kinder vom Überspringen profitieren können. Darunter fallen:

> „[…] weit überdurchschnittliche schulische Leistungen, breit gefächerte schulische Interessen und außerschulische Aktivitäten, keine Anpassungs- oder Verhaltensstörungen (es sei denn, die Störung kann relativ eindeutig auf schulische Unterforderung zurückgeführt werden), die Fähigkeit zum selbstständigen Lernen, Durchhaltevermögen, die Fähigkeit, gute Beziehungen zu Erwachsenen oder älteren Kindern aufzubauen und das Einverständnis des Schülers bzw. der Schülerin selbst." (Vock, 2021, S. 328)

Mit Hilfe einer professionellen Diagnostik und Beratung kann ermittelt werden, ob ein Kind das Überspringen nicht nur bewältigen kann, sondern auch dadurch bereichert wird. Zusätzlich liegt die Verantwortung bei der Schule, Bedingungen zu schaffen, die ein Überspringen begünstigen. Dazu gehören …

> „[…] eine sorgfältige Vorbereitung der Entscheidungsfindung durch Gespräche und Diagnostik, Vereinbarungen über das geplante Vorgehen, eine angemessene Information der betroffenen Schulklassen durch die Lehrkräfte und eine längerfristige Begleitung des Springers bzw. der Springerin bei der Eingewöhnung in die neue Klasse" (Vock, 2021, S. 328).

Sind die erforderlichen Bedingungen auf Seiten des/der Schüler:in und der Schule erfüllt, so zeigen Studien, dass Springer:innen durchschnittlich einen positiven Effekt auf ihren schulischen Leistungen erleben (Rogers, 2004). Weitere positive Effekte des Überspringens konnten im Rahmen einer Studie mit Hilfe des Propensity-Score-Matching-Verfahrens („PSM") ermittelt werden. Dabei wurden zwei Gruppen gebildet: die Kontrollgruppe, die aus der aktuellen Jahrgangsstufe bestand, und die Kinder, welche eine Klassenstufe in die aktuelle Jahrgangsstufe übersprungen hatten und somit im Schnitt ein Jahr jünger waren (Kretschmann et al., 2014). In den standardisierten Leistungstests und bei den Schulnoten für Englisch, Mathe und Deutsch zeigten sich keine Unterschiede zwischen den beiden Gruppen (Kretschmann et al., 2014). Zusätzlich konnten in den sprachlichen Fächern der Sekundarstufe im Vergleich keine Unterschiede in der Leistung zwischen Springer:innen und ihren älteren Klassenkameraden erkannt werden, aber deutlich positive Effekte im Vergleich zwischen den Springer:innen und ihren gleichaltrigen Mitschüler:innen (Gronostaj et al., 2016a). Mehrere Studien, die auf der Basis von US-amerikanischen Datensätzen beruhen, zeigen, dass selbst zwischen begabten Springer:innen und Nichtspringer:innen ein akademischer und beruflicher Leistungsunterschied zugunsten der Springer:innen zu erkennen ist (Park et al., 2013).

6.2.4 Relevanz für Lehrkräfte

Obwohl Akzeleration gewisse Risiken birgt (Vock et al., 2014), überwiegen die Vorteile der verbesserten Leistungsentwicklung von begabten Schüler:innen (Gronostaj et al., 2016b; Hattie, 2009; Park et al., 2013; Rogers, 2004). Wichtig ist vor allem, dass die Voraussetzungen der Schüler:innen vor der Intervention mittels Akzeleration genau diagnostiziert werden und sie selbst mit der Maßnahme einverstanden sind. Die Bildungseinrichtung und vor allem die Lehrkräfte sollten hinter dem Konzept der Akzeleration stehen und die nötigen Mittel für eine korrekte Betreuung des Vorgangs zur Verfügung stellen. Eine allgemeine Beratung und Zusammenarbeit aller Beteiligten (Kinder, Erziehungsberechtigte, Lehrkräfte) muss etabliert werden, um bspw. eine mögliche Überschätzung des Kindes zu vermeiden und die genauen Ziele der Akzeleration für alle transparent zu machen. Die Akzeleration dient nicht dem Zweck, die Schullaufbahn zu beschleunigen, sondern soll Schüler:innen in Klassen einbringen, welche ihrem tatsächlichen Leistungsniveau entsprechen.

6.3 Separation und Integration

In den vorherigen Kapiteln (siehe Kapitel 6.1 und 6.2) wurden verschiedene Enrichmentmaßnahmen und Akzelerationsmöglichkeiten vorgestellt. Dabei wurde gezeigt, wie innerhalb und auch außerhalb der Schule begabte Schüler:innen durch z. B. Enrichment gefördert werden können. Es wurde jedoch nicht diskutiert, wie solche Maßnahmen mit dem Ziel der Bildungsgerechtigkeit an deutschen Schulen einhergehen. Im

Vergleich der PISA-Studien zwischen 2000 und 2012 stagnierten die Fortschritte von Schüler:innen in den höchsten Kompetenzstufen im Vergleich zu den leistungsschwächeren Gruppen (Prenzel et al., 2013). Dies ließ sich u. a. auf ein Ungleichgewicht der Förderungsmaßnahmen bei leistungsschwächeren und leistungsstarken Schüler:innen zurückführen (Bos et al., 2012a, 2012b). Ein Ausbau der Fördermaßnahmen bzw. Enrichmentangebote für Begabte ist für die Sicherstellung der Bildungsgerechtigkeit also dringend notwendig.

Manche der vorgestellten Enrichmentmaßnahmen können zwar problemlos integrativ eingesetzt werden (z. B. gestufte Lernhilfen), jedoch gibt es Maßnahmen, von denen nur bestimmte Zielgruppen profitieren und separativ wirken (z. B. Forschergruppen). Damit es zu keiner weiteren Imbalance bei der Unterstützung von förderbedürftigen, durchschnittlichen und begabten Schüler:innen kommt, sollten die Fördermaßnahmen von Lehrkräften ausgeglichen eingesetzt werden. Dafür ist eine Klassifizierung dieser Maßnahmen in separative und integrative Kategorien von Vorteil, damit für Lehrkräfte schneller ersichtlich wird, wann sie eine Kategorie zu oft bzw. zu selten einsetzen.

6.3.1 Unterschiede zwischen separativer, integrativer und inklusiver Begabungsförderung

Separative Begabungsförderung kommt meist in der Form von extracurricularen Aktivitäten, Aufgaben und Experimenten, die parallel zum normalen Unterricht stattfinden, vor. Diese Aktivitäten werden in homogenen Gruppen ausgeführt. Es geht bei separativer Förderung um eine Form der äußeren Differenzierung, in der leistungsstarke Schüler:innen getrennt von anderen Schüler:innen lernen. Die bekannteste Form der separativen Förderung in Nordrhein-Westfalen wäre die Differenzierung von Schüler:innen nach dem Abschluss der Grundschule, bei dem sie der Haupt- oder Realschule sowie dem Gymnasium zugeordnet werden und dort ihre weitere Schullaufbahn absolvieren. Die Gesamtschule und die Sekundarschule bilden integrative Sonderformen, da alle Schüler:innen diese Schulform wählen können, unabhängig von der Empfehlung. Die Wirkung der separativen Förderung und der Anwendung von Fähigkeitsgruppierungen wurde in vielen Studien untersucht. Vock und Kolleg:innen (2007) kommen bei dem Vergleich vieler US-amerikanischer Studien zu dem Ergebnis, dass Begabte von einer separativen Förderung, in der Schüler:innen nach ihren Fähigkeiten und ihrer Leistung gruppiert werden, im Bereich der Leistungsentwicklung profitieren. Zusätzlich zeigen die Ergebnisse einer Studie von Preckel und Kolleg:innen (2019), dass Fähigkeitsgruppierungen einen positiven Effekt auf den erlebten Lernerfolg von Begabten haben und Begabtenklassen auch ein vergleichsweise höheres Level an Lernerfolg erlebten als Schüler:innen in regulären Klassen. Jedoch profitieren die Schüler:innen nicht nur von der einfachen Gruppierung; zusätzlich müssen das Curriculum und die Lehrmethoden angepasst werden, um beispielsweise selbstständiges und entdeckendes Lernen zu fördern (Vock et al., 2007). Eine Untersuchung von Gronostaj und Kolleg:innen (2016) hat die Wichtigkeit dieser Anpassung bestätigt. In der Untersuchung ergab sich, wie in der „Self-Determination Theory" von Deci und Ryan (2000) vermutet wird, dass, wenn die begabten Schüler:innen nicht ihrer Kompetenz entsprechend herausgefordert werden, ihre Motivation sinkt. Begabte Schüler:innen müssen also genau wie förderbedürftige Schüler:innen ihren Fähigkeiten entsprechend herausgefordert werden und es muss differenzierter Unterricht erfolgen, damit sie ihr volles Potenzial ausschöpfen können. Jedoch zeigen Beobachtungen von Westberg und Kolleg:innen (1993) sowie von Westberg und Daoust (2004), dass Lehrkräfte im Curriculum und Unterricht von regulären Klassen wenig innere Differenzierung für leistungsstarke Schüler:innen vornehmen. Grund hierfür ist vor allem, dass Lehrkräfte Differenzierung als sehr zeitaufwendig wahrnehmen und daher als unrealistisch im Schulalltag anzuwenden einschätzen (Hertberg-Davis, 2009). Zusätzlich werden eher Differenzierungsmaßnahmen für leistungsschwächere Schüler:innen vorgenommen als für leistungsstärkere Schüler:innen (Hertberg-Davis, 2009). Die äußere Differenzierung in Form des gegliederten Schulsystems weist dieses Problem nicht auf und eine Studie von Preckel (2009) ergibt, dass begabte Schüler:innen mit zunehmender Lernfreude, Leistungssteigerung und sozialem Wohlbefinden sehr von einem separierten Schulsystem profitieren.

Oftmals wird die negative Beeinflussung des Selbstkonzepts von Schüler:innen als ein Nachteil separativer Förderung genannt. So würde das Selbstwertgefühl bei Schüler:innen, welche die mittleren und unteren Schularten (Haupt- und Realschulen) besuchen, leiden, weil sie sich mit Schüler:innen aus höheren Schularten (Gymnasien) vergleichen. McGillicuddy und Dympna (2020) konnten diese Annahme teilweise in ihrer Studie bestätigen. In Fragebögen und Interviews äußern leistungsschwächere Schüler:innen ein Missfallen an Fähigkeitsgruppierungen. Weitere Analysen zeigten, dass Fähigkeitsgruppierungen bei leistungsschwächeren Schüler:innen zu starken psychosozialen Reaktionen in Form von Einschüchterung und Scham führen (McGillicuddy & Devine, 2020). Demgegenüber steht eine Studie von Trautwein und Kolleg:innen (2006), in der ein standardisierter Leistungstest im Fach Mathematik durchgeführt wurde und später das mathematische Interesse und Selbstkonzept ermittelt wurden. Ihre Ergebnisse zeigten, dass Schüler:innen aus mittleren und unteren Schularten, trotz der schlechteren Ergebnisse im Leistungstest, im Vergleich zu Gymnasialschüler:innen kein geringeres Interesse an dem Fach Mathematik und kein negatives Selbstkonzept bezüglich ihrer Leistung aufwiesen (Trautwein et al., 2006). Es wird angenommen, dass Schüler:innen sich nicht allzu viel mit Schüler:innen aus anderen Schularten vergleichen, sondern eher mit ihren Mitschüler:innen aus ihrer eigenen Schule (Trautwein et al., 2006). Dies kann erklären, warum es so eine negative Reaktion der Schüler:innen bezüglich der Fähigkeitsgruppierung bei der Studie von McGillicuddy und Dympna (2020) gab, da dort die Schüler:innen innerhalb der gleichen Schule gruppiert wurden und diese Gruppierung ihnen auch täglich bewusst war.

Oft wird übersehen, dass auch innerhalb einer Gruppe von begabten Schüler:innen unterschiedliche Leistungsstufen existieren und keine absolute Homogenität herrscht. Kritiker:innen der separativen Förderung verlangen, dass Testungen und Kategorisierungen von Schüler:innen abgeschafft werden und dass stattdessen ein Fokus auf Individualisierung und Differenzierung in der Schule und dem Unterricht generell gelegt wird (Borland, 2021). Die integrative Begabungsförderung ist eine Form der funktionalen Differenzierung, in welcher die Merkmale von Individuen ermittelt werden (z. B. leistungsstark/-schwach), damit sie effizient integriert werden können. Integrative Begabungsförderung findet dann statt, wenn kognitiv begabte Kinder in den Regelunterricht eingegliedert werden. Die Begabten kommen nicht in zusätzliche Klassen und nehmen auch nicht an besonderen Aktivitäten teil. Sowohl bei der separativen als auch bei der integrativen Förderung werden Schüler:innen nach bestimmten Merkmalen kategorisiert und in eine Gruppe der Förderbedürftigen, Durchschnittlichen und Begabten eingeteilt. Dies findet bei der inklusiven Begabungsförderung nicht statt.

Bei der inklusiven Begabungsförderung wird stattdessen ein Fokus auf eine heterogene Lernumgebung gelegt, in der alle Schüler:innen unabhängig von ihren Stärken oder Schwächen gemeinsam Lernen. Bei der Arbeit in heterogenen Gruppen wird großer Wert darauf gelegt, den Inhalt und die Struktur des Unterrichts auf die Interessen, Forderungen und individuellen Möglichkeiten der einzelnen Schüler:innen anzupassen und damit differenzierten Unterricht zu planen. Der differenzierte Unterricht findet sowohl in der inklusiven als auch der integrativen Förderung statt. Unter inklusiver Förderung verstehen die meisten vor allem die Inklusion von Schüler:innen mit sonderpädagogischem Förderbedarf, was als enger Inklusionsbegriff bezeichnet wird. Der weite Inklusionsbegriff (auf den sich dieser Text nun fortlaufend beziehen wird) leitet sich von der Salamanca-Erklärung ab und besagt, dass alle Kinder unabhängig von ihren „physischen, intellektuellen, sozialen, emotionalen, sprachlichen oder anderen Fähigkeiten" (UNESCO, 1994, S. 4) eine Bildung an einer Schule zusteht. Auch die Förderung von Begabten fällt unter den weiten Inklusionsbegriff, wird jedoch bei der Befragung von Lehrkräften zur individuellen Förderung in der Praxis oftmals vernachlässigt (Solzbacher et al., 2012). Dies geht mit der zuvor genannten ungerechten Verteilung von Fördermaßnahmen für leistungsschwache und leistungsstarke Schüler:innen einher, wobei letztere deutlich weniger Maßnahmen angeboten bekommen (Bos et al., 2012a, 2012b; Prenzel et al., 2013).

Sparfeldt und Schilling (2014) stellten in ihrer Studie fest, dass begabte Schüler:innen segregierende Föderansätze (äußere Differenzierung) eher ablehnen, aber dafür eine positive Einstellung gegenüber innerer Differenzierung im Unterricht haben. Dies zeigt, dass innere Differenzierung eine wichtige Bedingung für Schüler:innen ist, damit ein inklusives Lernsetting effektiv ist. Es wird oft argumentiert, dass heterogene Klassen und inklusive Lernsettings für Schüler:innen einen positiven Erfahrungsraum für soziale Lernprozesse bieten können (Müller-Oppliger & Weigand, 2021). Dazu ist jedoch eine Form der Differenzierung innerhalb dieser Klassen notwendig. Interviewstudien zeigten, dass sich begabte Gymnasialschüler:innen in ihren heterogenen Klassen in der Grundschule nicht zugehörig fühlten und Langeweile erlebten, weil sie im Grundschulunterricht nicht genügend herausgefordert und ihre Interessen nicht angesprochen wurden (Weigand et al., 2014). Oft werden die begabten Schüler:innen dann ihren Fähigkeiten entsprechend gruppiert (auf Gymnasien geschickt) und erhalten zusätzliche Förderung. Begabungsförderung und inklusive Förderung verfolgen beide das Ziel des differenzierten, selbstgesteuerten und kooperativen Lernens.

Ein Argument gegen inklusive Begabungsförderung ist der entstehende Aufwand bei den Lehrkräften. Laut Umfragen fühlen sich die meisten Lehrkräfte in einer heterogenen Klasse nicht ausreichend auf den Unterricht von Begabten vorbereitet (Vock et al., 2007). Im „Teaching and Learning International Survey" (TALIS) wurde festgestellt, dass „das Unterrichten von Schüler:innen mit spezifischen Lernbedarfen" (OECD, 2009) von Lehrkräften als das Thema gewählt wurde, in welchem der größte Fortbildungsbedarf besteht.

6.3.2 Praktische Beispiele der separativen, integrativen und inklusiven Förderung

Es gibt zahlreiche Fördermöglichkeiten für begabte Lernende, die sowohl innerhalb als auch außerhalb der Schule stattfinden können. Um für seine eigenen Lernenden gezielte Fördermaßnahmen entwickeln zu können, lohnt sich ein Blick auf verschiedene Praxisbeispiele, um die vielfältigen Möglichkeiten für eine separative, integrative und inklusive Förderung kennenzulernen und eigene Konzepte daraus entwickeln zu können.

Innerschulische Förderung
Das schon in Kapitel 6.1.1 vorgestellte Drehtürmodell (u. a. Renzulli et al., 1981) ist eine separative Fördermaßnahme, welche Schüler:innen die Möglichkeit bietet, ein individualisiertes Enrichmentprojekt während des regulären Unterrichts auszuführen. Zuerst werden die Schüler:innen, welche am Drehtürmodell teilnehmen sollen, von den Lehrkräften nominiert. Dies erfolgt auf Grundlage von Unterrichtsbeobachtungen der Lehrkraft, wie etwa dass Schüler:innen Unterrichtsinhalte bereits sehr schnell beherrschen, keine Übungen oder Wiederholungen benötigen und im Unterricht unterfordert sind. Sind mehrere von den genannten Bedingungen erfüllt, nominiert die Lehrkraft diese Schüler:innen, um durch das Drehtürmodell gefördert zu werden. Die nominierten Schüler:innen erhalten während des Unterrichts in einem separaten Raum die Möglichkeit, an einem herausfordernden und vertieften Projekt zu arbeiten, welches entweder von einer koordinierenden Lehrkraft oder den Schüler:innen ausgewählt wird. Die benötigten Materialen werden von der Lehrkraft im Raum zur Verfügung gestellt und sie steht für Rückfragen bei der Bearbeitung zur Verfügung. Zusätzlich führen die Schüler:innen ein Lerntagebuch, in dem sie ihren Lernprozess verschriftlichen. Nachdem die Schüler:innen mit dem Projekt fertig sind,

schließen sie sich dem regulären Unterricht wieder an und präsentieren der Klasse ihre Arbeit. Der Vorteil des Drehtürmodells ist, dass es eingesetzt werden kann, wenn einige leistungsstarke Schüler:innen im Inhalt weiter sind als ihre Mitschüler:innen und eine Unterforderung droht. Studien zeigen, dass das Modell überwiegend an Gymnasien angeboten wird und dort vom Schulkollegium und den Lernenden eine hohe Akzeptanz genießt (Greiten, 2016).

Pull-Out-Programme ähneln dem Drehtürmodell als separative Fördermaßnahme, da leistungsstarke Schüler:innen aus dem regulären Unterricht entnommen werden und separierte Aufgaben bearbeiten. Allerdings werden die begabten Schüler:innen hier für einige Unterrichtseinheiten in einen akzelerierten Klassenverband integriert und nehmen am Unterricht einer höheren Jahrgangsstufe teil. Oft wird diese Form des Pull-Out-Programms für die Vorbereitung des Überspringens von Jahrgängen verwendet. In anderen Fällen beschäftigen sich die Schüler:innen mit Themen, die im regulären Unterricht üblicherweise nicht behandelt werden. Studien mit Meta-Analysen zum Pull-Out-Programm haben ergeben, dass teilnehmende Schüler:innen positive Effekte im Bereich des Lernerfolgs, kritischem und kreativem Denken erleben (van der Meulen et al., 2014; Vaughn et al., 1991).

Außerschulische Förderung
Außerschulische Förderungen bieten Begabten die Möglichkeit, unabhängig von ihren Mitschüler:innen und regulären Lehrkräften ihr Potenzial auszuschöpfen und ihre fortgeschrittenen Fähigkeiten anzuwenden. Außerschulische Lernorte sind weder an ein Curriculum gebunden, noch besteht der Zeitdruck, Unterrichtsinhalte in einer spezifischen Zeitspanne zu behandeln. Dadurch können Themen bearbeitet werden, die sonst für die Schüler:innen in der regulären Unterrichtszeit nicht zugänglich sind und sie können für diese Themen so viel Zeit aufwenden wie sie wollen. Oftmals sind außerschulische Fördermaßnahmen eine Art des Enrichment und kommen in der Form von speziellen Workshops, Projekten oder Exkursionen vor. Diese Enrichmentprogramme bieten neben den neuen Inhalten auch die Chance, Themenfelder genauer oder aus einer anderen Perspektive kennenzulernen. Zum Beispiel sind Exkursionen mit dazugehörigen Projektarbeiten eine integrative Fördermaßnahme, da Schüler:innen abhängig von ihrer Leistungsbereitschaft und ihrem Interesse ein Projekt entwerfen können. Ein Beispiel hierfür wäre die Wahl einer Ausstellung in einem naturwissenschaftlichen Museum, welche dann von den Schüler:innen genau erforscht, weiter recherchiert und letztendlich vorgestellt wird. Die integrative Differenzierung findet durch die Auswahl von entweder simplen oder komplexen bzw. abstrakten Ausstellungen des Museums statt sowie durch die inhaltliche Bearbeitungstiefe des Themas durch die Schüler:innen.

Experimentier- und Forscherworkshops ermöglichen den Schüler:innen als separative Fördermaßnahme, als Forscher:innen zu arbeiten und sich mit Inhalten und Ressourcen auseinanderzusetzen, die über das Curriculum hinausgehen. Solche Enrichmentprogramme können einen großen Einfluss auf das Interesse und die spätere Entwicklung von Schüler:innen haben. So haben Studien ergeben, dass naturwissenschaftliche Enrichmentprogramme das kreative Denken (Wegner & Bentrup, 2014), das naturwissenschaftliche Interesse und Selbstkonzept sowie das Interesse an einer zukünftigen naturwissenschaftlichen Karriere (Schäfers & Wegner, 2020a) bei Begabten positiv beeinflussen.

Das Frühstudium ist eine weitere separative und außerschulische Fördermaßnahme, welche als Pull-Out-Maßnahme dient und begabten Schüler:innen erste Erfahrungen in den Alltag an einer Hochschule und eine vertiefte Einsicht in ihren bevorzugten Schul- bzw. Studienfächern ermöglicht. Besonders die Naturwissenschaften sind im Frühstudium stark vertreten – 41 von 43 befragten Hochschulen bieten Naturwissenschaften als Fächergruppe für Frühstudierende an (Deutsche Telekom Stiftung, 2018). Damit wird vor allem den Schüler:innen mit einem Interesse in den Naturwissenschaften eine Möglichkeit geboten, ihre ersten fortgeschrittenen Erfahrungen als Naturwissenschaftler:innen zu sammeln. Auf Anfrage gaben Frühstudierende an, dass sie das Frühstudium vor allem als eine Chance sahen, um ihre Interessen zu vertiefen und eine bessere Studien- bzw. Berufsorientierung zu erhalten (Solzbacher, 2011). Auch Schulen selbst beurteilten einen hohen Nutzen des Frühstudiums in der Interessenvertiefung, der positiven Persönlichkeits- und Leistungsentwicklung sowie dem Lernen von Fachinhalten (Solzbacher, 2008). Auch im Sinne der Akzeleration beweist sich das Frühstudium als nützlich, da Schüler:innen beim Frühstudium schon erste Leistungsnachweise erwerben können, die ihnen nach dem Abitur im Studium angerechnet werden können.

6.3.3 Relevanz für Lehrkräfte

Aus den Ausführungen zur Separation und Integration wurde deutlich, dass keine der beiden Methoden der Begabungsförderung unumstritten oder gar objektiv besser ist als die andere. Während Begabte in der Separation von Lehr- und Lernmittel profitieren, welche auf ihre Fähigkeiten angepasst sind, bevorzugen sie weiterhin eine gewisse Heterogenität unter ihren Peers, da sie sich trotz ihrer Leistungsstärke untereinander unterscheiden (Sparfeldt & Schilling, 2014). Gleichzeitig beschweren sich begabte Schüler:innen darüber, in heterogenen Klassen nicht genügend herausgefordert zu werden (Weigand et al., 2014). Die Entscheidung für eine homogene oder heterogene Fähigkeitsgruppierung scheint weniger wichtig als angenommen. Viel relevanter ist die Erkenntnis, dass alle Schüler:innen von differenziertem und individualisiertem Unterrichtsmaterial, -inhalten und Herausforderungen profitieren. Wenn Begabte inklusiv in einer heterogenen Klassengemeinschaft arbeiten sollen, müssen sie weiterhin von den Vorteilen der Separation profitieren, d. h. sie bekommen Inhalte und Aufgaben, welche auf ihre Kompetenzen angepasst sind. Es reicht nicht die einfache Entwicklung von einem „mittelschweren" bzw. „one-size fits all"-Unterricht – Lehrkräfte müssen differenzierter arbeiten. Dies bedingt, dass Lehrkräfte darin ausgebildet werden müssen, Differenzierung und Individualisierung korrekt in ihrem Unterricht anzuwenden. Genau hier empfinden viele Lehrkräfte noch Fortbildungsbedarf (OECD, 2009), weshalb es wichtig ist, dass Lehrkräfte die nötige Zeit und Ressourcen bekommen, um sich entsprechend fortzubilden. Es können auch innerschulische Enrichment-Angebote in Form des Drehtürmodells und des Pull-Out-Programms für Begabte angewandt werden, damit diese weiterhin an einem inklusiven und heterogenen Klassenaufbau teilnehmen können, ohne dass ihre Fähigkeits- und Kompetenzentwicklung darunter leiden. Der Besuch von außerschulischen Fördermaßnahmen ist eine weitere Methode, um dies zu erreichen. Begabte können an Workshops teilnehmen, um Inhalte zu entdecken und Kompetenzen zu entwickeln, welche in der regulären Schule nicht möglich wären. Diese zusätzlichen Enrichmentmaßnahmen können sich positiv auf ihre Entwicklung und sogar ihre spätere Karrierewahl auswirken (Schäfers & Wegner, 2020a; Wegner, 2014).

Zusammenfassend lässt sich sagen, dass die genaue Struktur einer Lerngruppe keine große Rolle bei der Begabungsförderung spielt, egal ob heterogen oder homogen. Viel wichtiger ist, dass Begabte auf sie abgestimmte Herausforderungen erleben und neue Entdeckungen machen. In Form von Differenzierung im Unterricht oder mit Hilfe von inner- und außerschulischen Enrichmentprogrammen.

Zusammenfassung

Enrichment	Enrichment bezieht sich auf schulische oder außerschulische Fördermaßnahmen, die dem Zweck der Lehrplananreicherung dienen. Dies geschieht, indem Themen behandelt werden, die normalerweise nicht im Curriculum enthalten sind oder indem die vorhandenen Lerninhalte erweitert und vertieft werden. Diese Maßnahmen können separat in Form von Spezialklassen oder integrativ im regulären Unterricht integriert werden. Enrichment sollte keinesfalls als das Ausfüllen von Leerlaufzeiten verwendet werden, da dessen Hauptziel die Förderung der persönlichen, emotionalen und intellektuellen Entwicklung der Schüler:innen ist. Enrichment bietet Lehrkräften die Möglichkeit, begabte Schüler:innen besser zu fördern und sicherzustellen, dass sie angemessen herausgefordert werden – sowohl innerhalb als auch außerhalb des regulären Unterrichts. Es ist jedoch wichtig, dass diese Maßnahmen sorgfältig geplant und auf die individuellen Bedürfnisse der Schüler:innen abgestimmt werden.
Akzeleration	Akzeleration soll begabten Schüler:innen die Möglichkeit geben, den Lehrplan oder Teile davon früher zu beginnen, zu beenden oder schneller zu durchlaufen als üblich. Die Notwendigkeit für Akzeleration ergibt sich aus der Tatsache, dass der reguläre Lehrplan oft nicht auf die Bedürfnisse begabter Schüler:innen zugeschnitten ist, was zu Unterforderung und Demotivation führen kann. Allgemein hat Akzeleration das Ziel, den Unterricht an das Leistungsniveau und die Lerngeschwindigkeit begabter Schüler:innen anzupassen, um sie angemessen herauszufordern und die soziale Integration zu fördern. Dies kann beispielsweise durch das Überspringen von Klassenstufen, die vorzeitige Einschulung oder durch die Teilnahme an jahrgangshöherem Unterricht in bestimmten Fächern erfolgen. Akzeleration ist eine bewährte Methode zur Förderung begabter Schüler:innen, die jedoch eine sorgfältige Diagnose und Planung erfordert, um sicherzustellen, dass sie erfolgreich und ohne negative Auswirkungen durchgeführt wird. Lehrkräfte und Bildungseinrichtungen sollten die Vorteile der Akzeleration erkennen und die notwendige Unterstützung bieten, um begabte Schüler:innen angemessen zu fördern. Akzeleration dient nicht primär dazu, die Schullaufbahn zu beschleunigen, sondern begabten Schüler:innen die Möglichkeit zu bieten, in Klassen zu lernen, die ihrem Leistungsniveau entsprechen.
Separation und Integration	Separative Förderung erfolgt durch Aktivitäten, Aufgaben und Experimente, die parallel zum normalen Unterricht stattfinden und in homogenen Gruppen durchgeführt werden. Dies ist eine Form der äußeren Differenzierung, bei der leistungsstarke Schüler:innen getrennt von anderen lernen. Außerschulische Förderungsmöglichkeiten bieten begabten Schüler:innen die Chance, ihr Potenzial unabhängig von ihren Mitschüler:innen und Lehrkräften zu entwickeln. Integrative Begabtenförderung hingegen ist eine Form der funktionalen Differenzierung, bei der die Merkmale der Schüler:innen ermittelt werden, um sie effizient in den Regelunterricht zu integrieren. Integrative Förderung erfolgt, wenn begabte Schüler:innen in den regulären Unterricht einbezogen werden, ohne zusätzliche Klassen oder spezielle Aktivitäten. Bei der inklusiven Begabtenförderung findet keine Kategorisierung von Schüler:innen nach Merkmalen statt. Praktische Beispiele für innerschulische Förderung sind: (1) das Drehtürmodell, (2) Pull-Out-Programme, und (3) differenzierter Unterricht. Weder die Separation noch die Integration sind als alleinige Methode zur Begabtenförderung unumstritten. Es ist entscheidend, dass begabte Schüler:innen herausgefordert werden und differenzierten sowie individualisierten Unterricht erhalten. Lehrkräfte sollten entsprechend ausgebildet sein und die Möglichkeit haben, sich weiterzubilden, um diese Differenzierung im Unterricht umsetzen zu können. Sowohl inner- als auch außerschulische Enrichmentmaßnahmen können einen positiven Einfluss auf die Entwicklung begabter Schüler:innen haben.

7 Diagnose begabt – was nun?

Die Diagnostik der Begabung eines Kindes kann unter Umständen viel Zeit in Anspruch nehmen. Wenn die jeweiligen Ergebnisse jedoch Klarheit über die Lern- und Leistungsfähigkeiten von Schüler:innen verschaffen, liegt es zumeist an den Lehrkräften, diese Fähigkeiten zu unterstützen und entsprechend zu fördern. Viele Lehrkräfte stehen dabei vor der großen Herausforderung, der heterogenen Lerngruppe gerecht zu werden. Die vorliegende Lektüre unterstützt bereits bei der Orientierung in diesem großen Themenfeld. Darüber hinaus sollen im abschließenden Kapitel gezielte Unterstützungsangebote präsentiert werden, die einerseits für Lehrkräfte, aber andererseits auch für Erziehungsberechtigte und Schüler:innen hilfreich sind. Dabei gibt es unterschiedliche Formate, nach denen Orientierungsangebote klassifiziert werden können:

Abbildung 48: Formate von Orientierungsangeboten mit Abkürzungen.

1. Suchmaschinen (S)
2. Methodensammlungen (M)
3. Online-Programme (O)
4. Literatur (L)

Quelle: Eigene Darstellung.

Suchmaschinen bieten zumeist eine umfassende Übersicht an allgemeinen Informationen zum ausgewählten Thema. Anhand einer aus diversen Internetadressen bestehenden Datenbank können gezielte Informationen und Diskurse selektiert und strukturiert werden. Methodensammlungen bestehen aus einem Portfolio an Materialien und methodischen Zugängen. Sie sind insbesondere für Lehrkräfte eine nützliche Orientierungsmöglichkeit, da anhand dieser der eigene Unterricht besser geplant und differenziert werden kann. Online-Programme können häufig über den Klassenraum hinaus Anwendung finden und als außerschulische Förderung genutzt werden. Hierbei ist besonders auf die Kooperation mit den Erziehungsberechtigten zu achten, welche für die Unterstützung des Kindes verantwortlich sind. Schließlich beschreibt das Format der Literatur sämtliche Nachschlagewerke, die Hinweise zu dem ausgewählten Thema beinhalten.

Anmerkung
Die Reihenfolge der aufgeführten Angebote führt von allgemeinen Inhalten, die insbesondere Informations- und Vernetzungsmaterialien beinhalten, zu spezifischen bega-

bungsförderlichen Angeboten mit Materialien und Lernorten. Zudem sind die Inhalte über die einzelnen Orientierungsangebote den jeweiligen Webseiten entnommen worden (Weblinks zu den Angeboten finden Sie hinter dem Literaturverzeichnis). Des Weiteren werden die Begriffe „Begabung" und „Hochbegabung" entsprechend dem Kontext der angegeben Quellen verwendet.

Im Rahmen der Begabungsförderung überschneiden sich die Formate der Angebote in Teilen. „Suchmaschinen" können über „Literatur" verfügen und „Methodensammlungen" können ebenso „Online-Programme" beinhalten. Inwiefern die einzelnen Orientierungsangebote verschiedene Formate enthalten, wird zur allgemeinen Übersicht anhand der beschriebenen Kürzel in Abbildung 48 gekennzeichnet.

7.1 Begabtenzentrum

Formatskala:

| S | **M** | O | L |

Zielgruppe: Lehrkräfte, Erziehungsberechtigte

Das Begabtenzentrum ist eine Institution für die Diagnostik und Förderung von begabten Kindern. In Deutschland gibt es drei Standorte (Grevenbroich, Berlin und München), aber auch online können einige Angebote des Zentrums genutzt werden. Es werden entsprechende Kurse zu diagnostizierten Begabungsprofilen sowie weitere Testungen bzw. Gutachten und eine intensive Beratung für Erziehungsberechtigte und zum Teil auch für Lehrkräfte ausgeschrieben. Die einzelnen Programme richten sich an Kindergartenkinder sowie Schüler:innen, verbunden mit Berufsorientierung.

Zunächst bietet das Portal eine umfangreiche Übersicht an nützlicher Literatur zum Thema Begabung und dem Umgang mit Begabung in privaten oder schulischen Kontexten. Es gibt käuflich zu erwerbende E-Books mit Experimenten oder Übungen zum logischen Denken sowie diverse mentale Trainingstechniken, Konzentrationsübungen und Lernstrategien. Das Begabtenzentrum bietet zum einen eine Online-Förderung mit wöchentlich neuen Materialien und Rätselaufgaben an. Zum anderen gibt es für Kinder im Begabtenzentrum Kurse und Einzelförderungen zu verschiedenen Themenbereichen. Dazu zählen beispielsweise Experimentierkurse, Mobbingpräventionen oder Konzentrationstrainings. Es werden auch Ferienkurse angeboten. Erziehungsberechtigte oder Pädagog:innen können an Seminaren bzw. Fach- und Lehrkräftefortbildungen teilnehmen, die insbesondere Vorträge zum Thema Hochbegabung beinhalten.

Eine wachsende Rubrik des Zentrums ist die „Live-Online-Akademie". Kinder und Jugendliche können hier Themen vertiefen, die über Schullehrpläne hinaus gehen. Sie können ihre Englischkenntnisse ausbauen, etwas über Mediation, Gesundheit und

Ernährung oder über das Programmieren lernen. Die Veranstaltungen finden über das Videokonferenztool „Zoom" statt. Für Erwachsene und Erziehungsberechtigte von hochbegabten Kindern gibt es den „Gesprächskreis Hochbegabung", in welchem über zentrale Grundlagen der Begabungsförderung informiert wird. Hier werden auch Möglichkeiten und Grenzen von Förderungen diskutiert und fachliche Abgrenzungen zu weiteren Themen wie ADHS, Autismus und Hochsensibilität gezogen.

Es geht um das Verständnis von naturwissenschaftlichen Phänomenen oder aktives Sprechen sowie auditive Sinneswahrnehmungen der Begabten und wiederbelebten Spaß am Lernen. Die Förderangebote nehmen dabei keine schulischen Inhalte vorweg, sondern setzen zur kognitiven Weiterentwicklung an den bestehenden Fähigkeiten und Fertigkeiten der Kinder und Jugendlichen an.

↗ https://www.begabtenzentrum.de

7.2 Deutsche Gesellschaft für das hochbegabte Kind e. V.

Formatskala:

| S | M | O | **L** |

Zielgruppe: Lehrkräfte, Erziehungsberechtigte

Die Deutsche Gesellschaft für das hochbegabte Kind (DGhK) wurde 1978 gegründet und ist ein Informationsportal für Lehrkräfte, Erziehungsberechtigte und Interessierte am Themenbereich Hochbegabung. Der Verein setzt sich für die Förderung von hochbegabten Kindern und Jugendlichen ein. Zu den Angeboten zählen Beratungen, Gesprächskreise, Förderprogramme oder Fortbildungen für Erziehende und Lehrende. Die Website bietet zudem eine Übersicht mit vernetzten Regionalvereinen, mit denen ein Austausch angeregt werden kann. Ein vollständiger Zugang zu den Materialien und Programmen wird durch eine Mitgliedschaft erreicht.

Das Portal ist eine zentrale Informationsquelle über Hochbegabung bei Kindern und Jugendlichen und gliedert die Inhalte im Wesentlichen nach drei Zielgruppen:

| Für Eltern | Für Pädagog:innen | **Für Kinder** |

In der Rubrik „Eltern" werden zunächst zentrale Verhaltensweisen von Kindern im Alltag in einer Merkmalsliste festgehalten, die als Orientierungshilfe im Prozess der Erkennung von Hochbegabung fungieren soll. So erhalten die Erziehungsberechtigten erste Ansätze, die gewisse Verhaltensmuster ihrer Kinder als Anzeichen von Begabungen definieren können. Dabei handelt es sich jedoch nur um eine Orientierung, anhand derer die weitere Diagnostik eingeleitet werden kann.

Im Bereich der Förderung durch die Erziehungsberechtigten selbst wird auf den Nutzen außerschulischer Angebote und eines offenen Umgangs verwiesen. Genaue Angebote werden hier nicht aufgeführt. Darüber hinaus gibt es einen Vermerk zu Beratungsangeboten für Erziehungsberechtigte sowie ein Verzeichnis mit Literaturempfehlungen.

Ähnlich wie in der Rubrik für Erziehungsberechtigte gibt es im Bereich für „Pädagog:innen" ebenfalls eine Liste mit auffälligen Verhaltensweisen von Begabten. Diese bezieht sich jedoch eher auf die Standorte Kita und Schule. An dieser Stelle sei nochmals der Hinweis gegeben, dass es sich bei den aufgeführten Verhaltensmustern lediglich um in der Regel typische Anzeichen handelt, die nicht zutreffen oder für eine Hochbegabung sprechen müssen (siehe Kapitel 2). Im Sinne der Förderung beschreibt der Verein einen offenen und einladenden Umgang mit den Kindern, ohne sich selbst von Begabten einschüchtern zu lassen. Der Teilbereich der Beratung führt eine umfangreiche Liste mit Kontaktdaten zur persönlichen Weiterbildung an. Die Bildungspraktiker:innen haben bei einer Mitgliedschaft die Möglichkeit, an Fortbildungen teilzunehmen, Unterstützung bei der Entwicklung eigener Projekte oder Zugriff auf Differenzierungsmöglichkeiten, Materialien und Spiele zu erhalten. Auch in dieser Rubrik sind weitere Literaturempfehlungen hinterlegt.

Der Bereich für „Kinder" ist zwar inhaltlich für die Begabten selbst gedacht, richtet sich der Website-Oberfläche nach aber eher an die jeweiligen betreuenden Personen. In dieser Registerkarte ist eine Linkliste mit Spiel- und Lernangeboten hinterlegt, die sich laufend aktualisiert. Aus dieser können Erziehungsberechtigte und Pädagog:innen Materialien für Kinder auswählen. Dazu zählen beispielsweise Angebote vom Bayrischen Rundfunk mit Lernvideos zu allen Fachbereichen oder das deutsche Luft- und Raumfahrtzentrum mit naturwissenschaftlichen Informations- und Lernmaterialien.

↗ https://www.dghk.de

7.3 Deutscher Bildungsserver

Formatskala:

S   M   O   **L**

Zielgruppe: Lehrkräfte, Erziehungsberechtigte

Der deutsche Bildungsserver unterscheidet sich geringfügig von den bereits beschriebenen Portalen. Hierbei handelt es sich vielmehr um eine Zwischenstufe auf dem Weg nach Orientierungsangeboten über Begabungsförderung. Über den Reiter „Bildungsthemen" ist die Kategorie „Schule" zu wählen, in der unter dem Punkt „Eltern" das Kapitel „Schulische Begabungsförderung" zu finden ist. Das Dossier setzt sich aus Dokumenten und Handreichungen zum Thema der Begabungsförderung in schulischen Institutionen sowie Inhalten zu Begabungsförderung im Studium und einer Liste von entsprechenden Vereinen und Institutionen aus dem Fachbereich zusammen. Dabei wird beispielsweise auch auf den Begabungslotsen (siehe Kapitel 7.9) oder das Fachportal der Karg-Stiftung (siehe Kapitel 7.4) verwiesen. Zudem bietet das Portal ein Verzeichnis mit schulischen Begabungsförderungen in den einzelnen Bundesländern. Der Meta-Server leitet Interessierte zu aufbereiteten Informationen und passenden Internetquellen weiter, die von Bund, Hochschulen, Forschungseinrichtungen oder auch Landesinstituten betrieben werden. Auf diese Weise dient der deutsche Bildungsserver zwar nicht der direkten Weiterbildung im Thema der Begabungsförderung im Hinblick auf Materialien oder Ähnliches, jedoch bietet die Plattform eine erste Orientierung für die weiterführende Recherche und Professionalisierung.

↗ https://www.bildungsserver.de/schulische-begabtenfoerderung-10533-de.html

7.4 Karg Fachportal Hochbegabung

Formatskala:

| S | M | O | L |

Zielgruppe: Lehrkräfte, Erziehungsberechtigte

Das Fachportal Hochbegabung ist eine Initiative der Karg-Stiftung und bietet ein umfangreiches Forum zum Thema Begabung und Begabungsförderung. Folgende Punkte sind die zentralen Leitthemen der Website:

| Hochbegabte verstehen | Hochbegabte unterstützen |

Das Fachportal der Karg-Stiftung wird von Pädagog:innen, Erzieher:innen und Psycholog:innen gestaltet, die Hochbegabungsprojekte in Kitas oder Schulen leiten und zudem in einer beratenden Funktion agieren. Die Inhalte des Portals sind für andere pädagogische oder psychologische Fachkräfte bestimmt, die Unterstützung bei der begabungsgerechten Bildungsgestaltung suchen und sich näher mit diesem Themenfeld auseinandersetzen möchten. Um Hochbegabte besser zu verstehen, besteht das Forum aus Erfahrungsbeiträgen sowie konkreten Fallbeispielen, die anhand von Literatur und wissenschaftlichen Erkenntnissen aus der Hochbegabungsforschung fachlich erörtert werden. Zudem gibt es einige Verweise auf Broschüren und Themenhefte der Stiftung, die kostenfrei downgeloadet werden können. Dazu zählt beispielsweise auch ein Wörterbuch der Hochbegabung, das die Leser:innen von Akzeleration über Hochsensibilität bis hin zu Underachievement über die Grundlagen in der Hochbegabungsforschung informiert. Neben den Download-Materialien bietet die Stiftung außerdem ein Hochbegabungs-Q&A (*Question and Answer*) in den Bereichen Kita, Schule und Beratung. Interessierte finden hier weitere Artikel, Beiträge und kurze Videos zu ausgewählten Fragen des Forums und Listen potenzieller Merkmale bzw. Anzeichen, die im jeweiligen Bildungsalter auf eine Hochbegabung schließen lassen könnten. Diese Einblicke können insbesondere für Lehrkräfte eine erste Orientierung im Umgang mit begabten Schüler:innen darstellen.

Um Hochbegabte fachgerecht zu unterstützen, bietet die Karg-Stiftung ein Online-Verzeichnis mit spezialisierten Beratungsangeboten in ganz Deutschland an. Als Orientierungsangebot im Bereich der Diagnostik besitzt das Fachportal eine Übersichtstabelle zu verschiedenen Intelligenztests. Diese sind nach folgenden Kriterien sortiert bzw. gegliedert: Erscheinungsjahr, Altersgruppe sowie die jeweilige Eignung im Hinblick auf Screening, Profilerstellung, Schullaufbahn und Selektionsentscheidung. Die einzelnen Kriterien werden als geeignet, eingeschränkt geeignet oder ungeeignet klassifiziert. Neben dieser Übersicht gibt es noch spezifischere Rezensionen der verschiedenen Tests. Diese enthalten eine allgemeine Testbeschreibung, verweisen auf die Anwendung in der Hochbegabungsdiagnostik und liefern Informationen zu Normierung, Objektivität, Reliabilität, Validität und Ökonomie der einzelnen Testverfahren. Zusätzlich zu den diagnostischen Instrumenten klärt die Website über Weiterbildungsmöglichkeiten für Bildungspraktiker:innen auf. Hier werden Fortbildungen und ganze Zusatz-Studiengänge in Deutschland und Teilen der Schweiz gelistet mit genaueren Informationen über Orte, Träger, Dauer und Qualifikationsgeraden in den Registerkarten. Es wird auch auf das „international Panel of Experts for Gifted Education" (iPEGE) verwiesen. Im Zusammenhang mit den genannten Fortbildungen geht es hier um weitere Empfehlungen zur Qualifikation von Fachkräften in der Begabungsförderung. Ähnlich wie beim Begabungslotsen (siehe Kapitel 7.9) präsentiert das Fachportal der Karg-Stiftung einen Veranstaltungskalender, in dem Fachkongresse, aber auch zurückliegende Versammlungen vermerkt sind. Zudem gibt es eine Sammlung von Weblinks, die nützliche Verweise auf weiterführende Informationen im Kontext der Hochbegabtenförderung, insbesondere zu den Themenfeldern Beratung, Förderung, Stipendien und Ausland sowie Vereine bzw. Verbände darstellen. Wie im Bereich „Hochbegabte verstehen", gibt es auch im Bereich der „Unterstützung" ein öffentliches Q&A-Forum und einen Blog zum Austausch über Beratung und Förderung.

7.4.1 Karg Campus-Konzept

Die Online-Foren des Fachportals ermöglichen einen thematischen Austausch. Zusätzlich dazu hat die Stiftung ein sogenanntes Campus-Konzept entwickelt. Dieses beschreibt keinen Ort als solchen, sondern ein Orientierungsprojekt, an dem Menschen aus dem Bereich der Begabungsförderung zusammenkommen und sich austauschen. Zentrale Elemente sind die Kooperation und Weiterbildung, um gemeinsam im Themenfeld der Begabung zu lernen. Alle teilnehmenden Institutionen oder Fachkräfte zählen als individuelle Expert:innen und sollen mit Hilfe des Campus-Konzepts ihre professionellen Handlungsfertigkeiten erweitern. Die Entwicklungsdimensionen beziehen sich insbesondere auf die Bereiche von Personal, Organisation sowie Netzwerk und diese werden durch Fortbildungen, Prozessbegleitung und Vernetzungen miteinander verbunden. „Fortbildungen" sollen ein reflektiertes Handeln von psychologischen sowie pädagogischen Fachkräften, die im Feld der Begabungsförderung tätig sind, fördern. Die „Prozessbegleitung" beschreibt eine Anwendung der neu erlernten Inhalte und darüber hinaus die Umsetzung von standortspezifischen Entwicklungszielen. Dies gilt einerseits auf der Ebene des Fachpersonals und andererseits auf der Ebene einzelner Institutionen. Eine „Vernetzung" der Campus-Teilnehmenden mit weiteren Fachkräften aus dem Bildungsbereich dient einer gezielten Sicherung von Projektergebnissen im jeweiligen Begabten-Fördersystem. Auf diese Weise kann das Stiftungskonzept für die Etablierung von Begabungsförderungen sensibilisieren und die Infrastruktur weiterentwickeln.

7.4.2 Karg Impulskreise

Der fachgerechte Umgang mit hochbegabten Schüler:innen ist selten Bestandteil des pädagogischen Ausbildungswegs. Damit vor allem Lehrpersonen diese Defizite beseitigen können, um im eigenen Unterricht nicht mit derartigen Situationen überfordert zu sein, hat die Karg-Stiftung in Form von so genannten „Impulskreisen" eine interaktive Fortbildungsmethode geschaffen. Im Rahmen dieses Programms erarbeiten sich die Teilnehmenden in dialogischen Lernsettings ein Grundwissen zum Themenbereich der Hochbegabung. Anhand von Fallbeispielen werden Handlungsmöglichkeiten reflektiert und neue Ansätze für die Anwendung in der Praxis generalisiert. Geleitet werden die dreistündigen Fortbildungen von ausgebildeten Moderator:innen der Karg-Stiftung.

↗ https://www.fachportal-hochbegabung.de

7.5 Zukunftsschulen NRW

Formatskala:

| S | **M** | O | **L** |

Zielgruppe: Lehrkräfte, z. T. auch Erziehungsberechtigte

Das Programm „Zukunftsschulen NRW" wurde im Jahr 2013 unter anderem von dem Ministerium für Schule und Bildung des Landes Nordrhein-Westfalen (MSB NRW) initiiert und richtet sich in erster Linie an Schulen, welche ihre institutionelle Entwicklung im Hinblick auf das Leitbild der individuellen Förderung auf vernetzende Weise orientieren möchten. Schulen können sich fortlaufend für das Programm bewerben bzw. registrieren. Für die Registrierung bietet die Webseite eine Auflistung mehrerer Ansprechpersonen, die je nach entsprechender Bezirksregierung kontaktiert werden können. Die entsprechenden Zukunftsschulen werden in ihren gewählten Themenschwerpunkten und der individuellen Weiterentwicklung von Unterrichtskonzepten unterstützt. Die Netzwerkarbeit und Kooperation mit weiteren Zukunftsschulen sind bei diesem Programm zentral. Folgende Themen der individuellen Förderung sind durch das Land Nordrhein-Westfalen definiert worden (siehe Tabelle 15).

Tabelle 15: Themen der individuellen Förderung.

Individuelle Förderung im Fachunterricht	Förderung spezieller Schülergruppen
Übergänge gestalten	Begabung fördern
Diagnostik und Beratung	Digitales Lernen
Schulische Förderkonzepte	

Quelle: Eigene Darstellung.

Begabung fördern
In der Registerkarte „Begabung fördern" werden Einblicke in laufende und bereits abgeschlossene Projekte präsentiert, die an Schulen in Nordrhein-Westfalen implementiert wurden. Dementsprechend sind auch die Kontakte der jeweils mitwirkenden Schulen hinterlegt. Unter dem Reiter „Beratung" in der Begabungsförderung können Interessierte ausgewählte Angebote und Hinweise zu Fortbildungen für Fachpersonal finden. Für die Diagnose von Hochbegabten bietet die Website typische Tests und Fragebögen, die Lehrkräfte als Orientierungshilfe nutzen können. Darüber hinaus gibt es spezielle Beobachtungshilfen für Erziehungsberechtigte und Lehrkräfte, anhand derer verschiedene Schlüsselqualifikationen der zu beobachtenden Kinder in einer ersten Einschätzung beurteilt werden können. Die Eigenschaften beziehen sich auf die Ebenen „Intellektualität" – dazu zählen beispielsweise Spontanität, Kreativität und Problemlösefähigkeiten – „Soziales" – diese Dimension umfasst unter anderem die Teamfähigkeit – und „Persönliches" – auf dieser Ebene werden zum Beispiel die Frustrationstoleranz oder die emotionale Stabilität im Hinblick auf die Bewältigung bestimmter Situationen beobachtet. Das Zukunftsschulen-Portal beschreibt verschiedene Möglichkeiten zur Förderung besonders begabter Kinder und Jugendlicher: Akzeleration (siehe Kapitel 6.2), Enrichment (siehe Kapitel 6.1), Differenzierung (siehe Kapitel 5), Eigenständiges Lernen und Öffnung. Das Portal führt neben einigen Projekten eine Methode an, die Begabte individuell im schulischen System fördern kann.

Portfolios als Instrument zur Selbsteinschätzung
Neben dem Drehtürmodell (siehe Kapitel 6.1) können Portfolios als ein weiteres Instrument der individuellen Begabungsförderung genutzt werden. Es geht bei dieser Methodik weniger um zusätzliche und den Regelunterricht ergänzende Lernprozesse, sondern vielmehr um eine Vorarbeit für gelungene Differenzierungsangebote. Im Rahmen eines Portfolios sollen die als begabt diagnostizierten Schüler:innen in der Schule oder im Freizeitbereich ihre Interessen erarbeiten und sammeln. Eine derartige Sammlung ergibt schließlich ein Abbild der individuellen Motivationsmotoren oder auch des jeweiligen Entwicklungsstandes in Bezug zu ausgewählten Themen. Des Weiteren können Einblicke über den Lernstil des Kindes und dessen Stärken gewonnen werden.

Die Methode eignet sich somit als Möglichkeit, mehr über ein begabtes Kind zu erfahren und dementsprechend mögliche Hilfestellungen im Schulalltag zu leisten, förderliche Impulse zu setzen und passende Differenzierungsangebote im indirekten Austausch mit dem/der Begabten zu entwickeln.

↗ https://www.zukunftsschulen-nrw.de/themen/iv-begabungen-foerdern

7.6 Pädagogische Hochschule Salzburg

Formatskala:

| S | **M** | O | L |

Zielgruppe: Lehrkräfte

Die Programme der pädagogischen Hochschule Salzburg dienen insbesondere der professionellen Weiterqualifizierung von Lehrkräften und Bildungspraktiker:innen im Bereich der Begabungsförderung. Neben dem Feld der Sexualpädagogik und des gesellschaftlichen Lernens führt die Hochschule als drittes Bundeszentrum das Österreichische Zentrum für Begabungsförderung und Begabungsforschung (özbf) an. Die Hochschule präsentiert Ergebnisse der grundlagen- und anwendungsorientierten Begabungsforschung und zeichnet sich durch die Konzeption sowie Evaluation und Aufbereitung von Forschungsbefunden aus. Diese werden unter anderem in Form der Hochschulzeitschrift „ph.script" gesammelt und jährlich publiziert. Des Weiteren erscheinen alle zwei Jahre die Forschungsberichte „ph.research". Beide Ressourcen können online unter dem Reiter „Forschung" kostenlos heruntergeladen werden. Zudem ist das özbf unter anderem Mitgründer des „International Panel of Experts for Gifted Education" (iPEGE) und unterstützt die Entwicklung von Standards im tertiären Bildungsbereich der Begabungs- und Begabtenförderung. Über die Website erhalten Interessierte Einblicke in laufende und abgeschlossene Förderprojekte. Zudem bietet die Institution Lehrgänge an pädagogischen Hochschulen in ganz Österreich an. Dazu zählen beispielsweise Hochschullehrgänge zu den Themen Schulmanagement und Begabungsförderung. Diese Lehrgänge laufen meist parallel zum schulischen Dienstverhältnis und sind innerhalb Österreichs auch online abzuschließen.

7.6.1 mBET – Das multidimensionale Begabungs-Entwicklungs-Tool

Das multidimensionale Begabungs-Entwicklungs-Tool (mBET) soll vor allem Lehrkräfte bei der allumfassenden Begabungsförderung von Schüler:innen unterstützen.

Mit Hilfe des Tools können die Begabungen von Kindern im Verlauf der zweiten bis zur sechsten Klassenstufe sowie deren individuellen Umweltfaktoren erfasst werden. Anhand dieser Erkenntnisse entwickeln Bildungspraktiker:innen zusammen mit den Schüler:innen und den Erziehungsberechtigten persönliche Fördermaßnahmen, ergänzend zum schulischen Regelunterricht. Das Tool setzt sich aus drei wesentlichen Instrumenten zusammen: Grundlegend für die Einschätzung der Begabungsgebiete und Persönlichkeitsmerkmale ist der Beobachtungsbogen. Darauf aufbauend wird ein Profilbogen erstellt, in dem die gewonnenen Einschätzungen über den/die Schüler:in, aber auch über die Lehrkräfte und Erziehungsberechtigten mittels der bestimmten Umweltfaktoren visuell dargestellt werden. Diese Ergebnisse dienen der Vorbereitung zu weiteren Beratungsgesprächen. Auf der Grundlage dieser Befunde wird ein entsprechender Förderbogen für den/die Schüler:in entworfen. Dieser hält alle besprochenen Maßnahmen und Ziele für die Förderung des jeweiligen Kindes fest. Die Website der pädagogischen Hochschule gibt ein Musterbeispiel für den Beobachtungsbogen für Lehrkräfte. Die Originalunterlagen sind jedoch ausschließlich über die Studiengänge und weitere Fortbildungen zugänglich.

7.6.2 Wege in der Begabungsförderung – Methodensammlung

Viele Angebote der Hochschule gelten lediglich für den österreichischen Raum. Die Website stellt jedoch ein Sammeldokument zur Verfügung, auf welches auch Lehrkräfte aus Deutschland zugreifen können. Das Dokument beschreibt begabungsförderliche Lernsettings und enthält darüber hinaus Anhänge mit Arbeitsmaterialien für die Unterrichtsgestaltung. Fallbespiele sind anhand der Fächer Mathematik, Deutsch und Englisch beschrieben. Einleitend können die Leser:innen nochmals eine allgemeine Einführung in das Thema der Begabungsförderung erhalten. Dazu zählen auch Informationen und Materialien zu Konzepten wie Lernverträge, Drehtürmodelle, Portfolios oder Peer-Teaching. Um Begabungsförderung im Regelunterricht umzusetzen, sind differenzierte Lernziele und variierende Formate von Lernprodukten essenziell. Daraufhin enthält die Methodensammlung Ansätze von offenen Aufgabenstellungen oder forschenden Lernens sowie verschiedene Techniken für Feedback, Beratung und Coaching. Im Anhang und auch auf der Website sind schließlich Literaturlisten zur Vertiefung der Thematik in Anlehnung an die Forschungsprojekte des özbf zu finden.

- ↗ https://www.phsalzburg.at/ueber-uns/organisation/bundeszentren-ncoc/ begabtenfoerderung-und-begabungsforschung/foerdermethoden
- ↗ https://www.phsalzburg.at/files/NCoC_Begabtenförderung_und_Begabungsforschung/Publikationen_Materialien/mBET_Manual_2022_final.pdf
- ↗ https://www.phsalzburg.at/files/NCoC_Begabtenförderung_und_Begabungsforschung/Publikationen_Materialien/Methodenskript_2020_online.pdf

7.7 Helmholtz-Gemeinschaft

Formatskala:

| S | M | O | L |

Zielgruppe: Lehrkräfte, Schüler:innen

Die Forschungsorganisation Helmholtz stellt sich zukunftsorientierten Herausforderungen und forscht für Staat und Gesellschaft. Thematisch fokussiert das Zentrum sieben verschiedene Forschungsbereiche: Energie, Erde und Umwelt, Gesundheit, Information, Luftfahrt, Materie sowie Raumfahrt und Verkehr. Neben diversen Forschungsprojekten hat die Organisation auch einen Fokus auf Bildungsarbeit gesetzt und bietet mittlerweile über 30 Schülerlabore zu unterschiedlichen naturwissenschaftlichen Themen an, wodurch insbesondere wissenschaftliche Arbeitsweisen an Schüler:innen vermittelt werden sollen. Auf diese Weise wird einerseits mehr Wissenschaft im Bildungsprogramm transferiert, andererseits geht es um eine gezielte Förderung und Forderung von naturwissenschaftlich interessierten Kindern. Das so genannte Netzwerk „Forschung – Schule" unterstützt darüber hinaus Lehrkräfte und Lehramtsstudierende in Bezug auf die eigene Unterrichtsorganisation und -gestaltung zur Förderung naturwissenschaftlich interessierter Kinder. Neben Einblicken in aktuelle Forschungsstände erhalten pädagogische Fachkräfte die Möglichkeit, an Fortbildungen teilzunehmen, auf Online-Materialien zuzugreifen oder über Wissenschaftsfestivals und Ausstellungen informiert zu werden. Durch Tages- bzw. Kursprogramme für Schulklassen oder individuell interessierte Schüler:innen sowie Weiterbildungsperspektiven für Lehrkräfte wird Wissenschaft transparent und für alle schulischen Parteien erlebbar.

Die Website verweist im Transferbereich auf zwei zentrale Angebote für Schulen:

| Schülerlabore | Schülerlabore to go |

Im Bereich „Schülerlabore" erhalten die Leser:innen genauere Informationen zu den einzelnen Schülerlaboren der Helmholtz-Organisation. Tabellarisch werden die einzelnen Standorte aufgelistet und verlinkt, sodass über eine einfache Registerfunktion Weiterleitungen auf die jeweiligen Websites möglich sind.

Unter dem Reiter „Schülerlabore to go" finden insbesondere Lehrkräfte eine Sammlung an Materialien für den naturwissenschaftlichen Unterricht oder Anleitungen für Experimente, die zu Hause durchgeführt werden können. Die fachlichen Schwerpunkte liegen in den Bereichen Physik, Chemie und Biologie. Das Zentrum stellt eine umfangreiche Auswahl an Lernbegleitheften zur Verfügung, sodass einerseits die Kinder selbst gut strukturierte Anleitungen erhalten und andererseits die Lehrkräfte fachdidaktische Erläuterungen für ihre Unterrichtsgestaltung an die Hand bekommen.

↗ https://www.helmholtz.de
↗ https://www.helmholtz.de/transfer/schuelerlabore/materialien/

7.8 Lernort-Labor – Bundesverband der Schülerlabore

Formatskala:

S M O **L**

Zielgruppe: Lehrkräfte, Erziehungsberechtigte

Der Bundesverband der Schülerlabore ist eine vom Bundesministerium für Bildung und Forschung (BMBF) geförderte Initiative mit der Mission der nationalen und internationalen Vernetzung von Schülerlaboren. Er vertritt außerschulische Lernorte, die zentrale wissenschaftliche Kompetenzen wie selbstständiges Arbeiten, Beobachten, Forschen und Entwickeln fördern. Dabei stehen sowohl eine aktive Informationspolitik als auch eine umfassende Öffentlichkeitsarbeit für die fachliche Weiterbildung und wissenschaftliche Evaluation aktueller Projekte im Fokus. Der Lernort Labor, auf der Website abgekürzt mit „LeLa", bildet den Knotenpunkt zwischen Schule, Wissenschaft, Politik und weiteren Bildungsinitiativen. Dabei verfolgt der Verband die Vision, dass alle jungen Menschen Zugang zu einer Bildung erhalten, die ein mündiges Handeln in einer naturwissenschaftlich-technisch disponierten, globalisierten Welt möglich macht.

7.8.1 Schülerlabore

Die Website bietet einige Informationen rund um Schülerlabore in Deutschland. Generell handelt es sich bei den Lernlaboren um außerschulische Lernorte, die entweder durch pädagogische Einrichtungen strukturiert sind oder von anderen Institutionen (wie z. B. dem Luft- und Raumfahrtzentrum oder einem Museum) angeboten werden. Im Zusammenhang mit der TIMS-Studie (*Trends in International Mathematics and Science*) im Jahr 2000 kam es zu einer regelrechten Gründungswelle von Schülerlaboren, da die Ergebnisse in Bezug auf das mathematische und naturwissenschaftliche Grundverständnis von Schüler:innen entsprechend negativ ausgefallen waren (Wegner & Schmiedebach, 2020). Für die Gründung weiterer Schülerlabore stellt die Website das Angebot eines Schülerlabor-Checks voran. Anhand dieses online-Fragebogens können insbesondere außerschulische Institutionen oder auch Lehrkräfte bei der Planung eines eigenen Schülerlabors unterstützt werden. Als zusätzliche Orientierung charakterisiert der Bundesverband der Schülerlabore neun Kategorien von Lernlaboren (siehe Tabelle 16).

Tabelle 16: Schülerlabor-Kategorien mit einer Kurzbeschreibung der jeweiligen Ziele.

Klassische Schülerlabore Schülerlabor K	**Schülerforschungszentren** Schülerlabor F
Breitenförderung, zumeist universitär, Institutionsöffnung als schulische Veranstaltung, Arbeit entlang des Lehrplans	Individuelle Förderung ohne festen Lehrplanbezug, unabhängig von Schulbesuchen, Wettbewerbsvorbereitung
Lehr-Lern-Labore Schülerlabor L	**Wissenschaftskommunikation** Schülerlabor W
Konzeption und Betreuung durch Studierende, Orientierung an Lehrplänen	Vermittlung von Wissenschaft und Technik, Interessenförderung für wissenschaftlich-technische Berufe, direkte Anbindung an Grundlagenforschung
Unternehmerisches Denken & Handeln Schülerlabor U	**Berufsorientierung** Schülerlabor B
Weg und Prozess von Idee zum fertigen Produkt, betriebswirtschaftliche Zusammenhänge von Wissenschaft und Technik	Gezieltes Kennenlernen von Berufsmöglichkeiten aus wissenschaftlichen und technischen Bereichen, Erheben von Interessen
Engineering, Entwicklung & Produktion Schülerlabor E	**Geistes-/Sozial-/Kulturwissenschaften** Schülerlabor G
Individuelle Förderung und eigenständiges Arbeiten, Werkstätten zum Arbeiten, Entwickeln und Experimentieren	Phänomene aufgrund des menschlichen Wirkens, Geschichte, Gesellschaft und Literatur begreifen, Bedeutungen für den Einzelnen und die Gesellschaft betonen
Mobiles Schülerlabor Schülerlabor M	
Schülerlabor kommt zur Bildungsstätte oder einem vereinbarten Veranstaltungsort, fachliche Betreuung	

Quelle: In Anlehnung an lernortlabor.de.

7.8.2 Funktionen

Die „LeLa"-Website bietet vor allem vier zentrale Inhaltspunkte, die für eine gezielte Orientierung im Bereich der Begabungsförderung hilfreich sind:

Schülerlabor-Atlas	Netzwerke und Stammtisch	Online-Angebote und Materialien	Literatur

Bei dem „Schülerlabor-Atlas" handelt es sich um eine interaktive Deutschlandkarte für Forschungsinteressierte. Über Filterfunktionen können bundesweit Lern-Labore selektiert werden, wobei einerseits zwischen den oben aufgeführten Kategorien (siehe Tabelle 16) ausgewählt werden kann, andererseits lassen sich aber auch über die Suchmaschine zusätzliche Fachrichtungen oder bestimmte Zielgruppen zur Differenzierung einstellen. Für eine Gesamtübersicht lassen sich die einzelnen Schülerlabore auch gesammelt in einer Liste darstellen.

Eine weitere nützliche Recherchefunktion, welche die Website anbietet, lautet „Netzwerke". Hier sind zum einen die Definitionen verschiedener Zusammenschlüsse erläutert. Regionale Vernetzungen zeichnen sich beispielsweise besonders durch die Nutzung gemeinsamer Ressourcen aus, um einen gemeinsamen Standort in der forschungsorientierten Bildungslandschaft zu etablieren. Thematische Netzwerke bilden sich auf der Grundlage von gemeinsamen Arbeitsschwerpunkten, die auch zu einer regionalen Vernetzung führen können. Hinzu kommen noch institutionelle Netzwerke, die organisationsintern sind und im Rahmen von Universitäten oder Forschungsverbänden fächerübergreifend kooperieren und gemeinsame Aktionen koordinieren. Über solche Verbände hinaus existiert der sogenannte „LeLa-Stammtisch", an welchem Interessierte zum Austausch über außerschulische Förderung herantreten können.

Schließlich bietet die Website des Bundesverbands der Schülerlabore ein Literaturverzeichnis, in dem einige Forschungen und Studien über Schülerlabore hinterlegt sind. Auf diese Weise können sich vor allem Lehrkräfte über die Funktion und den Aufbau dieser informieren. Zusätzlich dazu sind sämtliche Veröffentlichungen des Bundesverbands angegeben sowie abgeschlossene Dissertationen und weitere Literatur aus dem Bereich der (Begabungs-)Förderung von Schüler:innen. Auch für Erziehungsberechtigte, die an dem Thema interessiert sind, kann dieser Bereich hilfreich zur Orientierung sein.

↗ https://www.lernortlabor.de

7.9 Begabungslotse – Talente entwickeln, Begabung fördern

Formatskala:

| S | M | **O** | L |

Zielgruppe: Lehrkräfte, Erziehungsberechtigte, Schüler:innen

Der Begabungslotse ist eine bundesweite Informationsplattform für Lehrer:innen, Erziehungsberechtigte und Jugendliche. Partner und Förderer des Forums sind unter anderem das Bundesministerium für Bildung und Forschung (BMBF), der Stifterverband und die Kultusministerkonferenz (KMK). Neben verschiedenen Förderangeboten thematisiert die Website Inhalte der Begabungsforschung sowie zur Unterrichts- und Schulentwicklung, aber auch weiterführende Programme zur Berufsorientierung und Persönlichkeitsbildung werden dort vorgestellt. Über ein einfaches Reitersystem ist es der jeweiligen Zielgruppe möglich, sich unter anderem über Fortbildungen, Lernsysteme und Akademien entsprechend zu informieren. Ein zentrales Glossar fasst die thematischen Beiträge und Begriffe aus dem Bildungs- und Begabtenspektrum verständlich zusammen und ermöglicht so bei Bedarf eine gezielte Navigation.

7.9.1 Angebote für Lehrkräfte

Folgendes Themenraster ist auf der Seite für Lehrer:innen angegeben:

LänderSPECIALs	Digitale Bildung	Fortbildung	Begabungskalender
Schülerlabore	Schulen	Praxisbeispiele	Berufsorientierung
News	Newsletter	Machen Sie mit?	

Die sogenannten „LänderSPECIALs" umfassen genauere Informationen zu schulischen und außerschulischen Talentförderungen im jeweils gewählten Bundesland. Der „Überblick über die Konzepte und Ansätze der Begabungsförderung" kann Lehrkräften helfen, gezielte Programme und Methoden für die eigenen Schüler:innen zu selektieren und anzuwenden.

Das Themenfeld „Digitale Bildung" bietet Unterstützungen im Bereich des digitalen Lehrens und Lernens. Hier finden Lehrer:innen diverse Verlinkungen zu Portalen mit digitalen Tools und Medien zur Unterrichtsgestaltung sowie entsprechende Online-Seminare. Das Projekt „Digitale Drehtür" ist hier gesondert hervorzuheben. Hierbei handelt es sich um „Enrichment-Kurse für Schülerinnen und Schüler", die darauf ausgelegt sind, dass die Schüler:innen nach Absprache den Regelunterricht zeitweise verlassen, um über ein digitales Zusatzprogramm vertieft und kollaborativ an der Erarbeitung selbstgewählter Themen zu arbeiten (siehe Kapitel 6.1). Die Website informiert die Lehrkräfte über Ablauf und Etablierung des Modells im eigenen Unterricht.

Des Weiteren werden verschiedene „Fortbildungsangebote" aus den Bereichen Begabungsförderung und Talententwicklung vorgestellt. Dazu gibt es einen „Begabungskalender", in dem über Fortbildungen hinaus gebündelt Tagungen, Messen und Kongresse festgehalten werden. Es gibt sowohl analoge als auch digitale Angebote.

Unter dem Reiter „Schülerlabore" gibt es eine Vernetzung zum Schülerlabor-Atlas, welcher ein deutschlandweites Angebot an Schülerlaboren anzeigt. So können Lehrkräfte passende Angebote für ihre Schüler:innen heraussuchen und deren außerschulische Förderung unterstützen (siehe Kapitel 7.8).

Der Begabungslotse bietet Lehrkräften zudem eine gefilterte Suchmaschine für landesweite „Schulen" mit begabungsförderlichen Schwerpunkten. So ist einerseits eine Orientierung in Hinsicht auf potenzielle Bewerbungen möglich und andererseits ein Abbau von Kontaktbarrieren zur Interessensvernetzung gegeben. Zudem werden „Praxisbeispiele" als Anregung für den eigenen Unterricht dargestellt. Hier werden Schulen mit besonderen Förderungskonzepten präsentiert, die neue Lern- bzw. Lehrformate entwickeln und teilen möchten.

Ein weiteres Themenfeld ist die „Berufsorientierung". Diese Option richtet sich in erster Linie an Lehrkräfte, die in schulischen Institutionen diesen Bereich koordinieren. Hier sind viele Informationen, Tools und Test zu finden, die Schüler:innen im Hinblick auf ihre berufliche Zukunft anregen und unterstützen können.

Die Felder „News" und „Newsletter" informieren Lehrkräfte über relevante Studien, neue Plattformen oder allgemeine Bildungsfragen. Der abschließende Reiter „Machen Sie mit?" dient der weiteren Vernetzung. Hier können sich Lehrkräfte weiter austauschen, sollten sie selbst im Bereich der Begabungsförderung aktiv sein.

7.9.2 Angebote für Erziehungsberechtigte

Der Begabungslotse bietet für Erziehungsberechtigte die folgenden Themencluster an:

LänderSPECIALs	Beratung	Digitale Bildung	Schulen

Angebote für Jugendliche	Begabungs-kalender	News	Newsletter

Wie im Bereich für Bildungspraktiker:innen geschildert, können auch die Erziehungsberechtigten über die „LänderSPECIALs" auf eine Datenbank mit Schülerlaboren und Online-Angeboten zugreifen, die nach Bundesländern gegliedert ist. So können eigenständig Informationen für ein außerschulisches Förderprogramm des Kindes gesichtet werden.

Eine fachliche „Beratung" ist besonders essenziell für die Förderung des eigenen Kindes. Das Portal verweist hierfür auf mehrere Beratungsstellen sowohl mit als auch ohne angebundene Testdiagnostik. Hinzu kommen schulpsychologische Ansprechpartner:innen, die Erziehungsberechtigte im Hinblick auf das begabungsorientierte Schulleben sowie entsprechende Unterstützungsmaßnahmen im außerschulischen Bereich beraten.

Auch zum Aspekt der „Digitalen Bildung" stellt die Website, ähnlich wie für Lehrkräfte, eine Übersicht mit digitalen Tools und Online-Seminaren zur Verfügung. Auf diese Weise können Erziehungsberechtigte ihr Kind beim digitalen Lernen und Fortbilden unterstützen.

Insbesondere wenn es um die Frage nach weiterführenden Schulen oder dem Schulwechsel geht, haben Erziehungsberechtigte über den Begabungslotsen die Möglichkeit, sämtliche Informationen über bundesweite „Schulen" mit begabungsförderlichen Schwerpunkten für Kinder und Jugendliche verschiedener Altersgruppen einzusehen.

Sowohl für die Lehrkräfte als auch für die Erziehungsberechtigten werden sämtliche „Angebote für Jugendliche" sowie ein Begabungskalender angeboten, welche analoge, digitale oder hybride außerschulische Förderangebote für Schüler:innen beinhalten. Auch Tagungen, Messen und Fortbildungen werden angeboten. So ist es den Erziehungsberechtigten möglich, sich selbst zu schulen und ihre Kinder abseits vom Unterricht bei der Vernetzung zu unterstützen sowie die ausgewählten Interessen bzw. Begabungen zu fördern.

Allgemeine „News" und der damit verbundene „Newsletter" versorgen die Erziehungsberechtigten mit Bildungsinformationen und neuen Angeboten, sodass stets aktuelle Orientierungsmöglichkeiten gewährleistet sind.

7.9.3 Angebote für Schüler:innen

Für Schüler:innen bietet die Plattform folgende Informationen zum Thema Begabung:

Berufs-orientierung	Check-Wunsch-studium	Praktika	Info-Veranstal-tungen
Tools fürs Lernen	Wettbewerbe	Akademien	Studieren probieren
Frühstudium	Schülerlabore	Außerschulische Angebote im Land	Mentoring
Stipendien			

Der Begabungslotse soll Schüler:innen bei Entscheidungen zum Thema Bildung und Bildungsweg unterstützen. Dafür gibt es die eigene Rubrik der „Berufsorientierung". Hier finden die Jugendlichen Interessenstests aber auch Informationen über Praktika, Stipendien und den Freiwilligendienst. Es werden Veranstaltungen, die außerhalb schulischer Institutionen liegen, gelistet und Online-Self-Assessments angeboten, welche einen Einblick in vorwiegend akademische Arbeitsbereiche vermitteln sollen.

Über die Registerkarte „Check-Wunschstudium" können Schüler:innen ihre Erwartungen an ihren gewählten Studiengang mit realitätsnahen Beschreibungen aus insgesamt 65 Studiengängen abgleichen. Auf diese Weise erhalten sie einen ersten Zugang zu potenziellen Studieninhalten und inwiefern diese mit den eigenen Interessen übereinstimmen.

Einige Hochschulen bieten „Praktika" in verschiedenen Forschungsbereichen an. Diese Angebote werden ebenfalls zentral auf der Seite des Begabungslotsen gesammelt. Schüler:innen können so einen ersten Bezug zu Hochschulen herstellen und erste Einblicke in das wissenschaftliche Arbeiten erhalten.

Die „Info-Veranstaltungen" sind ähnlich aufgebaut wie der Begabungskalender in den Website-Bereichen für Lehrkräfte und Erziehungsberechtigte. Hier werden bundesweite Messen und Workshops mit Informationen zum Studium, zur Ausbildung oder auch zu Auslandsaufenthalten vermerkt, an denen sich die Jugendlichen je nach Interesse anmelden können.

Im Bereich „Tools fürs Lernen" finden Jugendliche ein breites Angebot an hilfreichen und/oder fördernden Programmen für den Schulalltag. Es gibt Zugänge zu

Online-Schülerhilfen sowie zahlreiche Lern-Apps und -Videos zu einzelnen Fächern oder fächerübergreifenden Inhalten. Hinzu kommen Verlinkungen zu weiteren Lernplattformen und auch im Bereich „Virtual Reality" werden überwiegend kostenfreie Labor-Simulationen angeboten.

Der Begabungslotse bietet zur außerschulischen Förderung ein Verzeichnis an „Wettbewerben" aus verschiedenen Fähigkeitsbereichen. Von naturwissenschaftlichen Schwerpunkten bis hin zu Sprachen, Musik und Sport können sich die Schüler:innen an den Angeboten orientieren und bei entsprechendem Interesse teilnehmen. Neben Wettbewerben werden auch einige „Akademien" präsentiert, bei denen die Jugendlichen mitmachen können. Dabei gibt es verschiedene Schwerpunkte, die im Rahmen von wissenschaftlichen Freizeiten vertieft werden. Die Vernetzung von interessierten Kindern untereinander, abseits der gewohnten schulischen Institution, steht dabei im Fokus.

Zusätzlich zu den bereits aufgeführten Praktikumsangeboten im Hochschulbereich, führt die Website auch eine Übersicht zu Schnupperprogrammen an Universitäten an, wodurch die Jugendlichen einen gezielteren Einblick in Vorlesungen und das Leben an der Hochschule erhalten sollen. Besonders ältere Schüler:innen, die zunehmend mit dem Feld der Berufsorientierung konfrontiert sind, können aus diesen Angeboten einen großen Nutzen ziehen. Im Zusammenhang damit stehen auch Orientierungsangebote in Form von einem Früh-, Junior- oder Schülerstudium, in denen die Kinder bzw. Jugendlichen erste universitäre Erfahrungen machen können.Zum einen werden viele Angebote für den weiteren Bildungs- und Berufsweg aufgezeigt, zum anderen informiert der Begabungslotse die Jugendlichen auch über diverse „Schülerlabore" und welche Kurse in diesem Rahmen angeboten werden. Hier geht es um das Durchführen eigener Experimente mit Bezügen zu aktuellen Forschungserkenntnissen. Zudem werden „außerschulische Angebote im Land" übersichtlich gefiltert, die für weitere Förderungen im Freizeitbereich genutzt werden können.

Trotz vieler Orientierungshilfen und Förderangebote können Jugendliche von den Möglichkeiten zunächst überfordert sein. Damit aber eine entsprechende Begabungsförderung in den Schulalltag integriert werden kann, bietet der Begabungslotse ein „Mentoring"-Programm an, bei dem sich die Schüler:innen auf Wunsch insbesondere bei der Berufsorientierung unterstützen und begleiten lassen können.

Schließlich bietet die Website noch einen Informationsblock zum Themenfeld „Stipendien" an. An dieser Stelle werden vor allem Fragen rund um den Begriff „Stipendium" thematisiert. Die Schüler:innen können sich so über finanzielle Unterstützungen im Hinblick auf zukünftige Berufswünsche erkundigen.

↗ https://www.begabungslotse.de

7.10 VDIni-Club

Formatskala:

| S | **M** | O | L |

Zielgruppe: Schüler:innen, Erziehungsberechtigte, ggf. Lehrkräfte

Der VDIni-Club ist ein Programm des Vereins Deutscher Ingenieure (VDI), das insbesondere für wissenschaftsbegeisterte Kinder entworfen wurde und zur Förderung des technischen Interesses gedacht ist. Auf spielerische Weise wird Kindern zwischen vier bis zwölf Jahren Forschung nahegebracht und anhand von Experimenten, Ausflügen oder auch Ferienprogrammen demonstriert. Deutschlandweit gibt es knapp 80 Clubstandorte, die zum Teil im Kursformat regelmäßig Programme anbieten. Die Website bietet bereits einen Einblick für Interessierte und einen Zugriff auf ausgewählte Experiment- oder Bastelanleitungen. Auch eine Auswahl der regelmäßig erscheinenden Clubmagazine ist einzusehen. Über die Funktion „Mitglied werden" erfolgt eine Weiterleitung eine Clubseite, die besonders anschaulich und informativ für Erwachsene (Erziehungsberechtigte bzw. Lehrkräfte) zugeschnitten ist. Die Initiative bietet auch begabten Kindern eine Möglichkeit, Interessen weiter auszubauen und diese unabhängig von schulischen Rahmenvorgaben fachlich zu fördern.

↗ https://www.vdini-club.de

7.11 Digital Learning Lab

Formatskala:

| S | **M** | O | L |

Zielgruppe: Lehrkräfte, Schüler:innen

Das „digital.learning.lab" ist ein Online-Kompetenzprogramm, welches Lehrkräfte in der digitalen Unterrichtsgestaltung unterstützt. In dem Webportal sind Anregungen für die Weiterentwicklung des eigenen Unterrichts zu finden, die sich anhand von verschiedenen Medienkompetenzen zusammensetzen. Auf den ersten Blick ist zu vermuten, dass dieses Tool weniger mit einer konkreten Begabungsförderung in Verbindung zu bringen ist, jedoch liegt in diesem Fall eine umfangreiche Materialsammlung vor, die insbesondere im Hinblick auf die Binnendifferenzierung heterogener Lerngruppen genutzt werden kann. Folgende Kompetenzbereiche sind nach dem Kompetenzrahmen der Kultusministerkonferenz „Bildung in der digitalen Welt" definiert (siehe Tabelle 17):

Tabelle 17: Kompetenzbereiche der digitalen Nutzung zur Fachunterrichtsgestaltung.

Produzieren & Präsentieren	Analysieren & Reflektieren
Schützen & sicher Agieren	Suchen, Verarbeiten & Aufbewahren
Problemlösen & Handeln	Kommunizieren & Kooperieren

Quelle: Eigene Darstellung.

Die Material- und Methodensammlung bietet verschiedene „Unterrichtsbausteine", die je nach Themenschwerpunkt in den eigenen Unterricht integriert oder zusätzlich genutzt werden können. Darüber hinaus besitzt die Plattform ein umfangreiches Verzeichnis an diversen „Tools und Tutorials". Auf einem Blick können Lehrkräfte in den einzelnen Registerkarten erkennen, welche Funktionen das gewählte Tool hat, welche (technischen) Voraussetzungen für die Nutzung erforderlich sind und wie die Registrierungs- und Datenschutzbestimmungen aussehen. In Form von kurzen Anleitungen oder Videos wird das jeweilige Tool zudem erklärt. Neben den Bausteinen und Methoden gibt es die Kategorie „Trends". Darunter werden thematisch weiterführende Impulse in Form von Forschungsergebnissen, Praxisbeispielen oder Handbüchern und Wettbewerben verstanden, welche den Unterricht diverser gestalten können.

Je nach Bedarf können die einzelnen Tools auf der Website über eine Suchmaschine nach Kompetenzen, Unterrichtsfächern, Schulform oder Jahrgang gefiltert werden. Das Besondere an den Inhalten des „digital.learning.labs" ist die thematische Unabhängigkeit zu den bekannten Lehrplänen. Inhaltsfelder wie Arbeit und Beruf, Bildende Kunst, Niederdeutsch, Theater, Technik oder Medien ermöglichen insbesondere auch für begabte Schüler:innen eine zusätzliche Förderung von Interessen und Fähigkeiten.

↗ https://digitallearninglab.de

7.12 Khan Academy

Formatskala:

| S | **M** | O | L |

Zielgruppe: Schüler:innen, Lehrkräfte

Die „Khan Academy" ist ein gemeinnütziges und kostenloses Bildungsprogramm aus den Vereinigten Staaten, welches für individuelles Lernen gedacht ist. Es bietet diverse Lerneinheiten und Kurse an, die einen mathematischen Schwerpunkt besitzen. Darüber hinaus werden einzelne Kurse aus den Bereichen Biologie, Gesundheitswissenschaften, (Kunst-)Geschichte, Wirtschaft und Informatik angeboten. In dem Online-Portal haben Schüler:innen die Möglichkeit, ihr Wissen im jeweiligen Fach mit Hilfe von Lernvideos oder kurzen Informationstexten zu vertiefen. Aufgrund der Gründungsgeschichte sind viele Videos in englischer Sprache verfasst, können aber mit einem deutschen Untertitel genutzt werden. Es werden aber stetig mehr Videos auch auf Deutsch veröffentlicht, wobei aktuell noch nicht der volle Umfang an Materialien und Kursen zur Verfügung steht. Nach einer Registrierung kann ein personalisiertes Lerndashboard erstellt werden, wodurch den Schüler:innen innerhalb und außerhalb des Unterrichts individuelles Lernen ermöglicht wird. Die Plattform arbeitet unter anderem mit der „National Aeronautics and Space Administration" (NASA), dem „Museum of Modern Art" (MoMA) oder auch dem „Massachusetts Institute of Technology" (MIT) zusammen, sodass einige Inhalte der Lerneinheiten an aktuelle Forschungen knüpfen und über den Lehrplan hinaus Interessen fördern. Das Academy-Programm ermöglicht es zudem Lehrkräften und Erziehungsberechtigten, über weitere Dashboards den Lernstand des/der Schüler:in einzusehen. Daraus ergeben sich detaillierte Zusammenfassungen der Unterrichtsleistungen sowie individuelle Lernprofile, anhand derer weitere Fördermaßnahmen abgeleitet werden können.

↗ https://de.khanacademy.org

7.13 intoMINT 4.0

Formatskala:

| S | **M** | O | L |

Zielgruppe: Schüler:innen, Lehrkräfte

Die mobile App „intoMINT" ist ein digitales Angebot mit zahlreichen „Do it yourself"-MINT-Projekten zum Nachmachen. Es ist ein Verbundprojekt der Hochschule Anhalt und der Otto-von-Guericke-Universität Magdeburg und wird unter anderem durch das Bundesministerium für Bildung und Forschung (BMBF) gefördert. Zentral für das Projekt ist eine geschlechtersensible Berufs- und Studienorientierung, um damit insbesondere Mädchen ab der achten Klasse im Hinblick auf den weiteren Bildungsweg für MINT-Themen zu inspirieren. Neben aktivierenden Experimenten enthält die App informierende Wissensteile kombiniert mit einem Quiz zur spielerischen Verständnisüberprüfung. Hinzu kommen Orientierungsbeiträge für Berufe und Studiengänge aus dem MINT-Bereich, die mit dem jeweils gewählten Experiment in Verbindung stehen sowie ein persönliches Feedback zu den eigens erzielten Ergebnissen. Derzeit bietet die App über 139 verschiedene Versuche mit schrittweisen Anleitungen an. Zu Beginn wird in der App ein Tutorial zur richtigen Nutzung dieser eingeblendet und über eine Suchfunktion werden die verschiedenen Aktivitäten des Programms strukturiert. Nachdem ein Experiment oder ein Projekt ausgewählt wurde, zeigt eine Übersicht relevante Informationen zu den Schwierigkeitsstufen, dem jeweiligen Zeitaufwand, den benötigten Materialien und gegebenenfalls auch zu einzelnen Warnhinweise bei der Durchführung. Die Versuche können allein oder in Zusammenarbeit abgeschlossen werden. An jedes Experiment ist zum einen ein informativer Teil mit Zusatzwissen und zum anderen die Funktion „Zukunftsaussichten" angegliedert, welche auf mögliche Berufs- und Studienperspektiven verweist.

„intoMINT" ist insbesondere für die Förderung von Mädchen gedacht, jedoch können die Experimente auch von der Lehrkraft für die zusätzliche Förderung von begabten Schüler:innen allgemein genutzt werden.

↗ https://www.intomint.de

7.14 PhET – Interaktive Simulationen

Formatskala:

| S | **M** | **O** | L |

Zielgruppe: Schüler:innen, Lehrkräfte

Das PhET-Projekt wurde vor ca. zehn Jahren von dem Nobelpreisträger Carl Wiemann gegründet und ist als Förderinitiative der University of Colorado angegliedert. Die interaktiven Simulationen des Programms bieten zahlreiche Lernsettings für Schüler:innen in den naturwissenschaftlichen Fachbereichen Physik, Chemie, Mathematik, Geowissenschaften und Biologie. Mit Hilfe eines gefilterten Suchsystems können die Lerneinheiten gezielt nach Klassenstufe, Programmkompatibilität oder Barrierefreiheit – diese beschreibt die jeweiligen Bearbeitungsformen, welche die gewählte Simulation verlangt, beispielsweise die Arbeit mit Audiosequenzen – selektiert werden.

Lehrkräfte haben durch den weltweiten Austausch mit weiteren Bildungspraktiker:innen die Möglichkeit, nach einer Registrierung und Anmeldung Einblicke in die didaktischen Hintergründe der Beiträge und Simulationen zu bekommen. Das Portal bietet zudem Nutzungshinweise zu den Simulationen sowie Einbindungsmöglichkeiten in den Unterricht, die in Form von integrierten Videobeiträgen und Kommentaren erläutert werden. Die Videos sind in englischer Sprache geschnitten. Darüber hinaus werden Lehrkräften virtuelle Workshops angeboten, die in die allgemeine Simulationsnutzung einführen, Strategien für Klassenarbeiten o.ä. vermitteln und vollständige Lernsequenzen designen. PhET-Simulationen basieren auf einer umfangreichen Lehrkompetenz und leitet Schüler:innen intuitiv in ihrem Wissenserwerb an. Diese Vielseitigkeit ermöglicht die Anwendung im Demonstrations- oder Lernbereich, aber auch im Sinne der Begabungsförderung.

↗ https://phet.colorado.edu/de/

7.15 Renzulli Learning

Formatskala:

| S | M | O | L |

Zielgruppe: Schüler:innen, Lehrkräfte

Das „Renzulli Learning"-Programm basiert auf den von Prof. Dr. Joseph Renzulli und Prof. Dr. Sally Reis durchgeführten Forschungen über Talentidentifikation, Kreativitätsentwicklung und Lehrplanstrategien zur Verbesserung des schulischen Systems (siehe Kapitel 5 und 6). Die Plattform ist ein interaktives Online-System, welches differenziertes Lernen fördert sowie individuelle Lernsettings schafft und damit schließlich auch begabte Schüler:innen entsprechend fördern kann.

Mit Hilfe eines systematischen und virtuellen Profilers, bestehend aus Fragen zu allgemeinen Interessen, Fähigkeiten, Ausdrucksstilen oder dem Lernverhalten, werden die persönlichen Stärken und gegebenenfalls auch Defizite der Lernenden klassifiziert und gefiltert. Daraufhin wählt das Programm spezifische Lernsequenzen aus, die individuell in das diagnostizierte Profil des Lernenden passen und im Sinne des Enrichment-Gedankens angemessen sind. Die Website wird als ein stärken- und projektbasiertes Lernsystem (PBL) beschrieben. Auf diese Weise kann insbesondere im Hinblick auf die Förderung von Begabten ein personalisiertes Lernsetting aufgebaut werden, in denen die jeweiligen Schüler:innen dazu angehalten werden, die gelernten Inhalte auf weitere Sachverhalte zu transferieren und die Fähigkeiten des Problemlösens selbstgesteuert zu trainieren.

Die Lernenden erhalten zusammengefasst eine regelmäßige und stets aktualisierte Auswahl an Enrichmentangeboten, die auf den Profilergebnissen aufbauen. Neben kreativen Denkaufgaben und der Entwicklung von problemorientierten Lösungen bekommen die Schüler:innen einen Einblick in die aktuelle Forschung. Damit ist ein differenziertes Lernen über reguläre Lehrpläne hinaus möglich. Für Lehrkräfte ist das „Renzulli Learning"-Programm ein hilfreiches Orientierungsangebot im Hinblick auf die Begabungsförderung. Die Plattform bietet unter anderem eine Suchmaschine mit Querverweisen zu weiteren Websites, die für eine binnendifferenzierte Unterrichtsplanung nützlich sind. Über das Programm können ebenfalls ganze Unterrichtseinheiten geplant bzw. angelegt werden, sodass die Schüler:innen flexibel und standortungebunden Zugriff auf die angestrebten fachlichen Inhalte haben. Auch im Hinblick auf „distance learning" ist diese Funktion vorteilhaft. Schließlich können die Lehrpersonen die Fortschritte der Lernenden im Blick behalten und bei Bedarf zusätzlich zum Programmalgorithmus differenziert agieren.

Interessierte finden zudem Erfahrungsberichte sowie Publikationen und Tipps über die Konzeption der Plattform und eine erfolgreiche Nutzung dieser. Neben kostenlosen Testtagen können Angebote eingeholt werden, die eventuell auch durch schulische Investitionen und bildungsinstitutionelle Ermäßigungen realisiert werden können.

↗ https://renzullilearning.com

Zusammenfassung

Im Laufe dieses Kapitels wurden verschiedene Orientierungsangebote zum Thema Begabungsförderung vorgestellt und reflektiert. Diese werden abschließend in einer tabellarischen Übersicht (siehe Tabelle 18) mit den jeweiligen Formaten und Zielgruppen gekennzeichnet, sodass eine effiziente Orientierung für die Leser:innen ermöglicht wird.

Tabelle 18: Übersicht der Formate und Zielgruppen der einzelnen Orientierungsangebote.

Orientierungsangebote	Formatskala				Zielgruppe
	S	M	O	L	
Begabtenzentrum					L E
DGhK					L E
Deutscher Bildungsserver					L E
Karg-Fachportal					L E
Zukunftsschulen NRW					L E
ph Salzburg					L
Helmholtz-Gemeinschaft					L S
Lernort-Labor					L E S
Begabungslotse					L E S
VDIni-Club					E S
digital.learning.lab					L S
Khan Academy					L S
intoMINT 4.0					L S
PhET					L S
Renzulli-Learning					L S

Abkürzungen der **Formatskala**: S – Suchmaschinen, M – Methodensammlungen, O – Online-Programme, L – Literatur; Abkürzungen der **Zielgruppe**: L – Lehrkräfte, E – Erziehungsberechtigte, S – Schüler:innen.
Quelle: Eigene Darstellung.

Es ist deutlich geworden, dass die Möglichkeiten zur Orientierung nach der Diagnose einer Begabung divers sind. Anhand der Suchmaschinen, Methodensammlungen, Online-Programme oder Literaturdatenbanken können sowohl Lehrkräfte und Erziehungsberechtigte als auch Schüler:innen hilfreiche Angebote einholen. Zentral sind dabei die Schritte des Informierens und des Planens, um eine optimale Förderung von Kindern mit einer hohen Ausprägung der Begabung anzugehen. Folgend werden konkrete Vorgehensweisen für die jeweiligen Zielgruppen konkludiert, die nach einer Begabungsdiagnose mögliche Richtungsweiser auf dem Weg der Förderung darstellen können:

Lehrkräfte

Fortbilden – einige Institutionen bieten Informationsveranstaltungen, Grundlagenliteratur oder Fortbildungen im Bereich der Begabungsförderung an, wie z.B. die DGhK, der Deutsche Bildungsserver oder die ph Salzburg.

Rücksprachen – sowohl mit den Erziehungsberechtigten und Kolleg:innen als mit den begabten Kindern selbst, um ein gemeinsames Vorgehen für eine optimale Förderung zu entwickeln.

Differenzierung – anhand von zusätzlichen und kontexterweiternden Materialen, die unter anderem das digital.learning.lab oder Renzulli-Learning bieten, können begabte Schüler:innen im Regelunterricht entsprechend ausgelastet werden. Durch die vorher getroffenen Absprachen können an dieser Stelle gezielt die Interessen der Kinder eingebaut und deren Stärken im Klassenverband gefördert werden.

Förderprogramme – über den Begabungslotsen oder die Internetseite Lernort-Labor können insbesondere außerschulische Angebote mit in den Förderungsprozess einbezogen werden.

Erziehungsberechtigte

Informieren – Bei einer Begabungsdiagnose stehen plötzlich viele Fragen im Raum. Dafür gibt es Portale, wie das Karg-Fachportal mit Literatur und Informationen, die eine gute erste Orientierung bieten.

Austausch – Insbesondere mit dem begabten Kind und den Lehrkräften sollten Gespräche geführt werden, um gemeinsam über Fördermöglichkeiten und eine optimale Unterstützung nachdenken zu können.

Interessenförderung – Vielleicht weist das begabte Kind ausgewählte Interessensschwerpunkte auf, die im jeweiligen Fachbereich stärker forciert werden können. Im naturwissenschaftlichen Zweig bietet sich dafür beispielsweise das Projekt intoMint 4.0 an.

Herausforderung – Auch in diesem Bereich gibt es viele Möglichkeiten, sich über weitere außerschulische Angebote zu erkundigen. Schülerlabore, Experimente für zu Hause oder Veranstaltungen, die gezielt besucht werden können, sind dafür nur ein paar ausgewählte Beispiele. Hier kann über den Begabungslotsen gezielt nach einer Förderung gesucht werden, aber auch die Helmholtz-Gemeinschaft bietet diverse Ressourcen an, um begabte Kinder mit neuen Perspektiven zu fordern.

Schüler:innen

Interessenkommunikation – Wenn ein Austausch mit den begabten Kindern stattfindet, fällt es deutlich leichter, Angebote, wie zum Beispiel das PhET-Lernsystem, in die individuelle Förderung zu integrieren. Besonders im Gespräch mit den Lehrkräften sollten gemeinsam Angebote entwickeln werden, sodass das Kind gut im heterogenen Klassenverband lernen kann.

Kennenlernen – Begabung ist nicht die Regel, aber auch kein Einzelfall. Damit begabte Schüler:innen sich außerschulisch weiter entfalten können, bieten Gemeinschaften, wie der VDIni-Club oder verschiedene Schülerlabore, optimale Gelegenheiten, sich mit gleichmäßig interessierten Kindern auszutauschen und zu vernetzen.

Es gibt viele Möglichkeiten, einer Begabung zu begegnen. Im Fokus sollten dabei vor allem die Interessen des begabten Kindes stehen, um eine optimale Unterstützung und/oder Begleitung anbieten zu können. Die dargestellten Angebote liefern dabei eine umfangreiche Orientierung für die Begabungsförderung.

8 Eine Zukunft voller Potenzial und Herausforderungen

In den vorangegangenen Kapiteln stand die Welt der naturwissenschaftlichen Begabungsforschung und -förderung im Fokus. Dazu wurden die Bedeutung von Begabung und die Grundlagen der Begabungsforschung erörtert, verschiedene Modelle zur Identifikation von naturwissenschaftlicher Begabung beleuchtet sowie Methoden zur Diagnose und Förderung innerhalb und außerhalb des Schulunterrichts vorgestellt. Dabei wurde diskutiert, wie Lehrkräfte in der Schule das Potenzial begabter Schüler:innen erkennen und die Förderung der individuellen Stärken unterstützen können.

Mit diesen Praxistipps soll nun ein Blick in die Zukunft geworfen werden. Was wird von Lehrkräften, von Schule und anderen bildenden Institutionen in den nächsten Jahren erwartet und wie können die Erkenntnisse aus diesem Buch dazu beitragen, die Förderung von naturwissenschaftlicher Begabung noch besser zu implementieren und zu gestalten?

1. **Individualisierung und Diversität:** Die zukünftige Entwicklung der Begabungsforschung und -förderung wird durch die individuelle Anerkennung und Förderung der einzigartigen Fähigkeiten der Schüler:innen gekennzeichnet sein. Dies bedeutet, dass die Ansätze nicht nur auf die reiche Vielfalt der individuellen Talente, sondern auch auf die breite Diversität der Gesellschaft ausgerichtet sein müssen. Daher werden Lehrkräfte aufgefordert, die individuellen Bedürfnisse, Hintergründe und Potenziale jedes/jeder Einzelnen in den Mittelpunkt zu stellen und darauf einzugehen, um eine gerechte und effektive Begabungsförderung zu gewährleisten. Dies erfordert, dass auf vielfältige Lernstile, Lebenserfahrungen und kulturelle Unterschiede Rücksicht genommen und gleichzeitig sichergestellt wird, dass begabte Schüler:innen unabhängig von ihren individuellen Merkmalen die bestmögliche Unterstützung erhalten. Nur durch eine umfassende Berücksichtigung der Vielfalt und Einzigartigkeit jedes begabten Individuums kann sichergestellt werden, dass die Bemühungen in der Begabungsforschung und -förderung wirklich fruchtbar sind und die Gesellschaft und die Wissenschaft als Ganzes davon profitieren.

2. **Technologische Innovationen:** Die kommenden Entwicklungen in der Begabungsforschung und -förderung werden von einem verstärkten Einsatz digitaler Technologien und innovativer Lehrmethoden geprägt sein. Die Integration von Simulationen, virtuellen Online-Plattformen und adaptiven Lernsystemen wird eine zentrale Rolle spielen, um individuelle Bildungspfade für begabte Schüler:innen zu gestalten und ihre Unterstützung auf ein neues, noch individuelleres Niveau

zu heben. Digitale Simulationen ermöglichen es begabten Schüler:innen, komplexe Experimente und Szenarien in einer sicheren und vielseitigen Umgebung zu erforschen, wodurch sie ihr Verständnis vertiefen und praktische Fähigkeiten entwickeln können. Diese Technologien bieten nicht nur ein breites Spektrum an Optionen, sondern ermöglichen auch die Wiederholung von Experimenten, um vertiefte Einsichten zu gewinnen. Online-Plattformen offerieren begabten Schüler:innen Zugang zu einer Fülle von Lehrmaterialien, die auf ihre individuellen Interessen und Fähigkeiten zugeschnitten sind. Hier können sie eigenständig lernen, tiefer in ein Thema eintauchen und in ihrem eigenen Tempo voranschreiten. Diese Plattformen fördern außerdem die Vernetzung unter begabten Schüler:innen, was den Austausch von Ideen und Projekten fördert. Adaptive Lernsysteme nutzen fortschrittliche Algorithmen, um den Lernfortschritt von begabten Schüler:innen zu verfolgen und Lehrinhalte entsprechend anzupassen. Auf diese Weise wird sichergestellt, dass begabte Schüler:innen stets auf ihrem individuellen Niveau gefördert werden und die Möglichkeit haben, ihr Wissen und ihre Fähigkeiten kontinuierlich zu erweitern. Durch den geschickten Einsatz dieser technologischen Innovationen kann den begabten Schüler:innen eine auf sie zugeschnittene und herausfordernde Bildung geboten werden. Die Integration dieser Werkzeuge in die Begabungsforschung und -förderung wird es ermöglichen, die Grenzen des Lernens zu erweitern und begabten Schüler:innen dabei zu helfen, ihr volles Potenzial zu entfalten. Allerdings bringt der verstärkte Einsatz digitaler Technologien und innovativer Lehrmethoden auch Herausforderungen für Lehrkräfte mit sich. Sie müssen sich kontinuierlich mit den sich weiterentwickelnden Technologien vertraut machen und lernen, wie sie diese effektiv in ihren Unterricht integrieren können. Dies erfordert Zeit, Ressourcen und Schulungen, die nicht immer leicht verfügbar sind. Darüber hinaus müssen Lehrkräfte in der Lage sein, den individuellen Bedürfnissen begabter Schüler:innen gerecht zu werden und sicherzustellen, dass diese nicht durch die Technologie überfordert oder isoliert werden. Die Balance zwischen traditionellen Lehrmethoden und digitalen Innovationen zu finden, um eine effektive Begabungsförderung zu gewährleisten, ist eine Herausforderung, der sich Pädagog:innen bereits heute, aber auch in der Zukunft stellen müssen.

3. **Lehrkräfteprofessionalisierung:** Die Rolle der Lehrkräfte als Schlüsselfiguren in der Identifikation und Förderung naturwissenschaftlicher Begabungen kann nicht überbetont werden. Um begabte Schüler:innen bestmöglich zu unterstützen, ist es unerlässlich, dass Pädagog:innen über die notwendigen Kenntnisse und Fähigkeiten verfügen. Dies erfordert eine fortlaufende und zielgerichtete Weiterbildung, die sich auf mehrere Ebenen erstreckt. Auf der grundlegenden Ebene müssen Lehrkräfte mit einem tiefen Verständnis für die Konzepte der Begabungsförderung ausgestattet sein. Dies schließt die Fähigkeit ein, naturwissenschaftliche Begabungen frühzeitig zu erkennen und zu bewerten. Eine breite Palette von Diagnosemetho-

den, Testinstrumenten und pädagogischen Ansätzen sollte ihnen vertraut sein. Darüber hinaus ist die pädagogische Kompetenz entscheidend. Lehrkräfte müssen lernen, wie sie den Unterricht an die individuellen Bedürfnisse begabter Schüler:innen anpassen können, um ihr Interesse zu wecken und ihr Potenzial zu entfalten. Die Entwicklung und Anwendung von anregenden und herausfordernden Lernumgebungen sind von entscheidender Bedeutung. Die Lehrkräfteprofessionalisierung umfasst auch die Förderung der sozialen und emotionalen Entwicklung begabter Schüler:innen. Pädagog:innen müssen in der Lage sein, auf die besonderen Bedürfnisse und Herausforderungen dieser Schüler:innen einzugehen und ein unterstützendes, förderliches Umfeld zu schaffen. Somit ist die Professionalisierung der Lehrkräfte eine wesentliche Voraussetzung für eine effektive Begabungsförderung in den Naturwissenschaften.

4. **Kooperation und Vernetzung:** Die Zusammenarbeit und Vernetzung zwischen verschiedenen Bildungsinstitutionen wird eine Schlüsselrolle in der Verbesserung der Begabungsförderung in den Naturwissenschaften spielen. Die Isolation von Bildungseinrichtungen und die begrenzte Reichweite von Bildungsprogrammen können die Möglichkeiten zur Identifikation und Förderung von naturwissenschaftlichen Begabungen stark einschränken. Um diese Einschränkungen zu überwinden und die besten Praktiken zu fördern, müssen Schulen, Lehrkräftefortbildungseinrichtungen, Hochschulen und andere Bildungsinstitutionen enger zusammenarbeiten. Die Kooperation auf Schulebene ermöglicht es, die Identifikation von begabten Schüler:innen und die Bereitstellung individueller Fördermaßnahmen effizienter zu gestalten. Schulen können bewährte Praktiken und Ressourcen gemeinsam nutzen, um die Schüler:innen bestmöglich zu unterstützen. Der gemeinsame Austausch von Ideen und Erfahrungen unter Lehrkräften als Profis der Bildung stärkt die Qualität der Begabungsförderung und trägt dazu bei, eine kontinuierliche Verbesserung der Programme zu gewährleisten. Zusätzlich sollten Lehrkräftefortbildungseinrichtungen eng mit Schulen und Hochschulen zusammenarbeiten, um sicherzustellen, dass Pädagog:innen über die neuesten Erkenntnisse und Lehrmethoden im Bereich der naturwissenschaftlichen Begabungsförderung informiert sind. Diese Zusammenarbeit ermöglicht es Lehrkräften, sich kontinuierlich weiterzubilden und ihre Fähigkeiten zu verbessern. Die enge Verbindung zu Hochschulen schafft eine Brücke zwischen Schule und akademischer Forschung. Hier können Lehrkräfte und Schüler:innen von aktuellen Forschungsergebnissen und -methoden profitieren, die dabei in die Praxis umgesetzt werden können. Hochschulen können auch dazu beitragen, begabte Schüler:innen in wissenschaftliche Projekte und Programme einzubeziehen, um ihre Leidenschaft für die Forschung weiter zu fördern. Außerdem kann das Thema der naturwissenschaftlichen Begabungsförderung frühzeitig in das Lehramtsstudium implementiert werden, um den Studierenden bereits in der ersten Ausbildungsphase wichtige Einblicke

in die Fördermöglichkeiten zu geben. Insgesamt ermöglicht die Kooperation und Vernetzung zwischen Bildungsinstitutionen einen kontinuierlichen Austausch von Ideen, bewährten Praktiken und Forschungsergebnissen. Dies fördert die Effektivität der Begabungsförderung, da sie auf einem breiten Spektrum an Fachwissen und Ressourcen aufbaut.

5. **Lebenslanges Lernen und Karrierewege:** Begabte Schüler:innen sollen nicht nur während ihrer Schulzeit gefördert werden. Es ist wichtig, langfristige Bildungs- und Karrierewege für naturwissenschaftlich begabte Menschen zu entwickeln und aufrechtzuerhalten. Dies umfasst die Förderung von Forschung und beruflicher Entwicklung in den Naturwissenschaften. Dieses Buch soll daher nicht als das Ende des Weges in die Welt der naturwissenschaftlichen Begabungsforschung und -förderung verstanden werden, sondern als ein offener Anfang. Es ist ein Leitfaden, der Lehrkräfte inspirieren und befähigen soll, naturwissenschaftliche Talente zu entdecken und zu fördern.

Literatur

Ackerman, C. M. (1997). Identifying gifted adolescents using personality characteristics: Dabrowski's overexcitabilities. *Roeper Review, 19* (4), 229–236.

Aldorf, A.-M. (2016). *Lehrerkooperation und die Effektivität von Lehrerfortbildung.* Wiesbaden: Springer VS.

Altrichter, H., Heinrich, M., & Soukup-Altrichter, K. (2011). *Schulentwicklung durch Schulprofilierung? Zur Veränderung von Koordinationsmechanismen im Schulsystem.* Wiesbaden: VS Verlag für Sozialwissenschaften / Springer Fachmedien.

Anger, C., Betz, J., & Plünnecke, A. (2023). MINT-Frühjahrsreport 2023: MINT-Bildung stärken, Potenziale von Frauen, Älteren und Zuwanderern heben. Online unter: https://www.iwkoeln.de/fileadmin/user_upload/Studien/Gutachten/PDF/2023/MINT-Fr%C3%BChjahrsreport_2023.pdf

Anton, M. (2014). Fachdidaktik Chemie. In C. Fischer, E. Hany, A. Holzinger, U. Greiner, V. Müller-Opplinger, C. Perleth & F. Preckel (Hrsg.), *Professionelle Begabtenförderung* (S. 21–44). ÖZBF: iPEGE - International Panel of Experts for Gifted Education.

Ardiny, H., & Khanmirza, E. (2018). *The Role of AR and VR Technologies in Education Developments: Opportunities and Challenges.* Presented at 6th RSI International Conference on Robotics and Mechatronics (IcRoM).

Arnold, J., Kremer, K., & Mayer, J. (2012). Wissenschaftliches Denken beim Experimentieren – Kompetenzdiagnose in der Sekundarstufe II. *Erkenntnisweg Biologiedidaktik*, 11, 7–20.

Artelt, C., Baumert, J., Julius-McElvany, N., & Peschar, J. (2003). *Learners for life. Student approaches to learning. Results from PISA 2000.* Paris: OECD.

Azarpira, N., Amini, M., Kojuri, J., Pasalar, P., Soleimani, M., Khani, S. H., & Lankarini, K. B. (2012). Assessment of scientific thinking in basic science in the Iranian second national Olympiad. *BMCResearch Notes*, 5 (61), 1–7.

Bachmann, P., & Smit, R. (2019). Rubrics, ein Instrument zur Förderung von Selbstregulation und Selbstbeurteilung. *Pädagogische Horizonte, 3* (2), 1–24.

Bade, C. (2014). *Lebenslanges Lernen. Von der Vorschule bis zur Erwachsenenbildung.* Hamburg: Krämer.

Baer, J. (2010). Is creativity domain-specific? In J. C. Kaufman & R. J. Sternberg (Hrsg.), *Cambridge handbook of creativity* (S. 321–341). Cambridge: Cambridge University Press.

Baerwald, R. (1896). *Theorie der Begabung. Psychologisch-pädagogische Untersuchung über Existenz, Klassifikation, Ursachen, Bildsamkeit, Wert und Erziehung menschlicher Begabungen.* Leipzig: Reisland.

Baird, W. E. (1989, March-April). *Correlates of student performance in the Science Olympiad: The Test of Integrated Process Skills and other variables.* Paper presented at the Annual Meeting of the National Association for Research in Science Teaching, San Francisco, CA.

Baird, W. E., & Borich, G. D. (1987). Validity considerations for research on integrated-science process skills and formal reasoning ability. *Science Education*, 71, 259–269.

Baird, W. E., Shaw, E. L., Jr., & McLarty, P. (1996). Predicting success in selected events of the Science Olympiad. *School Science and Mathematics*, 96, 85–93.

Baudson, G. (2012). Der Aufbau der Intelligenz. Die CHC-Theorie als Strukturmodell kognitiver Fähigkeiten. *MinD-Magazin*, 91, 8–10.

Bélanger, J., & Gagné, F. (2006). Estimating the Size of the Gifted/Talented Population from Multiple Identification Criteria. *Journal for the Education of the Gifted, 30* (2), 131–163.

Bellenberg, G. (1999). *Individuelle Schullaufbahnen: Eine empirische Untersuchung über Bildungsverläufe von der Einschulung bis zum Abschluss.* Weinheim: Juventa Verlag.

Benbow, C. P., & Stanley, J. C. (1983). *Academic Precocity, aspects of its development* (Vol. 10). Johns Hopkins University Press.

Berck, K.-H., & Graf, D. (2010). *Biologiedidaktik. Grundlagen und Methoden.* Wiebelsheim: Quelle & Meyer Verlag.

Berck, K. H., & Graf, D. (2018). *Biologiedidaktik. Grundlagen und Methoden.* Wiebelsheim: Quelle & Meyer Verlag.

Bergold, S. (2014). Zur diagnostischen Kompetenz von Lehrkräften bei der Identifikation begabter Schülerinnen und Schüler. *Bildung und Erziehung, 67* (2), 219–236.

Bilek, M., Nodzynska, M., Kopek-Putala, W., & Zimak-Piekarczyk, P. (2018). Balancing chemical equations using sandwich making computer simulation games as a supporting teaching method. *Problems of education in the 21st century,* 76 (6), 779–799.

Binneberg, K. (1991). Ist "Begabung" ein unwahres Wort? Sprachkritische Bemerkungen zu einem pädagogischen Problem. *Pädagogische Rundschau,* 45, 627–635.

BMBF (2009). *Begabte Kinder finden und fördern. Ein Ratgeber für Eltern, Erzieherinnen und Erzieher, Lehrerinnen und Lehrer.* Bonn / Berlin: W. Bertelsmann Verlag.

Bo, W. V., Fulmer, G. W., Lee, C. K. E., & Chen, V. D. T. (2018). How do secondary science teachers perceive the use of interactive simulations? The affordance in Singapore context. *Journal of Science Education and Technology,* 27 (6), 550–565.

de Boer, H. (2008). Bildung sozialer, emotionaler und kommunikativer Kompetenzen: ein komplexer Prozess. In C. Rohlfs, M. Harring & C. Palentien (Hrsg.), *Kompetenz-Bildung* (S. 19–33). Wiesbaden: VS Verlag für Sozialwissenschaften.

de Boer, H., & Reh, S. (Hrsg.) (2012). *Beobachtungen in der Schule – Beobachten lernen.* Wiesbaden: Springer VS.

Böhmig-Krumhaar, S. (1998). *Leistungspotentiale wert-relativierenden Denkens. Die Rolle einer wissensaktivierenden Gedächtnisstrategie.* Berlin: Max-Planck-Institut für Bildungsforschung.

Boring, E. G. (1923). Intelligence as the Tests Test It. *New Republic,* 36, 35–37.

Borland, J. H. (2021). The Trouble with Conceptions of Giftedness. In R. J. Sternberg & D. Ambrose (Hrsg.), *Conceptions of Giftedness and Talent* (S. 37–49). Springer International Publishing; Imprint: Palgrave Macmillan.

Bos, W., Wendt, H., Köller, O., & Selter, C. (Hrsg.) (2012a). *TIMSS 2011. Mathematische und naturwissenschaftliche Kompetenzen von Grundschulkindern in Deutschland im internationalen Vergleich.* Münster: Waxmann.

Bos, W., Tarelli, I., Bremerich-Vos, A., & Schwippert, K. (Hrsg.) (2012b). *IGLU 2011. Lesekompetenzen von Grundschulkindern in Deutschland im internationalen Vergleich.* Münster: Waxmann.

Brown, N. J. S., Nagashima, S. O., Fu, A., Timms, M., & Wilson, M. (2010). A framework for analyzing scientific reasoning in assessments. *Educational Assessment,* 15, 142–174.

Bruckermann, T., Arnold, J., Kremer, K., & Schlüter, K. (2017). Forschendes Lernen in der Biologie. In T. Bruckermann & K. Schlüter (Hrsg.), *Forschendes Lernen im Experimentalpraktikum Biologie* (S. 11–26). Springer Spektrum, Berlin, Heidelberg.

Burbules, N. C. (2006). Rethinking the Virtual. In J. Weiss, J. Nolan, J. Hunsinger & P. Trifonas (Hrsg.), *The International Handbook of Virtual Learning Environments* (S. 37–58). Dordrecht: Springer Netherlands.

Burkhard, C. (2001). *Selbstorganisierte Lehrerfortbildung.* Bönen: Verlag für Schule u. Weiterbildung.

Burns, J. C., Okey, J. R., & Wise, K. C. (1985). Development of an integrated process skill test: TIPS II. *Journal of Research in Science Teaching*, 22, 169–177.
Bühner, M. (2021). *Einführung in die Test- und Fragebogenkonstruktion*. München: Pearson.
Bybee, R. W. (1997). *Achieving scientific literacy: From purpose to practices*. Westport, CT: Heinemann.
Bybee, R.W. (2002). Scientific Literacy — Mythos oder Realität?. In W. Gräber, P. Nentwig, T. Koballa & R. Evans (Hrsg.), *Scientific Literacy* (S. 21–43). Opladen: Leske + Budrich.
Carroll, J. (1993). *Human cognitive abilities: a survey of factor-analytic studies*. Cambridge: Cambridge University Press.
Carstensen, C. H., Lankes, E.-M., & Steffensky, M. (2011). Ein Modell zur Erfassung naturwissenschaftlicher Kompetenz im Kindergarten. *Zeitschrift für Erziehungswissenschaft*, 14, 651–669.
Cattell, R. (1963). Theory of fluid and crystallized intelligence: a critical experiment. *Journal of Educational Psychology*, 54, 1–22.
Cayvaz, A., Akcay, H., & Kapici, H. O. (2020). Comparison of Simulation-Based and Textbook-Based Instructions on Middle School Students' Achievement, Inquiry Skills and Attitudes. *International Journal Of Education In Mathematics Science And Technology*, 8 (1), 34–43.
Chang, H.-P., Chen, C.-C., Guo, G.-J., Cheng, Y.-J., Lin, C.-Y., & Jen, T.-H. (2011). The development of a competence scale for learning science: Inquiry and communication. *International Journal of Science and Mathematics Education*, 9, 1213–1233.
Cloonan, C. A., & Hutchinson, J. S. (2011). A chemistry concept reasoning test. *Chemistry Education Research and Practice*, 12, 205–209.
Conezio, K., & French, L. (2002). Science in the Preschool Classroom Capitalizing on Children's Fascination with the Everyday World to Foster Language and Literacy Development. *Young Child*, 57 (5), 12–18.
Cropley, A. J. (2000). Defining and measuring creativity: Are creativity tests worth using?. *Roeper review*, 23 (2), 72–79.
Csikszentmihalyi, M. (1985). *Das Flow-Erlebnis*. Stuttgart: Klett-Cotta.
Daschner, P. (2004). Dritte Phase an Einrichtungen der Lehrerfortbildung. In S. Blömeke, P. Reinhold, G. Tulodziecki & J. Wildt (Hrsg.), *Handbuch Lehrerbildung* (S. 290–301). Bad Heilbrunn: Klinkhardt.
Dawson, V., & Venville, G. J. (2009). High-school Students' Informal Reasoning and Argumentation about Biotechnology: An indicator of scientific literacy?, *International Journal of Science Education*, 31 (11), 1421–1445.
Deci, E. L., & Ryan, R. M. (1993). Die Selbstbestimmungstheorie der Motivation und ihre Bedeutung für die Pädagogik. *Zeitschrift für Pädagogik*, 39 (2), 223–238.
Deci, E. L., & Ryan, R. M. (2000). The "What" and "Why" of Goal Pursuits: Human Needs and the Self-Determination of Behavior. *Psychological Inquiry*, 11 (4), 227–268.
Delcourt, M. A. B. (1993). Creative Productivity Among Secondary School Students: Combining Energy, Interest, and Imagination. *Gifted Child Quarterly*, 37 (1), 23–31.
Demary, V., Matthes, J., Plünnecke, A., & Schaefer, T. (2021). *Gleichzeitig: Wie vier Disruptionen die deutsche Wirtschaft verändern. Herausforderungen und Lösungen*. Online unter: https://www.iwkoeln.de/fileadmin/user_upload/Studien/IW-Studien/IW-Studie_2021/IW_Studie_2021.pdf
Deutsche Telekom Stiftung (Hrsg.) (2018). Frühstudium in Deutschland. Eine nicht repräsentative Befragung der Frühstudiums-Koordinatoren an Universitäten im Sommersemester 2018. Online unter: https://www.telekom-stiftung.de/sites/default/files/files/media/publications/Umfrage_Fru%CC% 88hstudium_ 2018.pdf
Deutscher Verein zur Förderung der Lehrerinnen- und Lehrerfortbildung e.V. (2018). Recherchen für eine Bestandsaufnahme der Lehrkräftefortbildung in Deutschland. Ergebnisse des

Projektes Qualitätsentwicklung in der Lehrkräftefortbildung. Teil 1. *Forum Lehrerfortbildung*, Heft 47/2018.

Deutsches PISA-Konsortium (2007). *PISA 2006. Die Ergebnisse der dritten internationalen Vergleichsstudie*. Münster: Waxmann.

Dillashaw, F. G., & Okey, J. R. (1980). Test of the integrated science process skills for secondary science students. *Science Education*, 64, 601–608.

Donovan, J., Hutton, P., Lennon, M., O'Connor, G., & Morrissey, N. (2008a). *National Assessment Program – Science Literacy Year 6 school release materials, 2006*. Carlton, South Victoria, Australia: Ministerial Council on Education, Employment, Training and Youth Affairs.

Donovan, J., Lennon, M., O'Connor, G., & Morrissey, N. (2008b). *National Assessment Program – Science Literacy Year 6 report, 2006*. Carlton, South Victoria, Australia: Ministerial Council on Education, Employment, Training and Youth Affairs.

Döring, N., & Bortz, J. (2016). *Forschungsmethoden und Evaluation in den Sozial- und Humanwissenschaften*. Berlin / Heidelberg: Springer Verlag.

Duncan, G. J., Dowsett, C. J., Claessens, A., Magnuson, K., Huston, A. C., Klebanov, P., Pagani, L. S., Feinstein, L., Engel, M., Brooks-Gunn, J., Sexton, H., Duckworth, K., & Japel, C. (2007). School readiness and later achievement. *Developmental psychology*, 43 (6), 1428–1446.

Einsiedler, W. (2002). Empirische Forschung zum Sachunterricht. Ein Überblick. In K. Spreckelsen, K. Möller & A. Hartinger (Hrsg.), *Ansätze und Methoden empirischer Forschung zum Sachunterricht* (S. 17–38). Bad Heilbrunn: Klinkhardt.

Elbing, E. (2002). Hoch begabte Mädchen aus der Sicht der Eltern. In H. Wagner (Hrsg.), *Hoch begabte Mädchen und Frauen: Begabungsentwicklung und Geschlechterunterschiede; Tagungsbericht* (S. 99–111). Bad Honnef: Bock.

Endepohls-Ulpe, M. (2017). Acceleration, Enrichment, or Internal Differentiation – Consequences of Measures to Promote Gifted Students Anticipated by German Secondary School Teachers. *Electronic Journal of Research in Educational Psychology*, 15 (1), 147–163.

Erpenbeck, J., & Rosenstiel, L.v. (2003) (Hrsg.). *Handbuch Kompetenzmessung*. Stuttgart: Schäffer- Poeschel.

Ertl, B., Luttenberger, S., & Paechter, M. (2017). The Impact of Gender Stereotypes on the Self-Concept of Female Students in STEM Subjects with an Under-Representation of Females. *Frontiers in Psychology*, 8 (703), 1–11.

Eschenhagen, D., Kattmann, U., & Rodi, D. (1998). *Fachdidaktik Biologie*. Köln: Aulis Verlag Deubner.

Eschenhagen, D., Kattmann, U., & Rodi, D. (2003). *Fachdidaktik Biologie*. Köln: Aulis Verlag Deubner.

Euler, D. (2020). Kompetenzorientierung in der beruflichen Bildung. In R. Arnold, A. Lipsmeier & M. Rohs (Hrsg.), *Handbuch Berufsbildung* (S. 205–217). Wiesbaden: Springer VS.

Eurydice. (2007). *Schulautonomie in Europa. Strategien und Maßnahmen*. Online unter: https://op.eu-ropa.eu/de/publication-detail/-/publication/102bb131-8105-4599-9367-377946471af3

Fakhriyah, F., Masfuah, S., Roysa, M., Rusilowati, A., & Rahayu, E. S. (2017). Student's science literacy in the aspect of content science?. *Jurnal Pendidikan IPA Indonesia (JPII)*, 6 (1), 81–87.

Farkas, K., & Laudenberg, B. (2014). Fachdidaktik Deutsch. In C. Fischer, E. Hany, A. Holzinger, U. Greiner, V. Müller-Opplinger, C. Perleth & F. Preckel (Hrsg.), *Professionelle Begabtenförderung* (S. 65–87). ÖZBF: iPEGE – International Panel of Experts for Gifted Education.

Feldhusen, J., & Jarwan, F. (2000). Identification of Gifted and Talented Youth for Educational Programs. In K. Heller, F.J. Mönks, R. Subotnik & R. Sternberg (Hrsg.), *International Handbook of Giftedness and Talent* (S. 271–282). Amsterdam: Elsevier.

Feldon, D. F., Maher, M. A., Hurst, M., & Timmerman, B. (2015). Faculty mentors', graduate students', and performance-based assessments of students' research skill development. *American Educational Research Journal*, 52, 334–370.
Ferguson, C. J. (2009, 14. Juni). *Not every child is secretly a genius*. The Chronicle Review. http://chronicle.com/article/Not-Every-Child-Is-Secretly/48001.
Feyzioglu, B., Demirdag, B., Akyildiz, M., & Altun, E. (2012). Developing a science process skills test for secondary students: Validity and reliability study. *Educational Sciences: Theory and Practice*, 12, 1899–1906.
Fink, A. (2011). Intelligenz und Kreativität als Schlüsselkomponenten der Begabung. In M. Dresler (Hrsg.), *Kognitive Leistungen. Intelligenz und mentale Fähigkeiten im Spiegel der Neurowissenschaften* (S. 23–38). Heidelberg: Spektrum Akademischer Verlag.
Fischer, C. (2018). Der Übergang von der Grundschule auf die weiterführende Schule im Kontext inklusiver Bildung – Ein Blick in die Forschung und Praxis. In R. Porsch (Hrsg.), *Der Übergang von der Grundschule auf weiterführende Schulen. Grundlagen für die Lehrerausbildung, Fortbildung und die Praxis* (S. 139–164). Münster: Waxmann.
Fischer, C. (2019). Professionalisierung von Lehrpersonen zur individuellen Begabungsförderung. In C. Reintjes, I. Kunze & E. Ossowski (Hrsg.), *Begabungsförderung und Professionalisierung. Befunde, Perspektiven, Herausforderungen* (S. 174–189). Bad Heilbrunn: Verlag Julius Klinkhardt.
Fischer, C., & Fischer-Ontrup, C. (2022). Begabungs- und Begabtenförderung im schulischen Kontext. In H. Reinders, D. Berg-Winkels, A. Prochnow & I. Post (Hrsg.), *Empirische Bildungsforschung. Eine elementare Einführung* (S. 1221–1241). Wiesbaden: Springer.
Fischer, F., Kollar, I., Ufer, S., Sodian, B., Hussmann, H., Pekrun, R., et al. (2014). Scientific reasoning and argumentation: Advancing an interdisciplinary research agenda in education. *Frontline Learning Research*, 2 (3), 28–45.
Flanagan, D., & Dixon, S. (2013). The Cattell-Horn-Carroll Theory of Cognitive Abilities. In C. Reynolds, K. Vannest, & E. Fletcher-Janzen (Hrsg.), *Encyclopedia of Special Education*. Hoboken: John Wiley & Sons Inc.
Flitner, A. (2018). *Johann A. Comenius: Grosse Didaktik. Die vollständige Kunst, alle Menschen alles zu lehren*. Stuttgart: Klett-Cotta.
Florian, A. (2008). *Blended learning in der Lehrerfortbildung. Evaluation eines onlinegestützten, themenbasierten und arbeitsbegleitenden Lehrerfortbildungsangebots im deutschsprachigen Raum*. Dissertation. Augsburg: Universität Augsburg.
Föhl, U., & Friedrich, C. (2022). *Quick Guide Onlinefragebogen. Wie Sie Ihre Zielgruppe professionell im Web befragen*. Wiesbaden: Springer.
Fränkel, S., & Kiso, C. (2021). Inklusive Begabungsförderung als blinder Fleck im Fachunterricht? Eine Einführung in die Thematik. In C. J. Kiso & S. Fränkel (Hrsg.), *Inklusive Begabungsförderung in den Fachdidaktiken: Diskurse, Forschungslinien und Praxisbeispiele* (S. 11–22). Bad Heilbrunn: Verlag Julius Klinkhardt.
Fraser, B. J. (1979). *Test of Enquiry Skills [and] handbook*. Hawthorn, Victoria, Australia: Australian Council for Educational Research.
Fraser, B. J. (1980). Development and validation of a test of enquiry skills. *Journal of Research in Science Teaching*, 17, 7–16.
Fraundorfer, A. (2019). Begabung und ‚Begabte': Unumstößliche Realität oder soziales Konstrukt? In I. Schrittesser (Hrsg.), *Begabungsförderung Revisited. Begabungsförderung als Kinderrecht im Kontext von Diversität* (S. 29–42). Bad Heilbrunn: Verlag Julius Klinkhardt.
Frederiksen, N., & Ward, W. C. (1978). Measures for the study of creativity in scientific problem-solving. *Applied Psychological Measurement*, 2, 1–24.
Funke, J., & Vaterrodt, B. (2004). *Was ist Intelligenz?* München: Verlag C. H. Beck.

Gagné, F., & Gagnier, N. (2004). The socio-affective and academic impact of early entrance to school. *Roeper Review*, 26 (3), 128–138.

Gallagher, S. (2015). Adapting Problem-Based Learning for Gifted Students. In F. Karnes & S. Bean (Hrsg.), *Methods and Materials for Teaching the Gifted* (S. 413–443). New York: Routledge.

Gardner, H. (1983). *Frames of mind: The theory of multiple intelligences*. New York: Basic Books.

Gardner, H. (1993). Creating minds. New York: BasicBooks.

Gardner, H. (1998, 19. März). *An intelligent way to progress*. The Independent (London), S. E4.

Gardner, H. (2006). *The development and education of the mind: The selected works of Howard Gardner*. New York: Routledge / Taylor & Francis.

Gebhard, U., Höttecke, D., & Rehm, M. (2017). *Pädagogik der Naturwissenschaften*. Wiesbaden: Springer Fachmedien.

Gehlhaar, K.-H. (1991). Arbeit mit dem biologischen Objekt. *Biologie in der Schule*, 40 (9), 335–336.

Gerke, A., & Wegner, C. (2021). Digitale Werkzeuge für den naturwissenschaftlichen Unterricht - eine Sammlung verschafft Überblick. *Digital unterrichten. Biologie*, 2 (2).

Germann, P. J. (1989). The Processes of Biological Investigations Test. *Journal of Research in Science Teaching*, 26, 609–625.

Gerring, R., & Zimbardo, P. (2018). *Psychologie*. Hallbergmoos: Pearson Deutschland.

Gesellschaft für Didaktik des Sachunterrichts (Hrsg.) (2013). *Perspektivrahmen Sachunterricht*. Bad Heilbrunn: Julius Klinkhardt.

Gijbels, D., Dochy, F., Van den Bossche, P., & Segers, M. (2005). Effects of problem-based learning: A meta-analysis from the angle of assessment. *Review of Educational Research*, 75 (1), 27–61.

Gilmore, J., Vieyra, M., Timmerman, B., Feldon, D., & Maher, M. (2015). The relationship between undergraduate research participation and subsequent research performance of early career STEM graduate students. *The Journal of Higher Education*, 86, 834–863.

Glaser, B. G. & Strauss, A. L. (1967). *The discovery of grounded theory. Strategies for qualitative research*. Hawthorne, NY: Aldine.

Gobert, J. D., Sao Pedro, M., Raziuddin, J., & Baker, R. S. (2013). From log files to assessment metrics: Measuring students' science inquiry skills using educational data mining. *Journal of the Learning Sciences*, 22, 521–563.

Gormally, C., Brickman, P., & Lutz, M. (2012). Developing a test of scientific literacy skills (TOSLS): Measuring undergraduates' evaluation of scientific information and arguments. *Cell Biology Education*, 11, 364–377.

Gottfredson, L. (1997). Mainstream science on intelligence: An editorial with 52 signatories, history, and bibliography. *Intelligence*, 24, 13–23.

Gräber, W., & Nentwig, P. (2002). Scientific Literacy - Naturwissenschaftliche Grundbildung in der Diskussion. In W. Gräber, P. Nentwig, T. Koballa & R. Evans (Hrsg.), *Scientific Literacy* (S. 7–20). Opladen: Leske + Budrich.

Graf, E. (2004). *Biologiedidaktik. Für Studium und Unterrichtspraxis*. Donauwörth: Auerverlag.

Gräsel, C., Fussangel, K., & Pröbstel, C. (2006). Lehrkräfte zur Kooperation anregen – eine Aufgabe für Sisyphos? *Zeitschrift für Pädagogik*, 52 (2), 205–219.

Greiten, S. (2016). Das Drehtürmodell im Schulentwicklungsprozess der Begabtenförderung Studie zum Drehtürmodell in Nordrhein-Westfalen. Karg Hefte. *Beiträge zur Begabtenförderung und Begabungsforschung*, 9, 30–45.

Gronostaj, A., Vock, M., & Pant, H. A. (2016). Skip a grade, learn more? Estimating the effects of grade skipping on students' language skills using propensity score matching. *Learning and Individual Differences*, 49, 278–286.

Gronostaj, A., Werner, E., Bochow, E., & Vock, M. (2016a). How to Learn Things at School You Don't Already Know. *Gifted Child Quarterly*, 60 (1), 31–46.

Gropengießer, H., Kattmann, U., & Krüger, D. (2010). *Biologiedidaktik in Übersichten*. München: Aulis Verlag.

Groß, J., Lude, A., Nerdel, C., Paul, J., Schaal, S., Schmiemann, P., & Thyssen, C. (2022). Biologische Bildung in der digitalen Welt. In V. Frederking & R. Romeike (Hrsg.), *Fachliche Bildung in der digitalen Welt. Digitalisierung, Big Data und KI im Forschungsfokus von 15 Fachdidaktiken* (S. 47–81). Münster: Waxmann.

Grube, C. (2010). Kompetenzen naturwissenschaftlicher Erkenntnisgewinnung: Untersuchung der Struktur und Entwicklung des wissenschaftlichen Denkens bei Schülerinnen und Schülern der Sekundarstufe I. Dissertation: Universität Kassel.

Gruber, H., & Stamouli, E. (2009). Intelligenz und Vorwissen. In E. Wild & J. Möller (Hrsg.), *Pädagogische Psychologie* (S. 27–48). München: Springer Medizin Verlag.

Gubbins, E. J. (1995). *Research Related to the Enrichment Triad Model*. Connecticut: University of Connecticut.

Guilford, J. P. (1950). Creativity. *American Psychologist, 5*, 444–454.

Guilford, J. P. (1956). The structure of intellect. *Psychological Bulletin, 53*, 267–293.

Guilford, J.P. (1959) Traits of Creativity. In H. Anderson (Hrsg.), *Creativity and Its Cultivation* (S. 142–161). New York: Harper & Row.

Gurlitt, L. (1909). *Erziehungslehre*. Berlin: Wiegandt & Grieben.

Haas, M., Nonte, S., Krieg, M., & Stubbe, T. C. (2019). Unterrichtsqualität in Musikklassen. Befunde aus der quasi-experimentellen Studie ProBiNi. In V. Weidner & C. Rolle. (Hrsg.), *Praxen und Diskurse aus Sicht musikpädagogischer Forschung* (S. 137–154). Münster: Waxmann.

Hackl, A. (2009). Förderkonzepte hochbegabter Gymnasiastinnen und Gymnasiasten am Beispiel des Deutschhaus-Gymnasium Würzburg. In D. Bosse (Hrsg.), *Gymnasiale Bildung zwischen Kompetenzorientierung und Kulturarbeit* (S.187–198). VS Verlag für Sozialwissenschaften: Wiesbaden.

Häder, M. (2015). *Empirische Sozialforschung. Eine Einführung*. Wiesbaden: Springer Fachmedien.

Hagemeister, V. (2010). Statistische Ergebnisse zum Einschulungsalter und zu Teilaspekten des Schulerfolgs, hergeleitet aus PISA-Daten. *Bildungsforschung*, 2, 111–136.

Hahn, I., & Schöps, K. (2019). Bildungsunterschiede von Anfang an? Die Bedeutung von Struktur- und Prozessmerkmalen für die naturwissenschaftliche Kompetenz von Vorschulkindern mit und ohne Migrationshintergrund. *Frühe Bildung*, 8 (1), 3–12.

Hahn, I., Schöps, K., Rönnebeck, S., Martensen, M., Hansen, S., Saß, S., Dalehefte, I., & Prenzel, M. (2013). Assessing scientific literacy over the lifespan – A description of the NEPS science framework and the test development. *Journal for Educational Research Online (JERO)*, 5 (2), 110–138.

Hammann, M., Phan, T. H., & Bayrhuber, H. (2008a). Experimentieren als Problemlösen: Lässt sich das SDDS-Modell nutzen, um unterschiedliche Dimensionen beim Experimentieren zu messen? In M. Prenzel, I. Gogolin & H.-H. Krüger (Hrsg.), *Kompetenzdiagnostik* (S. 33–49). Wiesbaden: VS Verlag für Sozialwissenschaften.

Hammann, M., Phan, T. T. H., Ehmer, M., & Grimm, T. (2008b). Assessing pupils' skills in experimentation. *Journal of Biological Education*, 42, 66–72.

Hanisch, R. (2015). Thesen zur weiteren Entwicklung der Lehrerfortbildung. In A. Grimm & D. Schoof-Wetzing (Hrsg.), *Was wirklich wirkt. Effektive Lernprozesse und Struktur in der Lehrerfortbildung und Schulentwicklung* (S. 187–188). Rehburg-Loccum: Evangelische Akademie Loccum.

Hany, E. A. (2012). Zum Verhältnis von Begabung und Leistung. In A. Hackl, C. Pauly, O. Steenbuck & G. Weigand (Hrsg.), *Werte schulischer Begabtenförderung. Begabung und Leistung* (S. 35–40). Frankfurt am Main: Karg Stiftung.

Hany, E. A., & Heller, K. A. (1991). Gegenwärtiger Stand der Hochbegabungsforschung. Replik zum Beitrag Identifizierung von Hochbegabung. *Zeitschrift für Entwicklungspsychologie und Pädagogische Psychologie, 23* (3), 241–249.

Hardy, I., Kleickmann, T., Koerber, S., Mayer, D., Möller, K., Pollmeier, J., Schwippert, K., & Sodian, B. (2010). Die Modellierung naturwissenschaftlicher Kompetenz im Grundschulalter. Projekt Science-P. In E. Klieme, D. Leutner & M. Kenk (Hrsg.), *Kompetenzmodellierung. Eine aktuelle Zwischenbilanz des DFG-Schwerpunktprogramms* (S. 115–125). Weinheim / Basel: Beltz.

Hartinger, A. (2003). Experimente und Versuche. In D. von Reeken (Hrsg.), *Handbuch Methoden im Sachunterricht* (S. 68–75). Baltmannsweiler: Schneider Verlag Hohengehren.

Hascher, T. (2011). Diagnostizieren in der Schule. In A. Bartz, J. Fabian, S. Huber, C. Kloft, H. Rosenbusch & H. Sassenscheid (Hrsg.), *PraxisWissenSchulLeitung* (34.11). Kronach: Carl Link Verlag.

Hattie, J. (2009). *Visible Learning. A synthesis of over 800 meta-analyses relating to achievement.* London / New York: Routledge.

Hattie, J. (2013). *Lernen sichtbar machen. Überarbeitete deutschsprachige Ausgabe von „Visible Learning".* Baltmannsweiler: Schneider Verlag Hohengehren.

Hébert, T. P. (1993). Reflections at graduation: The long-term impact of elementary school experiences in creative productivity. *Roeper Review,* 16 (1), 22–28.

Heene, M. (2007). Konstruktion und Evaluation eines Studierendenauswahlverfahrens für Psychologie an der Universität Heidelberg. Dissertation: Universität Heidelberg.

Heimerich, R. P. (1998). Tiere im Biologieunterricht? *Unterricht Biologie,* (1998) 231, 50–51.

Heinbokel, A. (2001). Überspringen von Klassen als eine Form schulischer Akzeleration. Di-sertation. Berlin u. a.: LIT.

Heinbokel, A. (2004). Überspringen von Klassen Niedersachsen 1980–2001. In E. Schumacher (Hrsg.), *Übergänge in Bildung und Ausbildung* (S. 233–251). Bad Heilbrunn: Klinkhardt-Verlag.

Heinbokel, A. (2012). *Handbuch Akzeleration. Was Hochbegabten nützt.* Berlin u. a.: LIT.

Heinbokel, A. (2016). *Eine Klasse überspringen - sonst wäre ich fipsig geworden.* Berlin u. a.: LIT.

Helbig, P. (1988). *Begabung im pädagogischen Denken: ein Kernstück anthropologischer Begründung von Erziehung.* Weinheim: Juventa.

Heller, K. A. (1976). *Intelligenz und Begabung.* München: Ernst Reinhardt.

Heller, K. A. (1989). Perspectives on the diagnosis of giftedness. *German Journal of Psychology,* 2, 140–159.

Heller, K. A. (1992). Zur Rolle der Kreativität in Wissenschaft und Technik. *Psychologie in Erziehung und Unterricht,* 39, 133–148.

Heller, K. A. (2001). Teil I: Projektziele, Untersuchungsergebnisse und praktische Konsequenzen. In K. A. Heller (Hrsg.), *Hochbegabung im Kindes- und Jugendalter* (S. 21–42). Göttingen: Hogrefe.

Heller, K. A. (2005) The Munich Model of Giftedness and Its Impact on Identification and Programming, *Gifted and Talented International,* 20 (1), 30–36.

Heller, K. A. (2006). Hochbegabtenförderung im Lichte der aktuellen Hochbegabungs- und Expertiseforschung: Pädagogische und bildungspolitische Erfordernisse – Teil 1. *Labyrinth,* 87, 4–11.

Heller, K. A., & Hany, E. A. (1986). Identification, development and achievement analysis of talented and gifted children in West Germany. In K. A. Heller & J. F. Feldhusen (Hrsg.), *Identifying and Nurturing the Gifted – An International Perspective* (S. 67–82). Bern: Hans Huber Publishers.

Heller, K., Perleth, C., & Lim, T. (2005). The Munich Model of Giftedness Designed to Identify and Promote Gifted Students. In R. Sternberg & J. Davidson (Hrsg.), *Conceptions of Giftedness* (S. 147–170). Cambridge: Cambridge University Press.

Hertberg-Davis, H. (2009). Myth 7: Differentiation in the Regular Classroom Is Equivalent to Gifted Programs and Is Sufficient. *Gifted Child Quarterly*, 53 (4), 251–253.

Herzig, B. (2017). Digitalisierung und Mediatisierung – didaktische und pädagogische Herausforderungen. In C. Fischer (Hrsg.), *Pädagogischer Mehrwert? Digitale Medien in Schule und Unterricht* (S. 25–29). Münster: Waxmann.

Heukamp, V., Putz, D., Milbradt, A., & Hornke, L. (2009). Internetbasierte Self-Assessments zur Unterstützung der Studienentscheidung. *Zeitschrift für Beratung und Studium*, 2009 (1), 2–8.

Hidi, S., & Renninger, K. A. (2006). The Four-Phase Model of Interest Development. *Educational Psychologist*, 41 (2), 111–127.

Holling, H., Kanning, U. P., Wittmann, A. J., & Preckel, F. (1999). *Hochbegabung: Forschungsergebnisse und Fördermöglichkeiten*. Göttingen: Hogrefe.

Holling, H. et al. (2001). *Begabtenförderung: Ein Beitrag zur Förderung von Chancengleichheit in Schulen - Orientierungsrahmen*. Köln: Bund-Länder-Kommission für Bildungsforschung und Forschungsförderung (BLK).

Höntzsch, S., Katzky, U., Bredl, K., Kappe, F., & Krause, D. (2013). Simulationen und simulierte Welten. Lernen in immersiven Lernumgebungen. In M. Ebner & S. Schön (Hrsg.), *L3T. Lehrbuch für Lernen und Lehren mit Technologien* (S. 1–7). Berlin: Epubi.

Horn, J. (1991). Measurement of intellectual capabilities: a review of theory. In K. McGrew, J. Werder & R. Woodcock (Hrsg.), *Technical Manual. Woodcock-Johnson Psycho-Educational Battery-Revised* (S. 197–232). Chicago: Riverside.

Horn, J., & Blankson, A. (2005). Foundations for better understanding of cognitive abilities. In D. Flanagan & P. Harrison (Hrsg.), *Contemporary intellectual assessment: Theories, tests, and issues* (S. 73–98). Guilford: The Guilford Press.

Hoyer, T. (2012). Begabungsbegriff und Leistung. Eine pädagogische Annäherung. In A. Hackl, C. Pauly, O. Steenbuck & G. Weigand (Hrsg.), *Werte schulischer Begabtenförderung. Begabung und Leistung* (S. 14–22). Frankfurt am Main: Karg-Stiftung.

Hummel, E. (2011). *Experimente mit lebenden Tieren. Auswirkungen auf Lernerfolg, Experimentierkompetenz und emotional-motivationale Variablen*. Dissertation. Hamburg: Verlag Dr. Kovač.

Institut für Qualitätsentwicklung an Schulen Schleswig-Holstein (2020). *Begabungs- und Begabtenförderung: Schulen stellen sich vor*. https://publikationen.iqsh.de/pdf-downloads_upo-entwicklung.html?file =files/Inhalte/PDF-Downloads/Publikationen/Fort-%20und%20Weiterbildung%20Schuljahr%202021-2022.pdf&cid=4588

iPEGE (International Panel of Experts for Gifted Education; 2009). *Professionelle Begabtenförderung. Empfehlungen zur Qualifizierung von Fachkräften in der Begabtenförderung*. Salzburg: Österreichisches Zentrum für Begabtenförderung und Begabungsforschung (özbf).

iPEGE (International Panel of Experts for Gifted Education; 2014). *Professionelle Begabtenförderung. Fachdidaktik und Begabtenförderung*. Salzburg: Österreichisches Zentrum für Begabtenförderung und Begabungsforschung (özbf).

Jebeile, J. (2017). Computer Simulation, Experiment, and Novelty. *International Studies in the Philosophy of Science*, 31 (4), 379–395.

Jürges, H., & Schneider, K. (2006). Im Frühjahr geborene Kinder haben schlechtere Bildungschancen. *DIW-Wochenbericht*, 73, 209–214.

Kang, J., & Keinonen, T. (2017). The effect of inquiry-based learning experiences on adolescents' science related career aspiration in the Finnish context. *International Journal of Science Education*, 39 (12), 1669–1689.

Kaufhold, M. (2006). *Kompetenz und Kompetenzerfassung. Analyse und Beurteilung von Verfahren der Kompetenzerfassung.* Wiesbaden: VS Verlag für Sozialwissenschaften.

Kaufman, J. C., & Beghetto, R. A. (2009). Beyond big and little: The four c model of creativity. *Review of General Psychology, 13*, 1–12.

Kelle, U., & Kluge, S. (2010). *Vom Einzelfall zum Typus. Fallvergleich und Fallkontrastierung in der qualitativen Sozialforschung.* Wiesbaden: Springer Fachmedien.

Kiese-Himmel, C. (2019). Beurteilung von Schulfähigkeit. Sprache Stimme Gehör, 43 (4), 197–200.

Killermann, W., Hiering, P., & Starosta, B. (2013). *Biologieunterricht heute. Eine moderne Fachdidaktik.* Donauwörth: Auer Verlag.

Killermann, W., Hiering, P., & Starosta, B. (2020). *Biologieunterricht heute. Eine moderne Fachdidaktik.* Augsburg: Auer.

Kim, K. H. (2006). Can we trust creativity tests? A review of the Torrance Tests of Creative Thinking (TTCT). *Creativity research journal, 18* (1), 3–14.

Kim, M. (2016). A meta-analysis of the effects of enrichment programs on gifted students. *Gifted Child Quarterly,* 60 (2), 102–116.

Kirschenbaum, R. J., & Siegle, D. (1993, April). *Predicting creative performance in an enrichment program.* Paper presented at the Association for the Education of Gifted Underachieving Students 6th Annual Conference, Portland, OR.

Klauer, K., & Spinath, F. (2010). Anlage und Umwelt. In D. Rost (Hrsg.), *Handwörterbuch der pädagogischen Psychologie* (S. 9–16). Weinheim: Beltz Verlag.

Kleesattel, W. (Hrsg.) (2006). *Fundgrube Biologie.* Berlin: Cornelsen Verlag.

Klekovkin, T., Nonte, S., & Stubbe, T. C. (2015). *Die Verbreitung von Schul- und Klassenprofilen an weiterführenden Schulen in Hamburg und Regierungsbezirk Braunschweig in Niedersachsen.* (Working Paper No. 1 des Lehrstuhls Schulpädagogik / Empirische Schulforschung der Georg-August-Universität Göttingen). Online unter: http://www.publikatio-nen.stubbe.info/Klekovkin_Nonte_Stubbe_2015_DVvSuK.pdf

Klieme, E., & Leutner, D. (2006). Kompetenzmodelle zur Erfassung individueller Lernergebnisse und zur Bilanzierung von Bildungsprozessen. *Zeitschrift für Pädagogik,* 52 (6), 876–903.

Klingenberg, K., & Schmidt-Hohagen, J.-H. (2008). *Was bewirken Primärerfahrungen im Biologieunterricht? Lern- und Einstellungseffekte einer Vergleichsstudie mit lebenden Tieren.* Presented at 88. MNU-Tagung, Kaiserslautern.

Klingenberg, K. (2009). Wildlebende Tiere der geschützten Arten im Schulunterricht – Anforderungen des Bundesnaturschutzgesetzes, des Tierschutzgesetzes und der Fischereigesetzgebung. *Natur und Recht,* 31, 32–40.

Klingenberg, K. (2011). Zwischen Beobachtung, Pflege und Experiment: Zur Verwendung lebender Tiere im naturkundlichen und im Biologie-Unterricht. In Sektion Historische Bildungsforschung der DGfE in Verbindung mit der Bibliothek für Bildungsgeschichtliche Forschung des Deutschen Instituts für Internationale Pädagogische Forschung (DIPF; Hrsg.), *Jahrbuch für Historische Bildungsforschung* (S. 193–221). Bad Heilbrunn: Julius Klinkhardt Verlag.

Klingenberg, K. (2012). *Lebende Tiere im Unterricht. Analysen-Studien-Konzepte.* Berlin: Logos.

Klos, S. (2009). *Kompetenzförderung im naturwissenschaftlichen Anfangsunterricht – Der Einfluss eines integrierten Unterrichtskonzepts.* Berlin: Logos.

Klos, S., Henke, C., Kieren, C., Walpuski, M., & Sumfleth, E. (2008). Naturwissenschaftliches Experimentieren und chemisches Fachwissen – Zwei verschiedene Kompetenzen. *Zeitschrift für Pädagogik,* 54, 304–321.

Koenen, J. (2014). *Entwicklung und Evaluation von experimentunterstützten Lösungsbeispielen zur Förderung naturwissenschaftlich-experimenteller Arbeitsweisen.* Berlin: Logos.

Koerber, S., Mayer, D., Osterhaus, C., Schwippert, K., & Sodian, B. (2015). The development of scientific thinking in elementary school: A comprehensive inventory. *Child Development*, 86, 327–336.

Koop, C., & Steenbuck, O. (2011). Hochbegabung und Kreativität. In C. Koop & O. Steenbuck (Hrsg.), *Kreativität: Zufall oder harte Arbeit?* (S. 6–8). Frankfurt, M.: Karg-Stiftung.

Kramer, N., Brintrup, J., Möhring, M., & Wegner, C. (im Druck). Reaktionsschnelligkeit – Wie schnell bist du? *sportunterricht*.

Kramer, N., Großecosmann, A. M., & Wegner, C. (2022). Lernen durch Bewegung - Gehirnjogging durch ein Training der exekutiven Funktionen. *sportunterricht, 71* (7), 315–320.

Kramer, N., & Wegner, C. (2020a). Herz-Kreislauf-System - Fächerübergreifende Aspekte entdecken und nutzen. *Sportunterricht, 69* (1), 27–33.

Kramer, N., & Wegner, C. (2020b). Fächerübergreifender Unterricht im Fächerverbund Naturwissenschaften und Sport. Darstellung eines systematischen Reviews. *Herausforderung Lehrer*innenbildung (HLZ), 3* (1), 689–715.

Kramer, N., & Wegner, C. (2022a). Gemäßigt konstruktivistische Prozessmerkmale fächerübergreifenden Unterrichts im Fächerverbund Sport und Biologie. *German Journal of Exercise and Sport Research, 52* (1), 148–158.

Kramer, N., & Wegner, C. (2022b). Untrennbar getrennt: Design-Based Research als Forschungsansatz für fächerübergreifenden Unterricht. *Inter- und transdisziplinäre Bildung , 2022* (1), 117–126.

Krämer, P., Nessler, S., & Schlüter, K. (2015). Forschendes Lernen als Herausforderung für Studierende und Dozenten – Schlussfolgerungen und Lösungsvorschläge für die Lehramtsausbildung. In M. Hammann, J. Mayer & N. Wellnitz (Hrsg.), *Lehr- und Lernforschung in der Biologiedidaktik* (S. 21–35). Innsbruck: StudienVerlag.

Krapp, A. (1999). Intrinsische Lernmotivation und Interesse. Forschungsansätze und konzeptuelle Überlegungen. *Zeitschrift für Pädagogik*, 45 (3), 387–406.

Kratzmann, J., & Schneider, T. (2009). Soziale Ungleichheiten beim Schulstart: Empirische Untersuchungen zur Bedeutung der sozialen Herkunft und des Kindergartenbesuchs auf den Zeitpunkt der Einschulung. *Kölner Zeitschrift für Soziologie und Sozialpsychologie*, 61, 1–24.

Kraus, J. (1998). Spasspädagogik. Sackgassen deutscher Schulpolitik. München: Universitas.

Kremer, K., Möller, A., Arnold, J., & Mayer, J. (2019). Kompetenzförderung beim Experimentieren. In J. Groß, M. Hammann, P. Schmiemann & J. Zabel (Hrsg.), *Biologiedidaktische Forschung. Einträge für die Praxis* (S. 113–129). Berlin: Springer.

Kretschmann, J. (2018). *Die psychosoziale Entwicklung in altersknonformen und altersabweichenden Jahrgangsklassen: Klassenüberspringen, Klassenwiederholung und relative Alterseffekte*. Dissertation. Potsdam: Universität Potsdam.

Kretschmann, J., Vock, M., & Lüdtke, O. (2014). Acceleration in elementary school: Using propensity score matching to estimate the effects on academic achievement. *Journal of Educational Psychology*, 106 (4), 1080–1095.

Krüger, D., & Riemeier, T. (2014). Die qualitative Inhaltsanalyse. Eine Methode zur Auswertung von Interviews. In D. Krüger, I. Parchmann & H. Schecker (Hrsg.), *Methoden in der naturwissenschaftsdidaktischen Forschung* (S. 133–147). Heidelberg: Springer.

Krüger, J. T., Hoffler, T. N., Wahl, M., Knickmeier, K., & Parchmann, I. (2022). Two comparative studies of computer simulations and experiments as learning tools in school and out-of-school education. *Instructional Science: An International Journal of the Learning Sciences*, 50 (2), 169–197.

Kuckartz, U. (2020). Typenbildung. In G. Mey & K. Mruck (Hrsg.), *Handbuch Qualitative Forschung in der Psychologie. Band 2: Designs und Verfahren* (S. 795–812). Wiesbaden: Springer Fachmedien.

Kulik, J. A., & Kulik, C.L. C. (1984). Effects of Accelerated Instruction on Students. *Review of educational research*, 54 (3), 409–425.

Künzli, R. (2010). Lehrpläne, Bildungsstandards und Kompetenzmodelle. Eine problematische Vermischung von Funktionen. *Beiträge zur Lehrerbildung*, 28 (3), 440–452.

Kwietniewski, J., Cronjäger, H., & Momma, A. (2017). *Begabtenförderung: Grundlagen der schulischen Begabtenförderung*. Hamburg: LI Hamburg.

Lackner, M. (2014). *Talent-Management spezial*. Wiesbaden: Springer Gabler.

Lawson, A. E. (1978). The development and validation of a classroom test of formal reasoning. *Journal of Research in Science Teaching*, 15, 11–24.

Lawson, A. E., Alkhoury, S., Benford, R., Clark, B. R., & Falconer, K. A. (2000a). What kinds of scientific concepts exist? Concept construction and intellectual development in college biology. *Journal of Research in Science Teaching*, 37, 996–1018.

Lawson, A. E., Clark, B., Cramer-Meldrum, E., Falconer, K. A., Sequist, J. M., & Kwon, Y.-J. (2000b). Development of scientific reasoning in college biology: Do two levels of general hypothesis-98 A. OPITZ Et al. testing skills exist? *Journal of Research in Science Teaching*, 37, 81–101.

Lehnert, H.-J., & Köhler, K. (2012). Welche Medien werden im Biologieunterricht genutzt? In U. Spörhase (Hrsg.), *Biologie Didaktik. Praxishandbuch für die Sekundarstufe I und II* (S. 152–174). Berlin: Cornelsen Schulverlage.

Lienert, G., & Raatz, U. (1998). *Testaufbau und Testanalyse*. Weinheim, Germany: Beltz.

Lin, L.F., Hsu, Y.S., & Yeh, Y.F. (2012). The Role of Computer Simulation in an Inquiry-Based Learning Environment: Reconstructing Geological Events as Geologists. *Journal Of Science Education And Technology*, 21 (3), 370–383.

Linn, M. C., Pulos, S., & Gans, A. (1981). Correlates of formal reasoning: Content and problem effects. *Journal of Research in Science Teaching*, 18, 435–447.

Linn, M. C., & Rice, M. (1979). A measure of scientific reasoning: The Springs task. *Journal of Educational Measurement*, 16, 55–58.

Linn, M. C., & Swiney, J. F. (1981). Individual differences in formal thought: Role of expectations and aptitudes. *Journal of Educational Psychology*, 73, 274–286.

Lipowsky, F. (2010). Lernen im Beruf – Empirische Befunde zur Wirksamkeit von Lehrerfortbildung. In F. Müller, A. Eichenberger, M. Lüders & J. Mayr (Hrsg.), *Lehrerinnen und Lehrer lernen – Konzepte und Befunde zur Lehrerfortbildung* (S. 51–72). Münster: Waxmann.

Lipowsky, F., & Rzejak, D. (2019). Was macht Fortbildungen für Lehrkräfte erfolgreich? – Ein Update. In Groot-Wilken, B. & Koerber, R. (Hrsg.), *Nachhaltige Professionalisierung für Lehrerinnen und Lehrer. Ideen, Entwicklungen, Konzepte* (S. 15–56). Bielefeld: wbv Media.

López, V., & Sotillo, M. (2009). Giftedness and social adjustment: Evidence supporting the resilience approach in Spanish-speaking children and adolescents. *High Ability Studies*, 20, 39–53.

Lubinski, D., & Benbow, C. (2000). States of excellence. *American Psychologist*, 55 (1), 137–150.

Lubinski, D., Webb, R. M., Morelock, M. J., & Benbow, C. P. (2001). Top 1 in 10,000: a 10-year follow-up of the profoundly gifted. *The Journal of applied psychology*, 86 (4), 718–729.

Lucito, L.J. (1963). Gifted children. In L.M. Dunn (Hrsg.), *Exceptional children in the schools*. New York: Holt, Rinehart and Winston.

Lück, G. (2013a). Förderung naturwissenschaftlicher Bildung. In M. Stamm & D. Edelmann (Hrsg.), *Handbuch frühkindliche Bildungsforschung* (S. 557–572). Wiesbaden: Springer Fachmedien.

Lück, G. (2013b). *Naturphänomene erleben. Experimente für Kinder und Erwachsene*. Freiburg im Breisgau: Herder.

Maier, U. (2015). *Leistungsdiagnostik in Schule und Unterricht. Schülerleistungen messen, bewerten und fördern*. Stuttgart: utb.

Magana, A. J., Elluri, S., Dasgupta, C., Seah, Y. Y., Madamanchi, A., & Boutin, M. (2019). The Role of Simulation-Enabled Design Learning Experiences on Middle School Students' Self-generated Inherence Heuristics. *Journal Of Science Education And Technology*, 28 (4), 382–398.

Makransky, G., Petersen, G. B., & Klingenberg, S. (2020). Can an immersive virtual reality simulation increase students' interest and career aspirations in science? *British Journal Of Educational Technology*, 51 (6), 2079–2097.

Mannel, S. (2011). *Assessing scientific inquiry. Development and evaluation of a test for the low-performing stage*. Berlin: Logos Verlag.

Martin, M. O., & Mullis, I. V. S. (Hrsg.). (2012). *Methods and procedures in TIMSS and PIRLS 2011*. Chestnut Hill, MA: TIMSS & PIRLS International Study Center, Lynch School of Education, Boston College.

Martin, M. O., Mullis, I. V. S., Foy, P., & Stanco, G. M. (2012). *TIMSS 2011 international results in science*. Chestnut Hill, MA: TIMSS & PIRLS International Study Center, Lynch School of Education, Boston College.

Mayer, D. (2012). *Die Modellierung des wissenschaftlichen Denkens im Grundschulalter*. Dissertation: Ludwig-Maximilians-Universität München.

Mayer, D., Sodian, B., Koerber, S., & Schwippert, K. (2014). Scientific reasoning in elementary school children: Assessment and relations with cognitive abilities. *Learning and Instruction*, 29, 43–55.

Mayer. J. (2013). Erkenntnisse mit naturwissenschaftlichen Methoden gewinnen. In H. Gropengießer, U. Harms & U. Kattmann (Hrsg.), *Fachdidaktik Biologie* (S. 56–62). Hallbergmoos: Aulis-Verlag.

Mayring, P. (2010). Qualitative Inhaltsanalyse. In G. Mey & K. Mruck (Hrsg.), *Handbuch Qualitative Forschung in der Psychologie* (S. 601–613). Wiesbaden: VS Verlag für Sozialwissenschaften / Springer Fachmedien.

Mayring, P. (2022). *Qualitative Inhaltsanalyse. Grundlagen und Techniken*. Weinheim / Basel: Beltz Verlag.

McGillicuddy, D., & Devine, D. (2020). "You Feel Ashamed That You Are Not in the Higher Group" – Children's Psychosocial Response to Ability Grouping in Primary School. *British Educational Research Journal*, 46 (3), 553–573.

Medienberatung NRW (2018). Medienkompetenzrahmen NRW. Online unter: https://medienkompetenzrahmen.nrw/fileadmin/pdf/LVR_ZMB_MKR_Rahmen_A4_2020_03_Final.pdf.

Meerah, T. S. M., Osman, K., Zakaria, E., Ikhsan, Z. H., Krish, P., Lian, D. K. C., & Mahmod, D. (2012). Developing an instrument to measure research skills. *Procedia – Social and Behavioral Sciences*, 60, 630–636.

Mehlhorn, G., Schöppe, K., & Schulz, F. (2015). Einführung – Praxistheoretische Perspektiven auf Begabung und Kreativität. In G. Mehlhorn, K. Schöppe & F. Schulz (Hrsg.), *Begabungen entwickeln & Kreativität fördern* (S. 11–18). München: Kopaed.

Mendonça, P., & Justi, R. (2013). The Relationship Between Modelling and Argumentation from the Perspective of the Model of Modelling Diagram. *International Journal of Science Education*, 35 (14), 2407–2434.

Mertens, D. (1974). Schlüsselqualifikationen. Thesen zur Schulung für eine moderne Gesellschaft. *Mitteilungen aus der Arbeitsmarkt- und Berufsforschung*, 7 (1), 36–43.

Meyer, A., Klingenberg, K., & Wilde, M. (2016). The benefits of mouse-keeping - an empirical study on students' flow and intrinsic motivation in biology lessons. *Research in Science Education*, 46 (1), 79–90.

Meyer, H. (2021). *Was ist guter Unterricht?* Berlin: Cornelsen.

Meyfarth, S. (2013). Präparate, Bilder und Arbeitsblätter. In H. Gropengießer, U. Harms & U. Kattmann (Hrsg.), *Fachdidaktik Biologie* (S. 350–359). Hallbergmoos bei München: Aulis Verlag.

Mickley, M., & Renner, G. (2010). Anwendung und Interpretation deutschsprachiger Testverfahren für Kinder und Jugendliche auf Grundlage der CHC-Theorie. *Klinische Diagnostik und Evaluation*, 3, 447–466.

Mickley, M., & Renner, G. (2019). Auswahl, Anwendung und Interpretation deutschsprachiger Intelligenztests für Kinder und Jugendliche auf Grundlage der CHC-Theorie: Update, Erweiterung und kritische Bewertung. *Praxis der Kinderpsychologie und Kinderpsychiatrie*, 68 (4), 323–343.

Miller, L. K. (1999). The Savant Syndrome: Intellectual impairment and exceptional skill. *Psychological Bulletin*, 125, 31–46.

Mishra, P., & Koehler, M. J. (2008). *Introducing technological pedagogical content knowledge*. Presented at the Annual meeting of the American Educational Research Association, New York.

Molitor, L. L., & George, K. D. (1976). Development of a test of science process skills. *Journal of Research in Science Teaching*, 13, 405–412.

Möller, K. (2004). Naturwissenschaftliches Lernen in der Grundschule – Welche Kompetenzen brauchen Grundschullehrkräfte? In H. Merkens (Hrsg.), *Lehrerbildung: IGLU und die Folgen* (S. 65–84). Opladen: Leske+Budrich.

Mönks, F. J. (1991). Kann wissenschaftliche Argumentation auf Aktualität verzichten? Replik zum Beitrag Identifizierung von Hochbegabung. *Zeitschrift für Entwicklungspsychologie und Pädagogische Psychologie*, 23 (3), 232–240.

Morrison, M., & Morgan, M. (Hrsg.) (1999). *Models as Mediators. Perspectives on natural and social science*. Cambridge: Cambridge University Press.

MSB NRW (2019a). *Kernlehrplan für die Sekundarstufe I Gymnasium in Nordrhein-Westfalen. Biologie*. Heft 3413. https://www.schulentwicklung.nrw.de/lehrpla-ene/lehrplan/197/g9_bi_klp_%203413_2019_06_23.pdf

MSB NRW (2019b). *Kernlehrplan für die Sekundarstufe I Gymnasium in Nordrhein-Westfalen. Chemie*. Heft 3415. https://www.schulentwicklung.nrw.de/lehrpla-ene/lehrplan/198/g9_ch_klp_%203415_2019_06_23.pdf

MSB NRW (2019c). *Kernlehrplan für die Sekundarstufe I Gymnasium in Nordrhein-Westfalen. Physik*. Heft 3411. https://www.schulentwicklung.nrw.de/lehrpla-ene/lehrplan/208/g9_ph_klp_%203411_2019_06_23.pdf

MSB NRW (2022a). Fortbildung. https://www.schulministerium.nrw/fortbildung

MSB NRW (2022b). Suche.Fortbildung. NRW Für Lehrerinnen und Lehrer in Nordrhein-Westfalen. https://suche.lehrerfortbildung.schulministerium.nrw.de/search/start

Müller, F., Mehrtens, T., & Köster, H. (2021). Die theoriegeleitete Erfassung früher naturwissenschaftlicher (Leistungs-)Potenziale im Übergangsprozess von der Kita in die Grundschule aus Perspektive einer inklusiven Begabungsförderung. *ElFo - Elementarpädagogische Forschungsbeiträge*, 3 (2), 18–31.

Müller-Oppliger, V., & Weigand, G. (Hrsg.) (2021). *Handbuch Begabung*. Weinheim: Beltz.

Mullis, I. V. S., Martin, M. O., Ruddock, G. J., O'Sullivan, C. Y., & Preuschoff, C. (2009*). TIMSS 2011 assessment frameworks*. Chestnut Hill, MA: TIMSS & PIRLS International Study Center, Lynch School of Education, Boston College.

Mußmann, F., Hardwig, T., Riethmüller, M., & Klötzer, S. (2021). *Digitalisierung im Schulsystem 2021*. Göttingen: Kooperationsstelle Hochschulen und Gewerkschaften der Georg-August-Universität Göttingen.

Myers, D. (2014). Intelligenz. In D. Myers (Hrsg.), *Psychologie* (S. 399–436). Berlin / Heidelberg: Springer-Verlag.

National Assessment Governing Board. (2009). *Science assessment and item specifications for the 2009 National Assessment of Educational Progress*. Washington, DC: Author.

National Research Council (NRC) (1996). *National science education standards. Washington*: National Academies Press.
Nehring, A., Stiller, J., Nowak, K., Upmeier zu Belzen, A., & Tiemann, R. (2016). Naturwissenschaftliche Denk- und Arbeitsweisen im Chemieunterricht – eine modellbasierte Videostudie zu Lerngelegenheiten für den Kompetenzbereich der Erkenntnisgewinnung. *Zeitschrift für Didaktik der Naturwissenschaften*, 22 (1), 77–96.
Nerdel, C. (2017). *Grundlagen der Naturwissenschaftsdidaktik. Kompetenzorientiert und aufgabenbasiert für Schule und Hochschule*. Berlin: Springer Spektrum Verlag.
Nett, N. (2019). Kreativität – was ist das überhaupt?. In J. Haager & T. Baudson (Hrsg.), Kreativität in der Schule - finden, fördern, leben. Psychologie in Bildung und Erziehung: Vom Wissen zum Handeln (S. 3–22). Wiesbaden: Springer.
Niebert, K., & Gropengießer, H. (2014). Leitfadengestützte Interviews. In D. Krüger, I. Parchmann & H. Schecker (Hrsg.), *Methoden in der naturwissenschaftsdidaktischen Forschung* (S. 121–133). Heidelberg: Springer.
Nold, G., Hartig, J., Hinz, S., & Rossa, H. (2008). Klassen mit bilingualem Sachfachunterricht. Englisch als Arbeitssprache. In E. Klieme (Hrsg.), *Unterricht und Kompetenzerwerb in Deutsch und Englisch. Ergebnisse der DESI-Studie* (S.451–457). Weinheim: Beltz.
North, K., Reinhardt, K., & Sieber-Suter, B. (2018). *Kompetenzmanagement in der Praxis. Mitarbeiterkompetenzen systematisch identifizieren, nutzen und entwickeln*. Wiesbaden: Springer Gabler.
Nowak, K. H., Nehring, A., Tiemann, R., & Upmeier zu Belzen, A. (2013). Assessing students' abilities in processes of scientific inquiry in biology using a paper-and-pencil test. *Journal of Biological Education*, 47, 182–188.
OECD (2006). *Assessing scientific, reading and mathematical literacy: A framework for PISA 2006*. Paris: Author.
OECD (2007). *Science competencies for tomorrow's world. Volume I: Analysis*. Paris: Author.
OECD (2009). *PISA 2006 technical report*. Paris: Author.
OECD (2019). *PISA 2018 Ergebnisse. Was Schülerinnen und Schüler wissen und können. Band I*. Paris: wbv Media.
Opitz, A., Heene, M., & Fischer, F. (2017). Measuring scientific reasoning – a review of test instruments, *Educational Research and Evaluation*, 23 (3–4), 78–101.
Oswald, F. (2005). Begabtenförderung in einer begabungsfreundlichen Lernkultur. In K. Klement & F. Oswald (Hrsg.), *Begabungen entdecken – Begabte fördern* (S. 5–66). Wien: LIT-Verlag.
Oswald, F. (2006). *Das Überspringen von Schulstufen: Begabtenförderung als Akzeleration individueller Bildungslaufbahnen*. Berlin u. a.: LIT.
Otteni, M. (2020). Methoden zum Sichern, Dokumentieren, Systematisieren und Präsentieren. Forschertagebuch. In U. Spörhase U. & W. Ruppert (Hrsg.), *Biologie Methodik. Handbuch für die Sekundarstufe I und II* (S. 200–204). Berlin: Cornelsen.
Padilla, M. J., Okey, J. R., & Dillashaw, F. G. (1983). The relationship between science process skill and formal thinking abilities. *Journal of Research in Science Teaching*, 20, 239–246.
Pant, H. A., Stanat, P., Schroeders, U., Roppelt, A., Siegle, T., & Pöhlmann, C. (Hrsg.). (2013). *IQBLändervergleich 2012: Mathematische und naturwissenschaftliche Kompetenzen am Ende der Sekundarstufe I*. Münster: Waxmann.
Park, G., Lubinski, D., & Benbow, C. P. (2013). When less is more: Effects of grade skipping on adult STEM productivity among mathematically precocious adolescents. *Journal of Educational Psychology*, 105 (1), 176–198.
Pasternack, P., Baumgarth, B., & Burkhardt, A. (Hrsg.) (2017). *Drei Phasen. Die Debatte zur Qualitätsentwicklung in der Lehrer_innenbildung*. Bielefeld: W. Bertelsmann Verlag.

Pedaste, M., Mäeots, M., Siiman, L. A., De Jong, T., Van Riesen, S. A. N., Kamp, E. T., et al. (2015). Phases of inquiry-based learning: Definitions and the inquiry cycle. *Educational Research Review*, 14, 47–61.

Peperkorn, C., & Wegner, C. (2022). *Giftedness in biology within the Cattel-Horn-Carroll Theory – Basis for the development of a screening tool to identify gifted students in biology*. Presented at the 13th conference of European Researchers In Didactics Of Biology (ERIDOB 2022), Nicosia, Cyprus.

Peperkorn, C., & Wegner, C. (2023a). *Measuring Students' Abilities in Scientific Inquiry Processes as Part of the Diagnostics of Scientific Giftedness*. Presented at the 15th Conference of the European Science Education Research Association (ESERA), Cappadocia, Turkey.

Peperkorn, C., & Wegner, C. (2023b). *Pilotierung eines digitalen Diagnostiktools zur Identifizierung naturwissenschaftlich begabter Schüler:innen*. Presented at the 24. Internationale Frühjahrsschule der Fachsektion Didaktik der Biologie im VBIO, Frankfurt am Main.

Perleth, C. (2001). Begabungen im Vorschul- und Grundschulalter. In Forum Bildung (Hrsg.), *Finden und Fördern von Begabungen. Fachtagung des Forum Bildung* (S. 80–98). Berlin: Bund-Länder- Kommission für Bildungsplanung und Forschungsförderung.

Petersen, J. (2013). Gender differences in identification of gifted youth and in gifted program participation: A meta-analysis. *Contemporary Educational Psychology*, 38 (4), 342–348.

Potvin, P. & Hasni, A. (2014a). Analysis of the Decline in Interest Towards School Science and Technology from Grades 5 Through 11. *Journal of Science Education and Technology*, 23, 784–802.

Potvin, P., & Hasni, A. (2014b). Interest, motivation and attitudes towards science and technology at K-12-levels: a systematic review of 12 years of educational research. *Studies in Science Education*, 50 (1), 85–129.

Preckel, F. (2003). *Diagnostik intellektueller Hochbegabung. Testentwicklung zur Erfassung der fluiden Intelligenz*. Göttingen: Hogrefe.

Preckel, F. (2009). *Integrierte oder separierte Förderung: Was ist die richtige Vorgehensweise zur Förderung Begabter in der Schule?* Frankfurt am Main: Karg-Stiftung.

Preckel, F., & Baudson, T. G. (Hrsg.) (2013). *Hochbegabung: Erkennen, Verstehen, Fördern*. München: C. H. Beck.

Preckel, F., & Holling, H. (2006). Die Rolle von Intelligenz und Begabung für Handlungskompetenz: am Beispiel beruflicher Hochbegabung. *Bildung Und Erziehung*, 59 (2), 167–178.

Preckel, F., & Krampen, G. (2016). Entwicklung und Schwerpunkte in der psychologischen Hochbegabungsforschung. Ergebnisse einer szientometrischen Analyse von Publikationen zwischen 1980 und 2014. *Psychologische Rundschau*, 67 (1), 1–14.

Preckel, F., Schmidt, I., Stumpf, E., Motschenbacher, M., Vogl, K., Scherrer, V., & Schneider, W. (2019). High-Ability Grouping: Benefits for Gifted Students' Achievement Develop-ment Without Costs in Academic Self-Concept. *Child development*, 90 (4), 1185–1201.

Preckel, F., & Vock, M. (2021). *Hochbegabung. Ein Lehrbuch zu Grundlagen, Diagnostik und Fördermöglichkeiten*. Göttingen: Hogrefe.

Preiser, S. (2006). Kreativität. In K. Schweizer (Hrsg.), *Leistung und Leistungsdiagnostik* (S. 51–67). Wiesbaden: Springer.

Prenzel, M., Artelt, C., Baumert, J., Blum, W., Hammann, M., Klieme, E., & Pekrun, R. (2007). *PISA 2006 in Deutschland – Die Ergebnisse der dritten internationalen Vergleichsstudie*. Münster: Waxmann.

Prenzel. M., Sälzer, C., Klieme, E., & Köller, O. (Hrsg.) (2013). *PISA 2012. Fortschritte und Herausforderungen in Deutschland*. Münster u. a.: Waxmann.

Puentedura, R. 2006. *Transformation, Technology, and Education (2006)*. Online unter: http://hippasus.com/resources/tte/

Randler, C. (2013). Unterrichten mit Lebewesen. In H. Gropengießer, U. Harms & U. Kattmann (Hrsg.), *Fachdidaktik Biologie* (S. 299–311). Hallbergmoos bei München: Aulis Verlag.
Raschke, N. (2018). Biologie frag- und untersuchungswürdig machen - durch problemorientierten Biologieunterricht. In M. Wilhelm (Hrsg.), *Wirksamer Biologieunterricht* (S. 147–157). Baltmannsweiler: Schneider Verlag Hohengehren.
Reilly, J. M., McGivney, E., Dede, C., & Grotzer, T. (2021). Assessing Science Identity Exploration in Immersive Virtual Environments: A Mixed Methods Approach. *Journal of Experimental Education*, 89 (3), 468–489.
Reis, S. M. (1981). *An analysis of the productivity of gifted students participating in programs using the revolving door identification model*. Unpublizierte Dissertation. Connecticut: University of Connecticut.
Reis, S. M., & Peters, P. M. (2021). Research on the Schoolwide Enrichment Model: Four decades of insights, innovation, and evolution. *Gifted Education International*, 37 (2), 109–141.
Reis, S. M., Renzulli, J. S., & Müller-Oppliger, V. (2021). Das »Schoolwide Enrichment Model« (SEM). In V. Müller-Oppliger & G. Weigand (Hrsg.), *Pädagogik. Handbuch Begabung* (S. 333–347). Weinheim: Beltz.
Renzulli, J. S. (1976). The enrichment triad model: A guide for developing defensible programs for the gifted and talented. *Gifted Child Quarterly*, 20, 303–326.
Renzulli, J. S. (1977). *The enrichment triad model: A guide for developing defensible programs for the gifted and talented*. Mansfield Center: Creative Learning Press.
Renzulli, J. S. (1978). What makes giftedness? Re-examining a definition. *Phi Delta Kappan*, 60, 180–184.
Renzulli, J. S. (1979). *The Schoolwide Enrichment Model. A How-To Guide for Educational Excellence*. Storrs: Creative Learning Press.
Renzulli, J. S. (1986). The three ring conception of giftedness: A developmental model for creative productivity. In R. J. Sternberg & J. E. Davidson (Hrsg.), *Conceptions of giftedness* (S. 53–92). New York: Cambridge University Press.
Renzulli, J. S. (2005). The three-ring conception of giftedness. In R. J. Sternberg & J. E. Davidson (Hrsg.), *Conceptions of giftedness* (S. 246–79). New York: Cambridge University Press.
Renzulli, J. S., & Reis, S. M. (1994). Research Related to the Schoolwide Enrichment Triad Model1. *Gifted Child Quarterly*, 38 (1), 7–20.
Renzulli, J. S., & Reis, S. M. (1997). *The schoolwide enrichment model: A how-to guide for educational excellence*. Mansfield Center: Creative Learning Press.
Renzulli, J. S., & Reis, S. M. (2010). The Schoolwide Enrichment Model: A Focus on Student Strengths and Interests. *Gifted Education International*, 26 (2–3), 140–156.
Renzulli, J. S., & Reis, S. M. (Hrsg.) (2014). *The schoolwide enrichment model: A how-to guide for talent development*. London / New York: Routledge.
Renzulli, J. S., & Reis, S. M. (2021). The three ring conception of giftedness: A change in direction from being gifted to the development of gifted behaviors. In R. J. Sternberg & D. Ambrose (Hrsg.), *Conceptions of giftedness and talent* (S. 335–355). Cham: Palgrave Macmillan.
Renzulli, J. S., Reis, S. M., & Smith, L. H. (1981). *The revolving door identification model*. Mansfield Center: Creative Learning Press.
Retzlaff-Fürst, C. (2008). *Das lebende Tier im Schülerurteil. Bodenlebewesen im Biologieunterricht – eine empirische Studie*. Hamburg: Verlag Dr. Kovač.
Rey, J. (2021). *Experimentieren und Begründen*. Wiesbaden: Springer Spektrum.
Rhodes, M. (1961). An analysis of creativity. *Phi Delta Kappan*, 42, 305–310.
Richter, D. (2016). Lehrerinnen und Lehrer lernen. Fort- und Weiterbildung im Lehrerberuf. In M. Rothland (Hrsg.), *Beruf Lehrer/ Lehrerin. Ein Studienbuch* (S. 245–260). Münster: Waxmann Verlag.

Ricker, K.-M. (2023). Versuche und Experimente. *Biologie 5–10*, 41 (1).
Riemeier, T. (2011). Wie beschreiben und erklären Schüler biologische Phänomene? – Eine Analyse der Beschreibungen und Erklärungen von Schülern. In U. Harms & I. Mackensen-Friedrichs (Hrsg.), *Lehr- und Lernforschung in der Biologiedidaktik. Band 4* (S. 71–84). Innsbruck: StudienVerlag.
Roberts, R., & Gott, R. (2004). A written test for procedural understanding: A way forward for assessment in the UK science curriculum? *Research in Science & Technological Education*, 22, 5–21.
Roberts, R., & Gott, R. (2006). Assessment of performance in practical science and pupil attributes. *Assessment in Education: Principles, Policy & Practice*, 13, 45–67.
Robinson, A., Shore, B. M., & Enersen, D. (2006*). Best Practices in Gifted Education: An Evidence-Based Guide*. Waco, TX: Prufrock Press.
Rogers, K. B. (2004). The academic effects of acceleration. In M. U. M. Gross, N. Colangelo & S. G. Assouline (Hrsg.), *A nation deceived: How schools hold back America's brightest students* (S. 47–58). Iowa City: University of Iowa.
Rohlfs, C., Harring, M., & Palentien, C. (2008). *Kompetenz-Bildung. Soziale, emotionale und kommunikative Kompetenzen von Kindern und Jugendlichen*. Wiesbaden: VS Verlag für Sozialwissenschaften.
Rohrmann, S., & Rohrmann, T. (2010). *Hochbegabte Kinder und Jugendliche. Diagnostik – Förderung – Beratung*. München: Reinhardt.
Rohrmann, S., & Rohrmann, T. (2017). *Begabte Kinder in der Kita*. Stuttgart: Kohlhammer.
Rösken, B. (2008). Zu innovativen Aspekten von Lehrerfortbildung. In E. Vásárhelyi (Hrsg.), *Beiträge zum Mathematikunterricht online. Vorträge auf der 42. Tagung für Didaktik der Mathematik. Jahrestagung der Gesellschaft für Didaktik der Mathematik vom 13.3.2008 bis 18.3.2008 in Budapest* (S. 669–672). Münster: WTM.
Ross, J. A., & Maynes, F. J. (1983). Development of a test of experimental problem-solving skills. *Journal of Research in Science Teaching*, 20, 63–75.
Rost, D. H. (1991a). Identifizierung von Hochbegabten. *Zeitschrift für Entwicklungspsychologie und Pädagogische Psychologie*, 23 (3), 197–231.
Rost, D. H. (1991b). „Belege", „Modelle", Meinungen, Allgemeinplätze. Anmerkungen zu den Repliken von E. A. Hany & K. A. Heller und F. Mönks. *Zeitschrift für Entwicklungspsychologie und Pädagogische Psychologie*, 23 (3), 250–262.
Rost, D. h. (2008). Hochbegabung: Fiktionen und Fakten. In H. Ulrich & S. Strunck (Hrsg), *Begabtenförderung an Gymnasien. Entwicklungen, Befunde, Perspektiven* (S. 60–77). Wiesbaden: VS Verlag für Sozialwissenschaften.
Rost, D. H. (2013). *Handbuch Intelligenz*. Weinheim / Basel: Beltz Verlag.
Rost, D. H. (2009). *Intelligenz: Fakten und Mythen*. Weinheim: Beltz.
Rost, D. H., & Buch, S. R. (2018). Hochbegabung. In D. H. Rost, J. R. Sparfeldt & S. R. Buch (Hrsg.), *Handwörterbuch Pädagogische Psychologie* (S. 226–241). Weinheim: Beltz.
Rost, D. H., & Sparfeldt, J. (2017). Intelligenz und Hochbegabung. In M. Schweer (Hrsg.), *Lehrer-Schüler-Interaktion. Inhaltsfelder, Forschungsperspektiven und methodische Zugänge* (S. 315–346). Wiesbaden: Springer Fachmedien.
Rost, D. H., Sparfeldt, J., & Schilling, S. (2006). *Hochbegabung. Leistung und Leistungsdiagnostik*. Berlin: Springer.
Rost, J. (2005). Messung von Kompetenzen Globalen Lernens. *ZEP: Zeitschrift für internationale Bildungsforschung und Entwicklungspädagogik*, (28) 2, 14–18.
Roth, H. (1957). *Pädagogische Psychologie des Lehrens und Lernens*. Hannover: Schroedel.
Roth, B., Becker, N., Romeyke, S., Schäfer, S., Domnick, F., & Spinath, F. M. (2015). Intelligence and school grades: A meta-analysis. *Intelligence*, 53, 118–137.

Roth, A., Moll, C., Seidel, I., & Bös, K. (2017). Nachwuchsleistungssport an den NRW-Sportschulen – Talentsichtung unter Berücksichtigung sportartübergreifender, sportartspezifischer und sportpsychologischer Testverfahren. *Leipziger Sportwissenschaftliche Beiträge*, 58 (1), 132–157.

Sanders, W. L., & Rivers, J. C. (1996). *Cumulative and residual effects of teachers on future student academic achievement*. Knoxville, YN: University of Tennessee Value-Added Research and Assessment Center.

Scarr, S. (1989). Protecting general intelligence: Constructs and consequences for interventions. In R. J. Linn (Hrsg.), *Intelligence: Measurement, theory, and public policy* (S. 74–118). Champaign: University of Illinois Press.

Schäfers, M. S. (2023). *Entwicklung und Pilotierung eines naturwissenschaftlichen Begabungstests für den Elementarbereich*. Dissertation. Bielefeld: Universität Bielefeld.

Schäfers, M. S., Beckmann, C., Coors, N., Heber, M., Höhne, M., & Wegner, C. (2023). Naturwissenschaftliche Typenlehre für den Elementarbereich – Auswertung einer qualitativen Beobachtungsstudie. *Perspektiven der empirischen Kinder- und Jugendforschung*, 9 (2), 36–60.

Schäfers, M. S., Schmiedebach, M., & Wegner, C. (2020). Virtuelle Labore im Biologieunterricht. Auswirkungen von Labster auf die Selbsteinschätzung von Schülerinnen und Schülern. *MedienPädagogik*, 2020 (Occasional Papers), 140–167.

Schäfers M. S., & Wegner C. (2020a). Long-term effects of the enrichment program "Kolumbus-Kids". *Journal of Gifted Education and Creativity*, 7 (2), 73–82.

Schäfers, M. S., & Wegner, C. (2020b). Diagnose und Förderung von naturwissenschaftlicher Begabung in der Kita. Darstellung des aktuellen Forschungsstands. *Diskurs Kindheits- und Jugendforschung*, 15 (1), 70–86.

Schäfers, M. S., & Wegner, C. (2021). Gehirn, Neuronen, Synapsen und Co. Eine neurobiologische Begründung für eine frühzeitige Förderung im Kindergartenalter. *frühe Kindheit*, 24 (4), 46–50.

Schäfers, M. S., & Wegner, C. (2022). Originalarbeit: Die naturwissenschaftlichen Fähigkeiten von Kindern entdecken. Vorstellung eines naturwissenschaftlichen Begabungstests für den Elementarbereich. *Frühförderung interdisziplinär*, 41 (1), 18–31.

Schlichte-Hiersemenzel, B. (2006). *Zu Entwicklungsschwierigkeiten hochbegabter Kinder und Jugendlicher in Wechselwirkung mit ihrer Umwelt*. Berlin: Bundesministerium für Bildung und Forschung.

Schmid, M., Krannich, M., & Petko, D. (2020). Technological Pedagogical Content Knowledge. Entwicklungen und Implikationen. *Journal für LehrerInnenbildung*, 20 (1), 116–124.

Schmiemann, P. (2012). Modelle und Modellbildung. In U. Spörhase & W. Ruppert (Hrsg.), *Biologie Methodik. Handbuch für die Sekundarstufe I und II* (S. 103–105). Berlin: Cornelsen Verlag Scriptor.

Schneider, W. J., & McGrew, K. S. (2018). The Cattell–Horn–Carroll theory of cognitive abilities. In D. P. Flanagan & E. M. McDonough (Hrsg.), *Contemporary intellectual assessment: Theories, tests, and issues* (S. 73–163). New York: The Guilford Press.

Schulte, A. (2022). *Konzeption und Evaluation von Science-Klassen – Wie entwickeln sich Interesse, Selbstkonzept und Kompetenzen in naturwissenschaftlichen Profilklassen?*. Dissertation. Bielefeld: Universität Bielefeld.

Schulte, A., & Wegner, C. (2019). Die Science-Klassen als Möglichkeit der naturwissenschaftlichen Förderung - Empirische Auswertung eines Unterrichtsmodells. *HLZ_Herausforderung Lehrer*innenbildung*, 2 (1), 195–209.

Schulte, A., & Wegner, C. (2021). Promoting girls in science - A longitudinal study of self-concept in profile classes. *International Journal of Research in Education and Science (IJRES)*, 7 (4), 972–987.

Schulz, A., Wirtz, M., & Starauschek, E. (2012). Das Experiment in den Naturwissenschaften. In W. Rieß, M. Wirtz, B. Barzel & A. Schulz (Hrsg.), Experimentieren im mathematisch-naturwissenschaftlichen Unterricht. Schüler lernen wissenschaftlich denken und arbeiten (S. 15–38). Münster: Waxmann.

Schulz-Zander, R. (2005). Veränderung der Lernkultur mit digitalen Medien im Unterricht. In H. Kleber (Hrsg.), *Perspektiven der Medienpädagogik in Wissenschaft und Bildungspraxis* (S. 125–140). München: Kopaed.

Schümer, G., Tillmann, K.-J., Weiss, M. (2004). *Die Institution Schule und die Lebenswelt der Schüler. Vertiefende Analysen der Pisa-2000-Daten zum Kontext von Schülerleistungen.* Wiesbaden: VS Verl. für Sozialwissenschaften.

Schwippert, K., Kasper, D., Köller, O., McElvany, N., Selter, C., Steffensky, M., & Wendt, H. (2020) (Hrsg.). *TIMSS 2019. Mathematische und naturwissenschaftliche Kompetenzen von Grundschulkindern in Deutschland im internationalen Vergleich.* Münster: Waxmann.

Shaw, T. J. (1983). The effect of a process-oriented science curriculum upon problem-solving ability. *Science Education*, 67, 615–623.

Sirum, K., & Humburg, J. (2011). The Experimental Design Ability Test (EDAT). *Bioscene*, 37 (1), 8–16.

Smit, R., Bachmann, P., Hess, K., Birri, T., & Blum, V. (2020). Der Nutzen von Rubrics (Beurteilungsraster) für das selbstregulierte Lernen am Beispiel des mathematischen Argumentierens. *Bildungsforschung*, 29 (1), 1–25.

Solzbacher, C. (2008). Was denken Lehrerinnen und Lehrer über individuelle Förderung? Eine Studie zu Positionen von Lehrkräften in der Sekundarstufe I und Konsequenzen für Schulentwicklungsarbeit. *Pädagogik*, 60 (3), 38–42.

Solzbacher, C. (2011). Frühstudium in Deutschland: Ergebnisse einer bundesweiten Untersuchung. *Beiträge zur Hochschulforschung*, 33 (1), 8–25.

Solzbacher, C., Behrensen, B., Sauerhering, M., & Schwer, C. (2012). *Jedem Kind gerecht werden? Sichtweisen und Erfahrungen von Grundschullehrkräften.* Köln: Carl

Soobard, R., & Rannikmäe, M. (2011). Assessing student's level of scientific literacy using interdisciplinary scenarios. *Science Education International*, 22 (2), 133–144.

Sparfeldt, J. R., & Schilling, S. R. (2014). Hochbegabte und hochleistende Jugendliche: Befunde aus dem Marburger Hochbegabtenprojekt. In D. H. Rost (Hrsg.), *Pädagogische Psychologie und Entwicklungspsychologie: Bd. 72. Fördermaßnahmen* (S. 481–495). Münster: Waxmann.

Spearman, C. (1904). General intelligence, objectively determined and measured. *American Journal of Psychology*, 15, 201–293.

Spearman, C. (1927). *The abilities of man: Their nature and measurement.* New York: Macmillan.

Spearman, C., & Jones, L.W. (1950). *Human ability: A continuation of „The abilities of man".* London: Macmillan.

Spörlein, E. (2003). *„Das mit dem Chemischen finde ich nicht so wichtig...": Chemielernen in der Sekundarstufe I aus der Perspektive der Bildungsdidaktik.* Wiesbaden: Springer Fachmedien.

Staeck, L. (1980). *Medien im Biologieunterricht. Angebot, Praxis und Wirksamkeit.* Königsstein/Ts.: Scriptor Fachdidaktik Naturwissenschaften.

Staeck, L. (1995). *Zeitgemäßer Biologieunterricht. Eine Didaktik.* Berlin: Cornelsen Verlag.

Steenbergen-Hu, S., & Moon, S. M. (2011). The Effects of Acceleration on High-Ability Learners: A Meta-Analysis. *Gifted Child Quarterly*, 55 (1), 39–53.

Steffens, U., & Höfer, D. (2016). *Lernen nach Hattie. Wie gelingt guter Unterricht?* Weinheim: Beltz.

Steffensky, M., Lankes, E.-M., & Carstensen, C. (2012). Was bedeutet naturwissenschaftliche Kompetenz bei Fünfjährigen und wie kann man sie erfassen. In M. Gläser-Zikuda, T. Seidel, C. Rohlfs, A. Gröschner & S. Ziegelbauer (Hrsg.), *Mixed Methods in der empirischen Bildungsforschung* (S. 107–120). Münster / New York / München / Berlin: Waxmann.

Stern, E., & Neubauer, A. (2016). Intelligenz: kein Mythos, sondern Realität. *Psychologische Rundschau*, 67 (1), 15–27.
Stern, W. (1916). Begabungsforschung und Begabungsdiagnose. In P. Peterson (Hrsg.), *Der Aufstieg der Begabten* (S. 105–120). Leipzig: Teubner.
Sternberg, R. (1986). A triangular theory of love. *Psychological Review*, 93, 119–135.
Sternberg, R. J., & Davidson, J. E. (Hrsg.) (2005). *Conceptions of giftedness*. New York: Cambridge University Press.
Sternberg, R. J., & Lubart, T. I. (1999). The concept of creativity: Prospects and paradigms. In R. J. Sternberg (Hrsg.), *Handbook of creativity* (S. 1–19). Cambridge: Cambridge University Press.
Stiller, C., & Wilde, M. (2021). Einfluss gestufter Lernhilfen als Unterstützungsmaßnahme beim Experimentieren auf den Lernerfolg im Biologieunterricht. *Zeitschrift für Erziehungswissenschaft*, 24, 743–763.
Stoll, G., & Weis, S. (2022). *Online-Self-Assessment zur Studienfachwahl. Entwicklung – Konzepte – Qualitätstandards*. Berlin: Springer.
Stumpf, E., & Perleth, C. (2019). Intelligenz, Kreativität und Begabung. In D. Urhahne, M. Dresel & F. Fischer (Hrsg.), *Psychologie für den Lehrberuf* (S. 165–184). Berlin / Heidelberg: Springer.
Su, J.-M., Lin, H.-Y., Tseng, S.-S., & Lu, C.-J. (2011). OPASS: An online portfolio assessment and diagnosis scheme to support web-based scientific inquiry experiments. *Turkish Online Journal of Educational Technology*, 10 (2), 151–173.
Sundre, D. L. (2008). *The Scientific Reasoning Test, Version 9 (SR-9) test manual*. Harrisonburg, VA: Center for Assessment and Research Studies.
Tamir, P., Nussinovitz, R., & Friedler, Y. (1982). The design and use of a practical tests assessment inventory. *Journal of Biological Education*, 16, 42–50.
Tapola, A., Veermans, M., & Niemivirta, M. (2013). Predictors and Outcomes of Situational Interest during a Science Learning Task. *Instructional Science: An International Journal of the Learning Sciences*, 41 (6), 1047–1064.
Tasquier, G., Levrini, O., & Dillon, J. (2016). Exploring students. epistemological knowledge of models and modelling in science: Results from a teaching/learning experience on climate change. *International Journal of Science Education*, 38 (4), 539–563.
Terzer, E. (2012). *Modellkompetenz im Kontext Biologieunterricht – Empirische Beschreibung von Modellkompetenz mithilfe von Multiple-Choice Items*. Dissertation. Berlin: Humboldt-Universität Berlin.
Terzer, E., & Upmeier zu Belzen, A. (2007). Naturwissenschaftliche Erkenntnisgewinnung durch Modelle – Modellverständnis als Grundlage für Modellkompetenz. *Zeitschrift für Didaktik der Biologie*, 16 (2007), 33–56.
Thurstone, L. L. (1931). The measurement of social attitudes. *The Journal of Abnormal and Social Psychology*, 26 (3), 249–269.
Timmerman, B. C., Feldon, D., Maher, M., Strickland, D., & Gilmore, J. (2013). Performance-based assessment of graduate student research skills: Timing, trajectory, and potential thresholds. *Studies in Higher Education*, 38, 693–710.
Timmerman, B. E. C., Strickland, D. C., Johnson, R. L., & Payne, J. R. (2011). Development of a "universal" rubric for assessing undergraduates' scientific reasoning skills using scientific writing. *Assessment & Evaluation in Higher Education*, 36, 509–547.
Tobin, K. G., & Capie, W. (1981). The development and validation of a group test of logical thinking. *Educational and Psychological Measurement*, 41, 413–423.
Tobin, K. G., & Capie, W. (1982). Relationships between formal reasoning ability, locus of control, academic engagement and integrated process skill achievement. *Journal of Research in Science Teaching*, 19, 113–121.

Torrance, E. P. (1974). *The Torrance Tests of Creative Thinking-Norms-Technical Manual Research Edition-Verbal Tests, Forms A and B- Figural Tests, Forms A and B*. Princeton, NJ: Personnel Press.

Trautwein, U., Lüdtke, O., Marsh, H. W., Köller, O., & Baumert, J. (2006). Tracking, grading, and student motivation: Using group composition and status to predict self-concept and interest in ninth-grade mathematics. *The journal of educational psychology*, 98 (4), 788–806.

Trendel, G., & Lübeck, M (2019). Die Entwicklung experimenteller Kompetenzen. Konstruktion von Aufgaben zur systematischen Komptenzentwicklung und Kompetenzüberprüfung. Online unter: https://www.schulentwicklung.nrw.de/sinus/upload/Phase05/NW14-00/N14-00.pdf

UNESCO. (1994). Die Salamanca Erklärung und der Aktionsrahmen zur Pädagogik für besondere Bedürfnisse. UNESCO. Online unter: https://www.unesco.de/sites/default/files/2018-03/1994_salamanca-erklaerung.pdf

United States National Assessment Governing Board, WestEd (Organization), & Council of Chief State School Officers. (2010). *Science framework for the 2011 National Assessment of Educational Progress*. Washington, DC: National Assessment Governing Board, US Dept. of Education.

Upmeier zu Belzen, A. (2020). Unterrichten mit Modellen. In H. Gropengießer, U. Harms & U. Kattmann (Hrsg.), *Fachdidaktik Biologie* (S. 325–334). Seelze: Aulis Verlag in Friedrich Verlag.

Upmeier zu Belzen, A., & Krüger, D. (2010). Modellkompetenz im Biologieunterricht. Model competence in biology teaching. *Zeitschrift für Didaktik der Naturwissenschaften*, 16 (2010), 41–57.

Upmeier zu Belzen, A., & Krüger, D. (2023). Modellieren im Kompetenzbereich Erkenntnisgewinnung. Über Modelle Verständnis erzeugen und ermöglichen. *Unterricht Biologie*, 481, 2–8.

van der Meulen, R. T., van der Bruggen, C. O., Split, J. L., Verouden, J., Berkhout, M., & Bögels, S. M. (2014). The pullout program day a week school for gifted children: Effects on social–emotional and academic functioning. *Clinical Developmental Psychology*, 43 (3), 287–314.

Vaughn, V. L., Feldhusen, J. F., & Asher, J. W. (1991). Meta-Analyses and Review of Re-search on Pull-Out Programs in Gifted Education. *Gifted Child Quarterly*, 35 (2), 92–98.

Vigerske, S. (2017). *Transfer von Lehrerfortbildungsinhalten in die Praxis. Eine empirische Untersuchung zur Transferqualität und zu Einflussfaktoren*. Wiesbaden: Springer Fachmedien.

Vock, M. (2011). Akzeleration und Enrichment – Was sagt die empirische Forschung? In Beratungsstelle besondere Begabungen (Hrsg.), *Besondere Begabungen entdecken und fördern – Impulse für Unterricht und Schule* (S. 25–32). Hamburg: LI Hamburg.

Vock, M. (2021). Akzeleration – schneller durch die Schule? Effekte, Gelingensbedingungen und Risiken von Akzelerationsmaßnahmen. In V. Müller-Oppliger & G. Weigand (Hrsg.), *Handbuch Begabung* (S. 319–332). Beltz Verlag.

Vock, M., Penk, C., & Köller, O. (2014). Wer überspringt eine Schulklasse? Befunde zum Klassenüberspringen in Deutschland. *Psychologie in Erziehung und Unterricht*, 61, 153–164.

Vock, M., Preckel, F., & Holling, H. (2007). *Förderung Hochbegabter in der Schule: Evaluationsbefunde und Wirksamkeit von Maßnahmen*. Göttingen u. a.: Hogrefe.

von Falkenhausen, E. (1985). *Wissenschaftspropädeutik im Biologieunterricht der gymnasialen Oberstufe*. Köln: Aulis Verlag Deubner.

Wagenschein, M. (1980). *Naturphänomene sehen und verstehen. Genetische Lehrgänge*. Stuttgart: Klett.

Wagner, T. (2014). Fachdidaktik Englisch. In C. Fischer, E. Hany, A. Holzinger, U. Greiner, V. Müller-Oppliger, C. Perleth & F. Preckel (Hrsg.), *Professionelle Begabtenförderung* (S. 195–213). ÖZBF: iPEGE – International Panel of Experts for Gifted Education.

Wallas, G. (1926). *The art of thought* (Vol. 10). Harcourt, Brace: Solis Press.

Walpuski, M. (2006). *Optimierung von experimenteller Kleingruppenarbeit durch Strukturierungshilfen und Feedback. Eine empirische Studie. Studien zum Physik- und Chemielernen*. Berlin: Logos Verlag.

Wappel, M. (2023). Auf ins grüne Klassenzimmer. Schulfreiräume als Lernorte nutzen. *#schuleverantworten*, 2023 (1), 68–72.

Ward, W. C., Frederiksen, N., & Carlson, S. B. (1980). Construct validity of free-response and machinescorable forms of a test. *Journal of Educational Measurement*, 17, 11–29.
Warne, R. T. (2016). Five Reasons to Put the g Back Into Giftedness: An Argument for Applying the Cattell–Horn–Carroll Theory of Intelligence to Gifted Education Research and Practice. *Gifted Child Quarterly*, 60 (1), 3–15.
Wegner, C. (2009). *Entwicklung und Evaluation des Projektes „Kolumbus-Kids" zur Förderung begabter SchülerInnen in den Naturwissenschaften*. Dissertation. Bielefeld: Universität Bielefeld.
Wegner, C. (2014). Fachdidaktik Biologie / Naturwissenschaften. In C. Fischer, E. Hany, A. Holzinger, U. Greiner, V. Müller-Oppliger, C. Perleth, F. Preckel et al. (Hrsg.), *Professionelle Begabtenförderung* (S. 37–53). ÖZBF: iPEGE - International Panel of Experts for Gifted Education.
Wegner, C. (2023). Förderung des naturwissenschaftlichen Denkens. Am Beispiel des Faches Biologie. *Friedrich Jahresheft*, 41, 46–49.
Wegner, C., & Bentrup, M. (2014). Das kreative Denkvermögen naturwissenschaftlich begabter Kinder: Eine empirische Studie im Projekt Kolumbus-Kids. *ABB Information. Jahresheft*, 2014, 61–73.
Wegner, C., & Borgmann, A. (2013). Differente Schülertypen motivieren – Handlungsempfehlungen für den Unterricht. *Praxis Schule 5–10*, 24 (6), 4–9.
Wegner, C., & El Tegani, M. (2019). Lernen mit Maschinen. Ein Einblick in das teutolab-robotik. *LeLa-Magazin*, (23), 10.
Wegner, C., & Grotjohann, N. (2012). Begabtenförderung in den Naturwissenschaften: Welche Möglichkeiten gibt es, begabte Schülerinnen und Schüler zu fördern? In C. Fischer, C. Fischer-Ontrup, F. Käpnick, F. - J. Mönks, H. Scheerer & C. Solzbacher (Hrsg.), *Begabungsforschung: Vol. 13. Individuelle Förderung multipler Begabungen : fachbezogene Forder- und Förderkonzepte* (S. 277–283). Berlin, Münster: Lit-Verlag.
Wegner, C., Minnaert, L., & Strehlke, F. (2013). The Kolumbus-Kids project in Germany for gifted children. *Primary Science*, 2013 (130), 16–20.
Wegner, C., & Ohlberger, S. (2014). Giftedness and the project "Kolumbus-Kids": an example of putting theory in to practice. *Journal of Science Education*, 15 (2), 104–106.
Wegner, C., Romanik, M., & Schmiedebach, M. (2024). Das Gift der Kegelschnecke. Einsatz digitaler Modelle zur Visualisierung der Giftwirkung auf zellulärer Ebene. *MNU Journal*, 77 (1), 21–25.
Wegner, C., & Schmiedebach, M. (2017). Begabungsförderung im naturwissenschaftlichen Unterricht. In C. Fischer, C. Fischer-Ontrup, F. Käpnick, F. - J. Mönks, N. Neuber & C. Solzbacher (Hrsg.), *Begabungsförderung: Vol. 4. Potenzialentwicklung. Begabungsförderung . Bildung der Vielfalt. Beiträge aus der Begabungsforschung* (S. 119–144). Münster / New York: Waxmann.
Wegner, C., & Schmiedebach, M. (2020). Interest in biology: Grade-dependent differences and benefits of participating in out-of-school interventions. *International Journal of Research in Education and Science (IJRES)*, 6 (3), 427–434.
Wegner, C., Schmiedebach, M., & Brune, A. (2020). „Stell dir vor, du darfst Biologieunterricht nach deinen Wünschen gestalten." – Guter Biologieunterricht aus der Perspektive naturwissenschaftlich begabter Schülerinnen und Schüler. *Bildungsforschung*, 17 (2).
Weigand, G. (2011). Geschichte und Herleitung eines pädagogischen Begabungsbegriffs. In A. Hackl, O. Steenbuck & G. Weigand (Vorsitz), *Werte schulischer Begabtenförderung. Begabungsbegriff und Werteorientierung*. Symposium im Rahmen der Tagung von Karg Stiftung.
Weigand, G., Hackl, A., Müller-Oppliger, V., & Schmid G. (2014). *Personorientierte Begabungsförderung: Eine Einführung in Theorie und Praxis*. Weinheim: Beltz.
Weinert, F. (2001a). *Leistungsmessungen in Schulen*. Weinheim / Basel: Beltz.

Weinert, F. (2001b). Concept of Competences: A conceptual Clarification. In D.S. Rychen & L.H. Salgnik (Hrsg.), *Key Competencies* (S. 45–65). Cambridge Mass: Hogrefe & Huber.
Weiß, R. (2018). Arbeit, Bildung und Qualifikation. In R. Tippelt & B. Schmidt-Hertha (Hrsg.), *Handbuch Bildungsforschung. Springer Reference Sozialwissenschaften* (S. 1071–1091). Wiesbaden: Springer VS.
Weld, J., Stier, M., & McNew-Birren (2011). The development of a novel measure of scientific reasoning growth among college freshmen: The Constructive Inquiry Science Reasoning Skills Test. *Journal of College Science Teaching*, 40 (4), 101–107.
Wen, C.T., Chang, C.J., Chang, M.H., Fan Chiang, S.H., Liu, C.C., Hwang, F.K., & Tsai, C.C. (2018). The Learning Analytics of Model-Based Learning Facilitated by a Problem-Solving Simulation Game. *Instructional Science: An International Journal of the Learning Sciences*, 46 (6), 847–867.
Westberg, K. L. (2010). Young Creative Producers: Twenty-Five Years Later. *Gifted Education International*, 26 (2–3), 261–270.
Westberg, K. L., Archambault, F. X., Dobyns, S. M., & Salvin, T. J. (1993). *An Observational Study of Instructional and Curricular Practices Used with Gifted and Talented Students in Regular Classrooms*. National Research Center on the Gifted and Talented. Connecticut: University of Connecticut.
Westberg, K. L., & Daoust, M. E. (2004). *The results of the replication of the classroom practices survey replication in two states*. National Research Center on the Gifted and Talented. Connecticut: University of Conneticut.
Westphal, A., Vock, M., & Stubbe, T. (2017). Grade Skipping From the Perspective of Teachers in Germany. *Gifted Child Quarterly*, 61 (1), 73–86.
White, B., Stains, M., Escriu-Sune, M., Medaglia, E., Rostamnjad, L., Chinn, C., & Sevian, H. (2011). A novel instrument for assessing students' critical thinking abilities. *Journal of College Science Teaching*, 40 (5), 102–107.
Wilde, M., & Bätz, K. (2009). Sind die süüüß! – Der Einfluss des unterrichtlichen Einsatzes lebender Zwergmäuse auf Wissenserwerb, Motivation und Haltungswunsch. *Zeitschrift für Didaktik der Biologie*, 17 (1), 19–30.
Wilson, R. C., Guilford, J. P., Christensen, P. R., & Lewis, D. J. (1954). A factor-analytic study of creative-thinking abilities. *Psychometrika*, *19*, 297–311.
Witt, S. (2015). Pädagogische Diagnostik. Der DIE-Wissensbaustein für die Praxis. Online unter: www.die-bonn.de/wb/2015-paedagogische-diagnostik-01.pdf
Wu, M., Donovan, J., Hutton, P., & Lennon, M. (2008). *National Assessment Program – Science Literacy Year 6 technical report, 2006*. Carlton, South Victoria, Australia: Ministerial Council on Education, Employment, Training and Youth Affairs.
Wüsten, S. (2010). *Allgemeine und fachspezifische Merkmale der Unterrichtsqualität im Fach Biologie. Eine Video- und Interventionsstudie*. Dissertation. Berlin: Logos Verlag.
Zauner, M., & Schrempf, A. (Hrsg.). (2009). *Informatik in der Medizintechnik: Grundlagen, Software, computergestützte Systeme*. Wien / New York: Springer.
Ziegler, A. (2008). *Hochbegabung*. München: UTB.
Ziegler, T., & Hardy, I. (2015). Die Erfassung naturwissenschaftlicher Kompetenz im Vorschulalter. Ergebnisse einer Pilotierungsstudie. In K. Liebers, B. Landwehr, A. Marquardt & K. Schlotter (Hrsg.), *Lernprozessbegleitung und adaptives Lernen in der Grundschule* (S. 211–216). Wiesbaden: Springer Fachmedien.
Zwick, P. (2021). *Unternehmenskrisen bewältigen. Die Bedeutung der Persönlichkeit für erfolgreiches Management in der Krise*. Wiesbaden: Springer Fachmedien.

Weblinks aus Kapitel 4.4

Begabungslotse:
https://www.begabungslotse.de

Grips & Co:
https://www.grips-und-co.de

Deutsches Zentrum für Begabungsforschung und Begabungsförderung:
http://dzbf.de

evoc Weiterbildungsinstitut:
https://evoc-weiterbildung.de

Internationales Centrum für Begabungsförderung:
https://icbf.de

Stiftung Kinder forschen:
https://www.stiftung-kinder-forschen.de

Deutsches Zentrum für Luft- und Raumfahrt:
https://www.dlr.de/de

Weblinks aus Kapitel 5.2.7

Naturwissenschaften im Unterricht Physik:
https://www.friedrich-verlag.de/friedrich-plus/sekundarstufe/physik/unterricht-physik/?gclid=CjwKCAjwvfmoBhAwEiwAG2tqzClFebjIiA-EZuGx7EeGzQlFoZOYgYkG4h6QTdPF3QhSquKACm8rehoCKzwQAvD_BwE

Unterricht Biologie:
https://www.friedrich-verlag.de/shop/sekundarstufe/biologie/fachzeitschriften/unterricht-biologie

Unterricht Chemie:
https://www.friedrich-verlag.de/friedrich-plus/sekundarstufe/chemie/unterricht-chemie/

MNU Journal:
https://www.mnu.de/publikationen/mnu-journal

BU Praktisch:
https://www.bu-praktisch.de/index.php/bupraktisch

On. Lernen in der digitalen Welt:
https://www.friedrich-verlag.de/shop/schule-und-unterricht/digitale-schule/fachzeitschriften/on-lernen-digital/abonnement?gclid=CjwKCAjwvfmoBhAwEiwAG2tqzJNUfP8jG8Ub7snro6A7IEp9dOkg3LAWGF3YB6DUZKp55kRbW5QvuBoCiFoQAvD_BwE

Welt der Physik:
https://www.weltderphysik.de

Plus Lucis:
https://www.pluslucis.org

Zeitschrift für Didaktik der Naturwissenschaften:
https://www.springer.com/journal/40573

echt jetzt?:
https://echtjetzt-magazin.de

Weblinks aus Kapitel 7

7.1   https://www.begabtenzentrum.de
7.2   https://www.dghk.de
7.3   https://www.bildungsserver.de/schulische-begabtenfoerderung-10533-de.html
7.4   https://www.fachportal-hochbegabung.de
7.5   https://www.zukunftsschulen-nrw.de/themen/iv-begabungen-foerdern
7.6   https://www.phsalzburg.at/ueber-uns/organisation/bundeszentren-ncoc/begabtenfoerderung-und-begabungsforschung/foerdermethoden
      https://www.phsalzburg.at/files/NCoC_Begabtenförderung_und_Begabungsforschung/Publikationen_Materialien/Methodenskript_2020_online.pdf
      https://www.phsalzburg.at/files/NCoC_Begabtenförderung_und_Begabungsforschung/Publikationen_Materialien/mBET_Manual_2022_final.pdf
7.7   https://www.helmholtz.de
      https://www.helmholtz.de/transfer/schuelerlabore/materialien/
7.8   https://www.lernortlabor.de
7.9   https://www.begabungslotse.de
7.10 https://www.vdini-club.de
7.11 https://digitallearninglab.de
7.12 https://de.khanacademy.org
7.13 https://www.intomint.de
7.14 https://phet.colorado.edu/de/
7.15 https://renzullilearning.com/en/

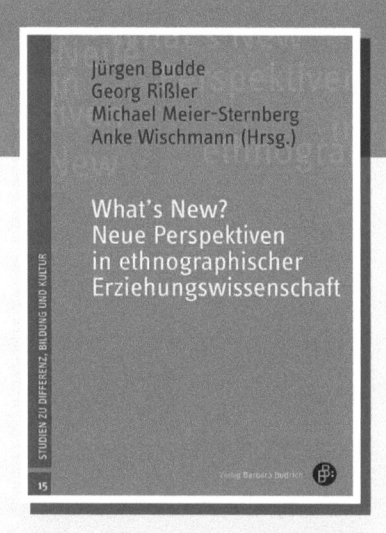

Jürgen Budde, Georg Rißler, Michael Meier-Sternberg, Anke Wischmann (Hrsg.)

What's New? Neue Perspektiven in ethnographischer Erziehungswissenschaft

Studien zu Differenz, Bildung und Kultur, Band 15
2024 • 174 S. • kart. • 28,00 € (D) • 28,80 € (A)
ISBN 978-3-8474-3038-4 • eISBN 978-3-8474-1977-8

Der Band präsentiert aktuelle Forschungsansätze im Bereich Pädagogik und Erziehungswissenschaft und fragt danach, wie sich „das Neue" in erziehungswissenschaftlicher Ethnographie zeigt. Die Autor*innen werfen aus theoretischer, methodologischer und empirischer Perspektive den Blick auf das Phänomen des Neuen. Die Betrachtung von Tradition und Transformation eröffnet erweiterte Perspektiven auf pädagogische Dynamiken und gesellschaftliche Herausforderungen.

www.shop.budrich.de

Bohnsack | Sturm | Wagener (Hrsg.)

Konstituierende Rahmung und professionelle Praxis

Pädagogische Organisationen und darüber hinaus

2024 • 480 Seiten • kart. • 39,90 € (D) • 41,10 € (A)
ISBN 978-3-8474-3008-7 • eISBN 978-3-8474-1963-1 (Open Access)

Die Praxeologische Wissenssoziologie sowie die Dokumentarische Methode zeichnen sich durch fortdauernde Reflexion, Ausdifferenzierung und Weiterentwicklung ihrer Kategorien in der empirischen Auseinandersetzung aus. Im Zentrum stehen das Verhältnis zwischen propositionaler und performativer Logik sowie die Kategorie des konjunktiven Erfahrungsraums. Die Autor*innen bearbeiten dies für organisationale konjunktive Erfahrungsräume und fokussieren pädagogische Felder und solche der sozialen Arbeit.

www.shop.budrich.de

Stiftung Haus der kleinen Forscher (Hrsg.)

Kita-Entwicklung – Ansätze und Konzepte für Organisationsentwicklung in der frühen Bildung

Wissenschaftliche Untersuchungen zur Arbeit der Stiftung „Haus der kleinen Forscher", Band 15
2024 • 204 Seiten • kart. • 24,90 € (D) • 25,60 € (A)
ISBN 978-3-8474-2701-8 • eISBN 978-3-8474-1871-9 (Open Access)

Wie kann Organisationsentwicklung zu verbesserter Kita-Qualität führen? Der Band stellt zwei von vier im Projekt „Forum KITA-Entwicklung" entstandene Expertisen vor, die sich mit dieser Frage beschäftigen. Die Ergebnisse zeigen, wie Kita-Entwicklung auf Erkenntnisse der Organisationspsychologie zurückgreifen kann. Eine besondere Bedeutung hat dabei das Handeln der Kita-Leitung in Zusammenarbeit mit anderen Akteuren.

www.shop.budrich.de

Edwin Hübner,
Thomas Damberger (Hrsg.)

Kinder stärken in Zeiten der Digitalisierung

In Krisen reflexive Energie entwickeln

2024 • 218 S. • kart. • 33,00 € (D) • 34,00 € (A)
ISBN 978-3-8474-3022-3 • eISBN 978-3-8474-1958-7

Das digitalisierte und von multiplen Krisen geprägte Alltagsleben hat große Auswirkungen auf die Welt- und Selbstbeziehungen junger Menschen. Vor allem die zunehmende Verlagerung von Lern- und Lebensprozessen in den digitalen Raum erweist sich als Ausdruck vorherrschender Bildungsparadigmen, die mit einer Entpädagogisierung einhergehen. Der Band benennt aktuelle Herausforderungen und zeigt Ansätze für eine Verlebendigung des Pädagogischen in postpandemischen Zeiten auf.

www.shop.budrich.de